T0273975

DESPIERTO

AHORA ES TU TURNO

Título: Despierto
Subtítulo: Ahora es tu turno
Autor: Angelo Dilullo

Publicado originalmente en 2021 por Angelo DiLullo Jr. con el título:
Awake, It's your turn

Primera edición en España,

Impreso en España
ISBN PAPEL: 978-84-125947-5-1
ISBN EBOOK: 978-84-125947-6-8
DL: B 19547-2022

El Grano de Mostaza Ediciones, S.L.
Carrer de Balmes 394, principal primera
08022 Barcelona, Spain
www.elgranodemostaza.com

DESPIERTO

AHORA ES TU TURNO

ANGELO DILULLO

Dedicatoria

Este libro está dedicado a los que han venido antes que nosotros,
pues estaban dispuestos a renunciar a la comodidad
de lo previsible para aventurarse en lo
desconocido en nombre de la verdad.

Este libro está dedicado
a cualquiera que, a partir de este momento,
esté dispuesto a renunciar a la comodidad
de lo previsible para aventurarse en lo
desconocido en nombre de la verdad.

Este libro está dedicado a ti.

Contenidos

Dedicatoria 7
Introducción 11

Capítulo 1: Una palabra de advertencia 25
Capítulo 2: Primeros pasos 31
Capítulo 3: ¿Qué es el despertar? 51
Capítulo 4: Paradoja 77
Capítulo 5: Atención 95
Capítulo 6: Recursos 105
Capítulo 7: Maestros 109
Capítulo 8: Prácticas y técnicas 127
Capítulo 9: Tradiciones 157
Capítulo 10: Etapas del despertar 163
Capítulo 11: Identificación con la mente 207
Capítulo 12: Pensamientos 239
Capítulo 13: Creencias 275
Capítulo 14: Emociones 297
Capítulo 15: Indagación 343
Capítulo 16: Despertar 365
Capítulo 17: Guía para después del despertar 413

Sobre el autor 421

Introducción

Puedes despertar del sueño de la separación. Si sabes lo que eso significa, tienes suerte, ¡todo este libro ha sido escrito para ti! Si no estás seguro pero sientes curiosidad, permíteme asegurarte que sea cual sea tu procedencia, tu sistema de creencias, tus puntos de vista o tu orientación religiosa, esta posibilidad está tan disponible para ti como para cualquier otra persona. Dicho de manera simple, despertar del sueño de separación significa vivir una vida de espontaneidad, maravillamiento, libertad y paz continua. Significa realizar tu verdadera naturaleza indivisa y vivir a partir de una interconexión innegable que está a tu disposición en todo momento. Significa expresarte de manera auténtica y sin dudar, y sentirte cómodo dentro de tu propia piel en cualquier situación. En último término, guarda relación con el final del sufrimiento en esta vida. Entiendo que esta es una gran promesa. Podrías preguntarte cómo es posible que un libro te pueda guiar hasta una vida libre de sufrimiento. Bien, tengo un secreto. Lo que hace que esto sea posible no es nada especial con respecto al libro o su autor. Lo que hace que esto sea posible es algo con respecto a ti. Llevas contigo una posibilidad en todo momento. Está codificada en el tejido mismo de tu existencia. De hecho, ya tienes todo lo que necesitas para hacer este viaje sin viaje a la libertad vivida momento a momento. Es simplemente cuestión de acceder a ella y realizarla. Es cuestión de despertar a la verdad viviente de lo que ya eres. En el fondo de tu ser siempre has sabido que esto era posible.

"No obstante, hay momentos en los que uno se siente libre de su identificación con las limitaciones e inadecuaciones humanas. En esos momentos, uno imagina que se alza en algún punto de un pequeño planeta, mirando con asombro a la fría pero profundamente conmovedora belleza de lo eterno, lo insondable: la vida y la muerte fluyen en una, y no hay evolución ni destino; solo ser".

—Albert Einstein

Ahora bien, si despertar del sueño de separación te suena como algo de lo que sabes poco, eso no significa que esta transformación no esté a tu alcance. Está absolutamente a tu disposición. De lo que estamos hablando no es de un conocimiento. De hecho, es posible que eso de lo que estamos hablando ya se esté revelando en tu experiencia. Y esto puede haber estado pasando durante algún tiempo en tu vida. Es posible que simplemente no lo hayas notado. Lo más probable es que lo hayas notado, pero que no hayas sabido cómo llamarlo ni qué hacer con ello.

Es muy común que las personas tengan experiencias precursoras del despertar sin reconocerlas. Como no tenemos un contexto para estas experiencias, es posible que no apreciemos su valor, y que no consideremos la posibilidad de investigarlas más directamente. De manera asombrosa, es posible que durante muchos años casi pasemos por alto estas "claves". Si tomamos conciencia de ellas, a menudo nos parecen tan extrañas o inesperadas en comparación con nuestras experiencias habituales que nos limitamos a pensar que somos fundamentalmente distintos de los demás. Lo cierto es que, inicialmente, muchas de las personas con las que he trabajado y que han despertado a las mayores profundidades no sabían qué estaba ocurriendo dentro de ellas. De modo que escucha, ¡es posible que ya estés en las primeras etapas del despertar! Simplemente no has tenido el contexto para entender qué está ocurriendo ni qué hacer al respecto. Es lo que puede haberte ocurrido hasta ahora. En este libro tienes un recurso claro y práctico para ayudarte a acceder y a realizar tus impulsos más profundos, tu verdadera naturaleza.

Entiendo que puedas sentirte escéptico. Me pasaría lo mismo si no hubiera visto que esta transformación ha ocurrido en mí y en otros, una y otra vez. Tal vez puedas dedicar unos minutos a leer hasta el final de este capítulo. A esas alturas, ya tendrás una sensación clara de en qué consiste el proceso de despertar para decidir si esta obra es para ti.

El propósito de este libro

Mi intención al escribir este libro es ofrecer una guía clara, potente y completa para ayudarte a navegar en el empeño de despertar a tu naturaleza ilimitada e indivisa. Su propósito es proporcionar un medio práctico y reconocible para que cualquiera que se sienta inclinado a despertar pueda hacerlo. Es un mapa que te muestra cómo emplear las herramientas que ya posees para acceder a eso que es tu derecho de nacimiento.

No me interesa comentar los despertares iniciales, que todavía son poco comunes y, sin embargo, increíblemente transformadores. Mi intención es mostrar las profundidades de lo que es posible a cualquiera que esté interesado en llevar la realización más allá del despertar inicial. Estoy hablando de la liberación, o de lo que en los círculos espirituales podría denominarse iluminación. Si no te gusta la palabra iluminación o la terminología espiritual en general, estamos de acuerdo. En los círculos espirituales hay una inmensa cantidad de confusión innecesaria en torno al proceso de despertar. Abordaré esto a lo largo del libro. Una de las razones principales que me han llevado a escribir este libro es que en realidad el proceso de despertar es muy simple y accesible, aunque a menudo en la espiritualidad moderna se le hace parecer inalcanzable y complicado. A menudo me sentí frustrado porque encontrar buenas instrucciones a lo largo del camino era más difícil de lo que parecía necesario.

Es una creencia común que, para llegar a la auténtica realización, el camino debe ser oscuro, confuso o casi inaccesible. Esto no es verdad en absoluto. ¿No te parece una gran noticia?

Este libro es el resultado de haber pasado yo mismo por el proceso de despertar y de haber trabajado con muchos otros que también han pasado por él. En medio de todo esto, me he dedicado a examinar tan de cerca como he podido los matices de lo que funciona y de lo que no funciona para facilitar este proceso. Esta labor se ha extendido durante más de veinte años. No te preocupes, no es necesario que a ti te lleve tanto tiempo si te dedicas con sinceridad, de manera consistente y orientándote hacia tu verdad más profunda. Los contenidos de este libro establecen un camino hacia la liberación que es práctico, accesible y adaptable. Y lo que es igualmente importante, señalan los numerosos obstáculos que tienden a presentarse a lo largo del recorrido. Por fortuna, dichos obstáculos son bastante previsibles. Con cierta humildad, y estando dispuesto a aprender de los que han recorrido el camino antes que tú, no te harán descarrilar. No obstante, conocer los obstáculos con antelación y cultivar la sabiduría de aprender de los errores de otros te ahorrará un montón de tiempo y de confusión innecesaria.

Esto no es una filosofía, un paradigma ni un sistema de creencias

Esto guarda relación con tu despertar, no con el mío. Guarda relación con tu verdad más profunda, no con la mía ni con la de nadie más. Te hago esta promesa desde el primer momento: no voy a intentar enseñarte nada, convencerte de nada ni animarte a creer en nada, punto. Nada de lo que yo creo sobre la realidad o la verdad te es útil a ti. Ciertamente, si te convenzo de algún sistema de creencias, manera de pensar o visión específica, entonces habré fracasado en el cumplimiento de la finalidad de este libro. El punto esencial es que despiertes a tu propia verdad más profunda si así lo eliges. Tu verdad más profunda es una verdad viviente que nunca podrá estar contenida en un conjunto de creencias o puntos de vista. Es demasiado vasta y libre y, paradójicamente, demasiado íntima y obvia en sí misma como para estar contenida en un sistema de creencias o paradigma.

El despertar no guarda relación con las creencias. La naturaleza de este proceso no es conceptual, no se trata de reordenar conceptos o creencias de maneras nuevas para llegar a una manera más cómoda o pacífica de ver la vida. Es mucho más fundamental que eso. A medida que realizas tu naturaleza despierta y que dicha realización madura, tendrás libertad absoluta para utilizar cualquier sistema de creencias que elijas. Y lo que es más importante, serás libre de referenciarte con cualquier sistema de creencias específico para sentirte pleno o para encontrar propósito en la vida.

¿Guarda esto relación con la espiritualidad?

Si te desagradan la espiritualidad o la religión, o si no tienes interés en la cultura espiritual, los sistemas de creencias o las prácticas, estás en buena compañía. Cuando se produce un auténtico despertar, una reacción común suele ser: "Esto no se siente espiritual. Se siente natural, libre, notablemente familiar. Es mucho más vasto e íntimo que la realidad en la que creía estar viviendo, pero no se siente espiritual". Me gustaría añadir que cuanto más progresa la realización más allá del despertar inicial, menos espiritual se siente.

Uno de los principales objetivos de este libro es desnudar cuanta terminología espiritual sea posible, y ofrecer un medio práctico mediante el cual puedas despertar a tu verdadera naturaleza exactamente tal como se manifiesta para ti. En ese punto podrás decidir si quieres llamarlo espiritual o no. Apuesto a que no querrás llamarlo nada porque en ese momento experimentarás tanta libertad, asombro y comodidad que ya no te importará el conceptualizar. Además, estará claro que sería imposible encerrar esa experiencia en un concepto. El estado despierto es demasiado real, demasiado cercano, demasiado libre de ataduras como para intentar condensarlo en alguna descripción o etiqueta. Estarás demasiado ocupado siendo absorbido por el flujo de la vida y amando cada minuto de ello como para perder tiempo con conclusiones, descripciones y juicios innecesarios.

Si te mueves por círculos espirituales, resuenas con la cultura espiritual y/o estás involucrado en prácticas espirituales, ciertamente eso no es un problema. Es probable que ya tengas algún contexto con respecto al despertar. Dicho esto, es posible que, cuando este se produzca, te sientas todavía más sorprendido que alguien que esté libre de expectativas. Mucha gente me ha dicho: "¡Vaya! Esto no es en absoluto lo que pensé que sería, ¡pero es más asombroso de lo que nunca imaginé!". Las personas que se han dedicado durante muchos años a la búsqueda espiritual se sienten completamente desalentadas cuando se dan cuenta de que lo que han estado buscando todo ese tiempo era un sueño, un objetivo imaginario, y que no tenía nada en absoluto que ver con lo que realmente pasa en la realidad natural (despierta).

¿Es este libro para mí?

Este libro está diseñado para ayudarte en todos los niveles del proceso de despertar. Si te resuena alguno de los siguientes enunciados, podrías beneficiarte de su contenido:

- Sientes que hasta este momento la vida ha sido insatisfactoria de un modo que es difícil de concretar. Esta insatisfacción parece ensombrecer o "colorear" todas tus experiencias. Muchos describen que sus circunstancias vitales parecen ser lo que la mayoría de la gente consideraría los ingredientes de una buena vida, pero nada de ello resulta verdaderamente pleno o satisfactorio. Sientes como que te estás perdiendo algo importante con respecto a cómo debería ser la vida.
- Sientes que vives dentro de una prisión de pensamientos autorreferenciales. Cuanto más tratas de usar el pensamiento para resolver este problema, más se constriñe la prisión. Quieres encontrar una salida a este dolor, pero no estás seguro de qué hacer al respecto, o incluso de si dicha salida es posible.
- No sabes qué es el despertar, pero sientes que realizar un cambio fundamental hacia una manera de vivir más íntima, auténtica y naturalmente libre suena como un empeño valioso.
- Tienes una sensación de qué es el despertar y quieres despertar, pero no sabes cómo proceder.
- Piensas que has "saboreado" el despertar, pero no estás seguro de si esas experiencias han sido auténticas y no sabes qué hacer a continuación.
- Sabes mucho de espiritualidad, del despertar, y/o de la iluminación, pero no has tenido una experiencia directa, no conceptual y auténtica que esté más allá de toda duda.
- Has tenido un despertar, y se ha producido cierto progreso o clarificación más allá de él, pero todavía te sientes atascado. Tienes dificultades para encontrar un buen consejo con respecto a cómo proceder. No estás seguro de si hay algo más, o bien crees que la verdadera liberación está fuera de tu alcance.
- Has experimentado estados más profundos de realización, pero pareces estar "fluctuando" interminablemente entre el despertar y la separación, entre la presencia espontánea y esa pesada sensación de aislamiento y contracción. Has integrado la realización de diversas maneras, pero todavía no dispones de la realización continua y momento a momento como una realidad viviente en tu vida diaria.

- Crees que estás despierto o iluminado, pero las circunstancias externas sugieren otra cosa. Por ejemplo, los amigos, la familia o incluso tus alumnos te dicen de un modo u otro que tienes más trabajo que hacer.
- Sientes que tu realización es profunda y se ha estabilizado. Externamente, la vida se ha vuelto pacífica, y encuentras presencia y flujo casi todo el tiempo. Sin embargo, todavía queda alguna duda, aunque sea sutil y esporádica. Reconoces una profunda responsabilidad hacia la plena encarnación de esta realización y te gustaría investigar las tendencias dualistas sutiles que aún podrían ser un estorbo.

Este libro es un catalizador

Cuando leemos un libro de no ficción, generalmente esperamos aprender algo. Esperamos adquirir una nueva perspectiva o ver las cosas de manera fresca, nueva, empoderante. Este no es ese tipo de libro. Este libro es un catalizador viviente. Te ayudará a realizar una transformación completa, auténtica y definitiva situada totalmente fuera de cualquier sistema de creencias o perspectiva. La función de este catalizador es ayudarte a viajar directamente al fondo más profundo de quien eres y de lo que eres. Cuando salgas por el otro lado, la verdad de lo que eres se mostrará vibrante, inmediata y fundamental en todas tus experiencias. Ya no tendrás dudas con respecto a quién eres o a qué es real, y tampoco querrás vivir a partir de sistemas de creencias. Expresarás la realización de la manera exacta que solo tú puedes expresar. Y lo que es más, lo harás con espontaneidad, sinceridad, y con la alegría de moverte por la vida sin obstáculos.

"Toda la oscuridad del mundo no puede extinguir la luz de una única vela".

—San Francisco de Asís

Cualquiera puede despertar

El despertar es un empleador que ofrece igualdad de oportunidades. He visto despertar tanto a personas espirituales como no espirituales. He visto despertar a personas lógicas, científicas, escépticas, intuitivas, artísticas y emocionales. He visto despertar a personas que tenían la intención clara de hacerlo y que trabajaron duro para conseguirlo. He visto despertar a personas que no tenían ni idea de qué estaba pasando y para las que el proceso parecía haber comenzado espontáneamente. Lo que determina si estás cualificado para despertar no es nada que creas, hagas o con lo que te identifiques. Lo que determina si estás cualificado es una única cosa: deseas abrirte a la verdad más profunda de lo que eres. Eso es todo, nada más.

"Siempre pensé que esto era algo que solo les ocurría a otras personas, a personas especiales, a personas afortunadas. Ahora me doy cuenta de que esto siempre ha estado aquí. Recuerdo el maravillamiento y la soltura de esto en la infancia, tal vez antes. No hay absolutamente nada que esté aparte de todo lo demás. La verdadera libertad de la naturaleza de todas las cosas. La espontaneidad y el disfrute no son "estados", son la experiencia inmediata de la realidad natural. No hay problema que resolver, ¡y nunca lo hubo! Solo existe este momento intemporal de absorción total. Se ve que incluso lo que había percibido como pensamientos y estados emocionales difíciles son simples fluctuaciones en lo que Soy: pura vivacidad. Esta paz es profunda, sin causa, e impregna toda experiencia. Incluso estas palabras no pueden tocar el asombro de esta realidad".

—Varias personas después de despertar, usando palabras sorprendentemente similares.

Cómo se gestó este libro

Hace muchos años tuve un despertar. Más adelante en el libro describiré lo que me llevó a él, cómo se desplegó y los efectos posteriores. De momento, solo diré que fue radicalmente transformador al nivel más fundamental. Cambió permanentemente cómo lo experimento todo. Fue y continúa siendo una reestructuración completa de mi experiencia de vida, de mí mismo, de los demás y del mundo. Una de las cosas interesantes que reconocí al salir por el otro lado es que no tenía absolutamente ninguna capacidad de explicar lo que me había ocurrido. Sabía que no era algo que pudiera ser explicado con palabras o que yo pudiera enseñar. Entraré en el porqué de esto más adelante. De momento quiero hacer énfasis en que no sentía que fuera capaz de comunicar eficazmente lo que había ocurrido. Además, no sentía la inclinación a compartir la experiencia y ni siquiera a hablar de ella, aunque lo hacía en raras ocasiones. Cuando la compartía, las respuestas que obtenía de la gente me sugerían que era mejor que continuara integrando y trabajando lo que se había realizado de manera directa, sin intentar necesariamente comunicarlo. Esto era una evidencia a nivel intuitivo, sin tener que pensar en ello. Lo cierto es que nunca aspiré a ser un maestro del despertar, de la espiritualidad ni nada de este tipo. De modo que seguí adelante con mi vida.

Varios años después empecé a notar que, en ocasiones, en medio de una conversación casual, la persona con la que estaba hablando vivía un cambio en su experiencia. No parecía que estuviéramos hablando de algo especial; en realidad, sentía que era una conversación mundana, como hablar del tiempo, de sentimientos o de la vida. Solo ocurría con ciertas personas y en ciertas situaciones, y no ocurría con la mayoría de las personas con las que me encontraba. Ello parecía "saber" cuándo presentarse. Lo extraño es que yo no ponía ninguna intención en transmitir ningún mensaje particular. Sin embargo, la conversación se producía de manera intuitiva y la sentía un poco como estar bailando. La gente planteaba preguntas que se dirigían cada vez más a su propia experiencia. Me sentí auténticamente sorprendido al comprobar que yo parecía tener la respuesta al momento. A veces me preguntaba: ¿De dónde ha venido eso?, mientras estaba saliendo de mi boca. Todavía sigue siendo así, quizá más que antes.

Entonces la gente empezó a tener despertares. No puedo contarte cómo es, pero te diré que solo hay algo mejor que tener un despertar tú mismo, y es volver a pasar por el proceso al lado de otra persona. En cualquier caso, así es como todo esto progresó. En un momento dado, yo estaba hablando, enviando mensajes y hablando por videoconferencia con muchas personas en distintas etapas del despertar. Todavía me deja anonadado, pero, de algún modo, funciona. Con el tiempo empecé a distinguir distintos patrones en cómo fluían las conversaciones, y puntos en común en lo que comentábamos y en dónde se encontraban los puntos de fricción de la gente. Un día me senté y escribí el primer capítulo de este libro. Surgió de manera simple y espontánea. En realidad, no es gran cosa, pero, si puede ayudar a alguien, ¿cómo podría dejar de escribirlo?

El despertar es algo real

Recuerdo claramente el momento exacto en que me di cuenta de cierta posibilidad, de una manera de experimentar la realidad que era completamente ajena a las maneras ansiosas e incómodas que había aprendido de verme a mí mismo y de ver mi vida hasta ese momento. Era un alumno en mi primer año de universidad y estaba sentado en clase, escuchando al profesor de una asignatura titulada Introducción a las Religiones Orientales. Me gustaba mucho la asignatura y pensaba que las religiones orientales eran fascinantes, aunque mi fascinación se limitaba a una curiosidad intelectual.

Un día, el profesor habitual estaba de baja por enfermedad y vino a dar clase un sustituto. Era un americano que practicaba el budismo en un templo local. Empezó su charla sobre el budismo y estaba hablando sobre el sufrimiento y la iluminación. Yo ya había leído y oído hablar antes sobre estos temas y los encontraba interesantes. Lo que decía parecía similar a lo que había oído anteriormente. Entonces ocurrió algo inesperado. Me llegó inesperadamente que no estaba hablando de una asignatura, no hablaba de un tema ni de un conjunto de creencias. ¡Estaba señalando el camino de salida! El camino de salida de la manera habitual de vivir, pensar e intentar sobrevivir como persona que me había producido tanto dolor. Era un camino para salir del sufrimiento, completamente. No sé cómo supe esto, pero de repente fue exquisitamente obvio. Hasta ese momento solo había conocido la tarea de intentar ser un ser humano con todas las expectativas que eso conlleva, el intento de encajar y de ser feliz, aunque en realidad no lo era. En un instante se hizo evidente que había estado viviendo en una especie de falsa realidad. En ese momento me encajó que había estado tratando de vivir en un mundo conceptual muy pequeño, y que me había causado un dolor tremendo.

Estaba escuchando la conferencia: "Budismo, bla, bla, sufrimiento, iluminación, bla, bla", y de repente las palabras se perdían en el trasfondo, como si alguien hubiera bajado el volumen. Al mismo tiempo, el entorno pareció atenuarse. Fue casi como si el color de la periferia se hubiera fundido en blanco y negro. Había algo extraordinariamente vivo y profundamente presente que era palpable en el aula. Esa vivacidad no era sobrenatural ni era nada mágico. En realidad, era notablemente familiar, y sin embargo muy potente. Todos mis sentidos parecían estar agudamente sintonizados con la experiencia. El tiempo se detuvo (literalmente). Mientras el profesor sustituto seguía hablando, me di cuenta de que estaba transmitiendo un mensaje totalmente ajeno al material religioso o espiritual. Fue como si hubiera caminado directamente hasta mí, ignorando a todos los demás alumnos del aula, y me hubiera dicho: "Esto no tiene nada que ver con el tema del que estoy hablando hoy. Todo este sufrimiento, esta prisión mental y todo lo que crees ser. Sí, no es así en absoluto. Puedes despertar de eso. Y el despertar puede ocurrir en cualquier momento. No guarda relación con la religión o la espiritualidad". Aunque no me dijo estas palabras exactas, respondí como si lo hubiera hecho.

Mi mano se alzó y empecé a lanzar preguntas antes de que él me hiciera el gesto para que yo empezara a hablar. "Esto de lo que estás hablando, ¿es real? Me refiero a si es algo que ocurre realmente". Me miró fijamente y su mirada me indicó que entendía que yo había captado su comunicación subliminal. Tomó una pausa antes de responder para asegurarse de que yo entendía la gravedad de su respuesta. "No hay duda".

Continuó mirándome un par de segundos más y después siguió con la charla. En aquel momento no tenía ni idea de qué ocurriría con la semilla que se acababa de plantar en mí, pero sabía sin sombra de duda que esto era real. También supe intuitivamente que encontraría el modo de hacer de ello una realidad en esta vida. Tardé muchos años en entender lo profundo que fue aquel momento. Como describiré después, esta "pequeña muestra" solo fue un minúsculo presagio de lo que estaba por venir, pero las palabras no pueden expresar el agradecimiento que siento de que ocurriera.

Aunque en ese momento no aprecié toda la magnitud de lo que se me había transmitido, se había encendido un fuego dentro de mí. No sabía qué era ni cómo alcanzarlo, pero, de algún modo, sabía que había algo mucho más real que esta historia sobre mí mismo y mi vida que siempre había creído. También tuve la intuición de que no me ocurriría en ninguna otra parte. No tendría que unirme a algún grupo especial para plasmar esta posibilidad. No conocía el camino ni lo que se requeriría de mí para "conseguirlo", pero no importaba. Esta "muestra" era suficiente. Era la confirmación de una verdad viviente cuya profundidad, tal como había sentido, era insondable.

Un camino de salida

Por favor, entiende que cuando digo "un camino de salida", no estoy hablando de escapar de la vida o de nuestras responsabilidades como seres humanos. Estoy hablando de un camino de salida de una realidad falsa y de un conjunto de creencias que me habían aprisionado durante años. Simplemente sabía que se estaba describiendo un camino de salida que me llevaría a una vida mucho más libre y más real que nada de lo que había experimentado hasta ese momento. También supe que casi nadie conocía eso hacia lo que apuntaba este profesor sustituto. Si lo conocían, ¿cómo es que yo no había oído hablar de ello antes? ¿Por qué la gente no lo gritaba a los cuatro vientos? Si esta posibilidad era de conocimiento común, ¿por qué no se enseñaba en las escuelas? ¿Por qué los médicos y terapeutas no la recomendaban para las innumerables personas que navegan a la deriva en un océano de angustia y sufrimiento? Sentí que el resto de la gente que había en la sala pensó que estaba hablando del tema de la iluminación, tal como yo siempre había asumido al escuchar estas conferencias, en lugar de hablar de una realidad viviente. No estoy señalando esto para hacer que la iluminación parezca inalcanzable, sino para clarificar por qué nunca antes había oído hablar de ella de esta manera. Se debía a que la mayoría de la gente simplemente no sabe que esta posibilidad existe.

Quiero apuntar otra cosa con respecto a esta experiencia. Aunque esta "transmisión" ocurrió en el contexto de una conferencia sobre religiones orientales, y específicamente sobre budismo, de algún modo en aquel mismo momento supe que no se trataba de la religión. Aunque el budismo puede ser un vehículo para algunas personas, solo es un vehículo. La verdad viviente misma, esa vasta realidad que sentí en ese momento, no tiene nada que ver con la espiritualidad o la religión. Era mucho más íntima y familiar que mística. Tenía que ver conmigo y con la manera en que de repente me estaba relacionando con el resto de la realidad, una manera que sentía más real que mis recuerdos de los sentimientos reales. Era como si el núcleo mismo de lo que yo era, núcleo que yo había aprendido a no mirar directamente, fuera el portal a la interconexión con todas las cosas. No podría haberlo descrito así en aquel momento, pero intuitivamente resultaba muy evidente. Aquella "muestra" fue muy potente.

El primer paso en el proceso de despertar es lo que a veces llamo reconocimiento. Es el sabor de algo más real que lo real, algo que enciende una chispa dentro de ti. Mi intención es que, ahora mismo, leer esto genere ese momento para ti. Espero que, al compartir esta historia contigo, yo plante una semilla en ti tal como el profesor sustituto la plantó en mí hace tantos años. Sí, el despertar es algo real y te puede ocurrir a ti..., no hay duda. Si solo te llevaras una cosa al leer este libro, espero que sea que el despertar es totalmente posible, y que es posible para ti en esta vida. Incluso si solo lees hasta esta frase, puedes simplemente vislumbrar la posibilidad de una verdad viviente que es más vasta, libre y real que las maneras típicas en que experimentas la vida, y por tanto esta tarea merece el esfuerzo.

He visto muchas veces el despertar de otras personas. He observado el despertar y la realización desde muchos ángulos y perspectivas, y he realizado un estudio exhaustivo de cómo se despliega exactamente este proceso y cuáles son las obstrucciones que pueden dificultarlo. He hecho esto por una razón: para poder impartírtelo a ti. Ahora es tu turno.

Capítulo 1:
Una palabra de advertencia

La aventura última

Cada ser humano sobre la faz de la Tierra tiene la capacidad de vivir una vida de espontaneidad, paz y maravillamiento más allá de lo que se pueda imaginar. Tienes el potencial para poner fin al sufrimiento en esta vida. Cuando se oyen declaraciones así, es natural tener dudas. Como lector capaz de discernir, podrías estar preguntándote: ¿Es esto una exageración, o es una especie de estrategia de pensamiento positivo? Te aseguro que no es una exageración, y que no tiene nada que ver con el pensamiento positivo. Son simples declaraciones de la verdad, cuya precisión he descubierto una y otra vez en aquellos que están dispuestos a investigar sinceramente su naturaleza más profunda.

A propósito, ocurre que tu naturaleza más profunda es un sinónimo de la naturaleza más profunda del cosmos. De esa paridad surge la toma de conciencia fundamental e inconmovible de la interconexión y sincronicidad con todas las cosas, seres y situaciones. Muchas personas, incluyéndome a mí mismo, han pasado por este proceso y se han sentido asombradas una y otra vez por la claridad cada vez más profunda y la absorción radical en la totalidad de la vida. Ciertamente, esta es la aventura definitiva.

Luke Skywalker:[1] "¡No te fallaré! No tengo miedo".
Yoda: [Sombríamente] "¡Oh! Lo tendrás, lo tendrás...".

---

1. Luke Skywalker y el maestro Yoda son personajes de la serie *La Guerra de las Galaxias*. (N. del t.)

Dicho esto, estaría descuidando mis deberes si no te advirtiera de algunos puntos. No hace falta añadir que todo empeño de esta magnitud viene acompañado de incomodidad, cambio y sacrificio. Si bien estos elementos ciertamente entrarán en juego, es posible que no sea de las maneras que tú podrías pensar. Este proceso no consiste en abandonar la vida cotidiana para irse a meditar a una cueva durante muchos años. Tampoco consiste en abandonar tus posesiones materiales. No consiste en entregar tu voluntad a alguna figura o sistema religioso. En cierto sentido, es más desafiante que cualquiera de estos escenarios. Aquí se trata de despertar a tu vida exactamente tal como es. Dicho de esta manera, puede sonar como que el sacrificio, el cambio o la incomodidad no van a ser necesarios, pero no te equivoques, afrontarás retos que te sorprenderán y para los que, en realidad, no te puedes preparar. Verás cosas en ti mismo que nunca supiste que estaban ahí. De hecho, en un momento u otro afrontarás todas las creencias distorsionadas y las emociones reprimidas que están ocultas dentro de ti. Y lo que es más, a medida que se ahonde la realización, las viejas estrategias de evitación, distracción y resistencia serán opciones menos viables. Nunca te quedarás con las manos vacías ni completamente a merced del frío. Se te darán muchas herramientas para navegar estas aguas a veces imprevisibles y desafiantes, pero tendrás que navegarlas.

Habrá cambios en tu manera de percibir la realidad. Habrá momentos en los que te sentirás desorientado. Esos momentos pasarán. También habrá momentos en los que desearás no haber emprendido este viaje (o al menos parte de ti). Esos tiempos también pasarán. Nunca se te dará más de lo que puedas tolerar, pero este proceso tampoco será siempre tan apacible como un paseo por el parque. No siempre lo afrontarás con coraje y a veces no tendrás opción. Las investigaciones, contemplaciones y prácticas que se describen en este libro son excepcionalmente potentes. Al seguirlas estarás iniciando un proceso que, en mucho sentidos, te sobrepasará. Esto puede sonar atemorizante, pero el "tú" que se siente sobrepasado es una versión limitada de lo que realmente eres. Tienes que ver más allá de esta identidad falsa a fin de despertar a la realidad ilimitada e intemporal que es tu naturaleza esencial. Vamos a trabajar al nivel de tu identidad, que es el sentido más fundamental de quién eres y de cómo te consideras a ti mismo. Esta es la transformación más radical que está a tu disposición en esta vida, sin excepción.

No estoy diciendo estas cosas para atemorizarte ni para impresionarte. Las digo simplemente porque son verdad. Cualquier persona con la que he trabajado y que haya emprendido esta investigación con sinceridad te dirá que no estoy exagerando. Conduce a procesos que no pueden ser deshechos una vez iniciados. Por favor, ten en mente:

- En primer lugar y sobre todo, las técnicas, contemplaciones e indagaciones descritas en este libro son extremadamente potentes. Estas transformaciones se producen en el nivel de la identidad. ¡Las alteraciones y los desanudamientos se producirán en el tejido de lo que hace que tú seas tú! Lugares inconscientes se volverán plenamente conscientes. Verás cosas que no siempre querrás ver en ti mismo. Estás entrando voluntariamente en contacto con fuerzas que son mucho más poderosas de lo que (tú o cualquiera) puedas empezar a imaginar.
- El despertar se despliega según su propia secuencia temporal, no la tuya. Habrá aspectos de este proceso que parecerán llevar demasiado tiempo. También habrá aspectos que se precipitarán con demasiada rapidez para tu comodidad.
- A lo largo del camino habrá experiencias y sucesos que te sorprenderán. En muchos sentidos, este es un proceso misterioso, y a veces las cosas surgirán de maneras para las que no te puedes preparar. En último término, eso está bien, porque tienes la capacidad innata de integrar estas ocurrencias. Tienes la capacidad para llevar esto a cabo, simplemente has de saber que en gran medida está dormida; por lo tanto, tendrán que producirse algunos cambios internos para permitirte conectar con ella.

Si todo esto suena como algo en lo que estás interesado, genial. Descubrirás que esta es la aventura de aventuras. Si no es tu prioridad en este momento de la vida, entonces, por supuesto, déjalo a un lado y dedícate a lo que más te conmueva. Este libro siempre estará disponible si eliges retornar y abordar este asunto. No hay juicio de mi parte ni de parte del Universo. Si sientes auténticamente que tu camino consiste en ser un progenitor excepcional y criar una familia, eso es exactamente lo que deberías hacer. Si quieres sumergirte completamente en el arte o en la música, eso es exactamente lo que deberías hacer. Si te sientes impulsado a llevar la vida del investigador científico, hazlo por cualquier medio posible. Esta es tu vida, así que hacer lo que te parece más auténtico y relevante para ti, independientemente de las expectativas sociales, es lo que te resultará más gratificante.

Liberación o fracaso

Si decides emprender esta tarea o sientes que el proceso de despertar ya se está desplegando en ti, te insto decididamente a que lo completes. En realidad, no hay compleción absoluta. Sin embargo, dentro de este contexto, me refiero a llevar el proceso hasta el punto en que el progreso del despertar se vuelva espontáneo y el sufrimiento individual acabe para ti en esta vida. La palabra que empleo para ese estado es liberación. La liberación se explicará detalladamente más adelante en este libro.

Si el proceso de despertar comienza y después se abandona tras alguna comprensión inicial, puede dejarte en un lugar de confusión y dolor. La mayoría de las ocasiones en las que esto ocurre se debe a que ahí fuera la guía es confusa, contradictoria y/o no ofrece información. Esto es particularmente válido para las últimas etapas de la realización. La ubicuidad de las guías confusas y contradictorias es una de las principales razones por las que se ha escrito este libro. Se te darán las herramientas necesarias para llevar este proceso hasta la liberación. Además, estarás versado en los numerosos escollos que se presentan a lo largo del camino y en cómo evitarlos. Es mi responsabilidad que dispongas de unos medios claros, adaptables y efectivos con los que navegar cada etapa de este proceso. De ti depende hacer el trabajo.

"Nada cansa tanto como la prolongación eterna de una tarea inacabada".

—William James

La barrera de las creencias

En los próximos capítulos investigaremos la naturaleza de las creencias y cómo afectan a nuestra experiencia de la realidad. Es interesante indicar que no importa qué conjunto de creencias tengas al comenzar este viaje. En último término, la naturaleza de tus creencias tiene poco que ver con tu capacidad para despertar. Que seas liberal o conservador, religioso o secular, budista, cristiano o ateo hace poca diferencia. Lo que sí marca la diferencia en lo suave que será este proceso no es lo que crees, sino tu relación con las creencias mismas. Para expresarlo de manera simple, si estás dispuesto a cuestionar, o al menos a examinar, tus creencias, y a dejar ir las que consideres imprecisas o que te causan sufrimiento, entonces estás en un buen lugar con relación al despertar. Por otra parte, si te enorgulleces de tener creencias fuertes y rígidas, y no estás dispuesto a examinarlas en absoluto, este camino será extremadamente difícil para ti. No he dicho imposible, porque todavía es posible, pero lucharás contigo mismo a cada vuelta del camino.

Consideraciones psicológicas

Tuve ansiedad severa en mi juventud. Después de mi primer despertar, a la edad de veinticuatro años, mejoró enormemente, y por ello me siento eternamente agradecido. Durante la fase del posdespertar, se produjeron algunas recurrencias intermitentes. Eran versiones más suaves y las experimenté de manera muy distinta que antes del despertar. Las consideraba como guías para ayudar a facilitar una investigación más profunda: una investigación que en último término iluminó las raíces de la ansiedad. Con el tiempo, la ansiedad se disipó completamente. Esta fue mi experiencia, y conozco a muchos otros que han tenido experiencias similares tanto con la ansiedad como con la depresión. Dicho esto, no prescribo este proceso como cura para ningún desorden psiquiátrico, y el tratamiento de dichas dolencias no es el fin de este libro. Simplemente estoy ilustrando mediante un ejemplo que se puede seguir adelante en este camino teniendo estos diagnósticos, aunque con algunas precauciones.

Si tienes un historial de intentos de suicidio, tienes impulsos suicidas o sientes que corres el riesgo de dañarte a ti mismo o a otros, no te puedo recomendar este libro como único recurso. Esto no significa que el despertar no sea posible para ti, pero podría ser un camino empinado, e intentar recorrerlo solo podría no ser seguro. Es aconsejable trabajar cerca de alguien que haya recorrido este camino antes que tú. La manera más prudente y segura de avanzar es navegar este territorio con alguien que pueda guiarte eficazmente y esté disponible para ti personalmente. Además, si tienes o has tenido una psicosis, es mejor consultar con alguien que pueda ayudarte a decidir cuándo y cómo aproximarte al despertar. La última advertencia es que no debe esperarse que este tipo de trabajo reemplace el tratamiento médico o de un profesional de la salud mental. Por favor, continúa con los planes de tratamiento y la medicación prescritos. Trabaja siempre cerca de un profesional de la salud para introducir cualquier cambio o discontinuidad.

Si sientes que hay algún tipo de inestabilidad en tu vida relacionada con desórdenes médicos o psiquiátricos que no he mencionado, por favor consulta con un profesional antes de intentar un proceso como el que voy a exponer.

Capítulo 2:
Primeros pasos

Introducción

Si has leído hasta aquí, quiero felicitarte. El mero reconocimiento de que una investigación de tu verdad más profunda es valiosa para ti es increíblemente poderoso. Es posible que no veas el efecto de este reconocimiento de manera inmediata, pero es como un mensaje enviado desde tu yo consciente a los recesos más profundos de tu ser. Se ha despachado una comunicación a las fuerzas fundamentales que gobiernan quien eres y cómo te relacionas contigo mismo y con la totalidad de la vida. La transformación ya está en camino.

Este capítulo ofrece un conjunto de sugerencias simples que pueden resultar útiles como principios orientadores para que comiences con el pie derecho. Tenerlas a la vista puede hacer que las cosas vayan mucho más suaves para ti. Pueden ayudar a evitar mucha confusión, frustración y desvíos innecesarios. Recuerda que solo son sugerencias. Si bien no recomiendo ignorarlas completamente, tampoco están pensadas para ser aplicadas con rigidez.

Algunas de estas sugerencias son marcos generales de referencia que ayudan a cultivar un terreno fértil para el despertar. Otras son estrategias para leer e incorporar el material de este libro más eficaz y eficientemente. Y las terceras son indicadores para ayudar a disipar ciertas creencias con respecto al despertar que, si no se examinan, pueden ser un obstáculo.

Alcance

Mi intención original era que este libro cubriera la totalidad del proceso de despertar y realización desde el principio, pasando por el despertar y las diversas comprensiones y retos que le siguen, cubriendo todo el camino hasta la liberación. A medio camino de la escritura quedó claro que eso produciría un libro demasiado largo para ser práctico. Decidí cubrir el territorio hasta e incluyendo el despertar, y dejar en gran medida los comentarios sobre los estados posteriores para el siguiente libro.

Dicho esto, la gran mayoría de las indagaciones y prácticas que se exponen en estos capítulos son tan aplicables después del despertar como antes, y tal vez más. Buena parte de lo que incluyo en este libro viene de trabajar con personas que han pasado por el despertar pero todavía no han llegado a la liberación. El noventa por ciento de lo que comento con las personas que están en esa fase intermedia se puede encontrar en estos capítulos. Buena parte del trabajo a realizar después del despertar es recordarse una y otra vez los matices de aquello de lo que uno se dio cuenta durante ese despertar inicial. Con cada ronda de indagación, refinamiento, liberación e integración se alcanza otro nivel de claridad que es irreversible.

La mayor parte del siguiente libro serán descripciones de los cambios específicos que se producen después del despertar, y cómo evitar los obstáculos que los impiden. Se comentará cuándo y cómo aplicar ciertas indagaciones específicas a esos cambios en la comprensión. Como he mencionado, la mayoría de estas técnicas y puntos de indagación se incluyen aquí, simplemente no siempre entro en grandes detalles con respecto a cómo y cuándo aplicarlas en las etapas posteriores. En este libro, también se incluye un capítulo titulado Etapas del despertar, que también hace referencia a estas transformaciones posteriores. Además, habrá un breve capítulo que cubrirá la guía para después del despertar, en el que se describen los planteamientos básicos y prácticos de dichas etapas de la realización.

Participación

Si dedicas tiempo a aplicar las diversas técnicas, indagaciones e investigaciones de este libro a medida que lo vayas leyendo, te someterás a una transformación radical. Si lo lees de cabo a rabo y no te paras a aplicar nada de lo que lees, sacarás mucho menos provecho de él. Te sugiero que leas un poco cada vez y que apliques lo que has leído. Si tuviera que prescribir una proporción, sugeriría un 5% de lectura y un 95% de poner en práctica lo leído. Como ejemplo, podrías leer una sección por semana y a continuación sentarte con lo leído, contemplarlo y/o aplicarlo antes de continuar.

También quiero decir unas palabras sobre la repetición. A medida que leas el libro, sin duda notarás que hay ciertos temas y motivos que se repiten en ciertos momentos y en diferentes contextos. Esto tiene un propósito. Existen ciertas distorsiones en nuestra manera de procesar nuestras experiencias que son bastante insidiosas. Sé por experiencia que tendremos que volver a abordarlas muchas veces desde distintos ángulos para poder pasar por debajo de ellas, puesto que tienden a reafirmarse en nuestra percepción. Si reconoces esta repetición, cada vez que se señalan estas distorsiones tienes la oportunidad de abordarlas a un nivel más profundo.

Los fundamentos son fundamentales

A medida que comiences a navegar en este proceso, puedes sentir la tentación de aprender lo que viene más adelante, como los aspectos más avanzados del despertar. Este entusiasmo es natural y forma parte del proceso. No obstante, quiero advertirte de la importancia de apreciar convenientemente los fundamentos a lo largo de todo el recorrido. Incluso en las etapas posteriores de la realización, buena parte de lo que comento con la gente y las maneras de guiarla son similares a lo que comento con los principiantes. Además, los lugares más confusos y difíciles donde he visto que la gente se queda atascada guardan relación con pasar por alto alguno de los fundamentos. Si no se remedia, perder de vista las bases puede ser un gran obstáculo. Usaré la analogía de construir una casa. Si los cimientos están completos y son estructuralmente sólidos, será una casa robusta, funcional y de larga duración. Conforme se abordan otros aspectos de la construcción, siempre es buena idea volver ocasionalmente a inspeccionar los cimientos. Esto es especialmente cierto si estás teniendo algún problema en las etapas posteriores del proceso de construcción. Siempre es posible que alguna parte de los cimientos esté dañada o que inicialmente se haya pasado por alto, y examinar eso hará que el resto del proceso de construcción sea más fluido.

Con este espíritu, sugiero retornar de vez en cuando a este y a los demás capítulos fundacionales. Esto tiene un doble propósito. En primer lugar, puedes estar seguro de que los fundamentos de tu comprensión y práctica están intactos y que no has pasado nada por alto. En segundo lugar, al retornar a las bases en diversos momentos del proceso de realización conseguirás una comprensión más profunda que la alcanzada en la lectura anterior. Esto permite refinar la comprensión experiencial. Cada vez que retornes y te recuerdes a ti mismo las orientaciones básicas incorporarás cosas a un nivel más sutil. Podrías sentirte sorprendido de que, habiendo leído algo cinco veces, de repente salta de la página y te impacta a un nivel muy profundo. Lo que antes era un entendimiento intelectual de repente se convierte en una profunda comprensión viviente. Esto me ha ocurrido incontables veces. Sería rico si tuviera un euro por cada vez que alguien me ha dicho: "Te he oído decir eso muchas veces. Pero, por la razón que sea, esta vez me ha impactado de otra manera y lo ha cambiado todo".

Conversación de tú a tú

Como probablemente ya te has dado cuenta, el estilo de escritura de este libro conserva la forma de una conversación de tú a tú. Te estoy hablando directamente a ti, y solo para tu beneficio. No me interesan las discusiones filosóficas, especialmente sobre la espiritualidad o la iluminación. Solo me interesa lo que funciona. Como mencioné en el primer capítulo, este libro creció a partir de conversaciones de tú a tú con diversas personas que estaban en el proceso de despertar. Ahora tú estás dentro de la conversación. A medida que escribo esto, me siento exactamente igual que cuando trabajo de cerca con un individuo que está pasando por este proceso. Esto no tiene la intención de ser un tópico, ni de ser estiloso, ni siquiera instructivo. Es una transmisión en caliente. Te estoy dando todo lo que tengo.

Solo de momento

Yo siempre enseño en lo inmediato. Cuando trabajo con alguien, no me preocupa dónde está en el proceso de realización ni en una trayectoria específica. De esta manera la enseñanza puede ser inmediata, sin estar “cargada” de ideas preconcebidas con respecto a de dónde viene alguien o hacia dónde va. Por lo tanto, el intercambio es intuitivo, instantáneo y completamente en el presente. Es un proceso dinámico y tiende a cambiar rápidamente y con frecuencia. Es común que yo diga: “No te preocupes de nada de lo que he dicho antes. No tiene valor aquí. Solo me preocupa lo que está disponible ahora mismo para ti de manera inmediata y en la experiencia directa”.

Te animo a tratar todo lo que leas en este libro del mismo modo. Si estás leyendo algo, préstale toda tu atención. No te preocupes de encajarlo en un paradigma con alguna otra porción de la enseñanza. Más bien, deja que te impregne. Deja que se hunda en tus profundidades. Deja que germine dentro de ti y que encuentre su propia fructificación. Deja que cada sugerencia, indagación e investigación surja por sí misma y revele su propia inteligencia como experiencia viva en ese momento. Incluso si has leído algo antes y sientes la tentación de pasarlo por alto pensando: “Oh, ya sé esto”, procura recordar que has de leerlo con ojos nuevos. Deja, una vez más, que esta sea la primera vez que lo lees. Deja que sea lo único que te preocupe en ese momento. Deja que llene el momento. Deja que llene todos tus sentidos. Después, suéltalo completamente. No te aferres. No colecciones información o estrategias. Solo permite y abraza lo que venga a continuación.

La experiencia directa triunfa sobre la información

Si en algún momento estás leyendo y te sobreviene una experiencia de expansión, interconexión o profunda quietud, deja de leer y dirige directamente la atención a esa experiencia. Relájate en ella. Da permiso a la experiencia para que sea lo único que haya. Las palabras de la página no van a ir a ninguna parte. Seguirán aquí cuando vuelvas. Siempre es mejor honrar tu experiencia inmediata. De modo que si te sobreviene un estado pacífico, inefable o “excepcionalmente real”, simplemente siéntate con él. No trates de hacer que se quede o que se vaya, deja que se funda contigo. Deja que te muestre su esplendor. Deja que te revele directamente su naturaleza, fuera de palabras o conceptos. Incluso puedes cerrar los ojos y meditar durante unos minutos, o más tiempo si lo sientes relevante y espontáneo. Todavía mejor, ¡sé meditado! Después de todo, para eso es para lo que estás aquí.

La necesidad de entender

Estamos plenamente inmersos en la Era de la Información. Ya disponemos de un acceso eficiente a grandes cantidades de datos sobre cualquier tema en casi cualquier lugar al que vayamos. Esto supone un enorme beneficio práctico para nosotros. Sin embargo, también tiene un efecto secundario; a lo largo del día nos vemos inundados por grandes cantidades de información a través de diversas vías electrónicas. Esto puede tener un efecto abrumador sobre nuestra psique. También puede ser adictivo. Nuestros cerebros están estructurados de tal modo que cuanto más usamos ciertas rutas neuronales específicas, más se fortalecen. De este modo, nos hemos convertido en voraces recolectores de información y comparadores.

Cuando estamos decidiendo adónde ir de vacaciones o comparando coches nuevos para ver cuál queremos comprar, esta facultad nos sirve bien. Cuando estamos investigando nuestra naturaleza más profunda, puede ser perjudicial. Ningún conjunto de descripciones, datos o informaciones podría definir la complejidad y amplitud de lo que somos, ¿cierto?

A medida que leas estos capítulos y apliques el material, por favor recuerda que tu principal objetivo no es entenderlo intelectualmente. Si percibes que la comprensión intelectual es la clave de la tarea, leerás de un modo que se parece a la recolección de datos. Por otra parte, si lees con la intención de incorporar experiencialmente lo que se te señala, estarás orientado de otra manera. Así, podría sugerirte que mientras leas e incorpores esta información, des siempre más peso a la sensación de lo que está detrás de las palabras. Interésate más en lo que las palabras reflejan dentro de ti de una manera física e intuitiva que en las palabras mismas.

Date permiso

Cuando era más joven, tenía muchas dificultades en ciertas situaciones sociales. Los entornos de celebración, como las fiestas, a menudo me causaban ansiedad y frustración. Me producían exactamente el efecto opuesto del que yo había esperado. Recuerdo que miraba a la gente y me sentía celoso porque parecían muy despreocupados y podían disfrutar totalmente. Se divertían de manera natural y se movían espontáneamente. En las fiestas nadie tenía que trabajarse el estar despreocupado; era algo natural para ellos. Realmente me dejaba atónito porque yo era una persona lista y era bueno en la resolución de problemas. Pensaba que debería ser fácil quitarme los zapatos y relajarme en un entorno social. Pero nunca podía hacerlo. Tardé mucho tiempo en darme cuenta de que, en esos momentos de mi vida, mi corazón no estaba en celebrar, escapar y distraerme interminablemente. Ahora bien, si me lo hubieras preguntado entonces, te habría dicho que eso era exactamente lo que quería. Parecía que era lo que había que hacer. Pensaba que tenía que trabajar y cuidar de mis responsabilidades para que, cuando surgiera la oportunidad, poder soltarme, divertirme, hacer el tonto y sentirme libre.

Mirando atrás, lo que estaba operando ahí era la falacia de las falsas alternativas. Tenía la creencia no examinada de que la selección de actividades que estaban a mi disposición estaba limitada a las cosas en las que había visto participar a otros. Parecía que fuera del trabajo, la escuela y las responsabilidades familiares, la elección de pasatiempos estaba limitada a actividades deportivas, leer, ir de fiesta, más trabajo o diversas aficiones. Por supuesto, todas estas son formas perfectamente aceptables de pasar el tiempo libre. El problema para mí es que había creído que estas eran las únicas posibilidades. No lo eran, pero nunca me había encontrado con un recurso ni había conocido a nadie que me ofreciera la posibilidad en la que estaba auténticamente interesado. Tuve que descifrarla por mí mismo, y me llevó bastante tiempo. En definitiva, tuve que darme permiso para reconocer una posibilidad que no había visto u oído describir a nadie, y después dedicarme a ella. Entonces, ¿cuál era esta posibilidad? Quería investigar y vivir la verdad más profunda de mi ser. Quería vivir a partir de una comprensión intuitiva de la naturaleza fundamental de la realidad. También quería acabar con mi propio sufrimiento.

"La verdad es tan amable que solo tiene que ser conocida para ser abrazada".

—Plutarco

Simplemente no es común encontrar un contexto para estos intereses en las situaciones sociales habituales en las que los humanos nos encontramos en nuestro día a día. Si quieres ver de primera mano a qué me refiero, podrías probar el experimento siguiente. La próxima vez que estés teniendo una conversación informal con alguien, bien sea un amigo, un miembro de la familia o un socio, plantea esto directamente. Di algo como: "Sabes, me interesan los temas de los que solemos tratar, como nuestros objetivos, nuestras familias, temas relacionados con el trabajo, etc. Sin embargo, lo que me interesa ahora mismo es la verdad absoluta. ¿Qué es verdad para ti ahora mismo? ¿Cuál es el sentido de realidad más fundamental tal como lo estás experimentando en este momento?". Su mirada lo dirá todo. Ciertamente, hay individuos y grupos de personas a las que les interesa este tipo de conversaciones, pero, por lo general, para encontrarlos hay que buscarlos intencionalmente. Es tabú hablar sobre la búsqueda radical y sin concesiones de la verdad interna. Espero que esto cambie, pero, hasta que lo haga, tenemos que darnos permiso.

No es mi intención criticar nuestras maneras prácticas de comunicación ni sugerir que estar interesado en el despertar a nuestra verdadera naturaleza sea mejor que otras actividades. No creo que lo sea. No obstante, si lo que realmente se está moviendo dentro de ti es un anhelo de encarnar tu verdad más profunda, entonces, para eso no hay sustituto. Tienes todo el derecho de dirigirte hacia él. Tienes todo el derecho de responder a su llamada. Es posible que nadie de los que has conocido hasta ahora comprenda esta intención, pero eso no importa. No necesitas un contexto externo para validar esta curiosidad natural e inclinación hacia la verdad. Tienes el derecho y la capacidad de dar a tu anhelo por la verdad la máxima prioridad en tu vida. Se trata principalmente de un compromiso del corazón, de modo que no necesitas averiguar todo lo que eso significa ahora mismo en tu vida. Simplemente es cuestión de reconocer y de darte a ti mismo permiso para orientarte hacia los anhelos más fundamentales e importantes de tu vida.

"He vivido al borde de la locura, queriendo conocer las razones, llamando a una puerta. Se abre. ¡He estado llamando desde dentro!".

—Rumi

Lo que quieres ya está aquí

Llevas contigo el potencial innato para acabar con tu sufrimiento en esta vida. Incluso esta declaración no da de lleno en el clavo. Haré otra mejor. ¿Creerías que el estado de no-sufrimiento, la realidad de la no-división ya está aquí? No está "ahí fuera" en alguna parte. No es algo que saldrás a buscar y encontrarás. No es algo que ocurrirá en el futuro, aunque nuestros pensamientos harán que parezca ser así. Sé que esto no tiene sentido intelectualmente. Eso está perfectamente bien. No tiene que tener sentido para convertirse en una realidad viviente. No hay necesidad de pensar en esta verdad ni de contemplarla. En algún momento, te golpeará en la cabeza. Generalmente llega en un momento ¡ajá!.[2]

Podrías preguntarte qué valor tiene algo que no puede comprenderse intelectualmente. Bien, puede resultar útil recordarte este principio cuando empieces a ver que la maquinaria de la búsqueda empieza a acumularse en tu mente. Cuando empiezas a notar que surgen en la superficie pensamientos o ensoñaciones como: "Cuando por fin esté iluminado, será así y de la otra manera", puedes recordarte esta simple verdad: "Ya está aquí. Incluso si ahora mismo esto no es una realidad momento a momento para mí, confío en que ya está aquí, no allí, y no es algo que vendrá más adelante en mi vida". Esta afirmación tiene la capacidad de devolver tu atención a lo inmediato. Podemos relajarnos un poco y devolver nuestra atención a los pensamientos, sentimientos y sensaciones del momento, en lugar de hacernos interminables falsas promesas sobre el futuro.

"Aquello que estamos buscando es lo que está buscando".

—San Francisco de Asís

Investigaremos la naturaleza del pensamiento y de la búsqueda en próximos capítulos. Quedará mucho más claro cómo algo que está exactamente aquí en todo momento puede quedar tan oscurecido y

2. Momento de decir ¡ajá! al darse cuenta de algo, al tener una comprensión. (N. del t.)

proyectarse en un futuro imaginario. De momento, puedes tomarte esto como un sugerencia para cultivar cierta medida de fe en tu libertad y paz innatas.

La vida ajetreada

La vida nos mantiene ocupados, ¿cierto? Tenemos niños que criar, relaciones que nutrir, títulos que ganar y trabajos que realizar. Para algunos de nosotros las exigencias son todavía más desalentadoras. Podríamos estar cuidando de un ser querido enfermo. Podríamos ser un padre o una madre solteros con unos ingresos que nos den justo para ir tirando, y tener dos trabajos para salir adelante. Podríamos tener que afrontar problemas de salud serios, y al mismo tiempo intentar equilibrar nuestras responsabilidades. Independientemente de las circunstancias, la vida sigue, y a veces las exigencias pueden parecer abrumadoras. Así, ¿dónde queda sitio para el trabajo de investigar nuestra naturaleza más profunda?

Es una percepción común que, para despertar, tendríamos que abandonar la vida habitual y dedicarnos durante décadas a la contemplación o a la meditación en un entorno retirado, como un monasterio o templo. Esto no es verdad en absoluto. Ese tipo de reclusión puede incluso resultar contraproducente en las etapas más profundas del despertar. Las personas más realizadas que conozco no viven en monasterios, no son monjes, monjas ni sacerdotes. Viven entre nosotros y tienen vidas ordinarias en lo externo. Desempeñan un trabajo a tiempo completo y mantienen relaciones. Esto puede ser contraintuitivo, pero la textura de la vida ajetreada es el entorno perfecto para que ocurra el despertar. Una de las razones de ello es que "la vida cotidiana" nos ofrece situaciones que pueden revelarnos las estructuras más sutiles e insidiosas del ego (la tendencia a contraerse en una sensación de separación). Los entornos estresantes y las situaciones interpersonales difíciles añaden la textura necesaria para sacar a la luz patrones de resistencia profundamente enterrados que pueden ser muy difíciles de ver en una vida dedicada únicamente a la contemplación serena.

Entonces, ¿cómo se aproxima uno a esta tarea de despertar en el contexto de una vida ajetreada? En primer lugar y principalmente, es importante entender que el despertar no ocurre únicamente durante la meditación, en los retiros, o cuando estás en presencia de alguien despierto. De hecho, a menudo surge de la nada, o en momentos en que no estamos pensando en ello ni practicando de manera específica. Podría parecer que el despertar es algo que sales a buscar y encuentras, como un tesoro enterrado. No es tanto así. Viene a ti. Germina y florece en su momento. Tu trabajo consiste en preparar y cultivar el terreno. Cuando el terreno está adecuadamente preparado, el despertar llega de manera tan natural como el día sigue a la noche. Puede venir y viene en todo tipo de situaciones vitales. Puede venir en tiempos estresantes o incluso cuando estamos teniendo una crisis existencial. Puede venir cuando la situación es pacífica. No sigue reglas.

También ayuda reconocer que los momentos poco interesantes, mundanos o aparentemente aburridos son algunas de las mejores oportunidades. Esos momentos del día para los que generalmente no percibimos ninguna cualidad redentora están maduros para ser investigados. Hacer cola en la tienda de comestibles es una oportunidad perfecta para practicar. Estar en un atasco de tráfico también. Incluso las experiencias de inquietud y confusión pueden ser minas de oro para la indagación y para practicar *mindfulness*. Encontrarte con personas que activan distintas respuestas emocionales en ti es valioso más allá de toda medida cuando te lo planteas con apertura y estás dispuesto a dejar que la situación te revele lo que tenga que ofrecer. Las experiencias incómodas son tan valiosas como las experiencias pacíficas o místicas durante la meditación. Más adelante veremos cómo aplicar las prácticas o indagaciones en esos momentos. Por ahora, esta es una de mis citas Zen favoritas:

"Si consideras que la quietud es correcta y la actividad equivocada,
eso es buscar el aspecto real destruyendo
el aspecto mundano, buscar el nirvana, la paz de
la extinción, aparte del nacimiento y la muerte. Cuando te
gusta la quietud y detestas la actividad, ese es el momento de aplicar
esfuerzo. De repente, estando en medio de la actividad,
te invade la sensación de quietud: ese poder sobrepasa
la meditación aquietada... un millón de billones de veces".

—Dahui Zonggao

¡Un millón de billones de veces! Es ahí adonde te diriges. Esto es una expresión del estado de realidad y de la inmersión completa en él. Y podrías preguntarte: ¿Si ese es el estado natural, qué nos impide vivirlo en este momento? Bien, lo cierto es que el impedimento es muy pequeño. Y todo se reduce a reconocer e invertir las maneras en las que habitualmente rechazamos la vida a diversos niveles a través de la distorsión perceptual. Al experimentar la realidad a través de capas de filtros perceptuales, sutilmente, y a veces no tan sutilmente, rechazamos nuestra experiencia del momento. Lo hacemos por medio de crear hábitos, y no nos damos cuenta del coste. Este rechazo es la naturaleza humana, o al menos lo es desde la ilusión colectiva humana de la separación.

A fin de cuentas, lo que la liberación significa realmente es que estamos tan inmersos en el flujo momentáneo de la vida que no hay el menor rechazo del momento o de la situación. Solo entonces se ve que la verdadera libertad y la intimidad radical son la simple y obvia naturaleza de las cosas, más que algún objetivo que tengamos que alcanzar. De modo que, aunque a menudo nos sintamos desconectados del momento, no tenemos que desanimarnos por llevar una vida tan ajetreada. Esta vida ajetreada nos expone continuamente a las situaciones y texturas necesarias para realizar y encarnar nuestra naturaleza intrínsecamente libre. Por ahora no tienes que preocuparte por no saber qué hacer en los momentos en los que te sientes desconectado. Basta simplemente con reconocerlo y confiar en que tu vida, exactamente como es ahora mismo, es el entorno perfecto para el despertar. Las indagaciones y prácticas vendrán más adelante. De momento, deja un poco de espacio a la posibilidad de que tu día está lleno de oportunidades para entrar en contacto con tu naturaleza indivisa. En los estados más profundos de realización queda claro que cada momento está perfectamente coreografiado para seguir ahondando en la comprensión y la liberación. El Universo está de tu lado, completamente de tu lado.

Sin posibilidad de escapar

Por favor, nunca uses la excusa de investigar tu verdadera naturaleza o de estar en el camino espiritual para justificar comportamientos irresponsables. Este proceso no está pensado para ser una salida fácil, una manera de escapar de las dificultades de la vida, ni una manera de evitar responsabilidades. En general, te recomiendo que sigas haciendo lo que has venido haciendo y que te tomes en serio las responsabilidades de tu vida. Ve a trabajar. Ve a la escuela. Trata a tus relaciones con respeto y dales la atención que merecen. Si estás huyendo de tus responsabilidades y diciéndote a ti mismo que es debido a la "espiritualidad", tal vez quieras examinar más de cerca tus motivos. Por supuesto, a veces necesitamos introducir cambios en nuestra vida. A veces tenemos que hacer cambios en nuestra vocación o en nuestras relaciones. A este tipo de decisiones se les debería prestar la sincera consideración que merecen. Lo que sugiero es que si la razón que te das a ti mismo para hacer dichos cambios guarda relación con el proceso de despertar, podrías estar engañándote.

¿Es posible construirse un ego en torno a la carrera profesional, la posición y los logros que podría dificultar el despertar? Sin duda. Es posible quedarse fijado en cualquier parte, y algo de esto ocurrirá hagamos lo que hagamos. Así es como estamos estructurados los seres humanos. Sin embargo, según mi experiencia, es más fácil quedarse fijado en la dirección opuesta. Es más común utilizar la espiritualidad como una excusa para alejarnos de nuestras responsabilidades o para evitar reconocer las verdades que nos resultan incómodas o inconvenientes. Todos tenemos esta tendencia en cierta medida, pero en la vida de algunos supone una distorsión notoria. Si no reconocemos este malentendido, podemos andar desencaminados durante muchos años sin darnos cuenta.

Microgestionar la vida

Vivimos en una sociedad con miríadas de distracciones que están fácilmente a nuestra disposición. Considera el apéndice recientemente adquirido que ha aparecido de repente en los cuerpos humanos por todo el mundo, desorientando a los científicos. Casi de la noche a la mañana, este abrupto desarrollo evolutivo llamado "teléfono inteligente" ha transformado drásticamente nuestra forma de comunicar y de pasar el tiempo. Estos pequeños aparatos tienen el poder de cautivar nuestra atención de innumerables maneras.

No tengo nada en contra de los teléfonos inteligentes *per se*. Son instrumentos útiles y prácticos. Pero compara una habitación llena de gente hoy con un grupo similar antes de que se inventaran los teléfonos inteligentes, y verás a qué me refiero. Añade a eso todas las demás pantallas (televisión, portátiles, tabletas, juegos de vídeo, ordenadores) y tenemos una verdadera cacofonía de distracciones que pueden fácilmente dominar nuestras vidas.

Además de todas las distracciones electrónicas, nos inundamos de aficiones, pasatiempos, actividades, obligaciones sociales y así sucesivamente. Tal como existen rasgos de personalidad que tienden al escapismo y a evitar la responsabilidad, hay otros que nos hacen "gestionar nuestra vida en exceso". Dichas tendencias pueden llevar a distraernos continuamente con actividades, gestiones y detalles, lo que nos lleva a desperdiciar energía, e incluso al agotamiento. No deja de ser común que algunas personas llenen cada momento de su día con actividades y tareas para evitar despertar. He conocido a personas con aspiraciones serias de realizar su verdad más profunda, pero llenan demasiado sus vidas continuamente, hasta el punto de socavar su impulso hacia la realización.

A menudo, lo que subyace a esto es una discordancia entre pensamientos y emociones. Podemos usar la excusa de estar comprometidos con muchas cosas, o en general ocupados, para evitar sentir las emociones de manera natural y espontánea. Hay personas que me han dicho: "Me siento tan agotado con todos mis compromisos que me voy a dejar tiempo para relajarme y estar libre de obligaciones. Pienso en lo hermoso que será simplemente sentarme y meditar. Sin embargo, cuando trato de relajarme, me siento inquieto e incómodo, como si tuviera que hacer algo". En ese punto de la conversación, generalmente pienso: ¡Genial! Por fin te vas a ralentizar lo suficiente como para sentir lo que está debajo de toda esa actividad frenética. Por desgracia, lo siguiente que suelen decir es: "Y como no podía relajarme, fui e hice xyz". Todos pasamos por esto en cierta medida. Sin embargo, si este patrón define tu vida día tras día, ten cuidado con esta tendencia a hacer demasiadas cosas. El ajuste aquí consiste en explorar la emoción y aceptar lo que está ocurriendo, en lugar de intentar siempre "hacer" que las cosas ocurran.

Comentaremos estrategias específicas para navegar en estas aguas en capítulos posteriores. De momento, te sugiero que empieces a abrirte a la posibilidad de dejar espacio en tu vida para "no hacer nada". Es importante empezar con pasos de bebé. Al principio, simplemente empieza a reconocer que se presenta un momento para sentarte, relajarte y dejar que la atención venga a la experiencia directa de lo que está ocurriendo. Date un momento para dejar que la atención pase de manera natural a las sensaciones corporales, o a los sonidos y colores del entorno. No te aferres a una norma rígida (más gestionar). Comienza donde puedas. Comienza con lo que te resulte cómodo y natural. Si son treinta segundos de silencio y desconexión, que así sea. Deja que la vida venga a ti y te muestre cómo sintonizarte con la presencia. Deja que la paz y la ecuanimidad naturales comiencen a revelarse a ti. Estas oportunidades pueden presentarse en cualquier momento a lo largo del día, de modo que mantente abierto a la posibilidad. Es de ayuda cultivar un poco de receptividad de esta manera. El truco está en no intentar gestionar ni fabricar espacio no gestionado.

Asimismo, no tengas expectativas rígidas o poco razonables con respecto a ti mismo por sentirte agotado. Decirte: "Voy a tomarme un día de descanso para meditar" cuando tienes dificultades para relajarte durante treinta minutos seguidos es probablemente imponerte una exigencia poco razonable. Solo llevará a la frustración y a la decepción.

Recuerda..., pasitos de bebé.

Esfuerzo

No hace falta añadir que investigar nuestras verdades más profundas requerirá cierto esfuerzo de nuestra parte. Tendremos que estar dispuestos a abrirnos al cambio. Tendremos que investigar o indagar de cierta manera a fin de cultivar el terreno para el despertar. A veces el trabajo resultará desafiante, lo cual a menudo implica afrontar experiencias difíciles, tanto interna como externamente. Sin embargo, no necesitamos tener la capacidad de trabajar sin respiro ni de manera sobrehumana. Nuestro cuerpo-mente no funciona así de manera natural. Si observas el cuerpo-mente, habrá momentos de intensa actividad y otros de profunda relajación. Habrá momentos de conductas orientadas hacia objetivos y otros de disfrute relajado del entorno.

Observando estas variaciones, aprendes que puedes equilibrar el dejar que los ciclos naturales que gobiernan tu cuerpo (y toda la naturaleza) te enseñen e informen, con el desarrollo de un marco estructurado para la práctica. Con el tiempo, lo que suele ocurrir es que aprendemos a armonizar nuestras prácticas, indagaciones y meditaciones con los movimientos naturales e inclinaciones del cuerpo-mente y del entorno que nos rodea.

Una creencia común que a menudo no se examina es que para despertar debemos trabajar extremadamente duro y/o con la consistencia de una máquina. Esto simplemente no es verdad, y creerlo puede llevar a mucho desánimo innecesario. Por favor, sé amable contigo mismo y evita imponerte normas innecesariamente rigurosas. No te juzgues con demasiada dureza cuando las cosas no vayan como esperabas o como las habías planeado. Habrá momentos en los que habrás planeado meditar o practicar, y después, por algún motivo, eso no ocurrirá. Habrá momentos en los que te sentirás disciplinado y la práctica parecerá fluir de manera dichosa. Y habrá momentos en los que te sentirás desesperadamente desenfocado y distraído.

No necesitas juzgarte a ti mismo en cualquiera de estas situaciones. Simplemente reconoce que todo en la naturaleza está fluyendo y que todo esto es muy natural. Estas fluctuaciones nos ocurren a todos. Pasarás por estos ciclos muchas veces, de modo que lo mejor es aceptar que somos humanos, y los humanos no siempre somos coherentes. En estos casos también podrías notar una tendencia a juzgarte a ti mismo: "¡Nunca voy a despertar! Ni siquiera puedo mantener un simple horario". Todo el mundo tiene este tipo de pensamientos; son muy normales. Yo los he tenido más veces de las que puedo contar. Lo importante es reconocer que solo son pensamientos. Si no les prestamos demasiada atención, irán y vendrán tal como cualquier otro pensamiento.

Un pequeño esfuerzo sobre una base razonablemente consistente es más que suficiente. Si durante algún tiempo no haces ninguna práctica ni prestas atención a tu camino, eso está bien. Cuando la práctica o la curiosidad retornan de manera natural, no hace falta mirar atrás ni dar mucho bombo a las oportunidades perdidas. Para cuando te das cuenta, el momento ya ha pasado, de modo que no te fustigues. Deja que el pasado descanse.

Estate preparado para sentirte incómodo

Este empeño conllevará cierta incomodidad. No hay manera de evitarlo. Nunca será insoportable, pero a veces tus pensamientos pueden decirte que lo es. Nosotros, los seres humanos, podemos hacer cosas asombrosas para evitar la incomodidad. Como hemos comentado, vivimos en una sociedad de interminables distracciones y podemos usar cualquiera de ellas para evitar la incomodidad. Bien, cuando asumimos una investigación de nuestras verdades más profundas, estamos poniéndonos voluntariamente en situaciones que, por su naturaleza, hacen que sea difícil distraernos. Al hacer esto, a menudo notaremos cierta incomodidad. A veces es una leve inquietud. Otras veces puede ser más intensa. En cualquier caso, puede ser tremendamente útil reconocer la incomodidad.

"De acuerdo, me estoy sintiendo incómodo. ¿Cómo es esto? ¿Qué siento en mi cuerpo en este momento? ¿Tengo que hacer algo para distraerme inmediatamente, como mis pensamientos y hábitos sugieren, o puedo simplemente estar con ello?". Tal vez te sorprendas. Aquello de lo que has estado huyendo durante años podría convertirse en algo tolerable, incluso disfrutable después de algún tiempo.

"La medida última de un hombre no se halla en cómo se comporta en momentos de comodidad y conveniencia, sino en cómo se comporta en momentos de desafíos y controversias".

—Martin Luther King Jr.

Al principio es posible que solo puedas estar con la incomodidad durante unos minutos, y eso es perfectamente aceptable. Con el tiempo empezarás a reconocer que tienes la capacidad innata de relajarte en cualquier cosa que tu cuerpo esté sintiendo en ese momento. Con esa relajación podrías notar un proceso alquímico. La inquietud y la incomodidad empezarán a transformarse en una experiencia de presencia y totalidad. Podría emerger una comprensión intuitiva: la incomodidad misma no era lo que nos estaba distrayendo, lo que nos hacía sentir inquietos e irritables. Esto solo eran los efectos secundarios de la actividad habitual de escaparnos de nuestras emociones.

Con esta toma de conciencia empezamos a reconocer que hay una inteligencia en la incomodidad. Es como un mensajero diciéndote: "Mira aquí". Esto empezará a reemplazar el viejo hábito que parece decir: "Sal corriendo". A medida que reconocemos nuestra capacidad de sentarnos con estos procesos, comienza a emerger cierta disposición espontánea. Vemos que al abrirnos voluntariamente a la inteligencia de estos momentos incómodos, estamos reconociendo lo que ya está dentro de nosotros. Reconocemos que huir de estas experiencias es huir de nosotros mismos. Hemos hecho esto durante demasiado tiempo, ¿cierto? Todo ese huir es lo que está causando sufrimiento. Esta separación de nosotros mismos es lo que perpetúa ese sentido de separación de los demás y de la vida misma.

No seas necio

En este escrito me he comprometido a evitar de manera general la terminología espiritual. Sin embargo, algunos términos son demasiado buenos como para resistirse a ellos. La frase "apestar a Zen" es uno de estos ejemplos. Esta extraña combinación de palabras hace referencia a un fenómeno muy real que ocurre en los practicantes que se encuentran en diversos puntos del camino hacia la realización. Cuando uno "apesta a Zen", tiene la creencia de que, de algún modo, es mejor que toda esta gente "no iluminada" que no ha experimentado, vislumbrado o realizado lo mismo que él/ella. Esto puede ocurrir a nivel consciente o inconsciente. Ninguno de nosotros quiere ser visto como egocéntrico o como que tiene ilusiones de grandiosidad, de modo que esta actitud puede ser difícil de detectar en nosotros mismos. Reconocerla requiere cierta medida de humildad y reflexión. Para evitar penas y confusiones innecesarias en el proceso de despertar, es importante ser consciente de esta tendencia y ser capaz de reconocer sus síntomas.

Sin excepción, todos construimos una especie de "ego espiritual" como subproducto al estar involucrados en el proceso de despertar. Dependiendo de nuestra personalidad, condicionamiento y experiencias, podría presentarse de maneras sutiles o bien de manera abierta y general. En un extremo del espectro están los que obtienen una "muestra" de la realización y van por ahí "salvando al mundo" con una especie de complejo mesiánico. No recomiendo esto por razones obvias. Uno de los principales impulsos para escribir este libro es ayudar a poner fin a la posibilidad de una mentalidad sectaria y a "la adoración del maestro espiritual" dejando claro que la realización completa está disponible para todos. Si te mantienes sobre la pista, no hay razón para que tu realización no sea llevada hasta profundidades que están más allá de las de maestros espirituales muy conocidos, algunos de los cuales tienen una cantidad sorprendente de seguidores.

La peste a Zen puede manifestarse en etapas posteriores de la realización de maneras sutiles, pero en las primeras etapas a menudo es manifiesta, y generalmente es un fenómeno que nos limita. Está asociado con lo que yo llamaría "saborear inicialmente" el despertar. Cuando empieces a abrirte a las verdades más profundas, contactarás inevitablemente con experiencias de interconexión o estados místicos expansivos. Esto todavía no es el despertar; sin embargo, sabrás instintivamente que te has topado con algo más fundamental y real que nada de lo que habías encontrado antes en tu vida. Como criaturas sociales, es natural que queramos compartir algo de tanta importancia con las personas cercanas. Es posible que no podamos contenernos, y que por mero entusiasmo nos dediquemos a describir detalladamente nuestras experiencias de unión mística con nuestros amigos y seres queridos. En general, su reacción es cierta combinación de curiosidad, interés y anonadamiento. Por supuesto, a veces una persona capta verdaderamente la autenticidad de nuestra experiencia y puede resonar con lo que le estamos contando. Es agradable compartir de esta manera.

Por desgracia, nuestro entusiasmo puede dar paso a cierta arrogancia ingenua. Podríamos autodesignarnos grácilmente el "gurú local", y empezar a enseñar a la gente sobre la "iluminación espiritual", asegurándoles que tenemos las respuestas para ayudarles a despertar de su sueño ignorante. ¿Y no nos sorprende que los espiritualmente ineptos de nuestro alrededor no reconozcan nuestro estatus exaltado? Incluso es posible que lleguen a reírse de nosotros a la cara o a decirnos que somos el mismo cretino de siempre, solo que ahora un grado más molesto. ¿Te lo puedes imaginar?

Como he mencionado, generalmente esto nos limita. Tenemos que dar gracias a nuestros amigos y familiares porque les gusta que nos mostremos humildes. No te sientas demasiado decepcionado si escuchas algún feedback un tanto difícil de asumir después de sentirte totalmente animado describiendo tu reciente iluminación a otras personas. Esto va con el territorio. De hecho, es un precioso recordatorio de que todo lo que hay a lo largo del camino hacia la realización está aquí para mostrarte la verdad si estás dispuesto a verla. He dramatizado en exceso este escenario, pero a menudo mi descripción no está muy desencaminada. Te recomiendo que evites este tipo de cosas en la medida de lo posible. Mantente humilde y las cosas irán mucho más suaves para ti. A medida que progreses, tendrás más tiempo y oportunidades de practicar la humildad. A veces esta práctica de la humildad será voluntaria y gratificante. En otras ocasiones no será muy cómoda, para tu consternación.

Convertirse en maestro espiritual, consejero o guía

Creo que es maravilloso que la meditación y las prácticas de *mindfulness* y energéticas, como el yoga, ahora sean habituales en nuestra cultura. Esto es una indicación clara de que la humanidad está dando un paso evolutivo en su avance hacia la conciencia. Creo que no hay nada equivocado en enseñar diversas prácticas espirituales si se hace con sinceridad y buena intención. Sin embargo, si realmente quieres llegar a la liberación, en general te advertiría en contra de intentar enseñar sobre el despertar o facilitarlo hasta que haya ocurrido. Un primer despertar (lo que se abarca en este libro) solo es el principio. Decidir enseñar o facilitar demasiado pronto tiene mucho más potencial de causarte distracciones que de favorecer tu progreso. Muchas personas que han tenido despertares auténticos deciden enseñar demasiado pronto y se meten en situaciones en las que les resulta difícil ver que están usando la identidad del "iluminado" para impedir que el proceso fructifique.

"La iluminación es el emerger del ser humano de su inmadurez autoincurrida".

—Immanuel Kant

Capítulo 3:
¿Qué es el despertar?

Por fin hemos llegado al capítulo en el que vamos a comentar exactamente lo que es el despertar. Solo hay un problema. En realidad, no puedo decirte lo que es. De hecho, nadie puede. Sé que esto puede sonar decepcionante, pero una vez que entiendas por qué es así, te darás cuenta de que es una bendición disfrazada. El despertar nunca podría explicarse o describirse con precisión, y esta es una noticia particularmente buena.

Para clarificar esto, es importante que establezcamos una distinción clara entre entendimiento y experiencia. Hagamos un experimento con el pensamiento. Supongamos que nunca has saboreado el chocolate. Ahora imagina que yo lo he probado y quiero transmitirte qué sabor tiene. Podría pasar mucho tiempo describiéndote el sabor con gran detalle. Podría emplear descripciones comparativas haciendo referencia a otras notas de sabor con las que estás familiarizado. Podría describirte la textura, el aroma y el color. Incluso podría usar frases poéticas para describir lo que uno siente cuando se funde en su lengua. Si fuera un verdadero artista con las palabras, tal vez podría acercarme a describir la experiencia en la medida que el lenguaje lo permite.

Si has escuchado con atención, puedes haber asimilado todas las descripciones que he empleado. Tu imaginación podría remitirse a experiencias que has tenido a las que les son aplicables esas descripciones. Incluso es posible que creyeras que realmente conoces el gusto del chocolate. En cierto sentido, lo conoces. Por ejemplo, podrías usar las descripciones que has oído de mí y dedicarte a enseñar el sabor del chocolate a otros que no lo han saboreado. Podrías decir que has adquirido cierto conocimiento al escuchar y asimilar mis descripciones. Llegado a este punto, tu entendimiento del chocolate podría ser muy bueno. Incluso es posible que fueras capaz de citar referencias técnicas o científicas sobre las sutilezas y la variedad de sus sabores.

No obstante, si todavía no has saboreado el chocolate ni nada que contenga chocolate, ese conocimiento, esas descripciones elegantes, incluso la capacidad de traducírselas a otros, simplemente no te darían la comprensión experiencial que se adquiere poniendo el chocolate en tu boca por primera vez. Las mejores descripciones estarían muy alejadas de la experiencia directa, ¿cierto? Para entender esto mejor puedes aplicar este experimento con el pensamiento a otros sentidos. Por ejemplo, si fueras sordo de nacimiento, ¿cómo podría transmitirte la experiencia del sonido de una flauta? Si fueras ciego de nacimiento, o por alguna otra razón no hubieras tenido la experiencia visual del color rojo, no hay manera de que pudiera describírtelo y producir una experiencia directa para ti, ¿estamos de acuerdo?

El despertar es exactamente así. Es, por su naturaleza, puramente experiencial. No tiene nada que ver con descripciones ni con el entendimiento. El despertar no ocurre de repente en el momento en que has reunido suficiente información y descripciones para entender lo que es. Simplemente no funciona así. A veces esto puede resultar frustrante porque queremos entender las cosas, pero es importante transmitir esta verdad. Ves, una vez que hemos aceptado que intentar entender el proceso de despertar no va a hacer que ocurra, empezamos a abrirnos a otras posibilidades. ¿Cuáles son estas otras posibilidades? Aquí es donde comienzan las buenas nuevas. Dejando a un lado la necesidad de explicaciones o de que entender sea la manera principal de comunicar la realidad del despertar, podemos explorar qué se puede hacer para transmitir su realidad de una manera más directa e intuitiva.

En las conversaciones no conceptuales hay muchas maneras de plantar semillas que en último término germinan en el despertar. A esto lo llamo "transmisión". Transmisión es un término que describe el inducir la comprensión directa de algo que nunca podría ser comunicado mediante información. Esto puede ocurrir de diversas maneras. Puede tener lugar relacionalmente. Esto significa que oír y vibrar con la descripción que alguien hace de haber pasado por este proceso puede inducir y animar en ti procesos similares. Escuchar las descripciones de otro podría sonar como un intercambio de información, pero, si se hace correctamente, algo se puede transmitir a través de un canal posterior. Lo que facilita esto es nuestra capacidad innata de empatizar. A través de la empatía nos comunicamos a un nivel mucho más fundamental que a través del intercambio de información. La empatía es nuestra capacidad innata de sincronizar nuestros estados emocionales y nuestra fisiología con otras personas con las que estamos en relación.

Una segunda manera en la que puede ocurrir esta transmisión es a través del señalamiento directo. Consiste en usar el lenguaje de una manera muy intencional para inducir una comprensión experiencial en ti. He venido haciendo esto desde el comienzo del libro y lo seguiré haciendo a lo largo de él. Lo interesante de este método es que puede ocurrir en paralelo a la transmisión de información práctica. A veces no se nota directamente de manera inmediata; otras veces resultará obvio que se está comunicando algo a través de los canales posteriores.

El tercer método de transmisión es el más importante. Y es como sigue: puedes aprender diversas estrategias e indagaciones para investigar directamente por ti mismo. Además, puedo enseñarte a intuir y a desarrollar tus propias indagaciones e investigaciones. En último término, te estás transmitiendo a ti mismo. Por razones evidentes, este es el método más importante. Yo no puedo despertarte; solo tú puedes despertarte. Lo único que puedo hacer es enseñarte cómo acceder a partes de tu experiencia que puedes haber pasado por alto, olvidado o ignorado. Hacia el comienzo del proceso de despertar es posible que esto no sea obvio. Sin embargo, ya está comenzando a ocurrir. La parte intuitiva de ti está empezando a despertar y a sintonizarse con su inherente naturaleza despierta. A medida que se despliega la realización, este tipo de transmisión se activa más. Empezarás a hacerte más consciente de su funcionamiento de manera íntima e intuitiva. Aprenderás a confiar en tus instintos conforme se alineen con tus verdades más profundas, y tus verdades más profundas se sincronizarán con el flujo natural de la vida.

Cada uno de estos métodos de transmisión (relacional, señalamiento directo y autotransmisión) es un medio mediante el cual puedes investigar directamente tu verdadera naturaleza. Esta investigación empezará a ofrecerte "muestras" del despertar, si es que eso todavía no ha empezado a ocurrir. En algún momento se cruza una especie de "horizonte de sucesos", y entonces ¡bum! En ese momento sentirás exactamente qué es el despertar en cada parte de tu ser. No entenderás el despertar de repente: ¡Serás el despertar! Verás que todo es despertar. No habrá ni la anchura de un cabello de separación en ninguna parte. Te moverás como tu naturaleza despierta innata, y la totalidad de la vida se moverá impecablemente contigo. Incluso la palabra "despertar" y los conceptos relacionados te parecerán simplones. Desaparecerán como hielo lanzado a un fuego rugiente.

Las secciones siguientes abordan la cuestión de "¿qué es el despertar?" desde diversos ángulos, todos los cuales son variantes de los tres métodos de transmisión descritos anteriormente. A medida que vayas leyendo, por favor ten en mente que más que tratar de enseñarte estoy sintonizándote experiencialmente con tu frecuencia naturalmente despierta. Puesto que las secciones abordan distintos ángulos, es posible que te cueste ensamblarlas lógicamente en un marco mental estructurado. Si experimentas un poco de disonancia cognitiva debido a ello, está bien. Es una señal que muestra que la transmisión está teniendo efecto.

Un cambio de identidad

Una manera práctica de describir lo que ocurre durante el despertar es decir que es un cambio de identidad. Es un cambio en lo que consideras que eres. De manera más específica, es un cambio de referenciarte continuamente en los conceptos y creencias con respecto a quién eres a tener un sentido de identidad, consistencia, significado y realización, a descansar en y como conciencia. Hasta que se produce el despertar, continuamente y sin darnos cuenta consideramos que nosotros mismos y nuestra experiencia viene definida por pensamientos y conceptos. Esto significa que nuestra identidad está íntimamente ligada a pensamientos y creencias, lo sepamos o no.

Generalmente no lo sabemos. Al oír esto, es común que alguien diga:

—Yo no considero que soy pensamientos y creencias.

A lo que yo podría responder:

—Oh, genial, entonces, ¿qué eres tú?

Si la persona es sincera y curiosa, considerará su experiencia directa del momento y dirá:

—Hmmm..., honestamente, no lo sé.

Lo más probable es que la respuesta sea una lista de afirmaciones, como: "Yo soy Juan. Soy un hombre y tengo treinta y cinco años. Soy un ser humano formado de células y tejidos. Nací en Rochester". Es de esperar que hayas captado lo que estoy señalando aquí: ¡que todas y cada una de las descripciones que empleamos para describir quién y qué somos es un pensamiento! Incluso los principios científicos claramente entendidos sobre neurofisiología y mecanismos psicológicos son simplemente pensamientos que has acumulado en el pasado, ¿no es así?

Si alguien tiene cierta formación espiritual, podría decir:

—Bien, soy conciencia informe.

Por supuesto, en parte lo que dice es verdad. La identidad no descansa sobre conceptos o creencias, sino sobre la conciencia misma. No obstante, para profundizar más, yo le podría preguntar:

—De acuerdo, entonces, ¿cómo sabes que eso no es otra creencia más?

A propósito, no me estoy "metiendo con él". Estoy señalando algo importante y fundamental para lo que estamos comentando. Y es que mientras tengamos nuestra identidad ligada a creencias, pensamientos y conceptos (incluso espirituales), es extremadamente fácil volver a identificarse con cualquier concepto y no reconocer que esa reidentificación ha ocurrido. En este sentido, podrías decir que los pensamientos y conceptos autorreferenciados son "pegajosos". Digamos que somos adictos a pensar en nosotros mismos, ¿cierto?

Puesto que he introducido el término "conciencia", debería decirte a qué me refiero con él. La conciencia puede definirse de muchas maneras. Uso el término de distintas maneras en distintos momentos, dependiendo de hacia qué estoy apuntando. En este caso, estoy usando el término para describir ese espacio que ahora mismo sientes como "tú". Se siente como esa región que es consciente dentro de ti. Tómate un momento para considerar esto y mira si puedes hallarlo en tu experiencia. No es algo a lo que tengas que acercarte para encontrarlo; más bien, es como algo en lo que te asientas. Otra manera de aproximarse a la conciencia es descansar en ese lugar donde tu pensamiento parece estar ocurriendo. Puedes relajar la atención allí tanto si está habiendo pensamientos como si no. A esto me refiero con conciencia. Asimismo, date cuenta de que no tienes que pensar en la conciencia, porque la conciencia es más fundamental que, o primaria con respecto a, cualquier pensamiento. Es esa espaciosidad que es el centro o núcleo dentro de ti, y que está leyendo y evaluando estas frases en este mismo momento. Por ejemplo, si de repente piensas: ¡No entiendo esto! o ¡Genial, esto tiene mucho sentido!, la conciencia es ese espacio en el que tomas conciencia de esos pensamientos. De manera importante, también es el "material" del que están hechos los pensamientos.

De modo que la conciencia es ese espacio mutable y fluido que está siempre allí cuando estás despierto, y que lo sientes como tú. También es el espacio en el que se forman todos los conceptos, pensamientos y creencias, y en el que posteriormente se disuelven. Se puede decir que es la fuente del pensamiento. A veces, sentirás la conciencia muy calmada, especialmente una vez que hayas aprendido a dejar intencionalmente que la atención descanse en ella. En otras ocasiones podrás sentirla bastante tumultuosa, como agua encrespada. Una vez que la identidad cambia de los pensamientos a la fuente de los mismos, se produce una transformación dramática en tu manera de relacionarte con la realidad. Esto no significa que no vaya a haber pensamientos. Lo que significa es que tu identidad no se ve continuamente amenazada y fracturada por creencias fluctuantes e inconsistentes con respecto a ti mismo y al mundo. Entraremos detalladamente en la relación entre pensamientos, identidad y conciencia en capítulos posteriores. Por ahora, usaré una analogía para aclarar este cambio fundamental en la identidad.

Imagina que estás en medio de un prado por la noche. Estás mirando hacia un espacio despejado. En ese espacio hay un estanque. El cielo está completamente despejado y la luna llena brilla con fulgor directamente sobre el estanque. Una vigorosa brisa sopla por el prado. Debido al viento, la superficie del estanque está encrespada. Debido a estas turbulencias, el reflejo de la luna sobre el estanque no está completo. Solo hay pequeños fragmentos de luz bailando que resplandecen aquí y allí. Podrías decir que la luna aparece "fragmentada" en muchos pedazos sobre la superficie del agua. Mientras contemplas la superficie del agua, te quedas hipnotizado por este deslumbrante despliegue. Asumamos, además, que como has estado de pie en el prado, no has apartado la vista de la superficie del estanque. No tienes conocimiento de nada más. Por lo que tú sabes, no hay prado, no hay viento, no hay cielo y no hay luna.

Además, el agua nunca ha estado suficientemente calmada como para ver el reflejo unificado de la luna. Como no has alejado la vista de la superficie del estanque, no reconoces que la luna en el cielo es la fuente del reflejo sobre la superficie del estanque. Ciertamente, no tienes ningún recuerdo ni experiencia de la luna en absoluto, ni como un reflejo ni como la fuente de los reflejos. Eres completamente inconsciente de que todos esos fragmentos de luz son partes separadas de una imagen coherente. Podrías decir que todo tu paradigma de la realidad, tu mapa del mundo (en lo tocante a la luna y su reflejo) es la superficie de este estanque tal como se presenta en su actual condición turbulenta, con fragmentos de luz bailando y reflejando un patrón aparentemente caótico.

En esta analogía, los pensamientos y creencias vienen representados por los retazos de luz, que son, en esencia, pedazos fragmentados de la luna. La conciencia (la capacidad para pensar) está representada por la superficie reflejante del estanque. Tanto si las personas lo saben como si no, todas derivan su identidad de los pensamientos y creencias hasta que se produce un despertar. Esto puede ser evidente para algunos individuos, y a otros se les puede escapar completamente y no darse cuenta de ello.

¿Cuáles son las consecuencias de derivar la identidad de pensamientos y creencias? Bien, retornar a la analogía puede ayudarnos a responder a esta cuestión. ¿Qué pasaría si nuestra única fuente, de la que recordamos haber derivado nuestra identidad, nuestro sentido del yo, es ese despliegue imprevisible y fragmentado de breves retazos de luz? Tómate un momento para considerar esta cuestión. Si te identificas verdaderamente con un retazo de luz, tendrás de inmediato la sensación de ser una entidad pasajera, separada de muchas otras y a menudo en oposición con ellas. Recuerda, no tienes recuerdo ni contexto de que esos retazos de luz sean partes del todo. Te sentirás pequeño y aislado. Peor que eso, percibirás que tu naturaleza se siente fácilmente amenazada y está a merced de las condiciones locales, como las pequeñas olas y las diversas interacciones con otros retazos de luz. De hecho, su integridad no es confiable, puesto que puede fragmentarse fácilmente en diversas partes y desparramarse por la superficie siguiendo patrones aparentemente caóticos. Solo es cuestión de tiempo que este fragmento desaparezca completamente y sea reemplazado por alguna otra cosa.

Cuando reconocemos que aferrarnos a un retazo de luz y derivar nuestra identidad de él es una fuente de dolor, incertidumbre e inestabilidad, ¿qué hacemos? Empezamos a desarrollar algunos mecanismos para hacer frente a la situación, ¿cierto? De un modo u otro afrontamos la situación empezando a identificarnos con otros retazos de luz (creencias). Tal vez elijamos uno que esté cerca. O tal vez busquemos uno que tenga una forma similar a aquella a la que nos hemos venido aferrando. En cualquier caso, estamos tratando de mantener un sentido de comunidad, de previsibilidad. Sin embargo, todos estos esfuerzos requieren más y más energía, y acaban sufriendo el mismo destino.

Todo esto pinta el cuadro de una existencia muy desdichada, ¿correcto? Bien, esto es exactamente lo que hacemos con los pensamientos y creencias. Como en la analogía, una vez que reconocemos que las creencias con respecto a nosotros mismos (y el mundo tal como se relaciona con nosotros) carecen de consistencia e integridad, empezamos a alinearnos intencionadamente con otros principios y creencias. Generalmente elegimos aquellos que están alineados con nuestras creencias previas con respecto a nosotros mismos. A veces, si el conjunto previo de creencias fue particularmente incómodo, asumimos una estrategia más radical. Decidimos abandonar un conjunto de creencias y adoptar otro cuyas creencias son opuestas a las primeras. Este es el movimiento de rebelión. Está diseñado para liberarnos del sufrimiento, pero simplemente nos lleva a atarnos a nosotros mismos de otra manera.

Independientemente de nuestra estrategia para elegir creencias y para alinearnos con ellas, parece que nunca cuestionamos el paradigma fundamental de aferrarnos a creencias y esperar que ellas preserven nuestro sentido de identidad. Llegados a cierto punto, podríamos empezar a sospechar que intentar derivar continuamente nuestro sentido del yo de pensamientos y creencias es incómodo, requiere mucha energía y en último término resulta infructuoso. Este reconocimiento es el material crudo que produce las condiciones para el despertar.

Este reconocimiento es algo paradójico. En un sentido, nos motiva para encontrar un modo de "romper el cascarón". Al mismo tiempo, resulta muy incómodo porque sentimos que hemos estado viviendo en una especie de falsa realidad. Para algunos, vivir en esta falsa realidad es insatisfactorio, como tener una piedra en el zapato. Para otros es directamente insoportable. Al intentar encajar nuestra identidad en un contenedor tan pequeño, creamos un circuito de retroalimentación mediante el cual nos agotamos a nosotros mismos, intentando arreglar un problema imaginario usando el mismo mecanismo exacto que "lo causó" de partida.

Esto puede sonar desalentador. Sin embargo, solo es desalentador desde el punto de vista de la estrategia que no funcionaba desde el principio. ¿Qué pasa si adoptamos un planteamiento completamente nuevo? ¿Qué pasa si en lugar de aferrarnos a diversos pensamientos y conceptos, esforzándonos por mantener un sistema de creencias con respecto a nosotros mismos, damos un paso atrás y reorientamos nuestro planteamiento? ¿Qué pasa si encontramos una manera totalmente distinta de resolver este problema? ¿Qué pasa si de repente vemos todo esto desde una perspectiva muy distinta? ¿Qué pasa si encontramos el modo de darnos cuenta experiencialmente de que nunca hemos estado contenidos en esos retazos de luz? Y, en cambio, ¿qué pasaría si "despertáramos" del sueño de que somos minúsculos fragmentos de luz aislados a la verdad viviente de que somos la totalidad de la luna radiante?

Cuando la identidad sale del concepto y la creencia, y entra en la conciencia misma, te das cuenta de una manera profundamente instintiva de que eres y siempre has sido la magnífica totalidad del reflejo lunar. También eres cada uno de los retazos de luz que danzan en la superficie. Tal como ningún retazo de luz podría ser otra cosa que su identidad como reflejo de la luna, sabrás más allá de toda duda que ningún pensamiento ni creencia podría desplazarte ni un centímetro de tu naturaleza oceánica siempre presente. Tú eres el movimiento y tú eres la quietud. Tú eres lo particular y tú eres la totalidad. Tú eres la luz y la oscuridad. Tú eres la superficie reflexiva y eres las profundidades insondables.

Autovalidado

El rasgo más destacado del despertar es que se valida a sí mismo. Esta naturaleza autovalidante es, en cierto sentido, paradójica. Antes del despertar, resulta extremadamente difícil describir a qué me refiero con autovalidación, pero después se vuelve exquisitamente claro. La naturaleza despierta en sí misma es la cosa más real que hay. Por la mera experiencia de ella, uno sabe instintivamente que es mucho más real que el mundo ilusorio en el que ha estado viviendo antes de despertar. Su propia naturaleza sustenta plenamente y valida su presencia. Cuando hablo con alguien que ha vivido un despertar, esto es lo más evidente para mí. No es nada específico que la persona diga, lo que resulta tan impactante es cómo lo dicen. En lugar de comunicar desde creencias y conceptos, están comunicando, incluso transmitiendo, desde la sustancia misma de la identidad ilimitada.

Examinemos esto desde la analogía del estanque. En el momento en que de repente te das cuenta de que siempre has sido toda esa superficie reflectante, incluyendo el reflejo de la luna y cada retazo de luz, emergen una totalidad y una integridad innegables. Asimismo, una vez que ves clara y definitivamente que tú eres la naturaleza reflexiva de la conciencia, y que esa conciencia es la fuente de todos los pensamientos y creencias posibles con respecto a ti, te experimentas a ti mismo y a la totalidad de la vida de manera clara e integrada. Esta experiencia no es conceptual; es instintiva y totalmente real. Es como si te quitaran de encima un enorme peso que has estado llevando contigo desde que puedes recordar. Es el tipo de cosa del que no puedes apreciar la magnitud de tus esfuerzos por acarrearla hasta que se produce el cambio y el esfuerzo cesa.

Si hubieras estado viviendo en una habitación pequeñísima toda tu vida, ¿cómo podrías saber que esa habitación estaba anidada dentro de un espacio mucho más amplio? No podrías saberlo hasta que abrieras la puerta y salieras de la pequeña habitación. El despertar es como salir de esa pequeña habitación a una realidad vasta y misteriosa que es mucho más natural. Buena parte del alivio consiste en que, una vez que salimos de la pequeña habitación, queda claro que el agotamiento estaba causado porque gastábamos nuestra energía esforzándonos por quedarnos dentro de esa mínima habitación. ¡Qué alivio tan bienvenido soltar todo ese esfuerzo!

Emerge una confianza natural y relajada. Es un sentimiento omnipresente de que "todo está bien", y que habías olvidado completamente que fuera posible en la vida. Algunas personas lo recuerdan como una experiencia lejana de la primera infancia, o incluso antes. Hay maravillamiento, misterio y asombro en vivir momento a momento. Y lo más importante de todo, sabes que no hay nada en tu verdadera identidad que pueda ser amenazado, no hay nada que defender; todo está bien y no podría ser de otra manera. Esto no es un pensamiento o creencia; lo sientes hasta los tuétanos. La persona más iluminada del mundo podría decirte que estás equivocado y te reirías en su cara. Eso no alteraría ni una pizca tu confianza en la realidad de este estado despierto y natural. Es más evidente que el sol cuando lo miras directamente.

Este conocimiento inconmovible no es solo la marca del despertar, diría que también es su aspecto más gratificante. No conlleva una gran carga emocional (una vez que se deshace la sorpresa inicial). En realidad es muy neutral. Sin embargo, saber en cada gramo de tu ser que, ocurra lo que ocurra, todo está profundamente bien, que no hay nada que tengas que hacer para que esté bien, es la bendición de bendiciones.

Siempre ha sido así

Tal vez uno de los rasgos más curiosos e inesperados del despertar es que, una vez que ocurre, sabes sin sombra de duda que siempre ha sido así. Recuerdo esto claramente después de mi despertar inicial. Sentía que volver a estar finalmente en este estado natural era el mayor alivio del mundo. No es exactamente un recuerdo. Los recuerdos pueden disiparse y alterarse con el tiempo. No, esto es un instinto visceral que te dice que simplemente no puede ser de ninguna otra manera. Miras atrás, a la forma en que te percibías a ti mismo hasta el despertar, y queda claro que eso era lo irreal e inventado. Esto es sin límites, natural, y no está separado de nada ni de nadie.

Recuerdo que me sentí desalentado pensando: ¿Cómo lo he podido olvidar? Fue como ese momento en que despiertas de un mal sueño y te das cuenta de que todo está perfectamente bien. Es una enorme liberación y un maravilloso alivio. Este es un verdadero alivio pues no está ligado a un único suceso, sino que es constante, momento a momento.

Tu línea temporal

Esta sección será un poco distinta. Será un viaje experimental diseñado para inducir cierta sensación de lo que es estar despierto. Si tomas unos momentos para considerar las preguntas y miras seriamente adónde apuntan, obtendrás mucho más del ejercicio.

Tómate un momento para considerar tu vida. ¿Qué puedes decir que sea verdad sobre tu vida? ¿Qué es verdad con respecto a ti? Estoy seguro de que puedes proporcionar muchos datos con respecto a quién eres, de dónde vienes y adónde vas. Es posible que seas madre, que seas padre, que seas una hermana o un hermano. Es posible que seas atlético o artístico. Es posible que estés estudiando o que trabajes a tiempo completo. Es posible que seas religioso o espiritual. Podrías ser escéptico o científico. ¿En general te consideras feliz o más bien melancólico? ¿O algo a medio camino? ¿Tienes una idea clara de cómo va a ir tu futuro? Tal vez no planees nada y no tengas ni idea de qué ocurrirá la próxima semana. ¿Has tenido problemas de salud o una incapacidad de por vida? ¿Eres relativamente joven o de edad más avanzada?

Podemos referirnos a muchos hechos con respecto a nuestras vidas que aparentemente definen quiénes somos. Con frecuencia nos comunicamos estos hechos a nosotros mismos (pensamiento) y a otros. Hacemos esto a lo largo de todo el día, ¿cierto?

Cuando para describirnos a nosotros mismos nos referimos a cualquier hecho específico o experiencia definitoria, hay una cosa que es consistente, y es que nos vamos a referir a algo en la línea temporal de nuestra vida. Si consideras cualquiera de las descripciones o cuestiones anteriores, has tenido que referirte a tu línea temporal ¿cierto? Específicamente, has tenido que referirte al pasado o al futuro. Si tomas un momento para realmente considerar esto, podrías notar algo muy interesante. Teniendo en cuenta el modo en que recordamos los hechos con respecto a nosotros mismos a partir de nuestras líneas temporales, nunca nos referimos a este momento; nos referimos a un pensamiento. Así, estos hechos que definen nuestra vida nunca se derivan exactamente de esta experiencia presente. ¿No es extraño?

Ahora bien, alguien que escuche esto podría responder:

—Bien, sé que soy un marido en este momento.

Y yo simplemente le preguntaría:

—De acuerdo, ¿y, en realidad, cómo sabes eso?

Si la persona es honesta y mira hacia donde estoy apuntando, tendría que decir que la prueba que sustenta esta declaración es una colección de recuerdos, que están hechos de pensamientos. A continuación, la persona podría decir:

—Bueno, ¡podría buscar mi certificado de matrimonio para demostrarlo!

Si me estuviera sintiendo particularmente combativo, le indicaría que ahora se está refiriendo a un pensamiento sobre el futuro. En este mismo momento no hay evidencia que sustente la creencia de que es un marido, aparte de un pensamiento. Sin necesidad de entrar en muchos ejemplos ni de hacer de esto una discusión filosófica, probablemente captas la esencia de aquello hacia lo que estoy apuntando: en verdad, todo lo que sabemos de nosotros mismos se basa en hechos, y solo es posible sustentar esos hechos refiriéndose con el pensamiento al pasado o al futuro. Para demostrar mi punto, imagina que en este momento no tienes la capacidad de recordar el pasado o el futuro, y que sin embargo estás despierto y alerta, y eres capaz de comunicar con normalidad. Por el simple hecho de no poder contestar a una pregunta con respecto a ti mismo basada en hechos pasados o planes de futuro, ¿significa eso que no existes? Por supuesto que no.

Así, considerando esto, aquí estás, justo en el momento presente, ni en el pasado ni en el futuro. Aunque durante todo el día piensas y hablas sobre hechos basados en pensamientos con respecto a ti mismo, eso no detrae de la realidad muy evidente de que es aquí donde tú existes, y no tiene nada que ver con pensamientos, recuerdos, pasado o futuro. Si captas una sensación de este misterioso reconocimiento, esta analogía podría arrojar alguna luz sobre la naturaleza del despertar.

Vamos a asemejar tu vida con un pasillo que representa una línea temporal. En una dirección, el pasillo lleva hacia tu pasado distante. Puedes mirar varios años atrás, pero cuanto más lejos va esa parte del pasillo hacia tu pasado, menos clara es. Frente a ti, el pasillo se extiende hacia el futuro. Tienes una idea general de la naturaleza de ese pasillo y de los hechos con respecto a él, pero no lo ves con tanta claridad como el pasado. Por ejemplo, parece más difícil extraer hechos del pasillo del futuro. No obstante, si estás particularmente orientado a conseguir objetivos, es posible que tengas algunas ideas concretas con respecto a lo que hay en ese pasillo que tienes delante.

No obstante, hay una cosa cierta, y es que los sucesos del pasado están "allí atrás", y todos los posibles sucesos del futuro quedan "por delante". Las porciones pasada y futura de tu vida no están justamente en la porción de la línea temporal en la que estás ahora mismo. Incluso algo ocurrido ayer solo puede hallarse en el pasillo detrás de ti (memoria). Asimismo, algo que esperas que ocurra, incluso dentro de poco, como una comida cercana en el tiempo, solo puede encontrarse en la parte del pasillo que queda delante de ti. Cuando realmente consideres el significado de esto, podrías empezar a preguntarte: "Si todos los hechos y sucesos definitorios con respecto a lo que soy solo pueden encontrarse en el pasado (pasillo de la memoria), o en el futuro (pasillo de la imaginación), ¿qué soy yo ahora mismo? ¿Qué soy yo sin todos estos hechos y experiencias que siempre parecen definirme? ¿Qué puedo encontrar aquí mismo que de algún modo pueda probar que soy 'yo', sin mirar a esos pasillos del pasado y del futuro?".

¿Qué eres tú cuando no piensas en ti mismo, o en tu pasado, o en tu futuro? Ciertamente, esto es muy misterioso. Puede parecer inquietante, confuso e incluso abiertamente extraño. Sin embargo, si continúas indagando así, "¿Quién soy yo?", sin quedarte con ningún recuerdo (pasado) ni referirte a tu imaginación (futuro), podrías descubrir que en realidad no tienes ni idea de quién o qué eres. Lo que es aún más extraño, independientemente de esto que acaba de ser reconocido, tu sentido del "yo" es muy fuerte y evidente sin más hechos, pensamientos o referencias adheridas a él.

Te encuentras en un espacio sin pasado ni futuro. Este espacio no depende de ningún concepto para definir quién eres, y sin embargo sigues aquí. Innegablemente aquí, despierto, alerta y consciente de los sentidos. Los sonidos no se han ido a ninguna parte. Los colores y formas que tienes delante de ti siguen ahí. De hecho, son un poco más vívidos, ¿cierto? Las sensaciones corporales están aquí mismo. Sin embargo no hay historia, no hay pasado, no hay futuro, no hay "sustancia" en aquello que siempre habías pensado que eras tú. En este punto tienes una elección. Puedes empezar a pensar de nuevo y olvidarte de este pequeño ejercicio, o puedes decidir que realmente quieres encontrar la respuesta, y entonces sigues preguntando e investigando directamente en este momento: "¿Qué soy yo sin referenciarme con el pasado o el futuro?". Si procedes de este modo y te encuentras en un espacio sin pensamientos, está bien simplemente quedarte ahí. No tienes que seguir haciéndote la pregunta a menos que te pierdas en el pensamiento.

Si haces esto correctamente y con cierta persistencia, podría ocurrir algo, algo sorprendente, algo que altere tu vida, algo radical. Lo que puede ocurrir es que, de repente, ese pasillo, con todos sus hechos y experiencias, puede ser visto tal como es: simplemente una colección de pensamientos. Cuando ocurre esto, hay mucho menos interés en esos pensamientos. Cuando pasa esto, se ve repentinamente que toda la línea temporal y la identidad ligada a ella es muy ilusoria. Es como si se hubiera hecho un agujero en un lado de esa línea temporal, y pudieras sacar la cabeza por ese agujero y ver lo que está pasando realmente. Lo que hay "ahí fuera" es totalmente indescriptible, pero déjame decirte que es inimaginablemente vasto y radicalmente íntimo.

Aunque la línea temporal ha dejado de operar, lo que queda se siente mucho más como tú que cualquier cosa que hayas experimentado alguna vez. Puede sentirse como un "yo" puro, intuitivamente evidente, que es innegable y está libre de la subyugación al pensamiento. Produce la sensación de "todas las cosas ya son yo", de modo que ya no hay nada que amenace tu existencia. A menudo esto viene acompañado de una liberación masiva de la tensión y la duda. Generalmente trae consigo una sensación inalterable de paz y libertad. Te sientes más ligero que nunca. Hay un sentimiento omnipresente de simplicidad y de que todo está bien. Sabes instintivamente lo que eres, pero no puedes definirlo. Es una pura sensación de Ser oceánico. Puede haber pensamientos, pero no preocupan. Son meras olas en el océano infinito de tu Ser cósmico. No hay lucha en ninguna parte. Se ve que el flujo libre de esfuerzo es simplemente la naturaleza de lo que tú siempre has sido.

Esta analogía de la línea temporal es solo eso, una analogía. Incluso si tuvieras una sensación experiencial de lo extraordinario que es el despertar por haber leído sobre él, te aseguro que el (no)suceso real está mucho más allá de eso.

El valor de la curiosidad

A medida que comiences a sumergirte en la investigación de tu verdadera naturaleza, es natural que sientas mucha curiosidad. La curiosidad es un atributo maravilloso, y te rendirá buenos servicios. Inicialmente, esa curiosidad tomará, al menos en parte, una forma intelectual. Podrías descubrir que tus pensamientos preguntan repetidamente: "Sí, ¿pero qué es el despertar?". La curiosidad inocente es natural e inocua. Incluso puedes disfrutar de ella. Cuando le añadimos urgencia, con pensamientos como "¡Pero tengo que saberlo!", puede volverse incómoda.

Así, cuando surja la curiosidad, simplemente siéntela. Confía en ella. Deja que esté ahí. No intentes "curar" la curiosidad con información. No necesita cura. Si surge la impaciencia, esto también está bien. Puede sentirse como un anhelo de participar en el "gran secreto". Bien, lo divertido es que tú ya estás participando en el secreto. La curiosidad misma es una apertura. La frustración también es una apertura. Es una apertura al misterio. Ese misterio está aquí mismo y se está desplegando en este mismo momento. Mi sugerencia es que lo disfrutes. Abrázalo. Sumérgete directamente en él. Confía en la curiosidad y confía en el misterio. La curiosidad inocente no te llevará a otra parte; te traerá de vuelta aquí, una y otra y otra vez. A medida que se produzca este despliegue hacia dentro, te volverás más receptivo, más abierto y más curioso.

Paciencia

Si tienes tendencia a la impaciencia y te descubres diciendo: "De acuerdo, de acuerdo, ¿pero cuándo voy a llegar a lo bueno?". Entiendo. La excitación es natural y está bien ubicada. Simplemente has de saber que todos los capítulos fundacionales son importantes. Sin ellos, las técnicas e indagaciones no serían tan eficaces. Asimismo, puedes recordarte a ti mismo que la transmisión ya se está produciendo, y que la transformación ya está al alcance de tu mano, seas consciente de ello o no.

Ese momento

Siempre me encanta ese momento. El momento en el que estoy hablando con alguien y veo el reconocimiento repentino. Es el reconocimiento de que aquello hacia lo que estoy apuntando está completamente fuera de los contextos de lo que esa persona suele considerar que es su "vida" y cómo piensa en ella. Es sorprendente porque supone degustar una realidad mucho más grande, y sin embargo más familiar e íntima de lo que ningún pensamiento o idea podría ser. Es un compartir experiencial entre nosotros dos en ese momento. Es como si ambos nos metiéramos en un cohete y despegáramos juntos de la superficie del planeta "Vieja realidad aburrida". En ese compartir asombroso, no somos dos. En esos momentos siempre siento una risita infiltrándose desde el tejido del Universo.

Recuerdo que estuve hablando con una amiga mientras cenábamos hace un par de años. Aunque varias veces antes le había mencionado la posibilidad de despertar, por la razón que fuera en esta ocasión mencionarlo hizo que ella se parara en seco. Había estado hablando de alguna situación de su vida y, a continuación, de repente, dejó lo que estaba diciendo como si se deshiciera de la envoltura de un chicle. La convicción con la que había estado contando un suceso reciente de su vida se esfumó. Su comportamiento cambió de inmediato y estaba muy presente. Podías sentirlo en el entorno, no solo en ella. Me miró directamente a los ojos y dijo: "Espera, volvamos atrás, ¿a qué te refieres con 'despertar'?". Yo sentí una gran sonrisa energética dentro expandiéndose hacia lo ilimitado. No recuerdo lo que dije exactamente en respuesta, pero en ese momento tuve claro que el despertar ya había empezado. Esto es la verdad viviente, la naturaleza más profunda dentro de todos nosotros, reconociéndose de repente mientras se mueve a través de un cuerpo-mente humano. Este momento de reconocimiento todavía no es un despertar, pero es un hito importante. Se produce cuando algo vasto y eterno da un paso adelante en tu experiencia consciente y se reconoce a sí mismo de manera muy directa.

Es posible que te haya sucedido un reconocimiento similar en algún momento del pasado. Tal vez te haya ocurrido mientras leías los capítulos anteriores. Tal vez no. En cualquier caso, no importa, porque a medida que continúes leyendo, las oportunidades de que se produzca este reconocimiento se presentarán con más frecuencia. Este capítulo marca un punto de transición. A partir de este momento, buena parte de lo que vas a leer será transmisión directa. El propósito es que tenga un efecto inmediato y directo en ti. Comentaremos la guía práctica, pero combinada con material "catalítico" cuyo propósito es generar comprensiones experienciales y no conceptuales.

Vislumbres o anticipos

Es muy común tener vislumbres del despertar antes de que ocurra. No es del todo preciso llamarles minidespertares, porque se limitan al reino de la experiencia, mientras que el despertar va más allá de los confines de la experiencia. Sin embargo, hablando experiencialmente, son breves vislumbres o muestras de lo que va a venir. Pueden ocurrir en cualquier momento. Para mucha gente, ocurren de manera intermitente durante años antes del despertar, incluso antes de que la persona esté familiarizada con el tema del despertar. Llamaré a estas experiencias "anticipos". En la sección anterior he hablado del "reconocimiento" como la captación inicial de algo que está completamente más allá de cómo te experimentas habitualmente a ti mismo y de cómo experimentas la vida. Un anticipo es como ese vislumbre inicial, pero a lo grande. Estas ocurrencias pueden ser tan notables e integrales experiencialmente, que piensas que estás iluminado durante unas horas. Podríamos decir que son lo más cerca que puedes estar del despertar sin que se produzca una transformación de la identidad. Es posible que los hayas tenido en el pasado o no. A medida que nos aproximamos al despertar, es más probable que ocurran y/o que sean más pronunciados. En cualquier caso, no te preocupes si no tienes este tipo de experiencias o si no las reconoces. No son necesarias para que se produzca el despertar. Esta sección simplemente aborda cómo considerar los anticipos cuando se producen.

Los anticipos varían mucho en su cualidad y duración. Las formas de interpretarlos también varían mucho. Muchos los consideran experiencias sagradas o místicas. Otros los consideran ocurrencias extrañas o inexplicables. A veces se pasan por alto completamente. En muchas ocasiones he estado hablando de este tema con alguien y de repente algo se agita en su memoria. Es posible que diga algo así: "¡Oh, a mí me ha pasado algo así! Simplemente no sabía lo que era. Me había olvidado de ello hasta ahora". Cuando me cuentan la historia, nos queda claro a ambos que les ocurrió algo que causó un cambio perceptual significativo. Se habían olvidado de ello porque no encajaba en su manera habitual de pensar con respecto a sí mismos y a su vida. Es una de esas cosas que, como no se habla nunca de ella, no la consideramos "importante" como solemos hacer con otras experiencias de vida. ¿Te ha ocurrido esto alguna vez? Tómate un momento para sentir lo que acabas de leer, y lo que venga podría sorprenderte.

Los anticipos suelen ser breves. Pueden durar unos pocos momentos, unas pocas horas o, a veces, unos pocos días. Podría haber paz profunda, un flujo, o una conexión que no es habitual en tu vida. A veces puedes sentir como si el tiempo se hubiera detenido durante unos momentos. Una amiga describió su anticipo de esta manera:

"Estaba viviendo mi vida como siempre y de repente el tiempo se paraba; como si todo en la habitación, la gente y demás, se estuvieran moviendo a cámara lenta. Era como si hubiera algo más conteniendo toda esta experiencia visual. Estaba de pie, inmóvil dentro de una habitación llena de gente, y estaba claro que nadie se daba cuenta de que toda la habitación había empezado a moverse a cámara lenta. Era como 'Ahh...' y yo sentía mucha curiosidad. Después todo volvía a la velocidad normal".

Aquí hay otro ejemplo de anticipo tomado de una historia que alguien me contó. Voy a parafrasearla con su permiso. Tuvo este momento de comprensión cuando yo le estaba hablando del despertar. Recordó un suceso misterioso que le había ocurrido años antes. Ella sentía que le había cambiado de manera fundamental. Describió un periodo particularmente estresante de su vida en el que acababa de tener su primer bebé. El niño todavía era muy pequeño y tenía problemas de salud. Comprensiblemente, ella y su marido estaban ansiosos. El estrés de aprender a ser padres y de tener que lidiar con los problemas de salud del niño resultaba agobiante. En un momento dado, ella y su marido se sintieron extremadamente frustrados porque la niña no paraba de llorar. Se sentían impotentes y abrumados. Mi amiga dijo que simplemente algo se apoderó de ella. Nunca había sentido nada parecido. Se dio la vuelta y salió por la puerta sin pensarlo dos veces, dejando atrás a su marido con la bebé. Me dijo:

—Supongo que salí a dar una vuelta, pero no lo recuerdo, porque la mejor manera de describirlo es decir que me fui a "ninguna parte" durante un rato.

No recordaba cuánto tiempo había estado fuera pero, cuando volvió, su marido parecía preocupado, de modo que podría haber sido una hora o dos. Sorprendentemente, retornó con un sentimiento de profunda paz. Y lo que es más, todas sus preocupaciones previas con respecto al bebé y la tensión de preocuparse por sus problemas de salud habían desaparecido completamente. Dijo que ni siquiera se preocupó de por qué le había ocurrido aquello, porque la experiencia le parecía muy natural y no parecía tener contenido. Su marido estaba asombrado con su repentina ecuanimidad y relajada confianza. Le preguntó qué había ocurrido y ella no podía recordarlo. Me dijo que a partir de ese momento no volvió a preocuparse por el bebé del mismo modo. Ser madre se volvió más pacífico y gratificante, y eso nunca ha cambiado hasta el día de hoy.

¿Te suenan estas descripciones? Tal vez no hayas tenido una experiencia similar a estas, al menos en cuanto a su descripción. En cualquier caso, si te tomas un momento para sentirlas, podría salir a la superficie un destello de algo de tu pasado. Podría volver a ti el recuerdo de algún suceso inexplicable pero muy real que habías pasado por alto u olvidado. Puede haber ido acompañado de una sensación de intensa presencia, o incluso sentir que te fuiste durante un momento. Las circunstancias o descripciones que uses podrían ser diferentes, pero puede que tengas la sensación de algo extraordinario, inexplicable o fuera del contexto de lo que normalmente consideras tu experiencia "normal". Me refiero a esto cuando digo que el despertar guarda relación contigo. Es un proceso muy íntimo; viene de dentro, no de fuera. Tiene más que ver con dejar que algo venga a ti de tus propias profundidades que con buscar algo "ahí fuera". Tiene mucho menos que ver con un guion o un camino, y mucho más que ver con ser receptivo a la posibilidad de que has estado tratando de despertarte a ti mismo en todo momento. Cultivar la receptividad a estas experiencias, a estos anticipos, puede resultar muy potente.

Entonces, ¿qué deberíamos hacer con los anticipos si aparecen? En primer lugar, recuérdate que son una buena señal de que la transformación está al alcance de la mano. Incluso si parecen confusos y fuera de lugar, no hay nada que haya ido mal. Recuerda también que no los necesitas para que se produzca el despertar, y tampoco debes ir a buscarlos como una señal de progreso. Para algunos son evidentes, para otros no.

En segundo lugar, un anticipo nunca debe ser interpretado como el despertar mismo. He conocido a mucha gente que se refiere a un suceso al que llaman su "despertar", y después de hablar con ellos unos momentos, queda muy claro que se están refiriendo a un anticipo o algún otro tipo de experiencia. Algunos anticipos pueden ser muy extraordinarios, e incluir visiones, estados de éxtasis y experiencias místicas de unión. Todos ellos son válidos por derecho propio. Sin embargo, interpretarlos como despertares puede conducir a muchos malentendidos, e incluso convertirse en obstáculos si uno les presta demasiada atención.

Confundir una experiencia espiritual o mística con un despertar puede usarse para reforzar una falsa identidad, en lugar de para permitir que se produzca un cambio que nos libere de nuestra falsa identidad.

No estoy diciendo esto para ser crítico o elitista, lo digo porque es muy fácil y común subestimar la verdadera magnitud del cambio que es el auténtico despertar. Parto del punto de vista de que cualquiera puede despertar, de modo que no me ando con rodeos. Quiero ofrecerte la mejor oportunidad posible, y eso incluye señalar los obstáculos más comunes. Si entiendes lo que estoy diciendo aquí y has tenido anticipos u otras experiencias en las que has puesto mucho de ti, eso es una buena noticia. ¿Puedes imaginar que algo que está más allá de lo que antes habías pensado que era el despertar está disponible para ti? En tal caso, tienes por delante algo muy extraordinario. La magnitud e integridad de la transformación de la que estoy hablando no es comparable con ninguna experiencia individual o suceso vital, ni siquiera se acerca. El cambio no es sutil, pasajero ni incierto.

Más allá de la experiencia

El despertar está más allá de la experiencia. Para empezar, las experiencias vienen y van. Cuando ocurre el despertar, está muy claro que se ha producido un cambio fundamental hacia una forma de ser que no está sujeta al tiempo tal como nosotros pensamos en él y lo experimentamos. Siendo así, el ir y venir ni siquiera es aplicable. Es un cambio hacia el ser puro e ilimitado, el cual se ve y se siente con claridad que es más real que lo que se había experimentado antes de que se produjera el cambio.

Entonces, ¿qué deberías pensar o cómo deberías ver estas experiencias previas al despertar? Bueno, el consejo más simple y práctico es este: si se producen, no les des mucha importancia. Son una buena señal de que están ocurriendo cosas. Pero una vez que haya transcurrido el momento, en realidad no tienen valor. Déjalas ir. Mantente alerta ante la tendencia a recrearlas o a soñar despierto con ellas. Todos tendemos a hacer esto en alguna medida, de modo que no te sorprenda si surgen pensamientos de este tipo. Simplemente no los favorezcas activamente. Reconoce que estas experiencias tuvieron su tiempo y lugar, y ahora otra cosa tiene su tiempo y lugar. Honra lo que está ocurriendo, que es mucho más valioso que usar la memoria para intentar resucitar algo que ya ha pasado y nunca volverá.

Asimismo, si te mueves en círculos espirituales, ten cuidado de no usar estas experiencias, más o menos sutilmente, como moneda de cambio con otros. Resulta común y tentador ataviarse con las experiencias espirituales como si fueran bandas de honor, compitiendo sutilmente con otros o intentando impresionarles con nuestro nivel o con nuestros logros espirituales. Esto no te ayudará a despertar. En realidad, va en contra del movimiento hacia despertar, porque lo único que hace es reforzar la falsa identidad espiritualizándola. Es mucho mejor ser humilde y no conformarse con experiencias. ¡No te conformes con nada que no sea la realización!

Paz ininterrumpida

El despertar y la realización guardan relación con vivir tu vida en una paz ininterrumpida. No estoy hablando de la idea de paz. No estoy hablando de caminar por la vida creyendo que eres una persona pacífica o que estás creando paz en el mundo. Estos solo son puntos de vista conceptuales o prácticos. De hecho, algunas personas que se han construido identidades en torno a ser pacíficas en realidad están profundamente divididas por dentro, y energéticamente atraen y causan situaciones vitales que no son nada pacíficas. De lo que hablo es de que la paz ininterrumpida sea primaria con respecto a todas las demás experiencias. Estoy hablando de vivir la vida de modo que la paz esté entretejida en todas las experiencias. Esto no es algo que tú hagas; es tomar conciencia de la naturaleza de lo que es. Ves, la vida no empuja en contra de sí misma en ningún sentido. La vida no tiene manera de empujar en contra de nada porque no hay otro contra el que empujar. La vida no conoce la separación. No hay tensión. Fluye sin esfuerzo hacia la existencia y se disuelve sin esfuerzo y sin dejar rastro.

Por tanto, ¿qué es esta paz de la que estoy hablando? ¿Cuál es su naturaleza? ¿Cómo sabes cuándo está siendo encarnada en tu vida? Responderé primero a la última pregunta: lo sabrás. Confía en mí con respecto a esto. Es casi como si te estuvieras "saliéndote con la tuya" con respecto a algo. Es como: "¿Quieres decir que no tengo que sufrir en absoluto, y que puedo disfrutar de todo esto sin esfuerzo y sin ningún tipo de tensión?". Es como ganar la lotería a cada momento. El problema es que estoy haciendo que suene como algo que tienes que adquirir... y no es así. Es el estado natural antes de que eche a andar el proceso de pensamiento inquieto, que busca interminablemente. La paz ya está aquí. Es como que la hubiéramos olvidado. Hemos aprendido a pasarla por alto de manera habitual. En realidad, no es fácil pasarla por alto. Hace falta una energía tremenda para conseguirlo de manera continuada. Este gasto de energía es la causa por la que nos sentimos agotados y por la que sufrimos. Es la razón por la que a veces sentimos que la vida no está del todo bien. Sin duda tenemos nuestras historias con respecto a esto. Culpamos a las personas y situaciones de nuestro sufrimiento, pero, en último término, todo se reduce a un constante gasto de energía intentando mantener distancia entre la vida y nosotros. Al hacerlo, perpetuamos el olvido de nuestra verdadera naturaleza. ¿No es una locura?

Quiero decir algo sobre lo que no es la paz. La paz no es la ausencia de ira, tristeza o discordia. Es plena aceptación de estas y todas las demás experiencias sin ninguna resistencia en absoluto. Podrías preguntar: "¿Cómo puedo aceptar plenamente la ira? He aprendido a evitarla en mi vida para que no cause destrucción". Esta es una de esas cosas que tienes que sentir profundamente. La respuesta es que debido a la resistencia aprendida a ciertas emociones, reprimimos y distorsionamos su expresión natural. En último término esto nos conduce a conductas destructivas.

Una vez que aceptamos plenamente la ira, deja de ser un problema. Tiene un papel importante que desempeñar en la vida. Es la guardiana de nuestros límites personales. La tristeza también tiene su lugar. Es una respuesta normal y saludable a la pena o a dejar ir. Cuando se reprime la tristeza, surge como depresión y/o ansiedad. De modo que las emociones que hemos juzgado como negativas, o que no son bien recibidas en nuestra vida, no son el problema ni nunca lo han sido. El problema, si podemos decir que hay uno, es la resistencia a estas emociones y experiencias. Así, la resistencia se convierte en un modo de describir el rechazo continuo de la paz ininterrumpida que es nuestra naturaleza más profunda. A través de la aceptación tenemos todas las llaves para acceder a la libertad de conocer la paz ininterrumpida como un lienzo sobre el que se pinta nuestra vida.

¿Cómo reclamar esta paz ininterrumpida que es nuestro derecho de nacimiento? En primer lugar, no es algo que hagas o que adquieras; ya está aquí. Al principio esto requiere cierta medida de fe, pero, si has leído hasta aquí, probablemente tendrá sentido para ti. En segundo lugar, el único modo de entrar dentro es ser completamente auténtico. No te escondas de ti mismo. Si estás sintiendo miedo, adueñate de él. Si sientes ira, adueñate de ella. Si estás sintiendo tristeza, adueñate de ella. Si estás sintiendo vergüenza, culpa o resentimiento, adueñate de ellos también. Y lo más importante: si sientes angustia, inquietud o miedo con respecto a sentir estas emociones, entonces adueñate de ello y admítelo. El punto de partida es la autenticidad. El punto de partida siempre es el lugar donde te encuentras cuando estás siendo plenamente honesto contigo mismo. ¿Por qué? Porque la vida es auténtica. La vida es simplemente lo que es y no pide excusas por ello. No se avergüenza de ninguna parte de sí misma. La vida nunca retiene nada. La vida no tiene segundas opiniones con respecto a sí misma ni piensa que una parte de ella no debería estar allí. Solo la mente humana dividida puede hacer eso.

En tercer lugar, sé paciente. El simple hecho de querer la paz no te llevará a vivirla. Eso solo son más pensamientos. El querer guarda relación con no permitir. Quiero [otra cosa] porque no estoy de acuerdo con lo que estoy sintiendo ahora mismo. No me gusta esta inquietud, aburrimiento o enfermedad, de modo que voy a imaginarme una realidad alternativa. La imaginación está bien. Sin embargo, cuando imaginamos porque tenemos una profunda sensación de insatisfacción, nuestra imaginación se convierte en la maquinaria de la división. Y lo que es peor, este imaginarnos a nosotros mismos fuera de la verdad del momento se convierte en habitual, involuntario, y al menos parcialmente inconsciente. Esta es la razón por la que nos encontramos en la rueda del sufrimiento y acabamos planteándonos preguntas del tipo: "¿Cómo he vuelto aquí?".

Comienza con el grado de autenticidad que te sea posible ahora mismo, y después sé paciente. Entiende que llegar a la autenticidad más profunda, y como resultado de ella empezar a reclamar la paz más profunda que es lo que todos queremos, puede llevar algún tiempo. Tu trabajo no consiste en decidir cuánto tardará en volver la paz ininterrumpida. Tu trabajo consiste en estar auténticamente aquí, en honrar cada momento. Eso es. He visto que cuanto más auténtico, presente y dispuesto a sentir emociones incómodas está alguien, más rápido despierta y se abre a la paz subyacente. He visto algunas transformaciones extraordinarias en solo dos años en personas que estaban completamente dispuestas a afrontar la vida de manera cruda y vulnerable. Inténtalo.

Lo que no es el despertar

- Despertar no es una nueva manera de mirar la vida.
- Despertar no es adoptar un sistema de creencias.
- Despertar no es una práctica espiritual o religiosa.
- Despertar no tiene que ver con otras personas.
- Despertar no es una forma de pensamiento positivo.
- Despertar no guarda relación con conseguir todo lo que quieres.
- Despertar no consiste en cambiar tu estilo de vida.
- Despertar no es una manera de conseguir cierta ventaja sobre alguna otra persona.
- Despertar no es un modo de evitar las emociones o de escapar de la vida.
- Despertar no es una manera de conseguir poderes mágicos.
- Despertar no es el final del proceso de realización; ¡es solo el comienzo!

Capítulo 4:
Paradoja

Introducción

Emprender una investigación de tu verdadera naturaleza te llevará directamente a un mundo de paradojas. Si todavía no lo has notado, pronto lo harás. Esta es la definición de paradoja de acuerdo con el diccionario Merriam-Webster:

- "Una declaración que es aparentemente contradictoria u opuesta al sentido común y sin embargo es verdad", y
- "Una situación, persona o cosa que combina rasgos o cualidades contradictorias".

Con el tiempo, te familiarizarás mucho con las emociones, percepciones y experiencias contradictorias. Ciertamente, te familiarizarás con lo que no te es familiar. De hecho, cuanto más despiertes, más será así. Cuanto más despiertes, tanto menos "tú" serás capaz de encontrar aparte del flujo de los fenómenos. Además, la paradoja no es un efecto secundario del despertar. La verdad de esta cuestión es que el estado natural de las cosas, llamémosle "realidad", es por su propia naturaleza completamente paradójico.

"Qué maravilloso es haber encontrado una paradoja. Ahora tenemos alguna esperanza de progresar".

—Niels Bohr

En este capítulo exploraremos varios elementos paradójicos con los que te encontrarás a medida que se despliegue este proceso. Mi objetivo es que al comentarlos con anterioridad estarás mejor equipado para reconocerlos, y así cultivar cierta comprensión y aceptación de ellos a medida que surjan. Con la aceptación puede venir un disfrute sublime y maravilloso, aunque nos encontremos cada vez más entretejidos con una realidad misteriosa y paradójica. Por otra parte, la incapacidad o la negativa a aceptar los aspectos paradójicos de la realidad sin filtros pueden causar mucha frustración y confusión.

Lo que ocurre después

Hay un fenómeno bifásico que a menudo ocurre cuando probamos una muestra de la realidad sin filtros. Cuando tocamos algo vasto, eterno y más allá de la dimensión humana habitual, a menudo a la experiencia le seguirá un periodo de disforia, con o sin emoción intensa. Si no estamos particularmente en contacto con nuestras emociones, puede ser experimentado como desorientación o cierto tipo de convulsión mental. Cuando tenemos poca o ninguna experiencia en esta área, a menudo juzgaremos que estas intensas experiencias "no son buenas". Su intensidad cubre un amplio rango desde lo incómodo a lo "terrorífico".

Este aspecto bifásico parece ser universal en las primeras etapas del despertar, lo que significa que a menudo no llegas a la primera etapa sin que la segunda le siga de cerca. Este fenómeno se encuentra comúnmente en la práctica espiritual, como durante periodos de meditación sostenida (retiro) o de indagación intensa. No obstante, también ocurre en situaciones inesperadas y en entornos no espirituales. He conocido a muchas personas que han experimentado este fenómeno en diversos contextos, a menudo inesperadamente y con poco conocimiento de lo que estaba ocurriendo. Es todavía más estresante si no tienes un contexto para la práctica o un mentor que pueda explicarte que este es un proceso totalmente natural. Si miras atrás, es posible que seas capaz de identificar una o más experiencias similares en tu propia vida: momentos en los que tuviste una experiencia emocional intensa, o incluso terrorífica, que pareció surgir de la nada. Sin embargo, si miras más de cerca, es posible que haya seguido a cierto periodo de claridad, o a una apertura a tu naturaleza ilimitada. A menudo no asociamos ambas experiencias porque parecen tan divergentes (paradójicas). Aquí hay algunos ejemplos:

- Escuchamos una charla o leemos algo escrito por una persona que tiene cierto grado de realización y experimentamos un cambio de conciencia. A los pocos días nos encontramos en medio de emociones difíciles o confusas.
- Mientras tenemos una experiencia profundamente conmovedora, como enamorarnos, observar obras de arte poderosas, practicar el sexo, experimentar lo sublime en la naturaleza o incluso tomar una droga alucinógena, se produce una experiencia de expansión o unidad. Una vez que "bajamos", no solo ha desaparecido esa experiencia increíblemente agradable, sino que ha sido reemplazada por una sensación de aislamiento, pena o ansiedad.
- Después de alguna práctica o indagación, tenemos una "muestra" del despertar y durante algún tiempo nos sentimos inusualmente libres, relajados y en intimidad con la vida como nunca antes. Esto dura unas pocas horas o tal vez un par de días. A continuación, de repente, no podemos encontrar este estado por ninguna parte y nos sentimos peor que antes.

Cualesquiera que sean las circunstancias, la clave está en reconocer que es exactamente así como se supone que el proceso ha de ir. Tener una experiencia incómoda o molesta después de haber tenido una muestra directa de la realidad no significa que estés privado del despertar o que hayas cometido un error. Significa que el proceso está funcionando. Además, es irrelevante si dicha experiencia es el resultado de una práctica intencional o si simplemente parece haber surgido de la nada. En este último caso, esto es la vida despertándote, dándote un "codazo".

Examinemos el mecanismo que está detrás de este fenómeno. Cuando entramos en contacto con la verdad viviente, a menudo se produce una expansión de conciencia y una disolución momentánea de nuestra sensación de ser un ser discreto, separado, aislado. Llamaré a esto la fase de "expansión". Esta fase nos ofrece un vislumbre de la verdad natural de que en realidad no hay fronteras en ninguna parte. Las fronteras solo son aparentes. Estos vislumbres son precursores del despertar. Nos recuerdan experiencialmente que este estado natural de fluidez, intimidad ilimitada y libertad es nuestro derecho de nacimiento. Lo siguiente que suele ocurrir (pero no tiene por qué hacerlo) es que la conciencia se contrae, y de repente afrontamos patrones de resistencia y emociones difíciles. Este movimiento tiene el mismo valor que el de expansión. En realidad, estos dos movimientos son distintos aspectos del mismo fenómeno, siendo ambos necesarios para despertar. Simplemente parecen estar separados en el tiempo debido a la manera en que nuestras mentes procesan estas experiencias.

Si tuviera que dar voz al movimiento de expansión, sería algo como: "Así de libre de filtros es verdaderamente la realidad". A continuación, el movimiento de contracción diría: "Y esto es lo que te impide experimentar continuamente la realidad sin filtros". Me refiero a que lo que se nos muestra no es solo la posibilidad ilimitada, sino también los patrones de resistencia que nos llevan a distraernos, al atar nuestra atención a un escondite interno (pensamiento). ¿No es ingenioso? Cuando lo vemos bajo esta luz, empezamos a reconocer que este fenómeno en dos fases es la gracia dándonos exactamente lo que buscamos, y lo hace de una manera poderosa y eficiente. Aquí hay algunos puntos clave que nos ayudan a mantener las cosas en perspectiva cuando experimentamos este fenómeno de expansión/contracción:

- Resulta útil reconocer que estas experiencias de contracción, que consisten en experimentar emociones reprimidas (duda, miedo, confusión), así como patrones de resistencia, son temporales, tal como cualquier otra experiencia. No duran para siempre (aunque a veces los pensamientos temerosos nos digan que sí).
- El emerger de estos estados emocionales dolorosos no significa que el proceso de despertar sea la causa de que esas emociones estén ahí. En realidad, las has estado llevando contigo, solo que estaban encerradas dentro de ti de un modo que te impedía experimentar la

intimidad natural, el flujo y la ecuanimidad. Esto no es culpa de las emociones. Más bien, está causado por nuestra resistencia a ellas.

- Que estos estados emocionales reprimidos y los patrones de resistencia asociados salgan a la superficie es un verdadero regalo. Si siguen estando reprimidos, tienen el potencial de causar que actuemos de maneras inconscientes.
- Cuando los patrones de resistencia y los estados emocionales reprimidos surjan inevitablemente a la superficie, dispones de muchos recursos: en primer lugar y sobre todo, el de la aceptación y el reconocimiento de que esto es el amor incondicional entrando en tu vida. El capítulo sobre las emociones te ofrecerá muchas herramientas útiles para abordar estas situaciones.
- Resulta útil recordar que las emociones, en y por sí mismas, nunca son un problema. Esto es cierto independientemente de su cualidad. No necesitamos erradicar, resolver, sanar, intelectualizar, justificar o explicar cualquier emoción con la que nos encontremos. La existencia misma de la emoción es lo que justifica su ser.
- Las primeras veces que esto ocurra, es posible que afrontemos patrones de resistencia y emociones que no estamos acostumbrados a experimentar. Esto puede resultar muy inquietante, incluso abrumador si no reconocemos que forma parte del proceso por el que todo el mundo pasa. En esos momentos puede ser útil recordarte que el parloteo mental que dice que no puedo con esto, o que es abrumador, es simplemente un pensamiento. Estos pensamientos, o conclusiones, no son necesariamente verdad, y pasarán lo mismo que las emociones. A menudo, el simple hecho de sentarte con lo que te esté ocurriendo internamente es la prueba de que puedes manejarlo. Es posible que no sea la experiencia que elegirías para ese momento. Puede resultar muy incómoda, pero el mero hecho de sentarte y estar con ella, incluso durante unos pocos minutos, demuestra que puedes. He visto a mucha gente llegar hasta aquí en el proceso de despertar y después abandonar el empeño porque concluyen erróneamente que no pueden gestionar estas experiencias. En ocasiones, creer un simple pensamiento puede suponer la diferencia entre la salvación y una vida de distracción y evitación.

- A veces sabemos instintivamente que podemos gestionar la incomodidad de esta segunda fase, pero preferimos no hacerlo. Consideramos si sería más fácil seguir evitando las emociones reprimidas y las resistencias internas. Bien, no puedo tomar esta decisión por ti, pero te diré esto: en realidad, no puedes evitar las emociones. Están ahí, tienen energía de vida y se expresarán de una manera u otra. Si elegimos reprimirlas activamente y evitar reconocer su existencia, encontrarán expresión llevándonos a actuar de maneras inconscientes. Seguiremos perpetuando la energía divisiva a algún nivel, lo que producirá un sufrimiento continuado en nosotros mismos y en otros. Al final, te verás forzado a afrontar estos mecanismos inconscientes de un modo u otro, por tanto, ¿por qué no ahora? La vida te está ofreciendo la oportunidad más maravillosa. ¿Por qué no estar presente y dispuesto a ver lo que hay aquí?

Paradoja y lenguaje

Nos demos cuenta de ello o no, antes de despertar nuestra identidad está muy entrelazada con nuestro mundo interno de pensamientos. Como en gran medida los pensamientos están hechos de diálogo con uno mismo (diálogo interno), podemos decir que nuestra identidad está ligada al lenguaje y a conceptos. Este mundo interno de lenguaje y conceptos se experimenta de manera muy distinta a la realidad natural (la realidad que se experimenta después de la liberación). El lenguaje es divisivo por naturaleza y, por tanto, vivir en un mundo en el que la identidad está ligada al pensamiento se siente limitado, aislado y fragmentado. Tu verdadera naturaleza (realidad natural) es indivisible, de modo que cuando la identidad se desvincula del pensamiento, experimentamos el mundo natural de claridad, paz, interconexión y libertad ilimitadas. La diferencia experiencial entre estos dos modos de experimentación es como pasar de la noche al día.

Una manera simple de investigar este enredo es examinar la función práctica del lenguaje. El lenguaje es principalmente una herramienta de comunicación. Cuando usamos el lenguaje para comunicarnos con otra persona, por este simple hecho estamos haciendo una suposición: la de que estamos separados de la persona con la que nos comunicamos. Se infiere que aquí hay un "yo" que está intercambiando información con un "tú" que está ahí. Ahora bien, no estoy sugiriendo que un instante de intercambio de información sea suficiente para hacernos creer y sentir que estamos separados de todo lo de "ahí fuera". Sin embargo, cuando este suceso se repite una y otra vez, y lo que es más importante, se refleja interminablemente dentro de nuestra mente (¿con cuánta frecuencia reflexionamos internamente sobre conversaciones que hemos tenido o que estamos a punto de tener con otros?), empezamos a sentirnos realmente como si estuviéramos separados.

Otra manera de examinar esto es considerar la estructura del lenguaje mismo. Uno de los aspectos más simples del lenguaje es el acto de etiquetar. Para empezar a usar el lenguaje, debemos aprender los nombres y las etiquetas de las cosas, las personas, los conceptos y los sucesos. Además, debemos estar de acuerdo en qué etiquetas se asocian con los correspondientes objetos para que el lenguaje funcione. Si te hablo de una "silla", estoy suponiendo que tú y yo compartimos una creencia con respecto al referente de la etiqueta. En primer lugar y sobre todo, asumimos que la etiqueta se refiere al mismo objeto para ambos. Si usáramos la misma etiqueta para distintos objetos de manera arbitraria, no llegaríamos a ninguna parte en la comunicación. Si yo hablara de una "silla", pero en tu caso esta etiqueta hiciera referencia a una cabra, no podríamos mantener una conversación significativa. Esto parece tan evidente que puede sonar tonto indicarlo, pero cuando investigamos el poder que tiene etiquetar sobre nuestras percepciones, empezamos a ver que entrelazar nuestra identidad con el lenguaje nos causa una intensa sensación de aislamiento.

La cuestión es que cuando etiquetamos algo, estamos afirmando que ese objeto no es todo lo demás. Por ejemplo, cuando hablo de una silla, puedo transmitirte una imagen que tiene el mismo aspecto en tu mente que lo que yo llamo silla. Pero en realidad te he comunicado mucho más que la forma y el uso de ese objeto. En el subtexto, te he comunicado un millón de cosas que el objeto del que estoy hablando no es. En el uso práctico del lenguaje, esto está perfectamente bien por ser su función.

Sin embargo, cuando internalizamos el lenguaje (miles de veces al día), nos etiquetamos a nosotros mismos de diversas maneras. Si bien esto puede parecer un acto inocuo, e incluso valioso, a menudo no notamos los dolorosos efectos secundarios. Cada definición que nos aplicamos a nosotros mismos nos atrapa. Todo lo que creo ser viene acompañado de un subtexto de un montón de cosas que no soy. Cuando nos etiquetamos, evaluamos y criticamos un millón de veces al día, día tras día, empezamos a sentirnos aislados, discretos, pequeños. Asimismo, como aparentemente nuestra identidad ha quedado dividida por definiciones y etiquetas, a menudo sentimos que tenemos que defendernos. Al mismo tiempo, vivimos con un miedo subyacente de no saber quiénes somos realmente.

La comprensión del despertar pone esto patas arriba. Después del despertar, tenemos poca capacidad o deseo de definirnos a nosotros mismos. Esto se debe a que sentimos la fluidez natural e interconexión de la totalidad de la vida. Al mismo tiempo, la sensación de aislamiento y el sentimiento de necesitar defendernos disminuyen considerablemente. Ahora vemos que estos pensamientos y etiquetas que solían aprisionarnos no son sino nubes inocuas flotando en un cielo interminable. Paradójicamente, aunque no tenemos necesidad ni uso para el proceso de autoetiquetado interno, finalmente tenemos un sentido de identidad muy estable. Este sentido de identidad es completamente no conceptual, y sin embargo satisfactorio y "verdadero" independientemente de las circunstancias. Venimos a este lugar extraño y maravilloso donde finalmente estamos verdaderamente asentados con respecto a nuestra identidad y a cómo encajamos en la vida, y sin embargo no podemos decir ni una maldita cosa sobre ello.

La paradoja de enseñar

Este libro está hecho de lenguaje y, así, parece estar usando el lenguaje para trasmitirte conceptos a ti, el lector. Sin embargo, por su propia naturaleza, el despertar es no-conceptual. Estoy seguro de que ves la desconexión que hay aquí. Soy consciente de que, como estoy usando el lenguaje, la mente del lector empaquetará automáticamente este material en conceptos, y lo almacenará de manera segura dentro de su extenso marco conceptual. El sentido de identidad conceptual que está "recibiendo" esta información intentará reconciliarla con otra información y marcos conceptuales que ya tenga de antes. Este es el funcionamiento normal de la mente, por supuesto. Lo divertido es que esos marcos conceptuales no son la diana en la que este escrito tiene la intención de acertar. En absoluto. El intelecto es simplemente el interfaz. Mi intención no es que nadie desarrolle un marco conceptual de lo que está escrito aquí, aunque sé que ocurrirá en cierta medida. Este efecto secundario es inevitable.

En verdad, la diana del mensaje está mucho más profundo que la mente conceptual. A medida que la identidad se desenreda de lo conceptual, se hará cada vez más evidente que estás oyendo este mensaje desde un lugar totalmente distinto. Así, la paradoja es que cuando emprendemos este viaje, la parte de nosotros que sentimos más como nosotros (el intelecto) sentirá como que está aprendiendo o recibiendo algo de esta comunicación. Interpretará que esta información es para su beneficio. En realidad, estoy haciendo todo lo posible para pasar por alto esa parte del receptor, y al mismo tiempo dar al aparato conceptual la cantidad de caramelo suficiente para que piense que es el beneficiario de este mensaje. Lo que en realidad estoy haciendo es enviar llamadas a despertar de manera directa, más allá de la estructura de la identidad conceptual, de modo que una identidad más fundamental y vasta comience a "recordarse" a sí misma.

"¿Me contradigo? Muy bien, entonces me contradigo. Soy grande, contengo multitudes".

—Walt Whitman

Cuando escuchamos una charla dada por alguien que es capaz de apuntar eficazmente hacia la realización, las palabras podrían sugerir que esa persona tiene algo que nosotros no tenemos. Al leer un libro sobre el despertar puede parecer que sugiere que su autor ha realizado algo que nosotros no. En cualquiera de estas situaciones es natural concluir que tenemos que descifrar cómo hicieron lo que hicieron para poder replicar sus métodos o su camino a fin de alcanzar la misma realización. Ninguna de estas conclusiones es precisa.

En verdad:

- No hay maestros de la realización. Tú nunca puedes tener mi realización, yo nunca podré tener la tuya. La realización es la cosa más personal-impersonal posible.
- No conseguirás nada de la persona que da la charla o del autor del libro.
- Este libro no puede darte nada que no tengas ya.
- Por más iluminado que parezca alguien, no tiene nada que tú no tengas.
- Esa persona no puede despertarte.
- El mejor "maestro" es como un espejo pulido. Simplemente, refleja tu estado despierto innato y te demuestra que tienes la capacidad de acceder a él en todo momento.

La paradoja del conocimiento

Recuerdo que estaba cenando con una buena amiga y me dijo:

—Sabes, me he dado cuenta de que en realidad no sé nada en absoluto.

Dijo esto desde un lugar de autenticidad y paz. Aunque entendía completamente lo que quería decir, me descubrí respondiéndole:

—Sabes, es divertido. Hay una cosa que sé con absoluta certeza, pero no hay manera de que pueda decir nada sobre ella.

Hay algo muy paradójico con respecto al conocimiento cuando se trata de la realización. Aquí estoy usando el término "conocimiento" en un sentido mucho más amplio de lo que esta palabra suele implicar. Una vez que empezamos a reconocer y a confiar en el conocimiento no conceptual, todo cambia. Aquí hay un profundo conocimiento que nunca podría ser puesto en palabras. Es demasiado cercano, demasiado simple y demasiado obvio como para ser transmitido con conceptos o descripciones. Lo que es todavía más extraño es que sé con absoluta certeza que este conocimiento paradójico también te ocurre a ti. Si esto no es aparente de manera inmediata, eso no significa que hayas fracasado, se debe simplemente a que la mente está creando cierto tipo de filtros perceptuales que llaman tu atención.

Este conocimiento, que no está separado del conocedor o de lo conocido, no excluye nada y no tiene límites. No es posible que una "parte" de él se separe del resto y diga algo con respecto a sí misma. Por otro lado, no es estático ni fijo, y por eso evade la descripción. En el momento en el que concluyes algo sobre él, se ha metamorfoseado, ha desaparecido. Este conocimiento no está limitado en ningún sentido ni está sujeto a ninguna definición. Nunca puede ser amenazado porque puede acomodar cualquier cosa. Este es el mundo paradójico donde sabes que no sabes absolutamente nada en relación con la comprensión convencional porque la comprensión convencional no puede dar cabida a la verdad viviente. Sin embargo, hay una profunda certeza en tu confianza en la vida y en la realidad momento a momento que va más allá incluso de la vida y de la muerte.

La paradoja de dejar ir

Buena parte del proceso de despertar guarda relación con dejar ir. Por supuesto, dicho de la manera habitual, suena como si dejar ir fuera un proceso completamente voluntario. No lo es. A veces damos la bienvenida a este dejar ir, otras no. Cuando se trata de dejar ir la duda, la vacilación y la resistencia, uno se siente muy bien dejándolas ir. Cuando se trata de dejar ir algunas ideas que tenemos con respecto a nosotros mismos, pueden parecer más pegajosas, más incómodas. Esto es especialmente así cuando hemos solidificado esas ideas en creencias e identidades, y hemos aprendido a usarlas como mecanismos para salir adelante o como medios de evitar la incertidumbre y el dolor inherentes a ser humano. El proceso de dejar ir es natural, independientemente de cómo respondamos a él en un conjunto de circunstancias específicas.

Aquí viene la paradoja. Cuanto más dejamos ir lo que creemos que queremos, más acceso tenemos a lo que realmente queremos. Cuanto más dejamos ir las promesas vacías de futuros imaginados, más disfrutamos de la radiante intimidad de este momento exacto. Cuanto más dejamos ir las creencias aparentemente "positivas" con respecto a nosotros mismos, más descubrimos que no sufrimos disonancia cognitiva al darnos cuenta de que no siempre estamos a la altura de nuestros ideales. Podemos darnos permiso para ser naturalmente humanos. Vemos que lo que estábamos persiguiendo con toda nuestra búsqueda mental era esta inmersión inmediata en la totalidad de la vida. Cuando por fin dejamos de dedicar tanta energía a buscar "la pieza que falta" en algún lugar externo a nuestra experiencia inmediata, la realidad inmediata e indivisa se filtra por las grietas de nuestra percepción. Cuanto más dejamos ir, más abundancia, profundidad y riqueza se revelan exactamente donde estamos.

La paradoja de la espiritualidad

Una parte importante de nuestra maduración como seres humanos consiste en darnos cuenta de que desperdigar nuestras energías en múltiples direcciones puede resultar agotador e improductivo. Viviendo de esta manera a menudo sentimos como si estuviéramos luchando contra nosotros mismos o conduciendo con el freno de mano puesto. Si vemos esto con claridad, nos daremos cuenta de que el esfuerzo y la atención sostenidos en un área de la vida generalmente producen mejores resultados, más satisfacción, y así sucesivamente. Una vez que descubrimos esto, tendemos a aplicar este tipo de esfuerzo en las áreas de nuestras vidas que nos apasionan. La realización no es una excepción. Cuando llegamos a saborear la realidad indivisa, a menudo es tan sorprendente y la "sentimos tan bien" que nuestro enfoque en la vida espiritual se intensifica en gran medida. Para muchos de nosotros adquiere prioridad sobre otras áreas de la vida. Algo de lo que no habíamos oído hablar hace unos años se convierte en lo más importante para nosotros. Pienso que esto es genial. Creo que es lo más valioso que puedes hacer con tu vida, siempre que sientas auténticamente que es algo en lo que te quieres involucrar con una mente y un corazón abiertos.

Y, sin embargo..., en realidad no existe un "tema" que sea el despertar, la realización o la iluminación. En el Zen hay un dicho genial: "El Zen es la vida". Esta simple declaración apunta hacia lo que estoy queriendo decir aquí. No estoy interesado en que desarrolles una nueva afición llamada "despertar". No estoy diciendo que este sea uno de los muchos caminos que puedes elegir. Este no es un camino en absoluto. Hacia lo que estoy apuntando a lo largo de este libro no tiene nada que ver con caminos, o procesos, o partes de tu vida. Estoy apuntando a tu vida exactamente tal como es, desplegándose en este mismo momento. A lo que estoy apuntando no es especial, porque nunca has estado apartado de ello. Estoy apuntando a sentir cada sensación que sientes ahora mismo. Y ello también es cada una de esas sensaciones. Ve todas las cosas que tú ves, y es el ver mismo. Es esos colores, formas y contornos danzando ante tus ojos. Es el movimiento del pensamiento ahora mismo, evaluando lo que estás leyendo. Esto hacia lo que estoy apuntando no es espiritual, porque, entonces, ¿qué hay que no sea espiritual? Cuando el despertar despierta a sí mismo, se reconoce inmediatamente como cada parte de la vida. Continuo y completo. Si tuviera voz, diría:

"Aquí..., Aquí..., Aquí",

y

"Ahora..., Ahora..., Ahora".

"Las paradojas lo explican todo. Y como lo explican todo, ellas no pueden ser explicadas".

—Gene Wolfe

De modo que, aunque tenemos tendencia a compartimentalizar nuestras vidas, la verdad de la naturaleza despierta no reconoce compartimentos. Está ahí cuando dudas; está ahí cuando estás perdido en el pensamiento; está ahí cuando trabajas; está ahí cuando haces cola con impaciencia; y está ahí cuando discutes con tu pareja. Nunca has estado separado de tu verdadera naturaleza, ni lo más mínimo.

La paradoja del esfuerzo

Podemos aprender tanto de la naturaleza. Si observas la naturaleza, verás un equilibrio perfecto entre esfuerzo y ausencia de esfuerzo. Hay ecuanimidad y sincronicidad en cómo se despliegan los procesos naturales. Esto es verdad desde el nivel cuántico hasta el nivel astronómico.

Es tan cierto para las leyes que gobiernan las interacciones entre los gluones y los quarks como para las leyes que gobiernan el nacimiento de una estrella o la colisión de dos galaxias. Si reconocemos que nuestra práctica e investigación de la verdad viviente es un proceso natural, empezamos a intuir cuándo podríamos estar resistiéndonos a su equilibrio natural. Habrá momentos en los que sentirás que tienes que hacer bastante esfuerzo. Eso está bien. Habrá momentos en los que sentirás que la renuncia es lo único natural para ti. En esos momentos sentirás como si toda práctica, esfuerzo y deseo fueran agotadores e infructuosos. Eso también está bien. Todas estas fluctuaciones forman parte del proceso natural.

"Las mejores paradojas suscitan preguntas sobre qué tipo de contradicciones pueden ocurrir, qué especie de imposibilidades son posibles".

—William Poundstone

En algún momento empezarás a reconocer que hay un lugar mágico donde se encuentran el esfuerzo y la ausencia de esfuerzo. En ese lugar quedará claro que, en ciertos momentos, la verdadera ausencia de esfuerzo se encuentra aplicando esfuerzo. En esas ocasiones, la renuncia y el estar dispuesto a permanecer aquietado significan no intentar retener el flujo natural de energía y actividad. En otras ocasiones te mantendrás físicamente aquietado, y sin embargo conocerás la actividad espontánea del cosmos como un despliegue íntimo. Este es un lugar maravilloso. Un lugar de quietud en movimiento. Un lugar de fascinación rendida. No serás capaz de dar un sentido lógico a esto, pero en tus tripas, en tus huesos y tuétanos resonará un Sí.

La paradoja de despertar

El "suceso" del despertar es en sí mismo paradójico en muchos sentidos. Tuve mi despertar inicial en 1997, e inmediatamente me encontré en un mundo de paradojas. Estas son algunas de las observaciones que hice.

El despertar parece un suceso. No lo es

La sensación de estar en una línea temporal, viajando por la vida, intentando interminablemente apagar fuegos, resolver problemas y hacer cosas se calmó de repente. El alivio que supuso la liberación de estar siempre pendiente del reloj fue muy sorprendente. No tenía ni idea de cuán confinador había sido el sentido del tiempo hasta que se detuvo. La experiencia misma es atemporal, de modo que no puede describirse como un suceso en el tiempo. Si esto te resulta difícil de imaginar, lo entiendo completamente. Nuestras mentes necesitan incorporar el paradigma del tiempo para imaginar cualquier cosa, de modo que no es imaginable. Sin embargo, se puede experimentar. Además, estaba claro que esta atemporalidad era natural, y más real que cuando me había percibido confinado por el tiempo.

Se podría decir que el verdadero "suceso" no fue el despertar, sino la experiencia previa de estar en una identidad encerrada en algún punto de una línea temporal. Este suceso, del que no recordaba el comienzo porque había ocurrido a una edad temprana, era intrínsecamente incómodo. Sin embargo, hasta que ese suceso acabó, no tuve una idea exacta de lo incómodo que era. El momento en que ese suceso se disipó es lo que llamo el despertar. De modo que podríamos decir que en realidad el despertar es la cesación de un suceso, aunque inicialmente sea una cesación temporal.

Nada cambió y sin embargo todo cambió

Podía mirar alrededor y ver que la vida tenía el mismo aspecto de siempre. Los objetos eran los mismos, las personas eran las mismas, el cuerpo era el mismo. Sin embargo, todo era radicalmente diferente. Aunque las apariencias externas no habían cambiado, todo estaba impregnado de cierta profundidad, y todo estaba bien y era correcto. Sentía que las cosas eran reales por primera vez en mi vida. La magia de la primera infancia había vuelto, y cada momento era gratificante, incluso los dolorosos. Quería transmitir esto a mis seres queridos, pero sabía que no tenía palabras para ello porque no podía indicar específicamente lo que había cambiado.

Me sentía muy bien sintiéndome mal

Resulta muy fácil oír un mensaje sobre el despertar e interpretarlo como una promesa de que vivirás tu vida sintiéndote bien todo el tiempo y nunca sentirás dolor o incomodidad. Esta es una comprensión totalmente errónea de en qué consiste el despertar. De hecho, despertar significa despertar del paradigma aprisionante de que algunas cosas son buenas y otras malas. Este paradigma está enraizado en la ilusión de separación y es la causa de una búsqueda casi constante de ciertas experiencias y del rechazo simultáneo de otras. En resumen, ese paradigma es lo que nos hace luchar y sentirnos aislados. Sin saberlo, durante toda mi vida había evitado las emociones y pensamientos que había concluido que no estaban bien o que eran peligrosos. No me daba cuenta de hasta qué punto estaba haciendo eso.

Con el despertar, esta evitación se detuvo. Extrañamente, cuando ya no evitaba las experiencias internas, cada experiencia estaba bien. Incluso podía disfrutar de esas experiencias de las que había estado huyendo en mi mente durante años. Qué bendición poder disfrutar de la tristeza, de la pena, de la confusión, ¡incluso de la vergüenza! No me había dado cuenta de que el problema era la resistencia-miedo, y no el aparente objeto que me causaba miedo.

Los sucesos más simples e insignificantes eran los más gratificantes

En verdad, ya no había cosas que fueran más o menos gratificantes porque la función de emitir juicios había desaparecido. Sin embargo, en contraste con cómo eran las cosas antes del despertar, era muy sorprendente cuánta satisfacción y disfrute natural había en hacer cola, rascar un picor o mirar al cielo.

Mi corazón se abrió y las cosas dejaron de importarme

En la intimidad inmediata y sin causa que experimentaba a cada momento, de repente me di cuenta de que habían dejado de preocuparme la mayoría de las cosas que antes pensaba que me importaban. Quedó claro que había estado engañándome a mí mismo. Todo ese exceso de pensamiento, que se justificaba a sí mismo como "importarme", solo era una manera de distanciarme del flujo momentáneo de la vida. Me encargaba de mis responsabilidades de manera natural en el momento, sin tener que pensar ni preocuparme sobre qué hacía o dejaba de hacer. Lo que quedó fue una alegría con respecto a todas las cosas, por más pequeñas o aparentemente insignificantes que fueran.

"Nada nace ni muere,
nada es puro ni impuro,
nada aumenta ni disminuye.

Así, en el vacío no hay forma, ni sentimiento,
ni pensamiento o elección,
tampoco hay conciencia.

No hay ojo, ni oído, ni lengua, cuerpo, mente,
no hay color, sonido, olor, sabor, tacto, ni aquello que
la mente agarra,
ni siquiera el acto de sentir.

No hay ignorancia ni fin de la ignorancia,
ni todo lo que viene de la ignorancia.

No hay marchitamiento ni muerte
ni el final de ellos.

Tampoco hay dolor,
ni causa del dolor,
o cesación del dolor,
ni noble sendero que libre del dolor.
Ni siquiera hay sabiduría que alcanzar".

—Sutra del corazón

La mayor paradoja de todas

No hay absolutamente nada erróneo o equivocado en ti. No hay nada erróneo o equivocado en la vida. No hay un tú que esté aparte de todas las cosas. No hay separación en ninguna parte. Nada necesita corrección. Sin embargo, a medida que trabajamos en la investigación de nuestra verdadera naturaleza, podemos sentir como si estuviéramos intentando superar algún fallo o corregir algún error. Esto no es así. El trabajo que hacemos forma parte de la totalidad y no es un medio para un fin. Simplemente es la expresión de la perfección espontánea y natural. En último término, nos damos cuenta de que el sufrimiento acaba cuando dejamos de intentar acabar con el sufrimiento.

Capítulo 5:
Atención

Introducción

Me siento muy animado al escribir este capítulo porque voy a mostrarte, de manera directa, que llevas contigo en todo momento una tarjeta para salir-del-sufrimiento-gratis. Después de leer este capítulo, nunca tendrás que volver a sentirte confuso con respecto a cómo acceder inmediatamente a tu facultad primaria del despertar. Sabrás, sin ambigüedad, cómo activar tu capacidad innata de investigar las verdades más profundas con respecto a ti mismo y a la realidad. Además, serás capaz de reconocer que esta habilidad está a tu disposición en todo momento, independientemente de las condiciones. Para empezar, me gustaría indicar unas pocas cosas sobre esta capacidad innata:

- No es un maestro.
- No es una técnica específica.
- No es nada externo a ti.
- Está siempre disponible si estás consciente.
- Puedes acceder a ella directamente y está libre de ambigüedad.
- No tiene que ser cultivada.
- No es complicada, técnica ni conceptual.
- Cualquiera puede aprender a usarla en poco tiempo independientemente de la inteligencia, las creencias o la formación que tenga.

Por supuesto, me estoy refiriendo a tu atención. La capacidad de modular nuestra atención es algo que pasamos por alto casi constantemente. Sin embargo, es la capacidad fundamental que nos permite enfocarnos, meditar, indagar e investigar la naturaleza de la presencia. En cualquier momento en que estés meditando, sea una meditación guiada o basada en una técnica, lo que estás haciendo es modular tu atención (o permitir que alguna otra cosa te ayude a modularla).

"Un día un hombre del pueblo dijo al Maestro Zen Ikkyu:
—Maestro, ¿puedes escribir para mí algunas
máximas de la sabiduría más elevada?
Ikkyu tomó inmediatamente su pincel y escribió la palabra 'Atención'.
—¿Es eso todo? —preguntó el hombre—, ¿no vas a añadir algo más?
Entonces Ikkyu escribió seguido: 'Atención. Atención'.
—Bien —comentó el hombre bastante irritado—, realmente
no veo mucha riqueza ni sutileza en lo que acabas de escribir.
Entonces Ikkyu escribió la misma palabra tres veces seguidas:
'Atención. Atención. Atención'. Medio enfadado, el hombre pidió:
—En cualquier caso, ¿qué significa la palabra 'Atención'?
E Ikkyu respondió amablemente:
—Atención significa atención".

—Roshi P. Kapleau

En este capítulo comentaremos la naturaleza de la atención, sus cualidades y los beneficios de utilizar la atención de maneras habilidosas. Nos aproximaremos a esto:

- Aprendiendo a reconocer y recordándonos que tenemos la elección de modular nuestra atención en cualquier momento dado.
- Aprendiendo a modular nuestra atención de maneras específicas.
- Aprendiendo el valor de desarrollar el hábito de darnos cuenta y/o de modular nuestra atención de manera consistente.

En este capítulo hay muchos ejercicios que requieren ponerse manos a la obra. Si quieres llegar a entender este tema con confianza y claridad, te recomiendo encarecidamente que te propongas tomarte algún tiempo para realizar los ejercicios a medida que los comentamos. Si solo piensas en ellos o evalúas aquello a lo que crees que se refieren, es fácil que este tema se reduzca para ti a algo conceptual. Por el contrario, aprender estos simples ejercicios y prácticas que están siempre disponibles, y después aplicarlos, puede convertirse con el tiempo en un empeño extremadamente transformador. No pases por alto el valor de la atención por el simple hecho de que parece demasiado simple. Su poder reside en su simplicidad. El sufrimiento y la identificación errónea son complicados; la realidad es muy simple.

¡Vamos!

Lo genial con respecto a la atención es que aprendes sobre su naturaleza y matices usándola. En verdad, cuando estás consciente siempre estás usando la atención, aunque no siempre la usas a sabiendas. Para clarificar este punto: el día de hoy, ¿cuántas veces has pensado en dónde estaba tu atención? ¿Es esto algo que consideres frecuentemente? ¿Puedes permanecer consciente de dónde exactamente está tu atención de manera continuada?

Empecemos con un ejercicio simple:

1. Mírate la palma de la mano.
2. Mantén la vista en ella durante unos cinco segundos.

No es demasiado difícil, ¿cierto? Ahora, modifiquemos ligeramente el ejercicio:

1. Mírate la palma de la mano.
2. Mantén la vista en ella durante unos treinta segundos.

¿Te ha parecido más difícil que el primer ejercicio? ¿Has notado pensamientos distractores? ¿Has notado que tu mente deambulaba? ¿Has notado alguna sensación o sentimiento durante ese tiempo? Ahora volvamos a modificar el ejercicio:

1. Mírate la palma de la mano.
2. Mantén la atención ahí durante cinco segundos.
3. Ahora cambia la atención a un objeto situado detrás de tu mano, tal vez la pared.
4. Mantén tu atención allí durante cinco segundos.

¡Felicidades! Acabas de modular tu atención y lo has hecho de manera clara y precisa. No ha sido difícil, ¿cierto? De modo que en este ejercicio hemos aprendido algunas cosas. En primer lugar, hemos aprendido por experiencia que podemos poner nuestra atención en un objeto visual. En segundo lugar, hemos aprendido que podemos modular o modificar nuestra atención moviéndola de un objeto visual a otro. También hemos aprendido que mover nuestra atención requiere muy poco esfuerzo o ninguno. Una cuarta cosa que podemos haber aprendido de esta experiencia es que la atención "se convierte" en su propio objeto. Por ejemplo, cuando hemos puesto la atención en la palma de la mano, no éramos conscientes de algo separado del objeto visual (palma) que pudiéramos llamar atención. Podríamos decir que durante el momento de ver, la atención era la imagen visual y la imagen visual era la atención.

Objetos de atención

En la sección precedente hemos practicado el poner la atención en un objeto visual (la palma de la mano). Hay, por supuesto, otros tipos de objetos en los que podemos poner la atención. Prueba esto:

1. Lleva la atención a cualquier sonido en tu vecindad.
2. Deja descansar la atención amablemente en ese sonido durante unos pocos segundos.

Acabas de enfocar la atención en un objeto sonoro. ¿Has notado que es tan simple y libre de esfuerzo llevar la atención a un objeto sonoro como llevarla a un objeto visual? Asimismo, ¿has notado que aunque los objetos sonoros y visuales aportan distintas cualidades de experiencia, la atención que pusiste en ellos era la misma en ambos casos? Podríamos decir que la atención es, en cierto sentido, como un rayo de luz, similar a un foco de luz. Puede ser dirigida fácil y rápidamente a cualquier objeto de tu entorno.

Hasta ahora, los dos objetos en los que hemos depositado la atención eran externos a nuestro cuerpo. ¿Es posible dirigir este rayo de atención hacia dentro? Veámoslo:

1. Lleva la atención a las sensaciones que hay dentro de uno de tus pies. Solo las sensaciones. Podrían ser de cosquilleo, opacas, frescas, cálidas o cualquier combinación de sensaciones. Podría haber sensaciones solo en una parte del pie o podría haberlas en todo el pie.
2. Mantén suavemente tu atención allí durante diez segundos.

¿Ha sido fácil? ¿Han ido cambiando las sensaciones? ¿Han ido y venido? ¿Te resulta interesante que la atención pueda moverse con tanta facilidad de un objeto (sensación) dentro del cuerpo como a otro fuera del cuerpo?

Hasta el momento hemos cubierto tres de los cinco sentidos: vista, sonido y sensación. ¿Y qué hay del olfato y del gusto? Bien, voy a dejar que pruebes esta simple práctica en esos sentidos cuando tengas oportunidad. La próxima vez que estés comiendo, cierra los ojos y dirige la atención al sabor del alimento, tal como hiciste con los objetos visuales y sonoros. Tal vez te sorprenda agradablemente lo saturada que puede llegar a estar tu atención con el gusto. Y lo mismo con el olfato, si cierras los ojos y enfocas algo de atención en una fragancia, podría sorprenderte lo vívida que se vuelve esa experiencia.

Hemos comentado los cinco sentidos, pero hay un objeto más de atención que no hemos abordado. Ese objeto es el pensamiento. Para ser preciso, a lo que me estoy refiriendo es a la conciencia del pensamiento, pero, por simplicidad, de momento me referiré a él como el pensamiento. Practiquemos:

1. Imagina una fresa roja y madura.
2. Mantén la atención en esa fresa durante unos segundos.

¡Felicidades! Acabas de experimentar directamente lo que es poner la atención en un objeto de pensamiento. Hagámoslo de nuevo:

1. Dite a ti mismo (mentalmente): "Soy una buena persona".
2. Repite internamente esa afirmación unas cuantas veces y nota qué sensación te produce dejar descansar la atención en ese pensamiento.

Este es el segundo tipo de objeto del pensamiento. Este es un pensamiento auditivo o conceptual, a diferencia del pensamiento imagen (la fresa).

Es decir, cinco sentidos y el pensamiento. Estos son los únicos objetos de atención. ¿Te sorprende que solo haya seis tipos de objetos a los que podemos prestar atención? Desafío a cualquiera a demostrar que puede poner su atención en algún otro lugar. Por ejemplo, cualquier cosa en la que puedas poner tu atención que esté en el pasado, lo que quiere decir incluso hace un segundo, siempre es un pensamiento. Asimismo, cualquier cosa que puedas pensar que vaya a ocurrir en el futuro siempre es un pensamiento. Por tanto, lo que te queda es tu entorno inmediato, ¿cierto? ¿De qué está hecho el entorno inmediato? De los cinco sentidos y del material del pensamiento. Nada más.

Cualidades de atención

Hablando funcionalmente, la atención es bastante simple, como hemos deducido en la sección anterior. Si bien es fácil de dirigir y solo puede referirse a seis tipos de objetos posibles, tiene diversas cualidades que podemos examinar. Estas cualidades de la atención existen en varios ejes. Para entender a qué me refiero con ejes, considera que la mayoría de las cualidades humanas pueden describirse como que existen a lo largo de diversos ejes. Una persona dada, en un momento dado, estará en algún punto del eje de sobrepeso o infrapeso, será baja o alta, introvertida o extrovertida, etcétera. Estos son los ejes de atención:

Dilatada frente a estrecha

Si usamos la analogía del foco que hemos usado antes, podemos demostrar que la atención puede estar confinada a un rayo estrecho, o dilatada a algo más parecido a una luz que cubre un zona. Veámoslo:

1. Elige un sonido en tu vecindario inmediato.

2. Deja que la atención descanse sobre ese único sonido durante diez segundos (estado de atención estrecha).
3. Ahora “relaja” tu atención para abrirte a todos los sonidos que hay en tu entorno al mismo tiempo.
4. Permanece en el estado de atención dilatada durante diez segundos.

¿Has sido capaz de hacerlo? ¿Te ha resultado difícil? Trata de mover la atención en un sentido y otro entre estrecha y dilatada. Podrías descubrir que al hacer esto durante unos segundos, toda tu experiencia de los sonidos empieza a vivificarse. De hecho, esta es una excelente práctica en y por sí misma. Se dice que hace muchos cientos de años hubo una persona que alcanzó la iluminación enfocándose intencionalmente en el sonido. Su nombre, Guanyin, puede traducirse de manera aproximada como “perceptora de sonidos” o “quien oye el llanto del mundo”.

Este espectro de dilatado frente a estrecho también es aplicable al campo visual. Date cuenta de que la mayor parte de nuestra atención suele estar en el centro del campo visual (en lo que estás mirando). Ahora trata de relajar la visión de tal modo que seas tan consciente de la periferia como lo eres del campo central de tu visión. ¿Cómo lo sientes? Esto en sí puede ser una práctica valiosa. Puede transformar la actividad generalmente enfocada y penetrante de mirar en una experiencia inmersiva y difusa de ver.

Dirigida frente a receptiva

Hasta el momento hemos explorado la facultad de la atención basada en gran medida en direccionarla activamente. Hemos dirigido la atención a este objeto y después al otro. En el otro extremo de este eje está la posibilidad de utilizar la atención de manera receptiva. Practiquemos:

1. Deja descansar la atención en las sensaciones de los labios.
2. Mantén la atención allí (solo en las sensaciones) durante diez segundos.

Este es un ejemplo de atención dirigida. Ahora:

1. Dilata tu atención para sentir aproximadamente el espacio de todo tu cuerpo.

2. Mantente abierto y relajado. Nota qué sensación corporal llama tu atención primero. ¿Qué área parece ser más prominente en el sentimiento, o la más notoria?
3. Cuando notes ese área, permite que tu atención fluya allí de manera natural.

Este es un ejemplo de uso de la atención de manera receptiva. ¿Puedes sentir la diferencia de cualidad? Podrías sentir como que te estás abriendo a algo, en lugar de controlar o dirigir algo. Al principio esta distinción puede parecer un poco difusa, pero si practicas de esta manera simple, con el tiempo se clarificará. Dejar que la atención fluya naturalmente hacia cualquier sentido que la llame momento a momento puede ser una práctica profundamente meditativa.

"Cerca en la experiencia" frente a "Lejos en la experiencia"

Este eje concreto es más difícil de demostrar directamente porque es algo que detectarás mejor a medida que tomes más conciencia de las cualidades de atención. Al principio, cuando practicamos estos ejercicios, los objetos de los sentidos podrían parecernos algo distantes en nuestra experiencia. Es posible que ni siquiera reconozcamos esta dimensión, puesto que la distancia en la experiencia nos parece muy normal. Una manera de investigar esto es poner nuestra atención en cualquier objeto tal como hemos venido practicando, y mantenerla allí como unos treinta segundos. En cualquier momento durante esos treinta segundos podrías preguntarte: "¿Cómo de cerca siento este sonido/imagen/sensación/pensamiento en este momento? ¿Lo siento como que está 'ahí fuera' en alguna parte? ¿Lo siento más cerca? ¿Lo siento un poco más alto, brillante y afilado que antes?". ¿O sientes que estás en contacto con él? Incluso podrías sentir que estás totalmente entrelazado con ese objeto sensorial, y él contigo. Sigue trabajando en esta exploración y probablemente descubrirás que, con la atención sostenida, las experiencias se vuelven más cercanas e íntimas.

Singular frente a dividida

También es posible que la atención esté dividida entre más de un objeto o tipo de objeto. Probémoslo:

1. Deja descansar la atención sobre algo que esté en tu campo visual y sea marrón.
2. Elige un objeto marrón y deja que absorba tu atención durante unos diez segundos.
3. Mientras tu atención permanece en ese objeto visual, mira si puedes incorporar más sentidos corporales. Puede tratarse de cualquier sensación corporal, bien sea en el vientre, el pecho, la cabeza, los brazos o las piernas.

¿Te ha resultado difícil? ¿Te ha gustado? Puedes practicar esto con cualquier combinación de sentidos. Esta práctica puede ser increíblemente valiosa si sientes la inclinación de incorporarla a tus rutinas.

Subjetiva frente a intrínseca

Este es un eje más sutil de las cualidades de la atención, pero, a medida que se clarifica tu comprensión de la naturaleza de la atención, comienza a producirse una profunda transformación experiencial. Cuando describimos la atención como un rayo semejante a un foco de luz, esa fue una manera conveniente de describir la atención. Sobre este eje, dicha descripción está, experiencialmente, en el extremo "subjetivo". Esto equivale a decir que parece como si la atención fuera una cualidad que va hacia fuera desde el sentido de un "yo", o desde un centro de experiencia, hacia un objeto. A medida que clarifiques la atención y seas capaz de experimentar más plenamente los objetos de los sentidos, de manera más cercana en la experiencia y más inmersiva, empezará a parecerte que la atención no es tanto un rayo brillando sobre un objeto, sino que es más como una irradiación que emana de ese objeto. Aquí hay una manera de explorarlo:

1. Lleva la atención a cualquier sonido que haya en la habitación.
2. Deja que la atención descanse allí durante unos diez segundos. Solo en ese sonido.
3. ¿Parece que ese sonido viene a ti como receptor, o parece más como si ese sonido está simplemente aquí-allí, surgiendo de sí mismo, y no es específicamente localizable?
4. Ahora pregúntate, ¿puedo detectar en algún grado el interés y la atención atribuido a ese objeto desde dentro del objeto?

Al principio esta dimensión puede ser muy sutil o incluso indetectable. Si sigues indagando de este modo, empezarás a notar que la atención y la esencia de ese objeto sensorial parecen originarse simultáneamente dentro del objeto. Con la práctica, podrías notar que los objetos de atención, como colores, formas, sonidos y sensaciones comienzan a adquirir una especie de brillo, a medida que el disfrute natural de la pura sensación comienza a materializarse. Esto puede evolucionar hasta el punto en el que ya no exista el objeto como tal; en su lugar, simplemente hay un brillo de disfrute e inmersión. Junto con esto, comienza a emerger cierta gratitud.

"Estate presente en todas las cosas y siéntete agradecido por todas las cosas".

—Maya Angelou

Beneficio

Aprender a dirigir nuestra atención y a investigar sus cualidades puede ofrecer unos dividendos inmensos. Además, si no usamos conscientemente este poder que tenemos de modular nuestra atención, ella, por defecto, permanecerá en el pensamiento durante la mayoría de las horas que estemos despiertos. Hay mucho impulso detrás de esta tendencia a mantener la atención ligada al pensamiento, de modo que no subestimes la fuerza del hábito. Hay maravillas de presencia a nuestra disposición en todo momento. Podemos reclamarlas practicando hábilmente con nuestra atención.

Capítulo 6:
Recursos

Los humanos somos hacedores por naturaleza. Es muy natural que dediquemos esfuerzo a las cosas que nos interesan y por las que sentimos pasión. Cuando asumimos un nuevo proyecto, afición o empresa, el instinto natural nos lleva a recurrir a diversos recursos para adquirir conocimientos y aprender nuevas habilidades que nos ayuden a lograr lo que nos hemos propuesto hacer. Los tipos de recursos a los que generalmente recurrimos caben en tres categorías básicas.

El primer recurso que solemos buscar es un profesor de un tipo u otro. Buscamos a alguien que ya haya realizado lo que nos proponemos hacer para poder aprender de su experiencia. El vínculo a veces toma la forma de un acuerdo formal, como tomar un curso, contratar a un tutor o utilizar un mentor. Otras veces es informal, como leer un libro o ver un video con instrucciones.

El segundo conjunto de recursos al que solemos recurrir son herramientas, técnicas y estrategias que nos ayudan a potenciar nuestros esfuerzos para conseguir nuestros objetivos. Una de las cosas que diferencia a los seres humanos de muchas otras especies es la capacidad de emplear herramientas de maneras complejas y flexibles para poder adaptarnos a nuestros entornos y circunstancias.

El tercer recurso al que solemos recurrir es algún tipo de apoyo grupal. El apoyo grupal puede ser tan informal como comentar tus planes con amigos o seres queridos, o puede consistir en unirse a clubs, grupos o comunidades en línea. Cuando buscamos vínculos más formales, podríamos considerar el apoyo institucional, como el de una organización religiosa, un equipo deportivo o matricularse en una escuela o universidad.

Estas tres categorías de recursos (profesores, técnicas y grupos) son tan relevantes cuando se trata del despertar y la realización como en cualquier otra tarea. Cada una de ellas tiene tanto beneficios como desventajas específicas para este proceso. Comentaremos estos beneficios y desventajas potenciales con detalle en los tres capítulos siguientes. Cada categoría tiene tanto beneficios y desventajas evidentes (conscientes), como beneficios y desventajas ocultos (inconscientes). Es importante ser conscientes de nuestras motivaciones y de nuestras influencias, tanto conscientes como inconscientes, con relación a cada una de estas tres áreas. Esto es así para que podamos usar los recursos inteligentemente, en lugar de hacerlo de maneras inútiles o nocivas que puedan ralentizar o socavar el proceso de despertar. Disponer de este conocimiento antes de tiempo puede ahorrarte mucha confusión y frustración innecesarias.

Antes de poder explorar en detalle cada uno de estos tipos de recursos, quiero delinear lo que incluyo en estas categorías con relación al proceso del despertar. Uso los términos categóricos "maestros, técnicas y tradiciones" por ser útiles y convenientes, pero me refiero a ellos en un sentido amplio. Cuando hablo de maestros, me refiero a quienes se autodescriben como maestros espirituales, así como a aquellos que apuntan específicamente que ellos no son maestros espirituales y sin embargo parecen estar enseñando algo sobre el despertar. También me refiero a cualquiera que facilite el despertar mediante escritos, interacciones individuales o grupales, o retiros. Pueden usar o no el término despertar, y algunos pueden incluso decir que no creen en el despertar, pero aún así parecen estar enseñando algo de este tipo. También entran en esta categoría los guías, canalizadores, coaches, etcétera.

Cuando hablo de técnicas, me refiero a los diversos tipos de meditaciones, prácticas de *mindfulness,* de energía, métodos de indagación y cualquier otra herramienta que puedas encontrar y utilizar a lo largo del camino. Puede ser algo que aprendas leyendo un libro o mediante algún tipo de aprendizaje en línea. Puede ser algo que alguien te enseñe personalmente, o que aprendas en un entorno grupal. También incluye cualquier cosa que hayas desarrollado por ti mismo, o una versión de algo que hayas aprendido en otra parte, pero que hayas cortado a tu medida gracias a tu experiencia e intuición. Cuando me refiero aquí a las tradiciones, me estoy refiriendo a grupos y comunidades espirituales, religiones (como el budismo), sectas (como el Zen), y otros sistemas (como los sistemas de meditación de naturaleza secular).

Por último, antes de entrar en comentarios detallados sobre estos recursos, me gustaría establecer algunos principios que van a servir de guía. Como siempre, se trata de meras sugerencias, pero proceden de años de observación y experiencia, y su propósito es hacer que todo te resulte más fácil:

- Cuando estás orientado hacia tu verdad viviente más profunda (no aprendida), el mejor maestro es tu propia intuición.
- La técnica más poderosa siempre es estar dispuesto a ver/oír/sentir con tanta claridad como sea posible lo que esté ocurriendo exactamente en tu experiencia inmediata, sea un pensamiento, emoción, o fenómeno sensorial, y permitir que esta habilidad evolucione en cuanto a sutileza y claridad.
- El mejor grupo, sistema o tradición no puede hacer más que mostrarte maneras prácticas de facilitar y afilar las dos verdades anteriores.
- Ya dispones de todo lo necesario para despertar a la verdad viviente de quién eres. Los recuerdos pueden ser útiles, pero ten cuidado con la creencia oculta de que la razón por la que no estás experimentando continuamente la realización es porque no has encontrado al maestro, la técnica o el sistema correctos. En último término, la responsabilidad de despertar a tu propia naturaleza indivisa recae en ti.

Capítulo 7:
Maestros

Cuando emprendemos la tarea de investigar nuestras verdades más profundas, de manera natural vamos a encontrarnos interactuando con maestros de una u otra forma. El despliegue de la interacción puede tener un aspecto muy distinto dependiendo de la persona, la situación y la etapa de realización. En algunos casos, habrá una interacción formal a largo plazo con un maestro. En otros, puede haber diversas interacciones informales con distintos maestros. En contraste con estas interacciones directas, hay muchas buenas maneras de utilizar a los maestros indirectamente, principalmente a través de los medios de comunicación, como libros y vídeos.

Interacción directa

Hay varios métodos directos de interactuar con un maestro. Puedes encontrarte con él en persona y trabajar individualmente. Hay muchos buenos maestros ahí fuera que están disponibles para este tipo de acuerdos. Tus interacciones podrían ser esporádicas e informales o de naturaleza longitudinal, intensiva y formal. Si no es posible o conveniente trabajar individualmente con un maestro con el que resuenes, podría ser posible trabajar con uno a través de una plataforma de videoconferencias. Hay algunos maestros que no ofrecen atención individualizada y solo enseñan a grupos. Estos encuentros grupales pueden tomar la forma de charlas, meditaciones guiadas, talleres o sesiones de preguntas y respuestas. La duración de este tipo de encuentros puede variar entre unas pocas horas y varios días. Generalmente, este tipo de eventos grupales más largos reciben el nombre de retiros.

Otra manera estupenda de interactuar con un maestro es mediante la comunicación asimétrica. Es posible que puedas emplear intercambios de email, mensajes directos y/o mensajes de voz, dependiendo del maestro y de la situación. Esto no es tan directo, pero la interacción puede ser poderosa y valiosa para ti. Me viene a la mente una persona con la que trabajé. Vivía en otro estado, de modo que nuestra principal forma de interacción eran los mensajes de texto. También conversamos varias veces por vídeo. A través de este método de interacción, y de un montón de indagación por su parte, tuvo un despertar cinco meses después de habernos conocido y estaba liberada dieciocho meses después de nuestra primera conversación por vídeo. Esto significó el final de su sufrimiento en esta vida. Cuento esta historia para que no descartes ninguna forma de interacción. Cuando decides investigar tu verdadera naturaleza, vienen en tu ayuda todo tipo de fuerzas, y se hacen posible cosas que antes no podíamos imaginar ni considerar. La tecnología nos ha dado oportunidades asombrosas que no han estado disponibles durante la mayor parte de la historia humana. Si tu intención es fuerte y estás dispuesto a trabajar y a investigar con seriedad, cualquier forma de interacción puede facilitar una gran transformación, incluso los mensajes de texto.

Te animaría a investigar los diversos modos de interacción con maestros. Lee algunos libros y mira algunos vídeos. Deja que las enseñanzas calen. Seguidamente, si resuenas con un maestro particular, mira si puedes programar un encuentro o una sesión en línea. O puedes asistir a una de sus charlas o retiros. Mira qué tipo de interacción con el maestro funciona mejor para ti. Si en algún momento se desarrolla orgánicamente una relación con un maestro realizado, genial. Simplemente recuerda que no es necesario tener una relación formal con un maestro para despertar y madurar ese despertar.

El momento adecuado

Podría parecer que emprender una empresa de esta magnitud requiere que encuentres inmediatamente un maestro liberado y desarrolles una relación personal con él o ella. Aunque este acuerdo puede ser útil, definitivamente no es necesario y tampoco es el camino más común. Este no fue mi camino, y es posible que sea o que no sea el tuyo. No desarrollé una relación formal con un maestro hasta después del despertar. Dicha relación duró unos pocos años, y después se acabó de manera natural. Más allá de eso, hubo varios maestros de los que puedo decir que tuvieron efectos profundos en mí, pero mis interacciones con ellos eran intermitentes e informales. A menudo dichas interacciones eran asimétricas o iban en un solo sentido, como leer sus libros y ver sus vídeos. La cuestión es que el camino de cada cual será diferente, y el camino "correcto" para ti es este en el que estás ahora mismo. No cometas el error de intentar hacer que, en lo tocante a los maestros, tu camino "tenga el mismo aspecto" que el de alguna otra persona. Deja que el proceso te sorprenda y que se vaya revelando poco a poco.

Principios guía

Tener en mente estas indicaciones puede ahorrarte mucho tiempo y confusión con respecto a los maestros:

- Lo máximo que un maestro puede hacer es señalar el camino; tú siempre tendrás que recorrerlo. No esperes que el maestro haga el trabajo por ti, porque no podría aunque quisiera.
- El mejor maestro siempre te reflejará tu naturaleza despierta innata, y reforzará que solo tú puedes despertarte a ti mismo. Te mostrará que eres tu propio mejor maestro.

En términos prácticos, los maestros formarán parte del proceso (de diversas formas) en algún punto del camino. Dicho esto, es importante permanecer abierto a la posibilidad de que:

Los maestros con los que te encuentres podrían tomar formas que no esperas. Esa situación en el trabajo que hace que quieras dejarlo, escapar o usar un mecanismo de supervivencia insalubre para evitarla. Esa situación es tu maestro.

En algún momento, cada persona y cosa se convierte en tu maestro. Cada sonido, cada movimiento, cada respiración, cada creencia observada te está ofreciendo la enseñanza más profunda si estás abierto a recibirla. En este sentido, la vida, exactamente tal como es es el mejor maestro de todos.

Ventajas de los maestros

- La interacción con maestros liberados acelerará drásticamente el proceso de despertar. Esto incluye la interacción directa en persona, a través de mensajes de texto o de voz, o a través de una conversación por vídeo. También incluye la interacción pasiva a través de la lectura de sus escritos o de ver sus vídeos. Usaré el término "transmisión" para describir este efecto. Esta transmisión se produce fuera de conceptos, teorías y prácticas, siendo muy real y muy potente.
- Los buenos maestros son como espejos. Pueden ayudarte a ver las cosas que podrían estar obstaculizando u obstruyendo tu movimiento natural hacia la realización. Si estás trabajando por tu cuenta, algunas de las obstrucciones podrían ser muy difíciles de ver.
- Su experiencia puede ayudarte a evitar algunos errores y ofrecerte buenos consejos con respecto a estrategias y técnicas, así como consejos sobre cómo aplicarlos con eficacia.
- Ellos demuestran con el ejemplo que la realización es posible y que está disponible para ti.

Desventajas potenciales

Las desventajas de utilizar a un maestro en el marco del despertar y la realización caben en dos categorías generales. La primera categoría incluye los atributos y limitaciones del maestro. La segunda categoría incluye las dificultades relacionadas con el conocimiento del estudiante sobre cómo seleccionar a un buen maestro, su comprensión del papel y de los límites del maestro, y las obstrucciones inconscientes que pueden entrar en juego debido a la naturaleza de la interacción humana. De manera concisa, las desventajas potenciales pueden categorizarse como aquellas que entran dentro del marco de la responsabilidad del maestro y las que entran dentro del marco de la responsabilidad del estudiante.

Posibles problemas relacionados con el maestro

- Existe una tremenda variación en cuanto al conocimiento, la capacidad de enseñar y la comprensión experiencial entre los maestros disponibles. No te desanimes si te lleva algo de tiempo y esfuerzo pasar por maestros con los que no resuenas, hasta encontrar aquellos que realmente te llegan y activan tu anhelo más profundo de encontrar la verdad. Entraremos con detalle en las características de un buen maestro, así como en qué evitar, pero en último término es algo que depende de ti y de tu intuición. Nunca te conformes con un maestro que no pueda abordar tus preguntas más sinceras y tu impulso de despertar. Si estás dispuesto a buscar y tienes algo de paciencia, aparecerá el maestro (o maestros) adecuado.
- Hay maestros de espiritualidad y/o del despertar que tienen mucho conocimiento conceptual, pero poca o ninguna comprensión experiencial (realización). Algunos pueden admitir esto abiertamente, otros pueden esconderlo o evitar comentar este hecho, y otros pueden engañar activamente a los alumnos con respecto a esto, describiéndose a sí mismos como iluminados. El conocimiento práctico y erudito puede ser útil, pero la comprensión experiencial (realización) es esencial para transmitir la verdad viviente.
- Algunas personas que se presentan como maestros espirituales son fraudulentas. Esto significa que declaran que quieren ayudarte a despertar, pero en realidad tienen en mente sus propios intereses, no los tuyos.
- Existe una variedad considerable de estilos de enseñanza y, a veces, algunos de ellos incluso parecen contradecirse. Esto puede resultar confuso para un estudiante sincero, especialmente al principio. El modo de evitar que esto se convierta en un problema para ti es confiar en tus instintos con respecto al estilo de enseñanza con el que resuenas. Reconoce también que tus instintos con respecto a este asunto cambiarán y evolucionarán con el tiempo.

Posibles problemas relacionados con el estudiante

Estereotipos

Todos tenemos ideas preconcebidas y estereotipadas sobre el aspecto que deberían tener y cómo deberían actuar los maestros espirituales. Toma un momento para considerar esta cuestión: ¿Qué aspecto tiene una "persona iluminada"? ¿Qué imagen surge en tu mente cuando consideras esta cuestión? ¿Llevan largas y vaporosas túnicas blancas, collares de cuentas y/o flores alrededor del cuello? ¿Tienen la barba y el pelo largos? ¿Tienen ese aspecto inconfundible de estar "iluminados" en los ojos? ¿Hablan despacio y misteriosamente? ¿No tienen trabajo porque han renunciado a los intereses mundanos como la vocación, el dinero y el sexo? ¿He estado cerca de acertar?

He conocido a muchas personas liberadas y ninguna de ellas tenía el aspecto ni actuaba como la imagen que he descrito en el párrafo anterior. He aquí unos pocos ejemplos:

- Una escritora de treinta y tantos años procedente del Reino Unido.
- Una estudiante universitaria de origen latino que es una atleta competitiva y vive en Estados Unidos.
- Un hombre de negocios del Sudeste de Asia.
- Un especialista en tecnología informática que vive en el sur de Estados Unidos y que está activo en la comunidad de recuperación.
- Una joven artista judía dotada de un humor excelente.
- Un surfista de sesenta y tantos que vive en California.
- Un electricista y padre de dos hijos que vive en el Medio Oeste.

Ninguna de estas personas lleva túnica blanca ni ha hecho voto de celibato. Ninguna de ellas vive en monasterios ni ha renunciado al mundo material. Podrías pasar a su lado por la calle y no notar nada especial. Sin embargo, si interactúas con ellas, es probable que comiences a notar algo distinto: una presencia y autenticidad que no son comunes en las personas con las que te encuentras cada día. Si llegaras a conocerlas e interactuaras con ellas durante un periodo más largo, tendrían un efecto profundo en tu vida.

Entonces, ¿por qué me he tomado tanto tiempo para indicar este conjunto de estereotipos y dar contraejemplos? Simplemente porque, si no se examinan, estas visiones distorsionadas y poco realistas pueden producir una enorme cantidad de confusión. Ser conscientes de nuestros estereotipos puede ayudarnos a evitar tomar decisiones o a hacer suposiciones irracionales. Hablando en general, estos estereotipos pueden obstaculizar nuestra capacidad de identificar a un maestro auténtico de dos maneras.

La primera es que tendemos a asumir que un maestro solo es auténtico porque tiene el aspecto y actúa como el estereotipo de la "persona iluminada". Por desgracia, el estilo de vestir de una persona y su manera de hablar no son un buen indicador de su grado de realización o de su capacidad para ayudar a otros en el proceso de despertar. De hecho, ahí fuera hay personas sin escrúpulos que saben que la mayoría de nosotros tenemos estas nociones preconcebidas y usan dicho conocimiento para manipular a la gente y hacerle creer que son auténticos maestros. Adquieren intencionalmente un estilo y una personalidad espiritual o de "maestro iluminado" a fin de engañar a otros para obtener ganancias. ¿Qué tratan de conseguir? Generalmente validación, dinero o sexo. Si no has visto la película *Kumaré,* te recomiendo encarecidamente que la veas. Demuestra este punto de manera inteligente.

Por favor, no supongas que esto significa que el simple hecho de que alguien se vista o actúe de una manera que concuerda con nuestros estereotipos de un maestro espiritual es automáticamente un fraude. También hay maestros liberados, eficaces y bien intencionados que ciertamente llevan túnicas blancas y tienen el pelo largo y barba. La cuestión es que la personalidad, la manera de vestir y el estilo de hablar no son, en y por sí mismos, un buen indicador de la capacidad de enseñar de alguien.

La segunda manera en que estos estereotipos pueden ser un obstáculo es opuesta a la primera. Y ocurre cuando en la manera de vestir o de hablar, en el estilo y en el medio de vida no vemos "evidencias" de una persona iluminada (basada en nuestros estereotipos), por lo que podríamos asumir que el maestro no es auténtico. Esto es un error y podría llevarte a pasar completamente por alto a alguien que podría ser muy beneficioso para ti. Una amiga mía que es maestra de la no-dualidad y es muy sincera, eficaz y está profundamente realizada me dijo algo que ilustra bien esta cuestión. Ocurre que ella es una mujer joven, rubia, atractiva y de raza caucásica. Ninguna de estas características entran dentro de la lista de atributos estereotipados del maestro o gurú espiritual, y sin embargo transmite muy poderosamente y ha ayudado a despertar a mucha gente. Me dijo que una de las cosas por la que más la critican es por llevar maquillaje. Esto es exactamente la demostración del error evaluativo al que apunto.

Podríamos suponer que una "persona iluminada" no tendría necesidad de embellecerse o que debería ser completamente "natural", tal como nosotros lo idealizamos. Así, si ves a alguien que parece estar enseñando sobre la realización pero exhibe algunas características que no encajan en nuestra lista de "cualidades iluminadas" no examinadas, podrías descartar inmediatamente a esa persona. En el caso de esta maestra, la preocupación porque lleva maquillaje es simplemente una noción preconcebida que está siendo proyectada sobre ella. Si no somos conscientes de que es eso lo que está ocurriendo, podríamos descontar completamente su capacidad de enseñar/transmitir, lo cual sería desafortunado puesto que ella es una maestra particularmente potente y capaz.

Otro ejemplo de este fenómeno es un suceso acaecido en mi propio pasado. Cuando cuento esta historia, tiende a hacer reír a la gente, y mirando atrás resulta divertida. Sin embargo, no me resultó divertida en el momento. De hecho, me desanimó de examinar más profundamente la posibilidad de la realización durante algún tiempo. Ocurrió poco después de ese vislumbre inicial que describí en el primer capítulo. Estaba en la sección de "espiritualidad" de una librería, buscando un libro que pudiera ayudarme a seguir investigando. Me topé con un libro sobre los *sadhus* hindúes. Principalmente contenía fotos de estos individuos en su entorno natural.

Si no sabes nada de los *sadhus* (yo entonces no sabía nada), son hombres que han renunciado al mundo y a todas las posesiones materiales. Muchos de ellos estaban rodeados de montones de basura y se habían frotado cenizas sobre el rostro y el cuerpo. Lo que es más, estaban desnudos, y algunos tenían el pene atravesado por un palo para demostrar que no lo necesitaban porque habían renunciado al deseo sexual. Bien, yo era un muchacho americano de diecinueve años y esto me resultó chocante e inquietante. Realmente pensé: ¡Vaya, no quiero estar tan iluminado!

Honestamente, me daba miedo pensar que si llevaba esto demasiado lejos, podría acabar pasando el rato con esos tipos. Mirando atrás puedo ver que era una conclusión muy tonta. Sin embargo, en ese momento, como estaba haciendo suposiciones irreales basándome en mi experiencia limitada, parecía razonable que en algún nivel de realización se tuviera que renunciar a todos los deseos y posesiones materiales. Resulta que esto no es verdad, lo cual me recuerda un chiste:

> Un monje nuevo llega al monasterio. Se le asigna la tarea de ayudar a los veteranos a transcribir manualmente los antiguos textos. Él se da cuenta de que están haciendo copias de copias, y no de los textos originales.
>
> De modo que decide preguntar por esta práctica al prior. Señala que si hubiera habido un error en la primera copia, el mismo error se duplicaría en todas las demás. El prior dice: "No había pensado en eso. Hemos venido copiando de copias durante siglos. Llevaré esto al abad".
>
> El prior va al abad del monasterio y le repite la preocupación del novicio.
>
> —Maestro, si hemos venido haciendo copias de copias durante siglos, ¿cómo sabemos que están bien? ¿No deberíamos confirmar que hemos sido fieles al texto original?
>
> El abad se sienta por un momento en contemplación silenciosa, entonces sus ojos se encuentran con los del prior.
>
> —Esta es nuestra manera de hacer y no nos hemos desviado de ella durante cien años. Sin embargo, ¿qué problema podría haber en confirmar que estamos siguiendo los preceptos tal como fueron escritos originalmente?
>
> El abad desciende al sótano del monasterio y no le vuelven a ver durante dos días. Los monjes empiezan a preocuparse por su ausencia, de modo que el prior baja las escaleras hasta el sótano. Caminando hasta el fondo, donde se guardaban los archivos de los textos originales, encuentra a su maestro inclinado sobre un tomo antiguo, llorando.
>
> —Maestro, ¿qué ocurre? ¿Hemos cometido un error en la transcripción de estas copias a lo largo de los años?
>
> Con los ojos rojos y llenos de lágrimas, el abad responde:
>
> —Solo uno... La palabra era "celebrar" no "celibato".

Puntos a tener en cuenta:

- No juzgues el valor de un maestro basándote en su apariencia, nacionalidad, género, manera de vestir, ubicación o en su forma de hablar.
- Sé consciente de la tendencia a pasar por alto a un maestro que podría ser valioso para ti por el simple hecho de que no parezca "espiritual" por su vestimenta o maneras. Además, despertar no significa que tengas que cambiar de estilo, vocación o comunidad para acomodar la realización. La realización es infinitamente adaptable. Despiertas en tu vida tal como es.

Subestimar y sobreestimar

Tanto subestimar como sobreestimar el papel de los maestros puede resultar nocivo. Dependiendo de tu personalidad y tendencias, podrías inclinarte hacia una de estas dos direcciones. Cuando subestimamos el papel del maestro, es posible que no queramos ver ciertas cosas con respecto a nosotros mismos que pueden estar manteniéndonos dormidos. Como ya he mencionado, un buen maestro es como un espejo. A menudo puede ayudarte a ver cosas que están escondidas para ti. A algún nivel podríamos sentir esto y así evitar a maestros especialmente hábiles para no tener que afrontar algo para lo que no estamos preparados o que nos da miedo ver. Además, es posible que queramos mantener ciertos hábitos y/o sistemas de creencias que en gran medida están impulsados por el ego, incluso si estamos convencidos de ser "espirituales". Puede resultar muy duro conservar esta ilusión cuando te expones a un auténtico maestro que, sin intentarlo siquiera, te ayudará a disolver estructuras del ego, hábitos y creencias que continúan perpetuando la fachada de la separación.

Cuando damos demasiado énfasis al papel del maestro, nos desentendemos de la responsabilidad por nuestro propio despertar y la depositamos en él. Curiosamente, cuando hacemos esto, el asunto central es el mismo que cuando subestimamos el papel del maestro; es decir, simplemente no queremos afrontar ciertas cosas con respecto a nosotros mismos. De modo que cuando proyectamos nuestro impulso de despertar sobre un maestro, nos convencemos de que él es el iluminado y de que tiene una cualidad mágica que nosotros no poseemos. Nos convencemos de que si despertamos es por pura suerte, o porque de algún modo el maestro nos ha dado su "gracia". Lo que no queremos ver es que los maestros no son superhombres o extraordinarios. La verdad es que simplemente han hecho el trabajo que nosotros estamos evitando, y que podemos seguir evitando mientras sigamos convencidos de que ellos tienen un potencial especial del que nosotros carecemos.

Prueba social

El paradigma maestro-estudiante puede reforzar una creencia subconsciente en ti de que él siempre será el iluminado y tú siempre serás el que "está en el camino". Esta tendencia es muy común y con frecuencia pasa desapercibida. Ocurre debido a las estructuras sociales inherentes a las dinámicas de los grupos humanos. Siendo criaturas sociales, intuimos automáticamente el estatus de los diversos miembros del grupo del que formamos parte. En los grupos grandes, tendemos a asumir jerarquías y después tratamos de averiguar quién tiene un estatus superior y quién lo tiene inferior. Cuando en ese grupo alguien parece tener el estatus más elevado, podríamos hacer suposiciones que no sean verdad. Una suposición es que como en el entorno actual esa persona es quien está impartiendo el conocimiento, hay algo fundamentalmente diferente y/o superior con respecto a ella.

Yo te aseguro que no es así. Esta creencia puede ser muy insidiosa. De hecho, en el caso de maestros particularmente carismáticos, populares y eficaces, a menudo hay un gran número de seguidores que refuerzan esta tendencia de elevar falsamente al maestro. A menudo esto toma la forma de que los estudiantes se cuentan unos a otros las atenciones especiales que el maestro les ha dispensado en las interacciones personales y audiencias privadas. Esta búsqueda de validación sutil, o no-tan-sutil, y estas tendencias competitivas pueden llegar a ser preocupantes en los grupos que rodean a algunos maestros. Estos pasatiempos aparentemente inocentes pueden generar una sensación ilusoria de "ser especial" en torno a un maestro dado. Esto, a su vez, refuerza todavía más la falsa creencia de que el maestro tiene algo extraordinario y los seguidores no.

Dependiendo del maestro, es posible desanimar esta conducta, ignorarla e incluso animarla. Ciertamente un maestro profundamente realizado o liberado no animará esto, pero sabe que las tendencias humanas hacen de esta conducta un efecto secundario de la enseñanza en grupo. Un maestro deshonesto usará esta tendencia entre sus seguidores para manipularlos a fin de que le den lo que anhela secretamente, como validación, atención y admiración. Es sabio mantenerse siempre un poco alerta ante un maestro que anima a sus estudiantes a competir por su atención.

Descontar tu propia experiencia

Resulta fácil usar las descripciones de un maestro como norma de comparación para tu propia experiencia inmediata. Esto podría llevarte a cuestionarte interminablemente. A menudo refuerzo en las personas que su experiencia inmediata —sea un pensamiento, creencia, sentimiento, sensación o sonido— triunfa sobre cualquier cosa que cualquier maestro o persona realizada le haya dicho con respecto a "cómo se supone que la experiencia ha de ser". No puedo insistir en esto suficientemente porque es un patrón que se cuela una y otra vez.

Cargamos con tantas dudas con respecto a nosotros mismos que puede resultar fácil descartar nuestra experiencia inmediata y considerarla "equivocada". A continuación, recordamos una descripción que oímos de un maestro o persona realizada, y tratamos de imponer eso sobre nuestra experiencia actual, o cambiar nuestra experiencia para que encaje en esa descripción. Esto es una pérdida de tiempo total por dos razones. La primera es que ya es conocimiento de segunda mano. No podemos conocer directamente la experiencia de otra persona a través de una descripción. Sí, oír la descripción puede resultar útil en ciertos entornos, como en charlas o meditaciones guiadas. Sin embargo, cuando recordamos dichas descripciones fuera del entorno de enseñanza, a menudo usamos ese recuerdo para descontar nuestra propia experiencia inmediata.

La segunda razón es que, independientemente de lo que yo parezca describir o hacia lo que parezca apuntar, en realidad estoy apuntando hacia lo que ya está en tu experiencia. Simplemente, a menudo esto se pasa por alto o se "mira más allá". Con frecuencia recuerdo a las personas que no estoy hablando de algo que ellas no hayan encontrado todavía. Siempre estoy apuntando hacia algo que ya está aquí, que ya es, y a lo que se puede acceder de inmediato. Este es el punto clave y esta es la razón por la que funciona. Esta es la razón por la que la gente despierta a su verdadera naturaleza, puesto que ya está ahí.

- Sin importar cómo suene lo que esté haciendo, el maestro realizado siempre está apuntando hacia algo que ya está en tu experiencia inmediata.
- Nunca descuentes tu propia experiencia para dar prioridad a una descripción que te haya dado alguna otra persona. Su descripción puede ayudarte a clarificar tu propia experiencia inmediata, nada más.

Elegir al maestro adecuado

En cualquier disciplina de estudio hay buenos maestros, hay maestros no tan buenos y hay charlatanes. La espiritualidad no es diferente. Hay maestros liberados que están ahí para ayudarte a despertar y que pueden acelerar tu proceso. El simple hecho de escucharles hablar o de leer sus escritos puede tener profundos efectos en ti, tanto obvios como sutiles. En las formas de enseñar/transmitir de estos maestros hay una variedad considerable. Algunos son muy eficaces mediante sus escritos, pero es posible que no estén disponibles para hablar en persona, y tampoco ofrecen enseñanzas abiertas al público. Otros no ofrecen respuestas escritas o correspondencia a los alumnos, y funcionan mejor en la interacción personal o en entornos grupales. Algunos maestros liberados son geniales a la hora de responder preguntas y dar discursos a los alumnos. Otros dan charlas, pero prefieren no responder preguntas, o tienden a dar respuestas muy breves y concisas. Te animo a que explores estos distintos estilos y a que veas qué es mejor para ti. Exponerte a una variedad de estilos de enseñanza puede ayudarte a mantener las cosas vivas e interesantes, y a evitar el estancamiento al iluminar áreas oscuras de tu práctica que de otro modo podrías pasar por alto durante décadas.

Hay muchos buenos maestros que tienen cierto grado de realización, pero que aún no están liberados. Tienen comprensiones experienciales así como conocimientos prácticos y experiencia trabajando con personas en el proceso de despertar. Pueden impartir conocimiento práctico y darte indicaciones precisas sobre cómo investigar tu naturaleza más profunda. También pueden transmitir directamente en diversas medidas. Dicho esto, también tenderán a trasmitir sus sesgos y puntos de vista, de modo que es importante ser consciente de ello.

Sería negligente en mi deber si no te dijera que en el mundo de la espiritualidad también hay charlatanes. En realidad hay muchos charlatanes. Digo esto porque he visto a mucha gente caer en la trampa de creer que tienen un verdadero maestro cuando en realidad se les está orientando mal, se están aprovechando de ellos e incluso se está abusando de ellos. Este grupo de falsos maestros caben en dos categorías generales. La primera está compuesta por aquellos que no se dan cuenta de que son charlatanes. No saben lo que no saben (efecto Dunning-Kruger). Tampoco se dan cuenta de que no están realizados. La otra categoría a menudo se solapa con la primera y consiste en personas que emplean el contexto de la espiritualidad para manipular a sabiendas, engañar, defraudar y/o abusar de otros. Son personas con tendencias sociopáticas. Ten cuidado; esto puede ocurrir y ocurre. Abordaremos en detalle las señales de este tipo de no-maestros para que puedas evitarlos.

Características de un buen maestro

- Si interactúas directamente con ellos, siempre trabajan desde la afirmación de tu experiencia. Mientras que un maestro menos diestro podría invalidar tu actual punto de vista o experiencia: "no, no es así, es así"; un maestro liberado generalmente acomodará tu experiencia sin esfuerzo, y te dará indicaciones para seguir desde donde estás. Esto es enseñar desde la no-separación. Si alguien te dice o te sugiere que tu experiencia actual está "equivocada" o que es una visión no iluminada, todavía está enseñando desde la separación. En la naturaleza despierta no hay separación, de modo que ¿cómo podría tu experiencia estar equivocada independientemente del punto de vista (el tuyo o el del maestro)?
- Son radicalmente auténticos. No se plegarán necesariamente a patrones estereotipados de conducta, creencias o comunicación. Esta manera de moverse en el mundo es poco común y produce una sensación particular. Es posible que te llegue una vibración muy pacífica oyéndoles hablar o leyendo sus escritos. Interactuar

con ellos puede causar "aperturas" en ti de manera inmediata. Sin embargo, un verdadero maestro no está ahí solamente para hacer que te sientas bien. No se dedican a agradar a la gente. Se conocen bien a sí mismos y te conocen bien a ti, y no están ahí para ayudar a perpetuar ninguna ilusión. Están ahí para disipar las ilusiones.

- Puede que digan cosas que son duras de oír. Parte de este tipo de enseñanzas incluye apuntar hacia verdades que son contrarias a muchas de nuestras maneras de pensar sobre nosotros mismos y sobre la realidad. Cuando se cuestionan nuestras creencias, a menudo surge una respuesta interna de defensa. No te sorprendas si el mensaje de un maestro activa respuestas internas agradables y no tan agradables. Si bien un buen maestro no debería invalidar tu experiencia actual, podría muy bien mostrarte que dicha experiencia, si te aferras mucho a ella o te identificas con ella (punto de vista), puede causarte sufrimiento. Posiblemente no siempre resultará cómodo oírlo. Y esto no debe confundirse con el abuso. No quiero decir que un maestro tenga derecho a criticarte directa o indirectamente, ni a avergonzarte a nivel individual.
- Se sienten cómodos dentro de su propia piel. Un maestro liberado estará extraordinariamente presente. Están cómodos y se adaptan al flujo momentáneo de la experiencia. No necesitan nada de ti ni de su papel como maestro. Están en paz con su entorno interno y externo.
- La iluminación/despertar/realización no es una gran cosa para ellos. Esto requiere un poco de explicación porque, por una parte, es posible que dediquen buena parte de su tiempo a ayudar a otros a realizar su naturaleza más profunda. Un maestro liberado puede pasar la mayor parte de su tiempo escribiendo, enseñando o haciendo retiros que giren en torno a ayudar a otros a despertar y, sin embargo, debería quedar claro que la realización no es algo de gran importancia para ellos. Te voy a ofrecer una analogía. ¿Es el cielo [físico] algo muy importante para ti? Claro, a veces es posible que lo contemples maravillándote de su belleza, pero, en general, no vas por ahí dando saltos de alegría y gritando lo asombroso que es que haya un cielo sobre nosotros. ¿Por qué?

Porque sabes que siempre está allí. Es evidente y forma parte de tu vida. Así es como un maestro liberado considera la realización. No solo es evidente para él que es así como son las cosas; para él es evidente que también es así para ti. Sabe que no puedes perder tu verdadera naturaleza del mismo modo que no puedes dejar de encontrarte con el suelo cuando te caes.

- Los maestros deberían ser accesibles. No deberían presentarse como iluminados, distantes, que lo saben todo, etcétera. En las interacciones deberían ser simples, próximos, humanos. No deberían tener la "necesidad" de hablar de espiritualidad, de la realización, o de situar siempre la conversación dentro de ese contexto.
- Dejan que tú determines el ritmo. No deberías sentir presión de un maestro o sentirte juzgado por no estar lo suficientemente despierto, por no estar avanzando con la suficiente rapidez o entendiendo sus descripciones de manera inmediata. Esto es válido tanto si dicho juicio es explícito o implícito.

Qué evitar

Elegir al maestro correcto es tanto una cuestión de reconocer lo que no está ahí como de buscar cualidades específicas. Puedes considerar esta sección como una lista de "banderas rojas" que te indican cómo proceder con precaución si eliges involucrarte con un maestro específico que muestre estas cualidades (o con sus enseñanzas). Hay suficientes grandes maestros ahí fuera que, en mi opinión, la aparición de cualquiera de estas banderas rojas es suficiente para descartar a alguien como maestro.

- Son abusivos. Puede tratarse de abuso declarado o sutil. Puede ocurrir a la vista de todos o detrás de puertas cerradas con unos pocos estudiantes selectos. El abuso puede tomar la forma de abuso verbal o emocional, abuso físico o abuso sexual. Un maestro que critica a sus alumnos y les dice que sus críticas son para su propio bien, que genera enfrentamientos entre estudiantes, que tiene favoritos o condena a alguien al ostracismo es emocionalmente insalubre, y en el mejor de los casos supondrá una pérdida de tiempo. Se trata de individuos con tendencias emocionales tóxicas, que despliegan sus luchas internas bajo el disfraz de enseñanzas espirituales. Algunos de ellos tienen unas personalidades extraordinariamente manipulativas, y han descubierto que emplear el lenguaje y los conceptos espirituales, como unidad, amor universal e iluminación puede servirles para ganarse la confianza de personas sensibles y manipularlas. Está claro que estas personas han de ser evitadas a toda costa.

- "Actúan" un poco demasiado iluminados. Pongo la palabra actúan entre comillas porque quiero resaltar que este tipo de persona pondrá por delante una fachada o actuación para convencer a la gente de que está iluminado o de que tiene poderes sobrehumanos. Esto podría ser parcialmente inconsciente por su parte y puede tomar muchas formas, pero la prueba fundamental es que no se siente profundamente auténtico. He aquí algunos ejemplos:
  1. Permiten o animan a que sus estudiantes les adoren o deifiquen (incluso al no desanimar activamente esta conducta).
  2. Dicen directamente o sugieren que tienen poderes espirituales o místicos que muy pocas personas en el mundo poseen. En resumen, quieren transmitir a los estudiantes que ellos son extraordinariamente especiales en algún sentido. Recomiendo evitar completamente a este tipo de maestro. Solo retrasarán tu progreso.
- Parecen querer o necesitar algo de ti. Es importante recordar que un maestro realizado no querrá nada de ti en absoluto. No necesita tu aprobación. No necesita tu validación. No necesita que le adores ni que creas que está iluminado. De hecho, cualquiera de estas intenciones va en contra de la realización liberada. En la realidad natural (liberada), no hay nadie que esté más iluminado que otro. Tampoco necesita que creas que cierto sistema o estilo de enseñanza es superior a cualquier otro. El maestro realizado no se sentirá amenazado por nada de lo que creas o practiques. Todo esto puede sonar evidente, pero algunos estilos de enseñanza y personalidades pueden ocultar escurridizamente estas motivaciones. Es prudente y saludable estar abierto a la posibilidad de que un maestro oculte la necesidad de validación o la necesidad de convencerte de que él o ella es especial. Paradójicamente, esto

puede proyectarse como una confianza exagerada o proyectada por su parte.

- Un maestro que se sienta amenazado por otros maestros o enseñanzas es una bandera roja. He conocido a gente cuyos maestros les avergonzaban, provocaban o criticaban cuando buscaban interacciones con otros maestros. Si bien los celos son una emoción humana, un maestro que no haya madurado lo suficiente como para evitar comprometer su enseñanza porque siente celos, en mi opinión, no está preparado para enseñar.
- Tiene complejo mesiánico. Un maestro que crea que es algún tipo de dios o de mensajero de Dios es definitivamente una bandera roja. Esta persona tiene el potencial de causar un daño tremendo en las vidas de la gente. Estos son los líderes de sectas y timadores a gran escala del mundo espiritual. Tienen el potencial de dejar a la gente arruinada y emocionalmente devastada.

Capítulo 8:
Prácticas y técnicas

Cuando abordamos el tema del despertar, puede ser inmensamente valioso investigar las suposiciones más básicas que tenemos sobre nosotros mismos, sobre la vida y sobre la realidad. A la hora de emplear diversas técnicas y prácticas, es igualmente valioso empezar clarificando por qué estamos aplicando técnicas específicas, qué esperamos obtener de ellas, y si reconocemos sus límites y desventajas potenciales. En este espíritu, me gustaría empezar esta sección planteando una pregunta básica sobre las técnicas y prácticas relacionadas con el despertar:

¿Necesitas prácticas y técnicas para despertar
a tu verdadera naturaleza?

Espero que no te sorprenda que te diga que la respuesta es tanto sí como no.

No. Tu verdadera naturaleza es tu verdadera naturaleza. Nunca se ha ido a ninguna parte. Nunca podría irse a ninguna parte. Nunca has estado a un milímetro de distancia de la verdad viviente de lo que eres, de lo que todo es. Tu verdadera naturaleza impregna tu experiencia consciente en todo momento: eso que es consciente de lo que estás leyendo ahora mismo. Constituye todo lo que ves, sientes, oyes, saboreas y hueles. Es la fluctuación y el movimiento sin esfuerzo de todas las cosas en tu experiencia. Es la quietud inasible aquí mismo y ahora mismo. Ni siquiera es un "ello", porque no hay nada aparte de ello para poder llamarlo ello. Simplemente es. Solo hay este cuerpo-mundo-universo autoexpresándose continuamente y disolviéndose con perfecta claridad y precisión. No puedes perderlo y, por tanto, no puedes recuperarlo. ¿Cómo podría ser posible que necesitaras una herramienta o un método para recuperar algo que nunca perdiste? En la experiencia inmediata todas las cosas arden con la irradiación de la verdad viviente en este mismo momento.

Y también...

Sí. Todas las personas que conozco que han despertado a su verdadera naturaleza han realizado una buena cantidad de prácticas de un tipo u otro. No obstante, el momento, los tipos de prácticas y cómo se aplican varía tremendamente entre los practicantes.

El mejor modo de explicar esta aparente contradicción es decir que nuestros sistemas nerviosos son particularmente buenos a la hora de mantener el impulso. Sin necesidad de "recordarles" que lo hagan, perpetúan patrones arraigados y procesos neurológicos que constituyen nuestra experiencia interna. Esto es particularmente verdadero con respecto a los patrones de pensamiento que crean la experiencia continua de separación. La separación nunca puede hallarse fuera del pensamiento, de modo que no podemos culpar a nuestras percepciones de la división, el aislamiento, y por tanto la lucha, con respecto a la realidad. No es culpa de la realidad que la miremos a través de los velos que creamos constantemente con pensamientos y preconcepciones. Entonces, ¿qué es una práctica? Dicho de manera simple, es el acto de despracticar estas tendencias habituales que nos hacen percibir la realidad como si estuviera dividida en sujetos y objetos, pasados y futuros, problemas y soluciones.

Cuando ralentizamos este impulso de la mente, empezamos a recordar (experiencialmente) lo que es ser ilimitado, vasto y tener una relación íntima con la totalidad de la existencia. En resumen, practicar es deshacer los patrones mentales a los que nos hemos habituado y que nos causan sufrimiento. Mientras haya un sentido del yo-separado (el que lucha por poner la vida al derecho, por despertar y por resolver el problema de ser un humano sufriente), dirigir el esfuerzo surgido de ese sentido del yo hacia una investigación de tu verdadera naturaleza es un empeño valioso.

Encuentro que los puntos de vista de un individuo dado, y sus planteamientos hacia la práctica, caen en algún lugar del siguiente rango: en un extremo están las personas que sienten que las prácticas, métodos y técnicas son la parte más importante del proceso de autorrealización. De hecho, a una persona así le sería difícil concebir que la realización pueda venir de otro modo que a través de la práctica deliberada y sostenida. En el otro extremo del rango están las personas que perciben intuitivamente que las prácticas y técnicas son poco auténticas, rígidas y pesadas. Las personas en este extremo del espectro dicen cosas como: "¿Practicar no es negar la validez de lo que simplemente es?" o "Si mi verdadera naturaleza ya está aquí, y siento que es así, ¿entonces practicar no es enturbiar más las aguas? Siento que practicar es una forma de control. Si hay algo que estoy haciendo que contribuye a la sensación de separación de lo que ya está aquí, ¿no se trataría más bien de aceptar y de relajarse en la vida que de añadir otra actividad con la esperanza de alcanzar un estado mejor?".

Ninguno de estos puntos de vista está intrínsecamente equivocado. Dependiendo de la experiencia, creencias y tendencias de la persona, generalmente estará más en uno de los extremos del espectro que en el otro. Esto es particularmente cierto al comienzo del proceso. Una vez que la realización alcanza cierta claridad y madurez, uno empieza a ver que estas dos maneras de ver la práctica tienen su lugar y contienen cierta verdad intrínseca. En algún momento se verá que estos dos puntos de vista aparentemente divergentes son "no-dos". Esto significa que el sí y el no a la pregunta planteada originalmente en esta sección son exactamente la misma respuesta. En este nivel de madurez, sería preciso decir: "Practica las prácticas, y cuando no haya práctica, pues no hay práctica". O "No hay nada que esté aparte de ninguna otra cosa, de modo que la práctica no está separada de la vida".

Comenzaremos esta sección investigando los planteamientos con respecto a las técnicas y prácticas. A continuación, comentaremos diversas prácticas y aprenderemos algunas técnicas. Veamos lo que sigue como punto de partida:

- Cualidades de una buena práctica: una buena práctica pone la atención en lo que está ocurriendo de manera inmediata (pensamientos, emociones, experiencias sensoriales).
- Cualidades de una práctica menos eficaz: una práctica menos que ideal pone la atención en algo que no está ocurriendo de manera inmediata (el pasado, el futuro, ideales, planes, soluciones).
- Generalmente es mejor practicar sin objetivos inmediatos. Esto significa: no juzgues una práctica o técnica por la experiencia inmediata ni busques un resultado.

Todos llevamos a la práctica un concepto erróneo: estamos practicando para hacer que ocurra algo. Esta es una percepción perfectamente natural, y no es la única motivación que llevamos a la práctica. Pero, si no se reconoce, puede causarnos una confusión innecesaria. Podríamos esperar que la práctica causase relajación, un estado pacífico o transcendente, claridad, comprensión e incluso un despertar. Puede que seamos conscientes de estas expectativas o no. Si no somos plenamente conscientes de ellas, podríamos notar que a veces nos sentimos desanimados o frustrados con la práctica. Si ocurre esto, podría resultar útil preguntarnos a nosotros mismos: "¿Qué espero de esta práctica?". Si preguntas y después te quedas muy aquietado, a menudo encuentras una respuesta. Generalmente es algo así: "He estado sintiéndome estresado. Esperaba que la meditación me relajara". Esto simplemente significa que estamos experimentando la emoción llamada decepción. Una vez que lo reconocemos, tenemos la oportunidad de sentir y aceptar la presencia de dicha emoción.

Este ejemplo muestra que nuestras creencias no examinadas sobre la práctica pueden colorear nuestras percepciones de ella. Lo que percibimos como una experiencia de meditación fallida, cuando se examina más de cerca, resulta ser una experiencia de meditación exitosa. La meditación ha permitido que una emoción con la que no estábamos en contacto saliera a la superficie para poder ser aceptada en nuestra experiencia. Revelar esa expectativa oculta y sentir la emoción subyacente a menudo relajará cualquier lucha que estemos teniendo con la práctica. En esos momentos puede resultar útil recordarte lo siguiente:

La realización carece de causa y no necesita ser cultivada, aprendida, alcanzada o conseguida. Ya está aquí.

La realidad indivisa y prístina ya es. Es así a cada momento y no es un estado.

De modo que no hay necesidad de apegarse a estados, o concluir que el objetivo son ciertos estados que ocurren (o imaginados) durante la práctica. Ninguna experiencia es preferible.

Ningún estado es una marca de progreso. Aquí no se trata de progresar. Se trata de ver y sentir las cosas como son, sin las distorsiones de las preferencias y expectativas.

Aproximación a las prácticas y técnicas

¿Qué valor tiene la práctica? La realización es ver las cosas exactamente como son, sin añadir ni sustraer. La práctica es un modo de deshacer los hábitos inconscientes que nos llevan a ver las cosas como no son. Sobre esta base, la práctica resta más que añade. Aquí presentamos algunos planteamientos básicos que te ayudarán a saber cuándo y cómo aplicar las prácticas más eficazmente:

Programación

Tienes que encontrar tu propio ritmo, planteamiento y equilibrio en cuanto a la práctica. Podrías descubrir que la práctica diaria programada te resulta natural. Incluso si no la sientes totalmente natural, la práctica consistente será beneficiosa para la mayoría de la gente. Si eres el tipo de persona que suele estar muy ocupada y/o se distrae fácilmente, podrías encontrar grandes beneficios en establecer una práctica diaria. Por el contrario, podrías sentir que es más natural para ti rendirte a la práctica cuando surge espontáneamente en el flujo de la vida. Esta también es una visión válida de la práctica. Si te planteas la práctica de este modo podrías descubrir que disfrutas más de ella que intentando forzar una regularidad.

Incluso si actualmente tiendes a favorecer uno de estos planteamientos generales hacia la práctica, es bueno ser consciente de que puede cambiar a medida que se profundice tu comprensión experiencial. A lo largo de este camino puede haber momentos en los que necesites la consistencia de la práctica diaria. Y puede haber otros momentos en los que eso empiece a parecer demasiado reglamentado y rígido. Yo he utilizado ambos acercamientos en distintos momentos. En último término descubrí que la práctica se practica a sí misma, si es necesaria y cuando es necesaria. A veces parece más reglamentada y otras más intuitiva, pero tengo una profunda confianza en la inteligencia natural que determina cuándo y cómo ocurre.

Cuando la intención se encuentra con la rendición

Hay una parte de nosotros que quiere saber la verdad. Quiere vivir la verdad. Esta es la parte de nosotros que quiere excavar y desenraizar las ilusiones que nos hacen pensar y actuar de maneras que nos hacen sufrir. Quiere despertar de la ilusión de que somos seres separados y aislados que están en constante lucha y solo ocasionalmente encuentran alivio. Podría llamar a esto nuestra intención natural de vivir en la verdad y disipar la ilusión. Esta intención es poderosa, y cuando prevalece en nuestra experiencia, es una verdadera bendición. Sin embargo, esta no es la totalidad de la historia. Las cosas tienen otro lado. Hay un lado de nosotros que no tiene intención. Siempre está descansando. Este lado quiere abrirse al momento y dejar que la vida nos impregne. Quiere dejar que la vida se apodere de nosotros. Está sintonizado de manera natural con lo misterioso y lo incognoscible. Confía en la rendición. Incluso confía en el sufrimiento. La mayoría de nosotros tendemos hacia uno u otro de estos instintos, pero todos podemos encontrar ambos si estamos dispuestos a mirar. Tal vez requiera cierta práctica, paciencia y contemplación, pero puede hacerse. Si eres capaz de encontrar estos dos aspectos de tu lugar de encuentro con la realidad, has encontrado ese "punto dulce" en el que la práctica se vuelve inmensamente poderosa. Permanecer en este lugar donde la intención se encuentra con la rendición hará que en tu práctica (y en tu vida) salten chispas.

Espíritu

La técnica específica que estés aplicando no es tan importante como el espíritu con el que la apliques. Si bien una técnica puede ayudarte a abrirte a aspectos de la realización, lo que nos atañe es la realización misma. Así, el compromiso con la realización, y no con una técnica específica, te mantendrá en el camino correcto. He conocido a personas que son rígidamente leales a cierta técnica, como un tipo específico de meditación, y con el tiempo este apego se acaba convirtiendo en un obstáculo.

Esto mismo me ocurrió a mí al principio. Inicialmente aprendí a meditar usando una técnica llamada mantra. Estaba convencido de que había algo especial en un mantra específico que me permitía acceder a estados de relajación a los que no podría acceder sin él. La idea de emplear otra técnica me resultaba extremadamente incómoda. Mirando atrás, puedo ver que en esa creencia había incorporada mucha duda sobre mi capacidad intrínseca de acceder a mi verdadera naturaleza. Si bien el mantra mismo no era el causante de este engaño, con el tiempo mi apego a él empezó a socavar mi confianza en mi propia cualidad despierta intrínseca. En un momento dado, quedó claro que mi intención y mi disposición a rendirme eran mucho más importantes que el mantra, o que cualquier otra técnica. Sabiendo esto, se produjo una gran relajación. A partir de entonces quedó claro que no se requiere ninguna técnica específica para acceder a la verdad viviente, y que se puede acceder sin esfuerzo a profundos estados de disolución, interconexión y paz con muchos tipos de técnicas, y sin ninguna técnica en absoluto.

Evolución

Las técnicas y prácticas tienden a transformarse de manera natural y a evolucionar siempre que no las apliques con demasiada rigidez. Si estás dispuesto a permitir que una técnica cambie y evolucione, te enseñará mucho más que si mantienes una visión rígida sobre cómo ha de ser aplicada.

Crea tus propias técnicas

No hay nada mágico en ninguna técnica específica. Alguien creó cada una de ellas. A mí se me han ocurrido muchas mientras estaba sentado en silencio. Y también mientras interactuaba con los demás. Con el tiempo, es probable que crees tus propias técnicas o que modifiques las ya existentes. Confía en tus instintos y estate dispuesto a experimentar.

Una técnica es como un catalizador o como un conducto

Una técnica puede (aunque no tiene que) abrir una especie de portal. No se trata de un portal que veas con los ojos físicos, ni que puedas describir conceptualmente. Dicha apertura requiere su tiempo. Nadie puede hacer que ocurra. Si bien dudo a la hora de decir esto porque no quiero que nadie busque portales activamente, creo que es importante indicarlo para no pasar por alto esta posibilidad. Si ocurre esto, puede ser sutil, y podrías pasarlo por alto si te aferraras a la técnica con demasiada rigidez. Lo que puede ocurrir es que la técnica misma se caiga y la comprensión experiencial te lleve adelante. Este es un proceso natural, de modo que si sientes que está ocurriendo, puedes acompañarlo. Si de repente la técnica te abre a algo vasto, indescriptible, o a algo que está "más allá" de un modo que no puede expresarse en palabras, entonces, por supuesto, suéltalo todo, incluyendo cualquier técnica que estés usando. Este es el punto clave de nuestra tarea. No te preocupes si no estás seguro de a qué me estoy refiriendo con esto. Este es el tipo de cosa que reconocerás cuando ocurra. Y cuando lo haga, puede que recuerdes esta indicación y que a continuación recuerdes que está bien dejar ir. Esto es rendición.

Técnicas específicas

Hay muchos tipos y subtipos de técnicas y prácticas que pueden ayudarte a investigar las verdades más profundas. Por simplicidad, las he dividido en las cuatro categorías siguientes:

- Prácticas de meditación
- Prácticas de mindfulness
- Prácticas de indagación
- Prácticas basadas en el movimiento

Esta no es la única manera de categorizar todos los tipos de prácticas y técnicas disponibles. Tampoco es un intento de encapsularlas todas, ni incluso la mayoría de las que están disponibles. Es simplemente un resumen de las prácticas más comunes y eficaces que he encontrado útiles para los demás y para mí mismo. En esta sección comentaremos en términos generales cada una de estas categorías. Siéntete libre de probar cualquiera de estas técnicas y de modificarlas en función de tus propios instintos y experiencias.

1. Prácticas de meditación

Hay muchos tipos de meditación. Estas son algunas de las categorías generales. Esta lista no tiene la intención de ser exhaustiva.

- Meditaciones basadas en la respiración
- Meditaciones con mantra
- Meditaciones devocionales
- Meditaciones basadas en la compasión

Antes de comentar los diversos tipos de prácticas de meditación, me gustaría ofrecer algunas indicaciones que pueden resultar útiles para cualquier práctica meditativa que emprendas:

- Elige un lugar tranquilo con pocas distracciones. Apaga el teléfono inteligente o déjalo fuera de la habitación. Esto ayudará a reducir la tentación de consultarlo o distraerte con él.
- Siéntate en una posición cómoda que te ayude a mantenerte alerta, pero sin tensarte. Tumbarse también está bien, pero solo si no tiendes a quedarte dormido inmediatamente (como me ocurre a mí). Hay profesores y sistemas que te enseñan que nunca deberías intentar meditar tumbado. Yo solía creer esto basándome principalmente en mi propia experiencia y en las enseñanzas recibidas. Ahora veo que este planteamiento es demasiado rígido. He conocido a personas que hacen casi todas sus meditaciones tumbadas. He visto a personas meditar tumbadas casi todas las sesiones durante un retiro de una semana. Eran capaces de mantenerse alerta y de practicar con gran sinceridad.
- Puedes cerrar los ojos o dejarlos abiertos. Si los dejas abiertos, podrías intentar mantener los párpados relajados y suficientemente abiertos para ver como un metro por delante de ti. Pruébalo de las dos maneras y mira qué te parece más natural.
- Cuando empiezas a meditar, resulta útil desarrollar una práctica diaria. Comprométete a practicar cierta cantidad de tiempo, que pueden ser diez o treinta minutos diarios. Procura practicar una técnica de manera consistente durante treinta días

y después evalúa si sientes que ese tipo de meditación es la correcta para ti.

- Cuando nos sentamos a meditar, es muy común notar que tenemos muchos pensamientos. Si no sabes que esto es normal, podrías convencerte rápidamente de que la meditación no es para ti, de que simplemente no funciona para ti. Conviene recordarte que esos pensamientos no están causados por la meditación, ni tampoco indican un error en tu manera de meditar. Simplemente te estás haciendo más consciente de los pensamientos que ya están ahí. Es como si estuvieras tomando el papel del observador en lugar de enredarte en la corriente de pensamientos, como solemos hacer a lo largo del día.
- A medida que nos hacemos más conscientes de los pensamientos, resulta útil recordar que el objetivo no es reducir su número. La presencia, ausencia, cantidad y tema de nuestros pensamientos no dice nada sobre la calidad de nuestra meditación. En lo relativo a los pensamientos, lo mejor es mantener el planteamiento de no entrar en ellos. No necesitamos empujarlos fuera, evaluarlos, luchar contra ellos ni regodearnos en ellos. Mantener una relación neutral con los pensamientos aportará ecuanimidad a tu práctica meditativa. Trátalos como tratarías a un querido animal de compañía. Si estás sentado en una habitación, el animal de compañía podría venir a sentarse en tu regazo, o podría tumbarse a tu lado. Podría correr por la habitación expresando alegría o podría irse de ella. Si confías en que él sabe qué hacer y cómo moverse naturalmente, mantendrás una relación armoniosa con él. Ocurre lo mismo con los pensamientos. Si confías en que saben moverse por su cuenta, tendrás una relación armoniosa con ellos. A medida que comenzamos a cultivar esta armonía, a menudo descubrimos que ya no estamos enredados en ellos. Entonces se convierten más en una especie de viejo amigo, el tipo de amigo que conoces tan bien que puedes sentarte en silencio a su lado.

Meditación natural

El primer tipo de meditación del que quiero hablar en realidad no es una técnica en absoluto. Sé que esto suena extraño. No obstante, la meditación natural es un fenómeno muy real, y encuentro que la mayoría de las personas sinceras y experimentadas en la práctica de la meditación se topan con ella en algún momento. La manera más fácil de ilustrar lo que quiero decir aquí es contarte, a partir de mi propia experiencia, cómo me topé con la meditación natural. Había estado meditando durante varios años cuando noté que hacía el "clic".

He usado diversas técnicas de meditación a lo largo del tiempo. En general disfruto mucho de la meditación, pues me centra y me relaja. En algunos momentos había experiencias más intensas. Eran estados de profunda paz, disolución y comprensiones que no podía comenzar a describir. También había momentos de frustración, emociones dolorosas y estados internos difíciles. Independientemente de la técnica que estuviera usando y de si la experiencia era gratificante o difícil, había una cosa que nunca cuestionaba a nivel fundamental. Y era si necesitaba una técnica en absoluto. Hay un término Zen llamado *shikantaza* que describe el planteamiento meditativo en el que no se usa una técnica específica. Había oído hablar de esto antes, pero, incluso entonces, seguía interpretándolo como una técnica. Ahora esto me resulta muy divertido, pero puedo decir que simplemente no lo entendía hasta que me llegó de manera natural. Recuerdo el momento exacto en que "todo encajó". Fue un "momento ajá". Estaba allí, meditando en mi dormitorio, y la técnica de meditación, así como la sensación de estar practicando, simplemente desaparecieron. Solo llevó un instante, y a partir de entonces nunca tuve la sensación de necesitar una técnica para meditar.

Además, sentía que siempre estaba en una especie de meditación. En cualquier momento dado la obviedad del estado meditativo solo era una cuestión de cómo de aquietados estaban el cuerpo y la mente. Ciertas investigaciones e indagaciones seguían pareciéndome útiles en ocasiones, pero, para mí, la base de la meditación se convirtió en esta práctica natural y libre de técnicas que siempre está aquí.

Comenzaré por describirla lo mejor posible, pero, por favor, comprende que no estoy describiendo nada específico que puedas realizar o hacer que suceda. Esto hacia lo que apunto ya está ocurriendo. Si puedes sentirlo en tu propia práctica, genial. Si te lleva algunos años, como me ocurrió a mí, también está perfectamente bien. Obviamente no tiene un nombre, de modo que la llamo "meditación natural". A veces también la describo como meditación simple o básica.

Su definición óptima viene dada por lo que esta meditación no es:

- No es una práctica.
- No es una técnica.
- No es algo que puedas hacer mal.
- No es un medio para un fin.
- No consiste en enfocar tu atención de cierta manera.
- No consiste en intentar ser testigo de algo.
- No consiste en intentar etiquetar algo.
- No consiste en intentar crear un estado.
- No consiste en intentar relajarse.
- No consiste en intentar sanar el cuerpo, la mente o el corazón.
- No es algo en lo que tengas que mejorar.
- No es algo pensado para causar la iluminación.
- No trata de hacer que ocurra algo.
- No trata de impedir que ocurra algo.
- No consiste en intentar averiguar quién eres.
- No consiste en intentar olvidar quién eres.
- No consiste en intentar liberarse de alguna cosa.
- No consiste en intentar adquirir alguna cosa.

Así es como se hace:

- Aleja todas las distracciones, incluyendo aparatos electrónicos, pantallas, etcétera. Siéntate o túmbate en una posición cómoda. Sentarse es mejor si tiendes a quedarte dormido fácilmente cuando te tumbas.
- Suelta todas las intenciones.
- No trates de hacer nada ni de hacer que ocurra algo.
- No trates de gestionar tu experiencia.
- No juzgues. Esto significa que no existe tal cosa como "demasiados pensamientos" o "un sonido molesto". Deja que todo sea como es.
- Dondequiera que vaya tu atención, está bien.
- No hay una preferencia de mantenerse alerta frente a estar distraído. Si hay una distracción, así es como son las cosas.
- En algún momento, incluso la sensación de monitorizar la experiencia podría desaparecer.

Por definición, la meditación natural no tiene un cómo. Pasamos todo el día intentando hacer algo, intentando ser alguien, intentando resolver problemas. La meditación natural es nuestra oportunidad de desconectar de todas esas necesidades e intenciones. Es nuestra oportunidad de experimentar este momento sin filtros, comparaciones ni evaluaciones. Es el momento en que podemos dejar que la vida se mueva exactamente como quiera, sin influencia de nuestra parte. Es el momento de dejar que la vida nos muestre que sabe encargarse de todo lo interno y externo sin nuestra ayuda.

Paradójicamente, al principio esta no-práctica puede resultar difícil. No obstante, con el tiempo puede llegar a ser muy intuitiva y agradable. Como la meditación natural es una no-práctica sutil y valiosa, puede ser de ayuda releer esta sección antes de practicarla. Después de un tiempo "captarás la onda" y no necesitarás recordatorios de cómo entrar en sintonía. Resumiendo lo anterior de manera notablemente simple, citaré a un maestro Zen que tuve hace muchos años:

"Simplemente te sientas allí sin hacer nada".

Meditaciones basadas en la respiración

Hay varios tipos de meditación basados en la observación o en la regulación de la respiración. Describiré un tipo de meditación simple que se basa en contar las respiraciones.

- Elige un entorno aquietado, libre de distracciones.
- Siéntate en una postura estable.
- Cierra los ojos.
- Tómate un minuto o dos para hacerte consciente del entorno. Nota los sonidos en la habitación. Siente los pies contra el suelo, o el aire fresco sobre la piel. Nota las sensaciones del movimiento de tu pecho y de tu vientre mientras respiras. Nota si hay algún pensamiento. Cuando empezamos a meditar, algunos pensamientos comunes son:

    - "Estoy demasiado estresado para meditar ahora mismo".
    - "Me pregunto si estoy haciéndolo bien".

- "Verdaderamente tengo que hacer la colada".
- "Espero que esto resulte relajante. Ha sido un día duro".
- Todos estos pensamientos son normales, todos los tenemos. No significan que no puedas meditar. Simplemente toma nota de que los estás teniendo y ya has hecho todo lo que tenías que hacer.
- Cuando te hayas tomado un momento para tomar conciencia de tu experiencia interna y de tu entorno, puedes orientar la atención amablemente hacia la respiración.
- No trates de cambiar, modular ni controlar la respiración. Es innecesario y puede resultar contraproducente. Simplemente observa su ritmo natural.
- Nota la sensación del aire entrando y saliendo. No tienes que visualizar nada, simplemente siéntelo tal como sientes los pies contra el suelo o el aire contra la piel.
- Cuando seas capaz de seguir la sensación de la respiración durante uno o dos ciclos de entrada y salida, empieza a contar la espiración verbalizando internamente: uno...
- Nota la inspiración siguiente, pero no cuentes. Ahora vuelve a contar la segunda espiración: dos...
- Cuenta solo las espiraciones de esta manera hasta llegar a diez. Llegado a ese punto, vuelve a empezar desde uno. Continúa así mientras dure la sesión de meditación.
- Si en algún momento pierdes la cuenta, simplemente vuelve al uno y comienza de nuevo. Si te descubres en el once, doce o veintiséis, vuelve a empezar desde uno. Si te descubres perdido en pensamientos, o distraído por el entorno, vuelve a uno. No te molestes contigo mismo cuando ocurran estas distracciones; le ocurren a todo el mundo y al principio serán frecuentes.
- Mientras cuentas quieres dejar que tu atención descanse suavemente sobre la respiración. Esto significa no luchar con tus pensamientos, con los sonidos ni con otras sensaciones. Si los notas, bien, aquí no estamos tratando de mantener nada fuera ni de producir un enfoque y una quietud absolutos dentro de la mente. Si haces que estos sean tus objetivos, te sentirás frustrado.

- La cuenta puede volverse tenue o puede empezar a ser automática, como si no estuvieras contando conscientemente y la respiración se estuviera contando a sí misma. Si ocurre esto, permite que sea así.
- Si el contar desaparece y la atención todavía sigue en la respiración, con muy pocos o ningún pensamiento, eso está bien. No hay necesidad de volver a empezar a contar siempre que la atención esté alerta y permanezca en la respiración, en lugar de estar perdido en los pensamientos.

Meditación con mantra

La meditación con mantra es un tipo de meditación en la que se usa una palabra o sonido, dichos internamente y repetidos, para cultivar el estado meditativo. El término mantra es sánscrito y significa "instrumento del pensamiento" o "instrumento de la mente". En algunas tradiciones se cree que el poder del mantra guarda relación con el mantra específico que usas. Ciertos maestros hacen creer a sus seguidores que tienen los mejores mantras y los más poderosos. Puedes ver que esto beneficia al maestro, pero, en realidad, el poder de la meditación con mantra no está en el mantra que usas, sino en cómo lo aplicas. Dicho esto, sugiero que uses un mantra con el que te sientas cómodo y que sea fácil de repetir internamente. No tienes que usar una palabra o sonido cuyo significado conozcas, puesto que en realidad el significado literal de la palabra no importa. Ampliaremos esto más adelante. De momento, elige una palabra o sonido que resuene contigo y pruébalo. Si te resulta cómodo y accesible durante la meditación, úsalo. Estos son algunos mantras posibles:

YO SOY

SOY

PAZ

UNIDAD

LIBERTAD

UNO

UNIDAD

NO-DOS

COSMOS

MARAVILLA

QUIETUD

AUM

HAM-SAH

VAM

RAM

Esta es la técnica:

- Elige cualquiera de los mantras anteriores u otro que tú quieras.
- Siéntate en silencio y sin distracciones.
- Cierra los ojos y tómate un momento para tomar conciencia de tu entorno interno y externo.
- Di el mantra internamente en tu mente.
- Escucha intencionalmente el efecto de ese sonido pronunciado. ¿Tiene un eco? ¿Se disipa? ¿Se repite de manera natural? No hay respuesta equivocada, y no hace falta que contemples estas preguntas intelectualmente. Se trata más de observar y sentir el efecto de ese sonido en la mente.
- Si el mantra se disipa o desaparece, o si te pierdes en el pensamiento, vuelve a dejar caer el mantra en la mente pronunciándolo

internamente. Esto es como soltar una pluma en la brisa. Podría flotar hasta el suelo, o podría girar a tu alrededor al ser llevada por las corrientes de conciencia. Podría cambiar de dirección. Podría acercarse o alejarse.

- Podrías descubrir que lo que te resulta más natural es repetir el mantra de manera consistente. De ser así, repítelo suavemente en la frecuencia que te resulte más natural. No trates de forzar, controlar o pronunciar el mantra de manera precisa. Es importante dejar que se mueva en la conciencia de manera natural.
- Cuando vengan los pensamientos, las imágenes mentales, los sonidos o las sensaciones, no los alejes. En la conciencia hay abundante espacio para todas las experiencias. Permite al mantra ser lo prioritario para tu atención. Si te pierdes en pensamientos, vuelve a dirigir la atención al mantra.
- Al principio esto puede parecer mecánico, pero si continúas volviendo con la atención al mantra y le permites cambiar a medida que se repite, empezarás a sentir que adquiere una cadencia propia. Cuando ocurre esto, el sonido, el ritmo y la calidad del mantra pueden cambiar considerablemente. Puede volverse completamente distinto del sonido original. Esto está perfectamente bien. Si lo sientes natural, espontáneo y sin esfuerzo, deja que el mantra se mueva como quiera. El número de sílabas del mantra podría cambiar. Podría parecer que se hace más fuerte o más tenue. Puede parecer interno o externo. Tu trabajo no es dirigir nada de esto ni analizarlo. Tu trabajo es permitirlo y unirte a la fiesta.
- Puede resultar sutil u obvia, pero en algún momento habrá una transición. Podría parecer como si ahora alguna otra persona estuviera pronunciando el mantra. Como si el Universo mismo, la conciencia o el Ser estuvieran pronunciando el mantra a su propio ritmo. Si ocurre esto, simplemente ríndete a ello. Puedes sentirlo como una vibración u onda. Puede ser muy energético e intenso, o muy sutil. Puede ser rápido o lento. Incluso es posible que el mantra ya no sea pronunciable; podría sonar más como algún instrumento de otro mundo o como una sinfonía cósmica. Cualesquiera que sean las cualidades que asuma el mantra, puedes confiar en él mientras lo sientas natural y espontáneo.

- La clave reside en permitir que el mantra comience a resonar con los movimientos naturales de la conciencia, los cuales, a su vez, reflejan el cosmos.
- Aquí hay un método más avanzado que podrías probar cuando te sientas cómodo en la meditación con mantra. Comienza sin mantra. Mantente abierto, observante, receptivo. ¿Sientes un impulso? Si no es así, vuelve a relajarte y deja que la atención se mueva como quiera. Mantente receptivo. ¿Hay un sonido sutil, vibración o impulso en algún lugar de tu experiencia? Si es así, ese es el mantra natural. Esta no-práctica es una combinación de meditación natural y meditación con mantra. Puede resultar muy poderosa una vez que la captas.

Meditación devocional

La meditación devocional es un simple reconocimiento de las limitaciones de la dimensión humana. Si somos sinceros y humildes, en algún momento reconoceremos que nuestro impulso de despertar tiene algunos rasgos autolimitantes innatos. Intentar utilizar nuestra voluntad personal, con sus mecanismos de defensa incorporados y sus instintos de supervivencia, para ir más allá del constructo individual humano acabará siendo un empeño fútil. Sin embargo, en un sentido muy real, esto es lo que se requiere para que ocurra el despertar.

"Para llegar al conocimiento que no tienes, debes ir por un camino que no conoces".

—San Juan de la Cruz

Cualquiera que pase por este proceso, en algún momento llegará a un lugar en el que sabrá instintivamente que confiando en sus propias facultades es incapaz de ir más allá. Después de incontables horas, meses y años de desesperación, práctica y ejercicio, llegamos a un lugar donde nos sentimos completamente perdidos en cuanto qué hacer o adónde ir a continuación. Nuestra perspectiva limitada, nuestro propio ego y nuestros intereses personales acabarán llevándonos a una barrera autoimpuesta e infranqueable. Cuando lleguemos a este lugar de devastación, rendición y duda, a menudo lo único que nos queda es rezar. La meditación devocional es oración.

Cómo reces, a quién reces y qué reces dependerá de ti. Podrías rezar a Dios, podrías rezar al Universo o a la inteligencia de la naturaleza. Podrías rezar a lo desconocido o a la vida misma. Se trata de algo muy personal, por supuesto, pero puedo ofrecerte un consejo: reza a aquello por lo que sientas más reverencia.

Para algunos podría ser algo tan simple como renunciar al control y decir: "Ya he hecho todo lo que podía hacer. Estoy en un impasse existencial. Sé que no puedo hacer esto, pero permanezco abierto. Ahora depende de ti, vida; dejo mi voluntad en tus manos". Para otros podría tomar la forma de una oración a una deidad personal. Podría ser una oración a Jesús. Si eres budista, podrías rezar a Kannon, el bodhisattva de la compasión.

Una oración poderosa no es una oración
de adquisición, sino de aquiescencia.
Si rezas pidiendo lo que quieres,
estás rezando a tu propio ego.
Si rezas pidiendo la verdad, algo
que te lleve más allá de ti mismo
a la realidad sin filtros,
ciertamente estás rezando a una
fuerza inmensamente poderosa.

Meditación basada en la compasión

Hay cierto alivio en admitir que eres un cretino autocentrado. Por supuesto no en todo momento, pero sí buena parte del tiempo, ¿cierto? Ahora bien, no quiero decir que tengas que juzgarte a ti mismo por ser interesado o que estés equivocado por tener miles de pensamientos autocentrados a lo largo del día. No quiero decir que deberías estar avergonzado ni que estés fundamentalmente equivocado. De hecho, estoy diciendo lo contrario. Si piensas mayormente en ti mismo y pones tus intereses y creencias por delante de los de otros, eso significa que eres... completamente normal. La clave de este reconocimiento es llegar a la autenticidad. ¿Cuánta energía desperdiciamos convenciendo a otros a través de acciones, palabras y publicaciones en las redes sociales de que somos bondadosos y altruistas, o de que somos una buena pareja, un buen amigo, un buen miembro de la familia? Mucha.

"Cada hombre, cuando está solo, es sincero. Cuando entra una segunda persona, comienza la hipocresía. Bloqueamos y nos defendemos de los planteamientos de nuestro prójimo mediante cumplidos, habladurías, diversiones, asuntos. Escondemos nuestros pensamientos bajo cientos de pliegues. Conocí a un hombre que tras un frenesí religioso se deshizo de estos tapujos, y omitiendo todo cumplido y trivialidad, hablaba a la conciencia de cada persona que encontraba con gran comprensión y belleza. Al principio se resistían a él, y todos estaban de acuerdo en que estaba loco. Pero al persistir —puesto que no podía evitarlo— algún tiempo en esta actitud, consiguió llevar a todos sus conocidos a tener relaciones verdaderas con él. Nadie pensaba en decirle falsedades..., a la mayoría de nosotros la sociedad no nos muestra su rostro y su ojo, sino su costado y su espalda. Mantener relaciones verdaderas con los hombres en una era de falsedad requiere un ataque de locura, ¿cierto?".

—Ralph Waldo Emerson

Alguien que lea esto podría preguntarse si soltar una autoimagen positiva, elevada o idealizada podría resultar dañino. En primer lugar, déjame dejar claro que no estoy diciendo que debamos comportarnos irresponsable o egoístamente. Esto no es una excusa para justificar el tratar inadecuadamente a otros. Es simplemente la rectificación de un tono de falta de autenticidad que todos hemos desarrollado al aprender a ser adultos. A medida que maduramos a la vida adulta, todos desarrollamos una máscara, un interfaz artificial con el que interactuar con el mundo. Este reconocimiento es una llamada a dejar descansar esa máscara. Es un experimento para ver qué ocurre cuando nos desenredamos de esa proyección de ser el que lo tiene todo en orden, el que es siempre positivo, el que siempre trabaja duro, el que siempre obra correctamente. Es una llamada a encontrarse con el mundo de manera simple, directa y auténtica.

Paradójicamente, cuando nos dejamos ser como somos en lugar de proyectar activamente algo "mejor" (según las normas sociales) de lo que somos, a menudo nos convertimos en una mejor persona. Generalmente descubrimos que admitiendo y aceptando nuestro autocentramiento natural, no nos volvemos más autocentrados, como podríamos temer. Más bien, al invocar nuestra capacidad innata de ver claramente y con honestidad, estamos permitiendo que se caiga una capa de deshonestidad. Cuando somos capaces de hacer esto, empezamos a ver esos lugares en los que nos volvemos inconscientes en nuestras interacciones con los demás. Aquí, por inconscientes me refiero a la capacidad de pasar por alto cuándo y cómo estamos actuando de maneras deshonestas y/o dañinas hacia otros. Ves, cuando sentimos que tenemos que mantener la apariencia de ser una buena persona, cuando nos confrontemos con evidencias en sentido contrario habrá disonancia cognitiva. A nuestras mentes no les gusta la sensación de la disonancia cognitiva, de modo que nuestra reacción habitual es intentar pasar por alto las evidencias presentadas que van en contra de nuestra autoimagen "positiva". Así, al intentar convencer activamente a otros y a nosotros mismos de que soy una gran persona, nos disponemos a pasar totalmente por alto esos momentos en que actuamos de manera opuesta. En último término, esto nos conduce a patrones de inconsciencia por los que tendemos a evitar mirar con más claridad nuestras conductas, creencias y motivaciones. Esto, a su vez, nos lleva a perpetuar la conducta autocentrada. Al final, vemos que al reconocer nuestro autocentramiento, somos más capaces de actuar con desinterés.

¿Qué tiene todo esto que ver con la meditación basada en la compasión? Bien, la meditación basada en la compasión es una manera de funcionar fuera de esta trampa de proyectar una máscara, y de la falta de autenticidad que inevitablemente resulta. En verdad, no eres tú quien es autocentrado. De hecho, ese sentido del "tú" que necesita defenderse creando una máscara está producido por una interminable procesión de pensamientos autocentrados y temerosos que discurren automáticamente por nuestras mentes, día tras día. En realidad, esos pensamientos nunca han sido sobre ti. Lo que eres no puede ser definido por, ni estar contenido en, la visión estrecha y dualista de una estructura de pensamiento. Lo que eres ni siquiera puede establecer la distinción entre yo y el otro, entre dentro y fuera, entre bueno y malo. Lo que eres, en el sentido que estoy hablando ahora, es pura aceptación. Amor incondicional. La meditación basada en la compasión es una práctica de hablar, pensar y moverse desde el amor incondicional.

Voy a describir dos métodos para la meditación basada en la compasión. El primero es una práctica solitaria. Es para esos momentos en los que estás libre de distracciones y puedes sentarte en silencio y dedicar tiempo a la meditación. El segundo puede practicarse en cualquier momento y lugar.

Práctica solitaria

- Elige un momento y un lugar que te resulte natural y relajante.
- Siéntate o túmbate en una postura cómoda, y aleja cualquier elemento distractor.
- Toma unos minutos para dejar que tu entorno interno se asiente.
- Ahora pon la atención en tu cuerpo. Siente las sensaciones en el área del pecho. No hay necesidad de etiquetarlas o pensar en ellas, solo siente.
- Una vez que sientas alguna sensación en el pecho o en el área del corazón, ya sabes lo que es el amor. Ya sabes lo que es la compasión. Es una sensación. Es simple y directa. No juzga y tampoco dice no. Es una contemplación directa. De hecho, no tiene que ser solo en la zona del corazón. Cualquier sensación corporal vale.
- Puede haber pensamientos que digan: "Esto no es amor" o "Esto no tiene sentido", y eso está perfectamente bien. Deja que permanezcan ahí. Incluso podrías encontrar un espacio de sensaciones cálidas similares en algún lugar de ese espacio de pensamientos.
- Una vez que identifiques ese contacto directo, esa sensación de compasión y aceptación, puedes empezar a "encontrarla" en otros lugares del cuerpo. Lleva la atención a las manos y a los pies. ¿Puedes encontrar una sensación similar? Puede ser un cosquilleo, calidez, o puede sentirse como llenura o presión. Cuando la notes, simplemente ofrécele reconocimiento.
- Si sientes que esta práctica te cuesta, sé amable contigo mismo. Dale tiempo. También puede ser útil comunicarse directamente

con la sensación. Siéntela y después di: "Eres amada" o "Eres aceptada". Alternativamente puedes decir: "Te amo".

- A medida que lleves la atención a diversos espacios corporales, sigue invitando a esa sensación de compasión, amor y aceptación. Quédate todo el tiempo que quieras en cualquier área. ¿Notas un suavizamiento general dentro de tu sistema? ¿Tienes ganas de sonreír? Incluso diferencias sutiles significan que esto está funcionando.
- Cuando empieces a sentir esta autoaceptación, o al menos una sensación de aceptación, puedes afirmar (hablando directamente a y desde las sensaciones): "Mereces paz. Eres aceptada. Eres amada exactamente tal como eres".
- A veces puede parecer incómodo o tonto hablar así a las sensaciones corporales. En tal caso, puede resultar útil reconocer la extrañeza o la incomodidad de la misma manera afirmativa. Encuentra las sensaciones corporales que se corresponden con cualquier sentimiento extraño o incómodo y deja que tu atención descanse ahí. Incluso si hay tensión, o si está presente la tendencia a evitar la sensación, sigue estando en contacto con ella. A ese contacto se le llama amor. Se le llama aceptación.
- Cuando le cojas el tranquillo a reconocer la aceptación natural y el amor que surge de sentir directamente las sensaciones con el corazón abierto, puedes empezar a aplicar este contacto, calidez y aceptación a otros.
- Trae a tu mente y a tu corazón a alguien de quien te sientas cerca. No hay necesidad de formarse una imagen precisa de esa persona. Es más una cuestión de sentir su presencia. Cualquier lugar donde sientas la sensación está bien. ¿Es en el corazón? A menudo lo es, pero no tiene por qué serlo.
- Una vez que tengas la sensación de tu ser querido, le puedes ofrecer calidez. Esto es como si fueras a llegar hasta él y reconfortarle con un abrazo, o poniéndole la mano en el hombro y sonriéndole. No te lo imagines; siéntelo en tu propio cuerpo. Este contacto es aceptación. Di: "Estás bien y te amo".
- También puedes ofrecer palabras de afirmación: "Te amo. Te acepto. Me siento agradecido de conocerte. El mundo es un lugar mejor

contigo en él. Te amo incondicionalmente y no quiero nada de ti excepto que te sientas realizado de la manera que te sea más natural".

- Puedes expandir esto a amigos, conocidos y extraños. Incluso puedes expandir esto para incluir a las personas con las que te resulta más difícil estar. Si eres capaz de hacer esto con auténtica calidez, manteniéndote en contacto con tus propias sensaciones corporales, puedes realizar el test definitivo. Pruébalo con alguien hacia quien sientas rencor, alguien que te haya hecho daño, o la figura pública que más te disgusta.

Práctica que se puede realizar en cualquier momento

Voy a pintar esta práctica con unos trazos generales. La razón es simple. Lo que estás practicando aquí es una nueva manera de vivir, y no puedo decirte qué aspecto tendrá; solo sé que es posible para ti. Quiero empoderarte para que desarrolles la compasión, la aceptación, y una manera de moverte por la vida basada en el amor. Una manera que armonice con tu personalidad y con tus impulsos más internos. En resumen, quiero ofrecerte la posibilidad de que —en la vida que estás viviendo exactamente tal como es ahora mismo— te sientas más natural, espontáneo y pleno al despertar tu capacidad innata para la autenticidad, la aceptación y el altruismo. Haré algunas sugerencias para diversas situaciones. Te animo a probarlas y a ver cómo las sientes. Observa si se producen efectos poderosos al actuar así. Espero que modifiques y evoluciones estos métodos para que encajen mejor con tu personalidad.

- Al ver que alguien se acerca, sonríele inmediatamente, independientemente de si le conoces o no. No importa si simplemente caminas a su lado o estás a punto de iniciar una conversación con él. Siente esa sonrisa de aceptación. Esta sonrisa no es un tomar, como para intentar ganarse su aceptación. Es una sonrisa de dar que dice: "Ya me gustas. Yo soy humano, como tú, y te acepto". Incluso puedes pronunciar estas palabras internamente para acordarte. Y si eres demasiado tímido para establecer contacto ocular, puedes sonreír con tu cuerpo y con tu corazón, y la otra persona lo sentirá.
- Cuando estés en la naturaleza, puedes aplicar la meditación basada en la soledad, que ya se ha dado antes, al entorno mismo.

Da los pasos sucesivos y una vez que te sientas en contacto con tus sensaciones, empieza a aplicar esa aceptación, esa mirada y el simple disfrute del contacto sensorial al cielo, a los árboles, a la roca, o al olor del entorno.

- Cuando estés en una conversación con alguien y notes el diálogo interno —¿Cómo estoy quedando? ¿Le gusto? No sé qué decir. Estoy ansioso—, es un buen momento para dirigir parte de la atención a las sensaciones corporales. Cuando haces eso, te recuerdas la aceptación y el amor que son intrínsecos a ese contacto. Cuando puedas hacer esto (puede llevar algo de práctica), podrás dar el paso siguiente. El paso siguiente consiste en aplicar ese contacto que sientes con tus propias sensaciones a la sensación/sentimiento que te produce otra persona, a su cuerpo y presencia. Siente la calidez, la aceptación y el amor en esa sensación de la presencia del otro. Cuando lo hayas dominado, mira si puedes encontrar dónde se encuentran tu sensación y la sensación de su presencia. Recuerda que esto tiene que ver con sentir, no con visualizar. Si eres una de las numerosas personas que tiene ansiedad social severa y esto te parece demasiado difícil para practicar en conversaciones vivas y espontáneas, considera la posibilidad de practicarlo con un amigo con quien te resulte fácil hablar. Todavía mejor, practica con alguien que quiera trabajar esto contigo. Al principio este tipo de práctica puede resultar difícil si tienes ansiedad social, pero, si persistes en ello, las recompensas son interminables.
- Asume un reto de 30 días en el que ofrecerás tres cumplidos al día a tres personas cualesquiera. La clave es que los cumplidos tienen que ser honestos, auténticos, y venir desde una sensación de dar. Esto significa que no los haces para agradar a los demás. No los haces para gustar a otros. Los haces para dar. Puede ser una observación tan simple como "Me gustan esos pendientes" o "Bonitos zapatos". Puede ser una observación sobre el comportamiento o el carácter de la otra persona, como: "Siempre pareces calmado y relajado" o "Tienes grandes habilidades de liderazgo". Una manera especialmente buena de convertir un pensamiento de celos o envidia en un acto de dar es ofrecer aprecio sincero. Podrías notar que alguien tiene una relación estupenda con su

esposa, hijo o padre, incluso si tú tienes problemas en ese área. Y podrías decir: "Oye, me doy cuenta de que tienes una conexión muy buena con tu marido. Es inspirador ver a dos personas que se apoyan de verdad y disfrutan de su mutua compañía". Si al principio te parece difícil ofrecer aprecio de manera directa, puedes empezar ofreciéndolo internamente. Pregúntate qué aprecias de esa persona. A continuación, díselo internamente hasta que sientas más confianza para poder decírselo con palabras. No obstante, es importante dar ese último paso en algún momento y decirlo. Al hacer esto cada día, empiezas a estar atento a cosas que apreciar en el mundo y en la gente, en lugar de rumiar internamente sobre lo que no tienes o lo que va mal en tu vida.

- Comienza a interesarte por los objetos inanimados, por las circunstancias mundanas, y por esas ocasiones en las que normalmente te sentirías aburrido y buscarías distracciones. Considera los objetos que te rodean como cosas vivas, que merecen aceptación y amor. Haz los pasos de la práctica solitaria que se describen anteriormente y entonces, cuando sientas la calidez y el contacto dentro de tu propio cuerpo, empieza a sentirlo en cualquier objeto del vecindario. No importa cuál sea el objeto. Puede ser una alfombra, un ladrillo, una nube o un mando de control remoto. Mira si puedes encontrar algún contacto allí, alguna consideración de pura existencia. Entiendo que esta parte pueda sonar un poco tonta. Déjame que te diga que la primera vez que te experimentas a ti mismo como ambos, "tú" y otro objeto, bien sea una persona, un árbol, el cielo o una tumba, ya no hay vuelta atrás. Tu vida habrá cambiado para siempre. No puedo decirte cómo es eso exactamente porque es indescriptible. Pero te diré que, en mi experiencia, es lo que la gente está buscando, sea lo que sea lo que piensen que están buscando. Es intimidad incondicionada. Es sublime.

"Trabajando con plantas, árboles, vallas y muros, si practican sinceramente, alcanzarán la iluminación".

—Dogen

---

2. Prácticas de mindfulness

Las prácticas de mindfulness son un medio de reorientar nuestra atención hacia nuestro entorno inmediato. Esto suena bastante simple, pero cualquiera que lo haya intentado durante algún tiempo sabe que, a los pocos minutos, casi siempre te encuentras perdido en pensamientos. El único objetivo de este libro es romper el hechizo que nos mantiene habituados a vivir en el mundo onírico de pasados y futuros imaginados, de problemas y soluciones imaginados. La clave está en demoler el mundo de la separación y la búsqueda, y entonces se revelará la verdadera naturaleza de la presencia. En ese momento te darás cuenta de que el *mindfulness* no es algo que tenga que ser practicado. Dicho esto, hay muchas variedades de técnicas que puedes aprender. Si encuentras una que resuene contigo, por supuesto, úsala.

3. Prácticas de indagación

La indagación es una herramienta poderosa en lo relativo al despertar y la realización. Más adelante en este libro hay todo un capítulo dedicado a ella. Es la manera más directa de pasar por alto e interrumpir de manera continua los filtros que oscurecen nuestra verdadera naturaleza. Aplicada con eficacia, la indagación posibilita transformaciones en un tiempo muy corto que por otros medios hubieran requerido décadas.

4. Prácticas basadas en el movimiento

Entre las prácticas basadas en el movimiento, las prácticas corporales y las prácticas de energía se incluyen el yoga, el tai chi, el chi kung y otras. Todas ellas pueden ser excelentes adjuntos al proceso de despertar y realización. Estas modalidades pueden ayudar a regular y equilibrar la energía dentro del cuerpo. Si te sientes inclinado a emprender una práctica basada en el movimiento, por supuesto, hazla. Sin embargo, no es necesaria. No soy un experto en ninguna modalidad de movimiento específica, de modo que solo daré una parte de indicaciones para potenciar cualquier práctica que puedas tener. Dejo la enseñanza de las técnicas en manos de profesores cualificados.

- Mantener la atención en las sensaciones corporales durante las prácticas de movimiento puede resultar muy poderoso.
- Si te parece que intentar sentir las sensaciones corporales es demasiado vago, o si te descubres visualizando las áreas del cuerpo en lugar de sentirlas, empieza por algunos puntos de contacto.
- Siente los puntos de contacto entre el pie, el trasero o la mano y el suelo. Busca otros puntos de contacto. ¿Están las manos en contacto entre ellas? ¿Cómo es la sensación en los lugares de contacto?
- Cuando puedas mantener la atención en los puntos de contacto durante algún tiempo, empieza a desplazarla hacia el interior de esa parte del cuerpo. Siente cómo vas entrando. Si tienes el pie en contacto con el suelo, siente lentamente el espacio situado dentro del pie, como a dos centímetros del suelo. A continuación, siente el tobillo, y así sucesivamente. Asegúrate de sentir esa continuidad de sensaciones.
- Cuando puedas acceder fácilmente a las sensaciones internas, escanea el cuerpo dejando descansar la atención por un momento en cada zona del mismo. No te olvides de la cara, la lengua, la mandíbula, los ojos y la parte posterior de la cabeza. ¿Cuál es la sensación detrás del cuello, en la punta de la nariz y en los dientes? ¿Puedes sentir los dientes?
- Durante los movimientos lentos, siente cómo cambian y se desplazan las sensaciones corporales. ¿Cómo se mueven? Averígualo.
- Cuando estés en contacto con el suelo o con la tierra, podrías empezar a notar un intercambio de energía sutil entre tu cuerpo y la tierra. Este intercambio será sutil hasta que empieces a sentir intensamente las sensaciones corporales, de modo que no te sientas frustrado si no se produce inmediatamente. Ya vendrá.
- En algún momento podrías empezar a percibir el intercambio de energía entre las superficies del cuerpo y el aire y los objetos que te rodean. Esto no es algo que visualizas o imaginas; es una experiencia física.

Movimiento intuitivo

Un día estaba preparando el programa del siguiente retiro e intentaba decidir qué práctica de movimiento incluir. En el pasado habíamos practicado yoga. Mientras contemplaba qué hacer en ese retiro, algo encajó. La sensación fue muy parecida a cuando me vino la meditación natural. Era una no-práctica basada en el movimiento que no tenía nombre, pero yo sabía exactamente lo que era y estaba seguro de que a la gente le resultaría accesible. Decidí llamarla "movimiento intuitivo". La mejor manera de describirla es llamarla meditación natural en movimiento. Al empezar cada ronda, ofrecía algunas sugerencias sobre el funcionamiento de esta no-práctica, y a continuación la gente se movía intuitivamente por su cuenta durante el resto de la sesión. Gustó mucho, de modo que desde entonces la he incorporado a todos los retiros.

- Encuentra un espacio libre de distracciones donde te puedas mover.
- Ponte ropa cómoda que te permita moverte sin impedimentos.
- Toma un momento para dejar que la atención venga al presente. Presta atención al cuerpo. Siente los puntos de contacto.
- Ahora vamos a experimentar y a notar que cuando no estamos pensando constantemente sobre lo que queremos hacer o cómo queremos mover el cuerpo, este tiene su propio sentido del movimiento. Es un experimento. Mira qué ocurre cuando das permiso a tu cuerpo para moverse sin controlar sus movimientos. Lleva la atención a cualquier parte del cuerpo y nota cómo quiere moverse. Pueden ser movimientos pequeños o grandes. Pueden ser movimientos aleatorios o repetitivos. Pueden ser movimientos rápidos o lentos. Puede moverse una parte del cuerpo o todo él. Incluso es posible que el cuerpo deje de moverse. En esto no hay otra regla que la de dejar que el cuerpo dirija el movimiento.
- Probablemente las primeras veces que hagas esto sientas que estás llamando la atención, y pienses que podría parecer algo tonto para un observador externo. Esta es una gran oportunidad de reconocer que estamos tan condicionados por las expectativas externas que nuestras alarmas internas se disparan cuando empezamos a movernos fuera de los patrones habituales y socialmente esperados.
- Mientras te mueves intuitivamente, no te olvides de prestar atención al cuello, la mandíbula, los dedos de las manos y de los pies, y los ojos. ¿Cómo te sientes al dejar que estas partes del cuerpo se muevan espontáneamente?

Capítulo 9:
Tradiciones

Es habitual creer que nuestra mejor posibilidad de despertar es participar en algún tipo de grupo, sistema o religión orientado a ayudar a la gente a realizar su verdadera naturaleza. A estas alturas ya deben saber cómo hacerlo, deben conocer todos los pasos y las técnicas, y pueden enseñártelas ¿cierto? Muchos asumen que esto es así. Y ciertamente yo mismo pensaba así en el pasado. Tiene mucho sentido. ¿Por qué reinventar la rueda cuando hay grupos que han estado trabajando en esto durante cientos, incluso miles de años? Ojalá pudiera ofrecerte una respuesta simple a estas preguntas, pero la cosa no es tan fácil. Hay tantas dinámicas en marcha —tanto en el individuo como en las diversas tradiciones y sistemas— que resulta imposible ofrecer una recomendación válida en todos los casos.

Lo que puedo decir es que hay un tesoro de indicaciones ocultas en libros escritos por maestros de múltiples linajes y tradiciones, algunos de los cuales se remontan miles de años atrás. Budismo, hinduismo, taoísmo, misticismo cristiano, sikhismo, todos ellos tienen su legado de escritores, poetas y maestros excepcionales, que transmitieron la verdad viviente a través de sus escritos. Además están los sistemas modernos de indagación, meditación y otras prácticas que no pretenden hundir sus raíces en las antiguas tradiciones, pero son potentes y eficaces si se usan sabiamente.

Está claro que un capítulo no es suficiente para abarcar todas las tradiciones con la profundidad necesaria. De modo que en lugar de describir sistemas y tradiciones específicos, señalando sus puntos fuertes y débiles, daré una guía general basada en lo que yo he encontrando. Comentaré lo que creo que son los puntos fuertes y débiles de involucrarse con grupos y con las tradiciones en general. Hablaré de qué buscar y, lo que es más importante, con qué tener cuidado.

La clave está en que no hace falta hacerse miembro de ningún sistema o tradición particular, y tampoco es necesario comprar los sistemas de creencias y dogmas de una tradición particular. Dicho esto, también añadiré que, en un momento u otro, la mayoría de las personas realizadas que conozco han estado involucradas en alguna medida con una tradición formal. Con frecuencia esto resulta relevante durante una parte del viaje. A menudo las personas se alejan de los grupos en los estados más profundos de realización.

Beneficios potenciales de las tradiciones y sistemas

Dinámicas de grupo

Unirse a un grupo de personas de mentalidad similar (a veces llamado *sangha*) tiene un valor potencial. La dinámica de grupo puede ayudarnos a enfocar nuestra energía, concentración e intención de maneras que nos resultarían difíciles por nuestra cuenta. Esto es especialmente cierto cuando empezamos a practicar.

Conocimiento y práctica

Muchas tradiciones tienen doctrinas y técnicas/métodos que favorecen el despertar y la realización. La prueba de fuego es: ¿Funcionan? ¿Ves a practicantes de ese linaje, escuela o tradición que hayan tenido un auténtico despertar o que estén liberados? No me refiero a historias. Me refiero a personas que has conocido y con las que has interactuado.

Retiros

Los retiros en los que se practica la meditación y la indagación con concentración y de manera prolongada son uno de los aspectos más potentes y transformadores de involucrarse con una tradición o sistema. Esto es particularmente cierto al comienzo de nuestra práctica. Muchos sistemas ofrecen este tipo de retiros, que pueden ser excepcionalmente útiles para ti, especialmente si los dirige un maestro realizado o liberado. No es que no puedas hacer un retiro por tu cuenta en tu casa, forzándote a meditar diez horas diarias durante una semana; simplemente es muy improbable que lo hagas, especialmente si eres nuevo en este tipo de práctica. Hay retiros asociados con tradiciones específicas, como el Zen. También hay retiros dirigidos por maestros liberados que no forman parte de ningún linaje ni sistema específico.

Desventajas potenciales de las tradiciones y sistemas

Dinámicas de grupo

Debido a nuestra tendencia a asumir los hábitos y creencias de las personas que nos rodean, resulta muy fácil adoptar las creencias, sesgos y hábitos del grupo con el que estés involucrado sin darte cuenta de ello. A menudo este es un proceso inocente y forma parte de ser un mamífero social dentro de un grupo de individuos. En otras ocasiones es algo muy deliberado dentro de una dinámica de grupo. Estate siempre dispuesto a examinar el efecto que la dinámica del grupo tiene en ti y a cuestionar tus creencias y suposiciones. Si alguna vez te sientes presionado por un grupo para creer algo específico, adoptar cierta doctrina o emprender una práctica o actividad que te resulte incómoda, como mínimo deberías cuestionarla. Si no obtienes una explicación suficiente, sigue cuestionando o vete.

Variabilidad

La potencia y eficacia de los diversos grupos espirituales es tremendamente variable. Es posible que tengas que realizar cierta búsqueda para encontrar uno con el que realmente resuenes y que no presente banderas rojas. Si sientes algo falso o manipulativo en un grupo, estate siempre dispuesto a pasar a otra cosa.

Tú

A veces las distorsiones que se derivan de formar parte de un grupo apenas guardan relación con el grupo o sus miembros, y tienen mucho que ver contigo. Algunas buenas preguntas que puedes plantearte son: "¿Qué quiero conseguir realmente formando parte de este grupo?" o

"¿Qué espero al formar parte de este grupo?". Cuando te plantees estas preguntas, es importante que recuerdes que no hay respuestas equivocadas. Por ejemplo, si la respuesta es: "Quiero pertenecer" o "Quiero gustar a los demás" o "Quiero encontrar una pareja que sea espiritual", tienes que reconocer estas motivaciones y ser honesto contigo mismo. Si te dices a ti mismo o a otros que estás ahí por el despertar espiritual, pero tus verdaderas motivaciones están ocultas incluso de ti mismo, tendrás disonancia cognitiva. Te sentirás frustrado por partida doble. De modo que la clave aquí es la autenticidad.

Discernimiento

Incluso si encuentras una tradición o un sistema con el que resuenes, tendrás que emplear el discernimiento y el buen juicio en cuanto a qué asimilar y qué no. Hasta las mejores tradiciones están hechas de una mezcla de enseñanzas valiosas y otras no tanto. Lo mismo es cierto para los grupos, centros y templos pequeños.

Grupos sectarios

La palabra secta puede sonar extrema, pero no deja de ser común encontrar grupos espirituales con algunos rasgos sectarios. Podrían ser sutiles y razonablemente inocuos, pero, aún así, deberías ser capaz de reconocer las señales. Por otra parte, la actitud sectaria puede ser manifiesta y predatoria. Algunos grupos usan intencionalmente el disfraz de la espiritualidad, el autodesarrollo o la autorrealización para engañar a la gente. ¡Nunca ignores las banderas rojas! Nunca mezcles lo que quieres que algo sea con lo que realmente es. Más adelante describiré específicamente cuáles son las banderas rojas.

Qué buscar en un grupo, comunidad, tradición o sistema:

- Un grupo dirigido por un maestro realizado con el que sientas resonancia.
- Un grupo de personas que sientas auténticas y que compartan tu interés por el despertar.
- Oportunidades de practicar de manera concentrada, de realizar retiros y meditaciones prolongadas.

- Si hay doctrina involucrada, ¿resuenas con ella?
- Transparencia. Debe ser evidente que el grupo no solo no tiene nada que ocultar, sino que también valora y tiene como propósito la transparencia.

Con qué tener cuidado (Banderas rojas):

- Si hay doctrina involucrada, ten cuidado si te sientes presionado para adoptarla, o si se presenta de un modo que sugiere: "Este es el único camino verdadero".
- Debes evitar cualquier sistema, tradición o grupo que requiera que contribuyas con una cantidad de dinero poco razonable.
- Cualquier grupo donde una figura central sea deificada, adorada o permita que la gente compita por su favor está a las puertas de un desastre. Evítalo.
- Cualquier grupo o tradición que te presione para cambiar de estilo de vida, de creencias o de relaciones no está interesado en tu proceso de despertar, sino en controlarte. No mezcles las dos cosas.
- Cualquier grupo en el que se usen críticas mordaces, favoritismos o castigos, y que se justifiquen diciendo que son necesarios para despertarte, te harán más daño que bien. Este tipo de sinsentidos no tiene nada que ver con el despertar y tiene todo que ver con problemas emocionales no resueltos de los líderes.

Capítulo 10:
Etapas del despertar

Introducción

Después de haber leído este capítulo, un puñado de personas me hizo sugerencias como: "Puedes considerar incluir unas palabras de precaución para el lector, en el sentido de proceder con lentitud al comienzo de este capítulo. Buena parte de su contenido es particularmente potente y causa muchos cambios perceptuales y una especie de recableado cerebral". De modo que aquí está: Algunas de las descripciones que vienen aquí, especialmente las relacionadas con la etapa más profunda de la realización, son muy directas. Generalmente calibro con mucho cuidado cuán directo soy cuando hablo con alguien sobre este tema. Tengo cuidado de no dar a alguien demasiado y demasiado rápido, porque puedo resultar desestabilizador, desorientador, e incluso atemorizante.

Sin embargo, a fin de transmitir con precisión cada comprensión y etapa en sus propios términos y bajo su propia luz, he elegido usar el mismo estilo de comunicación que emplearía con alguien que estuviera en dicha etapa. Al hablar de las etapas más profundas, sentí que era relevante usar un lenguaje directo tal como lo usaría con alguien que hubiera tenido un despertar y hubiera clarificado considerablemente su comprensión. Te recomiendo que te tomes este capítulo con mucha tranquilidad, que te sientes con cualquier comprensión experiencial que te pueda ocurrir, que escribas sobre dichas comprensiones si eso te resulta relevante y que releas sus secciones más de una vez.

Sería razonable concluir que procesos tan transformadores como el despertar y la realización proceden por incrementos: que ocurren en etapas progresivas. En cierto sentido, esto es cierto. En otro sentido, no podría estar más lejos de la verdad. Si interpretamos que progresión significa que el despertar y la realización son procesos lineales con un punto de partida claro y un destino definido, estamos equivocados. Sin embargo, se producen patrones razonablemente previsibles, y hay ciertas comprensiones experienciales clave que parecen ser necesarias para que este despliegue madure.

El proceso de despertar es cualquier cosa menos lineal. En parte esto se debe a que, a medida que las cosas se clarifican, empezamos a experimentar la intemporalidad con más frecuencia y claridad, y en la intemporalidad el sentido de linealidad desaparece. A medida que nuestra comprensión se ahonda, se hace más evidente que la creencia en que hay un destino al que llegar es errónea. Esto se debe a que empezamos a experimentar la interconexión natural. A esta comprensión indescriptible se le podría llamar "yo en todas partes" o "todas partes-aquí". A partir de la experiencia directa de interconexión, está claro que no hay "otro lugar". De modo que, en algún punto, la idea de que hay un destino al que llegar se va al garete. No obstante, está claro que hay una experiencia subjetiva de progresión, puntuada por ciertas transformaciones o comprensiones clave. Por más contradictorio que todo esto pueda sonar, a estas alturas es de esperar que ya estés preparado para una paradoja. La analogía siguiente ayudará a clarificar esta contradicción de que hay progresión y etapas, sin linealidad ni destino final.

Imagina que fueras el sujeto involuntario de un experimento diabólico. A una edad temprana fuiste separado de tus padres y puesto en una cámara que estaba completamente separada del mundo exterior. Al mismo tiempo, te pusieron en la cabeza unas gafas de realidad virtual que te cubrían los ojos y los oídos. A medida que fuiste creciendo, se te mostró la historia de una vida parecida a la que podrías estar viviendo si no hubieras formado parte de este experimento. No recuerdas nada excepto el mundo virtual que te ha sido administrado a través de esas gafas. El mundo tal como lo conoces solo consiste en sonidos, imágenes, personas y eventos virtuales. No sabes que llevas las gafas puestas, ni que estás en una pequeña habitación separada del mundo exterior. Si esta analogía te suena familiar, podrías recordar la trama de la famosa película *Matrix*. En esa película, todos los humanos estaban conectados electrónicamente con un gran mundo de realidad virtual, mientras sus cuerpos estaban siendo usados como baterías para alimentar a los ordenadores que los habían aprisionado.

Por más genial que sea esta película, no es la primera descripción de esta metáfora de la condición humana. La analogía de estar atado de algún modo y de estar obligado a observar e interactuar con un estrecho y limitado sustituto virtual de la verdadera realidad se remonta muy atrás. En el siglo XVII, René Descartes, el padre de la filosofía moderna, describió un escenario similar en el que un diablo llevaba a cabo un plan malvado en el que controlaba los pensamientos y experiencias sensoriales de alguien, haciéndole creer que estaba experimentando el "mundo real".

Este motivo se remonta todavía más en el tiempo. Hace más de 2.400 años, Platón, en el que tal vez sea el pasaje más famoso de la historia de la filosofía occidental, describió la analogía de la caverna, el fuego, las sombras y el sol. No es por error que este tema se haya repetido una y otra vez a lo largo de la historia de la filosofía y la literatura. Diría que esto no es simplemente un relato o una historia, sino un arquetipo. De hecho, este es el arquetipo. Esta indicación, esta metáfora..., este aviso no es solo una buena historia, y no es ciencia ficción. Es absolutamente cierta. Aunque no hay ningún demonio causando los problemas, y nadie está atado a una gran piedra dentro de una cueva. No estamos siendo usados como baterías humanas por los ordenadores de la Inteligencia Artificial. La verdad es más extraña y sorprendente que todos estos escenarios. Entraremos en ello con detalle en el capítulo sobre la identificación con la mente. Entre tanto, volvamos al involuntario experimento humano.

"¡Contempla! Seres humanos viviendo en una caverna bajo tierra, que tiene una boca abierta hacia la luz a lo largo de toda ella. Los seres humanos han estado ahí desde su infancia, y tienen las piernas y el cuello encadenados de modo que no se pueden mover, y solo pueden ver lo que tienen ante ellos, pues las cadenas les impiden girar la cabeza. Por encima y por detrás de ellos resplandece un fuego a cierta distancia, y entre el fuego y los prisioneros hay un muro; y si miras, verás que hay un

muro bajo construido a lo largo del camino, como la pantalla que usan los titiriteros y sobre la cual muestran sus marionetas.
Ya veo.
¿Y ves, dije yo, hay hombres pasando a lo largo del muro, llevando todo tipo de vasijas, estatuas y figuras de animales hechas de madera y piedra y diversos materiales, que aparecen sobre el muro?
Algunos de ellos hablan, otros están en silencio.
Me has mostrado una imagen extraña, y son unos prisioneros extraños.
Como nosotros, repliqué..., ¿solo ven sus propias sombras, o las sombras de otros, que el fuego lanza sobre la pared opuesta de la cueva?
¿Cómo podrían ver otra cosa sino las sombras si nunca se les permitió mover la cabeza?".

—Platón, *La República*

De modo que aquí estás, dentro de esta cámara en la que no sabes que estás. Toda tu realidad, de cualquier modo que pudieras conocerla, existe dentro de este mundo virtual. Por ahora no nos ocuparemos de cómo llegaste aquí ni de la naturaleza de las gafas de realidad virtual; eso vendrá después. De momento hablemos de lo que ocurre cuando, por la razón que sea, de repente sales de esa cámara y te apartan de la cara las gafas de realidad virtual.

Supongamos que alguien de fuera de la cámara descubriera que eres un participante involuntario en este malvado experimento. Decide poner en marcha una operación de rescate. Abre un agujero en un lado de la cámara y te saca de la prisión invisible. A continuación te quita las gafas de realidad virtual. ¿Puedes imaginar lo radicalmente que cambiaría tu experiencia de la realidad en ese instante?

Dos cosas ocurrirían de inmediato. Una es que conocerías experiencialmente qué es el "mundo real". Es posible que no fueras capaz de captar plenamente su naturaleza, pues todavía no habrías empezado a explorarlo, pero, a medida que miras alrededor asombrado y anonadado, sabrías muy bien que este no es el mundo "de sueño" en el que has estado viviendo todos estos años. La segunda cosa que ocurriría es que te darías cuenta de que esas imágenes, historias y eventos que antes habías experimentado tan reales son como fantasmas. No tienen más realidad que un programa de televisión o una historia de un libro, que dejan de existir en cuanto retiras la vista de la pantalla o cierras el libro. Los "problemas" y los "dramas" que habían estado consumiendo tu energía y atención hasta hace un momento (cuando todavía pensabas que eran reales) de repente se evaporan. ¿Podrías volver a creer en el mundo de nuevo, aunque volvieras a ponerte las gafas de realidad virtual? ¿Podrías volver a convencerte para creer en los problemas, las luchas y las historias del mundo?

Esta transición abrupta y radical del mundo del sueño, con el que se te había alimentado a través de la gafas de realidad virtual, al mundo real, se parece mucho a lo que ocurre en el despertar. El cambio en cómo experimentamos la realidad es verdaderamente así de fundamental. Sin embargo, desde el punto de vista de todo lo que es posible desde el punto de vista de la realización, esto solo es el primer movimiento, el primer paso. Después hay muchos refinamientos.

Sin embargo, desde la perspectiva de la realidad misma, que ahora has vislumbrado por primera vez, está muy claro que las cosas no pueden llegar a ser más "reales" que esto. Me refiero a que una vez que estás fuera de la caja, ¿puedes seguir saliendo de ella? Por supuesto que no. Cuando experimentas lo real, es claro, obvio y autovalidante. Cuando ves que lo que habías considerado que era la realidad es y siempre ha sido una ilusión, entonces todo lo demás, por defecto, es la realidad. Desde esta perspectiva, no hay etapas; o bien estás dentro del sueño o bien has despertado y estás fuera de él. Está la realidad, que no tiene grados y simplemente es, y después está la ilusión, que sí tiene grados. La realidad es indivisa, prístina, clara y maravillosa; no se pregunta qué es real y qué es irreal. Ahora reconoces la realidad como la realidad natural, que estaba oscurecida por las historias e imágenes del sueño. La sientes instintivamente correcta, una sensación que nunca tuviste del todo en el mundo virtual. ¿Puede llegar a ser más "real" que esto? Bueno, no... y sí.

Esta es la cosa. Una vez que has sido rescatado del mundo virtual, estás tan abrumado por la inmensidad, la libertad y viveza de lo real que no consideras de inmediato las implicaciones de vivir un cambio tan radical y fundamental. Al principio no te das cuenta de que, en muchos sentidos, estar fuera de las proyecciones del mundo virtual "seguro" y previsible puede resultar incómodo hasta que te adaptas plenamente a él. Cuando se empieza a asentar la magnitud de la transición por la que acabas de pasar, ocasionalmente te encuentras buscando comodidad en lo familiar. Es posible que en ocasiones te vuelvas a poner las gafas de realidad virtual, cuando las cosas se vuelven demasiado intensas, demasiado imprevisibles, o demasiado poco familiares en el mundo de lo real. De hecho, es posible que vuelvas a entrar a la cámara durante algún tiempo. Lo divertido es que cuando haces esto, en realidad nunca puedes olvidar lo que ha ocurrido. No puedes "des-conocer" lo que has descubierto, ¿cierto? Sin embargo, a veces todavía resulta reconfortante volver a lo conocido. Durante algún tiempo seguiremos tomando refugio en lo falso, simplemente porque es familiar y predecible, y ambas cosas pueden resultar reconfortantes.

Y aquí es donde las cosas pueden empezar a volverse muy extrañas. ¿Estás preparado? ¿Has pensando en lo que ocurre cuando te vuelves a poner las gafas de realidad virtual? ¿Has considerado cómo podría haber cambiado la historia de vida que se te está mostrando? Bien, si has considerado que ahora la historia del sueño ha incorporado el despertar, ¡has acertado de lleno! Cuando te vuelves a poner las gafas, tienes la nueva historia "del que tuvo un despertar". Se te muestra una repetición de salir de la caja, quitarte las gafas y descubrir el "mundo real" mientras todavía tienes las gafas puestas. Es más, la historia de realidad virtual ahora incorpora la historia del despertar y lo que sigue a esa historia en el contexto del mundo virtual. Se te mostrará el viaje épico del buscador espiritual pasando por todas las pruebas y tribulaciones para "volver" al mundo real que fue descubierto durante el despertar. Por supuesto, ahora es el buscador ilusorio (tu historia) el que está tratando de volver al despertar virtual, porque tú nunca has abandonado el mundo real que descubriste durante el despertar, y tampoco podrías. De modo que la búsqueda puede continuar indefinidamente mientras sigas teniendo puestas esas gafas de realidad virtual.

Esto es exactamente lo que ocurre. Después del despertar, a menudo hay un periodo de luna de miel en el que se explora el mundo "real". En el caso típico, a esto le siguen periodos de volver a ponerse voluntariamente esas fiables gafas de realidad virtual (volver a ser inconscientes porque nos resulta familiar). Nos imaginamos a nosotros como un "ser despierto" o, por el contrario, como "el que ha perdido el despertar". En cualquier caso, cierta parte de nosotros sabe que estas historias solo son eso, historias. ¿Puedes convencerte a ti mismo de que la versión realidad virtual del despertar es el verdadero despertar? Sí, puedes durante algún tiempo, pero solo mientras sigas llevando las gafas puestas. En otros momentos, cuando te las quites, será obvio que el mundo de realidad virtual, incluyendo el despertar de realidad virtual, es simplemente una historia.

A medida que te sientes más cómodo en el mundo de lo real, dejas de depender de las gafas de realidad virtual y de la cámara, y en último término las abandonas completamente. Esto significa que, en algún punto después del despertar, perderás el deseo y la capacidad de volverte inconsciente a propósito, incluso para sentirte cómodo o por familiaridad. Esto marca un cambio significativo en la madurez que se describe en el sexto cuadro de la doma del buey en la literatura Zen:

"Montando en el buey, retorno tranquilamente a casa. La
voz de mi flauta suena a lo largo de la tarde.
Midiendo con latidos manuales la armonía pulsante,
dirijo el ritmo interminable. Quien oiga esta
melodía se unirá a mí.

Esta lucha ha acabado; ganancia y pérdida están
asimiladas. Canto la canción del leñador del pueblo,
y toco las sintonías de los niños.
A lomos del buey, observo las nubes del cielo. Sigo adelante,
sin importar quién pueda querer llamarme a retornar".

—Sexto cuadro de la doma del buey

Tras haber aceptado que este proceso de liberarnos de la ilusión en todas sus facetas es el único camino a seguir, todavía hay mucha clarificación y profundización que tendrán que tener lugar. Si seguimos adelante con seriedad, buena disposición y orientación hacia la verdad, estos procesos naturales serán razonablemente apacibles. Si luchamos contra el proceso..., bueno, digamos simplemente que no te recomiendo que hagas eso. Estos refinamientos continuos representan una comprensión más profunda e íntima de la naturaleza del mundo fuera del sueño de la realidad virtual. Lo que sigue es una investigación e integración de la naturaleza de la realidad sin filtros (siempre ahora/no en el tiempo) y de su naturaleza íntima (interconectada/no en el espacio).

Esto sigue adelante de una manera cada vez más refinada. Una manera simple de decir esto es que la progresión y los refinamientos que se producen después del despertar inicial no significan que tú tengas más realidad o que estés más despierto (no puedes estar más fuera de la cámara). Representan el proceso de clarificar la naturaleza de la relación entre lo personal y lo radicalmente impersonal, clarificando la comprensión experiencial momento a momento, y fundiéndose sin rastro en la realidad natural, de la cual nunca podría haber más o menos.

Por qué esto importa

Podrías preguntarte por qué es importante ser consciente de esta verdad paradójica sobre la progresión y los estados de realización. ¿Hablar en términos de progresión y etapas tiene algún valor en absoluto? Hablar de esta manera, ¿no confunde innecesariamente todo el asunto? Sí y sí. Lo que he descubierto es que un individuo dado, en un momento dado, puede hacer un énfasis excesivo o insuficiente en la progresión y en las "etapas" del despertar. Cierta persona puede tender de manera natural hacia uno u otro de estos extremos, pero la mayoría de nosotros nos inclinaremos en cada una de estas direcciones en distintos momentos a lo largo del proceso.

Estas dos tendencias pueden producir distorsiones que dificulten nuevas clarificaciones y ahondar en la realización. En las situaciones en las que alguien tiende hacia alguno de estos extremos, he descubierto que conviene relajar la fijación guiándole hacia la polaridad opuesta. Examinemos cada una de estas tendencias tal como se presentan en el caso típico, y las implicaciones de no reconocer cuando nos estamos inclinando más hacia uno u otro extremo.

Énfasis excesivo

Es muy común que cuando saboreamos la realidad sin filtros, o la presencia vívida, nos sintamos muy emocionados al respecto. Generalmente concluimos: "Estoy dispuesto a hacer lo que sea necesario para conseguir un poco más de esto". El siguiente paso lógico es encontrar un camino. De modo que empezamos a leer toda la información que podemos encontrar sobre el despertar y la iluminación. Creemos que si encontramos el camino más eficiente, el mejor camino, el más elevado, sin duda lograremos nuestro objetivo. Comparamos maestros. Comparamos sistemas y tradiciones. Comparamos las descripciones escritas por los maestros iluminados. Incluso podríamos involucrarnos en discusiones con otras personas sobre qué camino es el correcto, qué mapa es el más preciso, y así sucesivamente.

Reconozco que es normal sentir curiosidad natural por algo que nos importa mucho, especialmente algo tan notable como el despertar. Sin embargo, esta preocupación por la información y la obtención de datos sobre el despertar a la que me estoy refiriendo puede ir mucho más allá de la curiosidad. Puede convertirse casi en una obsesión para la persona correcta en las circunstancias idóneas. Cuando estamos involucrados en esta actividad de coleccionar datos y analizarlos, generalmente nos convencemos a nosotros mismos de que esta es la mejor manera de despertar. "Si puedo saber más sobre este tema que cualquier otra persona, ¡sin duda despertaré!". Esto tiene sentido desde el punto de vista del intelecto, que ve y comprende el mundo a través del análisis y la comparación.

Por desgracia, esta conclusión es rotundamente equivocada. Y esto se debe a que el primer gran cambio o transición (despertar) se define en gran medida por ir más allá del intelecto, más allá de los conceptos. Además, en gran medida, los refinamientos y la integración subsiguientes de esta importante comprensión guardan relación con ir más allá de creencias e identidades cada vez más sutiles que residen en el reino de los pensamientos y conceptos.

Si tienes una fuerte tendencia a acumular datos, analizarlos y compararlos de esta manera, es imperativo que en algún momento la afrontes y abandones la creencia de que si puedes aprender lo suficiente sobre el despertar, eso hará que te suceda a ti. Si eres capaz de ver con claridad que el mundo conceptual en sí mismo es la barrera, tienes la oportunidad de abandonar la acumulación de datos y la búsqueda de la comprensión, el sistema o el mapa perfectos, para poder ir totalmente más allá de lo conceptual. Para ayudarte a hacer esto, puede resultar fructífero examinar las creencias que tienes en torno a este planteamiento intelectual del despertar (o de cualquier otra cosa). Esta serie de preguntas y comentarios está diseñada para ayudarte a investigar estas tendencias:

- ¿Qué es más importante para mí: tener razón y saberlo todo sobre el despertar o despertar realmente? Si solo pudiera tener uno de los dos, ¿cuál elegiría?
- Si yo pudiera despertar, pero el despertar significara que nadie sabría nunca lo que me ha ocurrido, y no se lo pudiera contar a nadie, ¿seguiría queriéndolo?
- ¿Preferiría una vida en la que lo supiera todo sobre el despertar y la gente pensara que estoy iluminado y soy listo, pero en realidad nunca hubiera experimentado el verdadero despertar?

Es esencial que seas honesto contigo mismo a la hora de responder a estas preguntas, incluso si planteártelas te resulta incómodo. Si la respuesta a cualquiera de estas preguntas revela la tendencia hacia una preferencia por ser visto como listo o iluminado, más que a vivir el proceso de despertar, eso está perfectamente bien. Aunque parezca una decisión dura, o un cara o cruz, está bien, pero es imperativo que reconozcas tus creencias y preferencias; de otro modo estarás engañándote a ti mismo. Tener estas tendencias o intenciones encontradas no significa que no haya un verdadero impulso hacia el despertar. Sin embargo, si no se captan dichos impulsos, pueden llegar a ser problemáticos.

Si descubres que sientes con fuerza que entender (conocer los mejores mapas y las enseñanzas más avanzadas) es tan importante o más importante que el despertar mismo (o puedes ver que actúas como si esto fuera verdad porque estás leyendo y discutiendo interminablemente), entonces conviene investigar qué piensas que vas a obtener de ser el más listo y el mejor informado, el que conoce los mejores mapas y las enseñanzas más claras. Esta pregunta puede ser de ayuda para llegar a las motivaciones ocultas:

- ¿Qué creo que me dará el conocimiento de las mejores estrategias, mapas y enseñanzas sobre la iluminación?

Para empezar, podrías descubrir que anhelas el respeto de las demás personas que comparten este mismo sistema de valores. Obtienes validación de quienes otorgan mucho valor a entender, describir y conocer el máximo con respecto a algo. Considera también el aspecto competitivo. Nunca queremos ver que somos competitivos, ¿cierto? Bien, si nos descubrimos a nosotros mismos enfrentándonos a otros para ver cuál es el mejor camino, la enseñanza más elevada, la técnica más eficaz, podríamos considerar la posibilidad de que secretamente seamos competitivos. Obtenemos pequeños incrementos de validación cada vez que superamos a alguien o sugerimos que conocemos el mejor camino o enseñanza, y ellos no. Todo esto es nuestro material humano. Antes o después cada uno de nosotros tendrá que trabajar estos hábitos inconscientes que nos mantienen en el juego de la validación. Es natural desear validación, pero si no vemos este deseo en nosotros, actuaremos a partir de motivaciones inconscientes en diversas áreas de nuestra vida.

También puede resultar útil mirar las cosas en el sentido opuesto. Podemos hacerlo investigando qué miedos nos impulsan a quedarnos en esta tendencia a intelectualizar, en lugar de sumergirnos en la experiencia de lo inmediato. Las preguntas siguientes pueden darnos alguna comprensión al respecto:

- ¿Qué temo que me vaya a pasar si dejo de acumular datos sobre el despertar y la realización?
- ¿Cómo me sentiría si soltara todo el conocimiento que he acumulado sobre la espiritualidad y el despertar?
- Si no supiera nada sobre el despertar o la espiritualidad, ¿cómo sería percibido por los que saben mucho?
- En ese caso, ¿cómo me sentiría?

Si examinas estas preguntas, es posible que descubras un miedo a no saber, o un miedo a parecer tonto o simple. Podrías encontrar un miedo a ser humillado. Podrías encontrarte con el miedo a perder la validación de quienes basan su valía en los conocimientos. Nosotros, como sociedad, otorgamos un gran valor al conocimiento. Por supuesto, en y por sí mismo, el conocimiento es una herramienta maravillosa, y sin embargo sigue siendo una herramienta. Cuando se trata de despertar, todo el conocimiento del mundo no nos lleva a nada. Como nuestra sociedad valora el conocimiento, incorpora la desconsideración o la devaluación de quienes carecen de él. ¿Has criticado alguna vez a alguien por no saber, menospreciado a alguien por ser "ignorante" o juzgado a alguien por su falta general de capacidad intelectual? Por supuesto que sí, todos lo hemos hecho. ¿Qué efecto tiene en nosotros encontrarnos en una situación en la que sentimos que nos van a desarmar intelectualmente? ¿Cómo nos sentimos al entrar en un lugar donde todo nuestro conocimiento y comprensión es completamente inútil? Hace que nos sintamos vulnerables. Hace que no nos sintamos preparados. Podríamos sentir que nos abrimos a recibir críticas, o a parecer necios.

Resumen: El énfasis excesivo en mapas, etapas, patrones, y conocimientos sobre el despertar y la realización puede ser (y a menudo es) usado para evitar el despertar. Esto puede ser difícil de ver en nosotros mismos, y descubrirlo puede requerir que cavemos e indaguemos en nuestras motivaciones, pero este examen es muy valioso.

Énfasis insuficiente

También es posible subestimar la importancia de la progresión y de las etapas de la realización. Esto puede tomar diversas formas. Una forma habitual es confundir un estilo de vida espiritual con el despertar. Podríamos adoptar un estilo de vida espiritual que puede incluir una identidad espiritual individual y/o una identidad asociada a un grupo o comunidad espiritual específicos. A continuación, confundimos ese estilo de vida con el impulso de despertar. No hay nada malo en el estilo de vida espiritual, pero no te engañes pensando que equivale al despertar; no es así. Tener una identidad y un estilo de vida espiritual no causan ni producen el despertar. La intención de despertar a las verdades más profundas de la realidad —incluso si eso significa que te quedarás desnudo de toda identidad, espiritual o de otro tipo— es lo que produce el despertar.

La otra manera de hacer un énfasis insuficiente en el aspecto progresión del despertar es mediante "la evasión espiritual". Para explorar directamente este fenómeno, considera las afirmaciones siguientes:

- La iluminación es la vida exactamente tal como es.
- No hay ningún lugar donde ir ni nada que alcanzar.
- Cuando no hay búsqueda, la realidad se revela de manera natural.

- No existe tal cosa como el despertar; solo hay vida.
- Lo importante es la integración, no el despertar.
- Deberías abrazar tu historia personal, no abandonarla.
- Intentar transcender cualquier cosa es evasión espiritual.

Cualquiera de estas declaraciones, tomada en el contexto justo y por la persona adecuada, puede proveer mucha verdad. Puede ser exactamente lo que esa persona necesita oír en ese momento. Por el contrario, si descubres que tienes este tipo de creencias, si crees auténticamente que no existe una transformación profunda y fundamental definida por un cambio de identidad, o que al orientarte hacia el despertar estarías abandonando la verdad inmediata de tu vida, te estás dando a ti mismo gato por liebre.

Hace unos años, mi maestro Zen dijo lo siguiente:

> "En último término, la realización espiritual consiste
> en vivir los impulsos más internos de tu tierno y
> amoroso corazón. Sin embargo, sin despertar,
> pensarás que estás viviendo los impulsos más internos
> de tu tierno y amoroso corazón, cuando,
> de hecho, estarás viviendo los impulsos más externos
> de tu ego engañado".

Esto es exactamente a lo que estoy apuntando aquí. Podemos usar convenientemente enseñanzas como las anteriores para convencernos de que en realidad no tenemos que afrontar nuestra inconsciencia voluntaria y el hecho de que perpetuamos el autocentramiento, la avaricia, y la ignorancia a diversos niveles. Es un modo de evitar la incomodidad, el miedo y la pena inherentes a la auténtica realización.

Esto puede manifestarse como que la persona construye su "máscara espiritual" compuesta de creencias espirituales, patrones de comunicación e intereses. Si bien el núcleo de este interés por la espiritualidad puede ser genuino, hay una parte inconsciente y persistente en nosotros que usa esta máscara para proyectar una versión pacífica de nosotros mismos que no es auténtica. Ver que estamos haciendo esto para manipular a otros en busca de complicidad, simpatía, atención y/o validación puede ser una píldora dura de tragar. Hacemos esto manipulando con la culpa, la proyección y el culpar. Si te consideras una persona espiritual, recta o evolucionada, podrías querer examinar esta posibilidad. Es posible que estas mismas identidades espirituales estén impidiéndote despertar. Además, si otros a tu alrededor te han sugerido o te han dicho directamente que no actúas de acuerdo con la personalidad que proyectas, es imperativo que mires esto.

Si bien la personalidad espiritual podría darnos cierta sensación de control sobre nuestra imagen, también socava nuestra capacidad de ser profundamente auténticos y de estar dispuestos a dejarnos ir en el misterio de la realización. El intento de controlar la percepción que los demás tienen de nosotros es un juego en el que nunca podemos ganar. De modo que es mejor no jugar. Cuando damos permiso a los demás para tener la opinión de nosotros que prefieran, nos liberamos de la atadura de asociar nuestra felicidad a las percepciones de los demás.

Hay una tercera situación en la que no darnos cuenta de que hay etapas y refinamientos en el despertar puede llevar a algunos problemas serios. Esto es poco común, pero puede ocurrir y ocurre a un pequeño número de personas. Se produce cuando, después de un despertar inicial, el practicante se queda completamente convencido de que está iluminado. Confunde el primer movimiento de este proceso con la compleción del mismo. Este es un grave error. Esto suele ir acompañado de que la persona se asigne a sí misma el papel de maestro espiritual o gurú. Y puede tener mucho éxito en este papel, y algunos conseguirán muchos seguidores. Si bien no tengo ningún problema con que alguien siga su vocación, este escrito surge de la intención de ofrecerte las máximas posibilidades de liberación, de modo que en conciencia tengo que avisarte de esto. Examinemos cómo puede ocurrir.

Muchas personas con las que he trabajado descubren que, inmediatamente después de despertar, otros gravitan hacia ellas, a veces pidiéndoles consejo espiritual. Generalmente no sienten la inclinación de intentar desempeñar el papel de consejero espiritual, pero a veces me preguntan qué hacer porque quieren ayudar a los demás. Yo les digo que no puedo dirigir cómo deberían responder, pero sí les advierto de que en esta etapa es un error común empezar a ofrecer consejos y directrices a otros. Por compasión, unos pocos intentarán ofrecer consejos, pero sin excepción se dan cuenta de que en realidad no están preparados y vuelven rápidamente a los límites de lo que pueden hacer por otros en lo relacionado con la realización.

Además, generalmente descubren que este tipo de interacciones pueden volverse pegajosas con mucha rapidez; pueden incluso distorsionar su propia claridad con relación a su reciente cambio. Sé esto porque me lo cuentan. El fondo de la cuestión es que vas a estar mucho mejor dirigiendo tu energía a profundizar y clarificar tu propia realización que intentando ayudar a otros a despertar a lo que has realizado hasta ahora. Lo primero llevará a la liberación, lo segundo a tu propia confusión y a la confusión de aquellos a quienes estés intentando ayudar.

Ocasionalmente, se da el caso de alguien que lleva esta tendencia al extremo. La persona puede llegar a tener un verdadero complejo mesiánico. Aunque es muy poco común en esta forma extrema, ocurre con la frecuencia suficiente como para que merezca la pena mencionarlo.

Si tiendes a convertirte en maestro o gurú inmediatamente después del despertar, ignorando el consejo de los que te han precedido y poniendo por delante una fachada para convencer a la gente de que eres el maestro iluminado y ellos los alumnos no iluminados, estás emprendiendo un camino del que puede ser muy difícil salir. A menudo no acaba por elección del maestro, porque el mismo miedo a soltar verdaderamente el control todavía impulsa toda esta farsa. Con frecuencia acaba cuando los estudiantes por fin se dan cuenta de que el maestro está proyectando una imagen de estar iluminado que está más allá de su capacidad de transmitirlo. De modo que en lugar de ayudar a la gente a despertar a su verdadera naturaleza, está transmitiendo una disfunción emocional sin resolver. Varios maestros muy conocidos y populares han recorrido este camino. No lo recomiendo.

Me gustaría delinear unos pocos principios simples que pueden ayudar a evitar estos contratiempos y mantenerte en la buena pista hacia la liberación del sufrimiento:

- Después del despertar es importante conservar la humildad. Estás empezando el proceso de realización, no completándolo.

- Estar abierto a las indicaciones y enseñanzas de los que te han precedido puede ayudar a clarificar los refinamientos que son necesarios para madurar hacia las etapas posteriores de la realización, incluyendo la liberación.
- Si descubres que otras personas (incluyendo tus estudiantes) tienden a sugerir que no estás tan despierto (generalmente basándose en tus comportamientos) como pareces creer, es particularmente importante estar abierto y receptivo a estas comunicaciones. Si bien pueden ser difíciles de escuchar, son verdaderamente una bendición disfrazada. Ignorarlas supone un peligro.

Resumen: hacer un énfasis insuficiente en la posibilidad de alcanzar un despertar auténtico y completo, y en los refinamientos que se requieren para lograrlo, puede llevarte a un mundo de autoengaño. Asimismo, "usar" un estilo de vida o una "máscara" espiritual para intentar abordar necesidades emocionales insatisfechas puede causar mucha confusión. Vas a estar mucho mejor si tratas esas necesidades directamente, y vuelves a la espiritualidad cuando el impulso de despertar sea auténtico y claro.

Lo interesante es que las actitudes de hacer tanto un énfasis excesivo como insuficiente en la progresión y en las etapas del despertar están enraizadas en la misma tendencia: la tendencia profundamente arraigada y no reconocida de distanciarnos de la vida. En el primer caso (énfasis excesivo), nos distanciamos usando conceptos y el intelecto para escondernos en el dominio "seguro" del pensamiento, donde conservamos el control comparando y reorganizando interminablemente los conceptos. En el segundo caso (énfasis insuficiente), nos distanciamos de la vida al no reconocer que para ir más allá de nuestras tendencias autocentradas e inconscientes tenemos que estar dispuestos a soltar, lo que incluye dejar de controlar lo que otros piensen de nosotros. Tenemos que afrontar la verdad de la disolución: todo se irá con el tiempo, incluyendo todas las ideas que tenemos con respecto a nosotros mismos, nuestra historia y el cuerpo que habitamos.

Al reconocer estas tendencias en sus extremos, podemos mantenernos alerta a las veces que nos desviamos en un sentido u otro. Antes o después todos entraremos en contacto con estas fijaciones, y por eso es valioso familiarizarse con ellas desde el principio.

Antes de seguir

En las secciones siguientes exploraremos dos descripciones distintas (mapas) de las etapas de la realización. La primera es muy simple, y la segunda es más compleja y detallada. Antes de entrar en ellas, quería hacer algunos comentarios sobre estas descripciones y cómo evitar hacer un uso indebido de ellas.

Beneficios

El beneficio de leer sobre las etapas de la realización es que estas descripciones pueden agitar las partes más profundas de tu ser y provocar un reconocimiento. Son capaces de despertar la sabiduría innata que yace dormida en lugares que no vemos. En un momento anterior de mi vida, empecé a leer una famosa serie de pasajes Zen llamada "la doma del buey". Constituyen un antiguo mapa que emplea imágenes grabadas sobre bloques de madera y breves descripciones poéticas para delinear el proceso de realización. Durante mucho tiempo no tuve ni idea de lo que la mayoría de ellas significaban. Sin embargo, sentía que representaban algo importante. A medida que leía, se produjo un eco casi imperceptible en algún antiguo lugar dentro de mí, y eso fue suficiente. Volví a estos escritos periódicamente. No para analizar ni para tratar de entender, sino para seguir despertando el antiguo misterio que parecía haber estado dormido durante la mayor parte de mi vida temprana. Con el tiempo, las imágenes de la doma del buey empezaron a iluminar distintos aspectos de la verdad viviente que eran observables en mi experiencia momento a momento. Ahora podía ver hacia qué apuntaban, pero no de manera conceptual. Podía verlo en mi propia experiencia inmediata de la realidad.

Precauciones

En lo relativo a los mapas y etapas, las precauciones son más importantes que los beneficios potenciales. No hay absolutamente ninguna necesidad de entender, leer o conocer nada sobre los mapas y las etapas para despertar. Muchas personas han despertado sin tener conocimiento de este material. De hecho, si tuviera que hacer una generalización sobre este tema, sería que, en general, las personas que están muy preocupadas con los mapas y las etapas despiertan más lentamente que las que son capaces de acercarse a la realización con "mente de principiante".

He cometido muchos errores y he dado muchos giros equivocados a lo largo de este camino. Sin embargo, en esta área, por la razón que fuera, me sonrió la suerte. A pesar de sentirme fascinado por este tipo de escritos, sabía que no me llevaría a nada intentar entenderlos intelectualmente. No leí análisis sobre las imágenes de la doma del buey, ni sobre otros mapas, ni pedí opinión a nadie sobre qué significaban. Confiaba en que con el tiempo las cosas se clarificarían, y lo hicieron. Si eres capaz de aproximarte a estos mapas con una mirada similar, creo que pueden ser útiles y que no conducirán necesariamente a conceptualizaciones ni te harán dudar de ti mismo. Las directrices siguientes resumen la mejor manera de usar estos mapas sin caer en las desventajas más comunes:

- No uses nunca la descripción de otra persona sobre una comprensión o etapa de la realización como referente de lo que deberías estar experimentando. Cuando lo hacemos, sin saberlo o a sabiendas, descontamos nuestra experiencia inmediata como equivocada y consideramos su descripción como correcta. Esto es un error. En igualdad de condiciones, tu experiencia inmediata, tal como es, es "la mejor práctica".
- Al principio, este tipo de indicaciones pueden resultar oscuras y confusas. Eso está bien. No trates de disipar la confusión con comprensión intelectual. Es mucho más provechoso permanecer en el misterio. Vuelve de vez en cuando y simplemente "siente" lo que se está describiendo.
- Tómate todas las descripciones de mapas y etapas con ligereza. Hasta las descripciones más claras y sucintas que he visto siguen llevando "el sabor" de la personalidad, la experiencia, el estilo de escritura y los antecedentes de la persona que las escribió.
- Suele ocurrir que empiezas a reconocer la verdad de diversas descripciones después de que tus propias comprensiones han madurado. De modo que estas descripciones son más como "afinar en la sintonía correcta" que como un mapa o una receta.
- Evita la tendencia a comparar mapas, creyendo que ahí fuera hay un mapa perfecto y todos los demás son inferiores. Puedes

encontrar la verdad en diversos tipos de indicadores, sean mapas o no. A veces, el indicador más oscuro y/o al que menos atención se presta acaba siendo el que te lanza directamente a lo desconocido. Si conservas una mentalidad inocente y receptiva, podría sorprenderte que hasta las situaciones y circunstancias menos espirituales pueden ser catalizadores potentes.

Un mapa simple

Continuando con la analogía de las gafas de realidad virtual, podemos delinear un mapa simple del proceso de despertar. Encuentro que este mapa es razonablemente consistente entre quienes han atravesado este camino. Si preguntaras a alguien que estuviera pasando por el proceso de despertar, probablemente te diría que es un camino imprevisible, confuso, y a menudo no sigue una dirección discernible. Aun así, hay algunas etapas importantes que generalmente están marcadas con más claridad, por más enrevesada que parezca ser la senda.

La primera etapa es lo que yo suelo llamar "primer despertar", o simplemente "despertar". A veces empleo el término "kensho" porque he tenido cierta experiencia con el budismo Zen y este es el término que se suele usar en dicha tradición. Esta transformación profunda, marcada por un cambio fundamental en tu identidad (como te consideras a ti mismo), se comentó en el capítulo ¿Qué es el despertar? No hemos acabado de explorarlo, puesto que seguiremos abordándolo en los capítulos siguientes. Esta transición es tan profunda que te das cuenta de que tu vida (y la realidad misma) no es lo que pensabas que era. Tu vida (realidad) es más real, más íntima, más natural y más satisfactoria que cualquier cosa que pueda ser imaginada. Esto es análogo al momento en que eres rescatado de la prisión y te retiran las gafas de realidad virtual. Te quedas anonadado, mirando por primera vez el esplendor y la vivacidad vibrante del mundo real.

Una vez que se produce este cambio, tienes una relación fundamentalmente distinta tanto con las experiencias internas como con las externas. Te encuentras con una perspectiva mucho más incluyente, fluida y adaptativa, que simplemente no estaba a tu disposición antes de despertar. La palabra "perspectiva" no es la más correcta aquí, porque a menudo estás tan fusionado con la experiencia del momento que no hay nada que pueda estar aparte para observar cómo ocurren las cosas. Ha comenzado tu viaje hacia los misterios más internos de la existencia. Aún así, todavía desconoces las implicaciones de este primer cambio de identidad. Todavía no tienes ni idea de lo honda que es esta madriguera de conejo.

Después de este despertar inicial, generalmente hay un periodo de luna de miel. Durante este tiempo, parece como si toda duda, preocupación, anhelo y titubeo que te habían asediado durante tanto tiempo se hubieran borrado. De repente te deshaces de un peso que habías olvidado que habías estado llevando durante tanto tiempo. Como un pez deslizándose sin esfuerzo por el agua, hay una fluidez que resulta liberadora más allá de toda descripción. Una paz profunda impregna la mayor parte de tus experiencias. La parte más maravillosa es que te das cuenta de que la vida es así. Sin saberlo, has estado viviendo en una realidad interna artificial que ha estado absorbiendo toda tu energía y atándote a una sensación constante de aislamiento y carencia. Durante este periodo, a menudo parece como si nunca hubiera habido, ni pudiera haber, ninguna obstrucción en ninguna parte de tu campo de experiencia. En resumen, sientes esto como la liberación. En realidad, este es el primer auténtico paso hacia la liberación.

Hay mucha variedad en cuanto a la profundidad y duración de este periodo de luna de miel entre los practicantes. En cualquier caso, la luna de miel suele durar semanas e incluso meses. Después de esta fase de luna de miel, comienza el verdadero trabajo de la realización. A través de la fuerza del hábito, las tendencias a resistirse a la experiencia, a conceptualizar, y a distanciarnos de la vida comienzan a colarse y vuelven a instaurarse. Al principio, esto suele ocurrir con lentitud; somos extrañamente conscientes de ello, y sin embargo le damos la bienvenida. Hay una parte de nosotros que sabe que esto tiene que ocurrir para que la comprensión madure. A medida que nos volvemos a familiarizar con los viejos patrones, dudas y temores, sigue habiendo una comprensión y aquiescencia subyacente de que así es como son las cosas. Sabemos que la realización del primer despertar no se ha ido (no puede irse), y debido a ello ahora somos capaces de afrontar y aceptar estos viejos patrones y hábitos de manera mucho más directa y auténtica. Mientras que antes del despertar podríamos haber querido que estas partes difíciles y confusas de nosotros fueran retiradas, sanadas o transcendidas, ahora vemos que en realidad es un proceso de exploración, comprensión, aceptación e integración. A lo largo de este proceso de integración, la presencia de la naturaleza despierta sigue estando muy activa. Sin embargo, ahora tiene otro trabajo que el de permitirnos permanecer contemplando en claridad dichosa. Ahora su trabajo consiste en llevarnos a examinar todos nuestros patrones de resistencia, emociones reprimidas y creencias divisivas. Esta exploración incluirá necesariamente todos los lugares inconscientes que hemos venido evitando durante años. A medida que ocurre esto, nos veremos obligados a mirar más y más de cerca, y todavía más de cerca.

A veces este mirar será agradable, y otras será particularmente desagradable. Cuando es desagradable, esto se debe a nuestra tendencia arraigada (pero no natural) de evitar examinar ciertas creencias, emociones y patrones de conducta. A veces invertir estas tendencias puede ser muy incómodo, pero es necesario y legal. Se trata de lugares inconscientes que, de algún modo, éramos capaces de evitar experimentar antes del despertar. Éramos capaces de evitar reconocer su existencia misma. Ahora descubrimos que no podemos evitar mirar, escuchar y sentir directamente esos lugares. Ahora descubrimos que nuestra atención gravita de manera natural hacia esos espacios inconscientes, independientemente de cómo nos sentimos con respecto a dicha ocurrencia. A veces nos resistiremos a mirar, pero, a medida que vayamos progresando, la resistencia se vuelve más incómoda y es una opción menos viable. De hecho, una buena oración puede ser algo así: "Universo, rezo para que cada vez se haga más incómodo para mí evitar o resistirme a cualquier cosa en mi experiencia inmediata".

Otra manera de describir esta fase es decir que una vez que se disipa el entusiasmo del despertar, empezamos a asentarnos en otra forma de vivir y de experimentar la realidad. Entramos en una fase en la que no nos sentimos nada iluminados. Esto es análogo a haber sido retirado de la cámara de aislamiento y a que nos hayan quitado las gafas de realidad virtual. A medida que iniciamos la tarea de empezar a explorar el mundo real, de vez en cuando nos encontramos con algo muy incómodo, sorprendente, o difícil de entender e integrar. ¿Puedes imaginar lo vívido, crudo y sin filtros que debe parecer el mundo sensorial después de estar todos esos años vinculado con una realidad artificial? Como se ha mencionado anteriormente, de vez en cuando nos encontramos regresando a antiguos hábitos de evitación y escondiéndonos, volviendo a ponernos las gafas de realidad virtual e incluso volviendo a entrar dentro de la cámara. Esta es la segunda fase; generalmente lleva unos pocos años, pero puede durar diez o más. La he visto ocurrir en menos de dos años, pero no tengo dudas de que podría ocurrir todavía más rápido.

Con el tiempo, la práctica y la guía adecuada, se produce otro gran cambio. En muchos aspectos tiene una cualidad similar al despertar inicial, pero es mucho más claro y ahora se experimenta simplemente como la realidad momento a momento. No es un fenómeno que viene y va; es simplemente "esto tal como es" y no podría ser distinto. En esta experiencia de la realidad momento-a-momento, la ilusión de separación se ha caído. De hecho, te resulta difícil incluso recordar cómo sentías la separación o cómo la construías con la mente. Además, se produce una liberación de toda necesidad de aferrarse, de alejar, de controlar, de gestionar e incluso de entender cualquier aspecto de la vida. Estás demasiado ocupado permaneciendo inmerso en el flujo de la vida como para preocuparte por tales trivialidades. Podrías denominar a esto confianza intrínseca en la vida misma. Sin embargo, no se trata de una confianza intelectual; es una confianza que sientes hasta los tuétanos. La combinación de no-separación y libertad del apego, de la resistencia, de la necesidad, de la carencia y de la duda da lugar a una paz profunda.

A esta tercera fase la llamo "liberación". Esto es el final del sufrimiento individual en esta vida. En la analogía de la realidad virtual, esto equivale al punto en el que nos sentimos tan cómodos en el imprevisible, inmediato y vívido mundo de lo real que abandonamos completamente la cámara de aislamiento y las gafas de realidad virtual. Les prendemos fuego para no tener la oportunidad de volver otra vez a esa falsa realidad.

La liberación se produce cuando perdemos la capacidad de vivir en el mundo del pensamiento ilusorio de "yo, mis problemas, mi pasado y mi futuro". Aunque todavía puede haber pensamientos, e incluso patrones de resistencia, no existe la capacidad de habitar en el mundo ilusorio de un yo que está aparte del resto de la vida. A veces este momento de realización viene acompañado de una ola de miedo, temor o terror al darnos cuenta de que ahora la realidad real y sin filtros es nuestra única elección momento a momento. Este es el grito de muerte del ego. La ola de terror (si viene) queda reemplazada rápidamente por una sensación de paz profunda y penetrante que impregna toda experiencia. Esta es la bíblica "paz que sobrepasa todo entendimiento".

"Cuando el ángel de la muerte se acerca a ti, es horrible; cuando llega a ti, es la dicha".

—*Las mil y una noches*

Un mapa innecesariamente complicado: volvemos a visitar el estanque

La analogía del estanque que explicamos en un capítulo anterior es una buena metáfora para ampliar con más detalle la descripción de las etapas del despertar.

Primera etapa: "Un fragmento de luz"

Si recuerdas, en el capítulo 2 describí a una persona de pie en un claro del bosque, mirando un estanque de noche. Había una luna llena, y la luz de la luna se reflejaba en la superficie del agua. Para apreciar esta analogía, tienes que asumir que la persona que mira el estanque no tiene recuerdo de ninguna otra experiencia. Por lo que ella sabe, siempre ha estado mirando la superficie del estanque. Además, ni siquiera se da cuenta de que es un estanque, ni una superficie que refleja. Su mirada está fijada en un área del estanque, observando cómo bailan y se esparcen caóticamente los fragmentos de luz. Puede parecer una escena agradable, pero tenemos que asumir también que esta persona se ha identificado con que ella es una única esquirla de luz. Siente su identidad fragmentada, caótica, confusa y de corta vida. Tiene una fuerte sensación de apego, porque estos fragmentos de luz vienen y van con mucha rapidez y de manera imprevisible.

Por otra parte, el movimiento de todos los demás fragmentos de luz parece muy extraño, caótico y confuso. A esto podríamos llamarlo la primera etapa. Nos encontramos desilusionados con la vida. Sentimos que habitamos un cuerpo y una mente limitados, discretos, aislados y siempre en lucha, la mayor parte del tiempo contra sí mismos. Y lo que es peor, todos los consejos sobre cómo ser un ser humano exitoso y navegar los retos de la vida parecen amplificar la sensación de angustia. Esto se debe a que el consejo siempre refuerza la sensación de ser un fragmento de luz aislado, actuando en oposición a otros fragmentos de luz e intentando interminablemente navegar por un entorno caótico. Actuar a partir de los consejos que refuerzan la sensación de aislamiento y confusión es como rociar con gas el fuego de nuestra confusión y dolor.

Miramos a los demás y parece que la mayoría de ellos lo llevan bien. ¿Qué es lo que va mal en nosotros? ¿Por qué somos tan diferentes, por qué nos sentimos tan aislados, tan desdichados? Podría parecer extraño denominar "etapa" a esta situación apurada, pero generalmente el simple reconocimiento de que sufrimos es esencial para poner en marcha el proceso de realización. Ser inconscientes de nuestro propio sufrimiento y del sufrimiento de los que nos rodean es verdadera inconsciencia. Este movimiento inicial del proceso de despertar viene definido por la toma de conciencia de nuestro propio sufrimiento. A menudo esto incluye tomar conciencia de la masa del sufrimiento humano y de cómo afecta a toda la humanidad, así como a todas las cosas con las que entramos en contacto.

"Siguiendo ríos sin nombre, perdido en los
caminos interpenetrantes de lejanas montañas. Las
fuerzas me fallan y con la vitalidad exhausta, no puedo
encontrar el buey... Lejos de casa, veo muchos cruces
de caminos, pero no sé cuál es el correcto.
Avaricia y miedo, bueno y malo, me enredan".

—Primer cuadro de la doma del buey

Segunda etapa: "La naturaleza de la luz"

Un día estás observando tu pequeño fragmento de luz, como siempre. Estás sintiendo esa angustia, aislamiento y miedo que te son familiares y están asociados con la naturaleza efímera de la existencia. Empiezas a preguntarte de qué va todo esto.

¿Hay algo más que sufrimiento en esta enclenque existencia?, te preguntas.

Al instante sientes curiosidad por la naturaleza de la luz de la que está hecho el fragmento. De algún modo, nunca habías sentido este tipo de curiosidad.

¿Qué es esto? ¿Cuál es la naturaleza de la luz de la que estoy hecho?, te preguntas.

A medida que observas con curiosidad inocente, te das cuenta de que, de algún modo, la luz tiene una naturaleza indescriptible, cierta belleza indefinible. Se produce un cambio de percepción casi imperceptible, y ahora ves la naturaleza de la luz fluctuante de otra manera. La sientes más íntima que un momento antes. Contiene cierta pureza, cierto potencial que no habías reconocido. Podrías notar que aunque los fragmentos están compuestos de formas diversas que parecen separadas de la tuya, los que te rodean parecen estar hechos de una luz similar.

¿Podría todo esto ser la misma luz?, te preguntas.

A continuación, te planteas una pregunta divertida,

Bueno, si parecen estar hechos de la misma sustancia misteriosa, ¿cómo puedo saber que están realmente separados?

Esta pregunta parece detener el tiempo. En la brecha entre la vida y la muerte, entre nunca y siempre, "saboreas" algo que está totalmente más allá de todas las maneras en que has percibido la realidad hasta este momento. Hay una expansión, una apertura a la posibilidad, y un "algo" misterioso que no puedes definir. Por unos momentos, esos otros fragmentos de luz que están cerca de ti no parecen ajenos. Aquí todo te resulta familiar. En esta brecha sagrada, el aislamiento que se había vuelto tan conocido se disipa durante un tiempo.

A esta segunda etapa la llamo "reconocimiento". Es ese momento en el que "saboreas" algo que es claramente más real que los paradigmas habituales por medio de los cuales solemos experimentar el mundo y a nosotros mismos. Este "sabor" es tan irresistible, tan real, que no puedes negarlo. Se produce el discernimiento de un camino o de una posibilidad. Es ese pequeño empujón en una dirección instintiva diferente de la que alguna vez pensamos que nuestra vida podría tomar. Una vez que experimentamos este destello, sabemos que vamos a tener que investigar más. Esto es lo único que recordamos haber encontrado en la vida que no ha sido "más de lo mismo".

La investigación de la naturaleza de la luz tal como se describe en esta analogía guarda relación con la investigación de nuestros pensamientos y creencias, y su relación con la conciencia. A esto le acompaña una curiosidad natural con respecto a nuestra propia identidad, puesto que en esta etapa nuestra identidad está muy entrelazada con los pensamientos y la conciencia. Cuando miramos dentro de la conciencia de la manera correcta, algo se abre; percibimos que ese "material" del que estoy hecho y a lo que llamo mi vida (e incluso las vidas de otros) ¡es ciertamente muy misterioso! ¿Cuál es su naturaleza? ¿Va y viene cuando se forman los pensamientos, o permanece? Si permanece, ¿soy los pensamientos o el que percibe los pensamientos, o soy conciencia? O tal vez sea todos ellos. Este es el punto de entrada.

Esta pequeña cata o vislumbre suele ser breve, y viene seguida de una nota decepcionante con respecto a su naturaleza efímera: "No puedo negar que he experimentado algo especial, y recuerdo claramente la sensación, pero adónde leches se ha ido? ¿Cómo puedo conseguir que vuelva?". Es casi peor saber que existe una posibilidad de salir de este sufrimiento y después no tener acceso a ella. Ahora sabes que es posible algo más; sin embargo, no eres consciente de las ramificaciones de ese conocimiento.

"A lo largo de la orilla del río, bajo los árboles, ¡descubro
huellas! Las veo incluso bajo la fragante hierba.
Se encuentran también en lo profundo de remotas montañas.
Estos rastros no pueden estar más ocultos que mi propia nariz,
mirando al cielo... Todavía no he entrado por la puerta,
pero discierno el sendero".

—Segundo cuadro de la doma del buey

Tercera etapa: Un cuerpo luminoso

Ahora que has gustado ese sabor no puedes evitar seguir adelante con la investigación. Todavía te fascina la pregunta: "¿Cuál es la naturaleza de la luz?". Te descubres a ti mismo pasando cada vez más tiempo mirando profundamente a esa luz, preocupándote menos de su forma inmediata o de su relación con otros fragmentos de luz. Todavía sientes angustia, aislamiento y confusión, pero en ocasiones hay momentos en los que te consume la fascinación por la luz. En esos momentos en los que te sientes consumido, a veces tienes una experiencia pasajera en la que solo hay luz. Nunca estás seguro de cómo has hecho que eso ocurra ni de si tú lo has causado en absoluto, pero esos momentos son incuestionablemente reales y profundos. Tienen una cualidad intemporal.

Durante uno de esos momentos de pura luz, cuando estás particularmente absorbido e impregnado de ella, de repente el aire se aquieta y se queda en calma. Las ondas en la superficie del estanque empiezan a asentarse. A medida que miras la luz, de repente pierdes de vista qué fragmento de luz eres tú; parece que ves luz por doquier y eso parece consumir toda tu experiencia. No te interesa mirar hacia otro lado pues esto es lo más natural y fascinante que hayas experimentado alguna vez. Entonces ocurre algo totalmente inesperado. El agua se aquieta y todos los fragmentos de luz se funden en un globo luminoso. Sabes inmediatamente, en todos los niveles de tu ser, que nunca hubo fragmentos diferenciados de luz. ¡Siempre fueron uno! Siempre no ha habido otra cosa que luz, y nunca ha estado hecha de partes. Mientras miras asombrado y anonadado al luminoso globo de luz, reconoces que todos los problemas y preocupaciones que habían surgido de la percepción de que había diversos fragmentos de luz compitiendo y oponiéndose unos a otros son, y siempre fueron, completamente infundados.

Te descubres riéndote y llorando simultáneamente al darte cuenta de que todo el mundo de problemas, soluciones, yoes y otros siempre fue una ilusión. Simplemente fue un efecto colateral de percibir erróneamente la naturaleza de la luz. Ahora ves que solo hay luz, y que nunca podría dividirse, teñirse, fragmentarse ni perder su naturaleza. Esto supone una tremenda liberación emocional y un sentimiento de haber renacido verdaderamente. Ahora está claro que el sufrimiento no es algo intrínseco al ser humano. Aunque todavía no conoces plenamente la naturaleza de la luz, tienes una profunda y penetrante confianza en ella. Amas esta luz y sigues disfrutando de investigarla más de cerca y más íntimamente. Ya no te sientes amenazado en ningún sentido, de modo que esta investigación surge de una actitud de inocencia, curiosidad y confianza, más que de la angustia y la desesperación.

Esto se corresponde con el primer despertar. En la segunda etapa, la profundización del interés casi se convierte en una obsesión por la naturaleza de la identidad. Empezamos a dedicar más y más energía a preguntar: "¿Quién soy yo?" o "¿Qué es la conciencia?" o "¿Cuál era mi rostro antes de que nacieran mis padres?" o "¿Dónde acaba el sufrimiento?".

En algún momento, estamos tan absorbidos en la indagación que perdemos la sensación de ser el que está indagando. Incluso olvidamos qué buscábamos originalmente. Simplemente está la pura indagación sin palabras, penetrando más y más y más profundo. Entonces, inesperadamente, todo se detiene. Hay claridad, quietud y paz. Todas las ondas-pensamientos se han disipado, y lo único que queda es el océano de conciencia. Pura conciencia. Conciencia sin límites. Lo único que queda es la sensación de puro Ser. Algunas personas experimentan esto como la pura sensación de YO o YO SOY. Es innegable y se valida a sí misma. Y lo más notable es que todas esas búsquedas, dudas, confusión y angustia ya no están en ninguna parte. Se ve que la fragmentación de la identidad que parecía asediarte hasta este punto era una ilusión. ¡Habías estado buscando dentro de la conciencia y olvidando activamente que tú eres conciencia! Lo único que siempre ha habido es esta totalidad de conciencia ilimitada (no atada por ningún objeto de pensamiento) que lo abarca todo. Hay una naturalidad y una compleción obvias en este lugar del que nunca te has alejado. Te sientes ligero y fluido, y la vida fluye sin esfuerzo junto contigo.

Volviendo a la analogía del estanque, la luz representa la conciencia, y el globo luminoso (luna) representa la totalidad de la conciencia ilimitada, o la experiencia del puro Ser.

Este es el nacimiento espiritual. Este paso atrás, hacia la raíz de la identidad en la conciencia, es el primer paso verdadero en el camino hacia la liberación. Este es el comienzo de un despliegue asombroso y misterioso. Esta experiencia, este cambio, es tan profundo que muchos lo consideran definitivo. Esta es una percepción equivocada. Aunque has experimentado la conciencia pura e ilimitada, no has realizado su naturaleza ni la naturaleza de la realización misma. No has resuelto la naturaleza de la identidad. Diciéndolo en términos Zen: todavía no has resuelto el problema del nacimiento y la muerte. No obstante, tu vida ha cambiado de manera fundamental, y durante algún tiempo (generalmente entre varios días y varios meses) hay fluidez, paz, espontaneidad y diversos grados de interconexión.

"Oigo el canto del ruiseñor. El sol es cálido,
la brisa suave y los sauces verdean
a lo largo de la orilla.

¡Ningún buey puede ocultarse aquí! ¿Qué artista podría dibujar esa
espléndida cabeza, esos majestuosos cuernos? En cuanto
se funden los seis sentidos, atravesamos la puerta. Por dondequiera
que uno entre, ¡ve la cabeza del buey! Esta unidad
es como la de la sal en el agua, como la del colorante en la pieza teñida. La
menor cosa no está separada del yo".

—Tercer cuadro de la doma del buey

Disfrutas de la plenitud de ese cuerpo luminoso durante un tiempo, a menudo bañándote en su luz. Ahora este brillo impregna la totalidad de la vida. Sientes esto como un renacimiento, como una especie de segunda infancia. Entonces, un día, te das cuenta de que el disco se ha vuelto a fragmentar. El viento sopla, o algo ha alterado la superficie, y han retornado algunos de esos viejos patrones caóticos. Esto puede resultar desconcertante porque nos damos cuenta de que aquí están operando fuerzas que están fuera de nuestro control. Nosotros no hemos causado que los fragmentos se fundan en una totalidad, como tampoco hemos hecho que esta vuelva a fragmentarse en mil pedazos. Aunque esto puede ponernos nerviosos, todavía encontramos una paz subyacente en el conocimiento de que la naturaleza de la luz es totalidad. Sin importar cómo aparezcan las cosas momento a momento, hay una unidad innegable en todos los fragmentos danzantes de luz; por lo tanto, en realidad nunca ningún fragmento está verdaderamente aislado.

Nuestra curiosidad e interés por este misterioso proceso sigue ahondándose. Hemos liberado mucha energía al no estar constantemente en un estado de lucha con el mundo y con nosotros mismos. Nos resulta agradable y satisfactorio dedicar esa energía liberada a seguir investigando. Si bien todavía nos sentimos fascinados por la naturaleza de la luz y el aspecto "totalidad" que se revela de manera natural cuando las condiciones maduran, sospechamos que hay algo todavía más fundamental que está ocurriendo. Si el disco luminoso puede fragmentarse tan de repente y a continuación volver a unificarse, quizá todavía podamos darnos cuenta de algo más fundamental sobre la realidad. También empezamos a notar que no luchamos tanto con nosotros mismos y con la vida, no añadimos más ondas a la superficie del agua. Esta renuncia a la lucha cultiva más la calma en la superficie, y tenemos una sensación más frecuente de claridad y totalidad.

Asimismo, cuando el periodo de luna de miel empieza a disiparse, entramos en una nueva fase del proceso. Hay momentos en los que parece que hemos regresado a los viejos caminos del sufrimiento. En cierto sentido, ahora es peor, porque tenemos menos capacidad de distanciarnos del dolor. Nuestra capacidad de huir hacia pensamientos e historias que nos ofrecían una falsa comodidad en forma de distracción ahora está menguando. En otros momentos hay paz, intemporalidad y flujo. Se hace evidente que nosotros no controlamos cuándo sentimos paz y claridad, y cuándo sentimos patrones de resistencia y desorientación. Con este reconocimiento, comienza a emerger cierta sabiduría.

Ahora vemos que si bien la dicha de la pura conciencia es ciertamente una experiencia maravillosa y profundamente "real" cuando está presente, aferrarse a ella no está alineado con las verdades más profundas de la realidad. Podemos ver que derivar identidad de la conciencia pura, o incluso del puro Ser, no es confiable y resulta insatisfactorio de alguna manera fundamental. Empezamos a reconocer que las condiciones que la traen o la oscurecen no están bajo nuestro control inmediato. Aprendemos que podemos indagar, meditar y disolver muchas de las fijaciones y de las estructuras del ego que habitualmente alteraban la superficie, lo que produce un entorno interno más calmado y una identidad menos amenazada. Sin embargo, todavía seguimos atando la identidad a algo que no comprendemos del todo, y que viene y va al capricho de las condiciones del momento. De modo que ahora nuestro interés va todavía más allá de la naturaleza de la luz. Es innegable que la luz está unificada en cierto sentido, y sin embargo su unidad todavía parece ir y venir en nuestra experiencia. Entonces, de manera natural, surge la pregunta:

"¿Qué demonios es esa luz, esa unidad, que viene y va? ¿Qué es lo que le permite unificarse y volver a fragmentarse? ¿Cuál es la vasija que contiene la luz y la oscuridad?".

"Su gran voluntad y poder son inagotables.
Avanza hacia la meseta elevada, muy por encima de las
nubosas brumas, o se dirige a una hondonada impenetrable.
Habitó en el bosque por mucho tiempo... encandilado
por el paisaje, confunde su dirección. Anhelando
una hierba más dulce, se aleja".

—Cuarto cuadro de la doma del buey

Cuarta etapa: La naturaleza del reflejo

Mientras ponderas más profundamente la naturaleza de la luz, reconociendo que debe haber algo que permita que esa totalidad sea y deje de ser en distintos momentos, te viene algo. Es la cosa más extraña. De repente, de algún modo, eres capaz de mirar a través de la luz. Tanto si hay un globo luminoso entero o una danza errática de fragmentos de luz, todavía hay algo que posibilita que haya luz, forma y movimiento. Ciertamente, incluso hay algo que te permite percibir la ausencia de luz, tal vez una potencialidad. Además, te das cuenta de que has estado mirándola directamente todo el tiempo. Incluso en el más oscuro de los espacios oscuros, este potencial está ahí. Es una toma de conciencia tan sutil que a veces dudas de ti mismo, pero se vuelve más clara a medida que investigas esta naturaleza reflexiva. Empiezas a percibir que no solo eres el puro Ser de ese magnífico globo luminoso, sino que también eres cada fragmento de luz que hay en la superficie cuando el globo se fragmenta en mil pedazos. Y lo que es todavía más extraño e imperioso es que también eres los lugares donde no hay luz sobre la superficie oscura. Entonces te llega... ¡tú eres la naturaleza reflectante de la superficie! Nunca fuiste el fragmento de luz, ni tampoco eras la sensación de totalidad del globo luminoso. Bueno, lo eras, pero esas configuraciones de luz no son los límites de lo que tú eres. Esas eran expresiones de tu verdadera identidad, pero tu verdadera identidad no está limitada por ellas. Ahora hay un sentido de identidad mucho más completo, fluido y sutil. Ahora puedes ver toda la superficie del estanque, así como su naturaleza reflectante, y todo lo que refleja.

Esta etapa representa una maduración de la realización ocurrida en la etapa anterior. Tiene diversos rasgos, pero un par de los más importantes son los siguientes. En primer lugar, queda claro que la sensación innegable de puro Ser o puro "Yo" no está condicionada por la experiencia, la localización o el tiempo. Esto significa que la esencia de la realización del puro Ser existe en cada fragmento, incluso cuando la totalidad no es aparente debido a las alteraciones en la superficie del agua. Cada fragmento de luz no es parte de la totalidad; cada fragmento es la totalidad entera.

A veces esto se experimenta como totalidad, unidad, o una sensación de estar en todas partes y ser todas las cosas. Incluso podrías experimentar momentos de estar en dos lugares, de ser dos personas u objetos a la vez. Esta no será una percepción estable hasta la etapa siguiente, pero será innegable y maravillosa cuando ocurra. El otro aspecto de esta comprensión de la naturaleza reflectante es que queda claro que la identidad no se limita a la experiencia. Esto significa que la experiencia más básica de Ser o sentido del "Yo" no es el límite de lo que está ocurriendo. Está operando algo todavía más fundamental. Todavía hay "algo" allí, incluso cuando la experiencia está ausente o cuando no hay experiencia en absoluto. Hay una paz más profunda, aunque sutil e indefinible, que surge con esta realización.

Aquí las cosas empiezan a ser paradójicas, pues comienza a haber una apreciación de que todo está bien, incluso cuando la sensación prístina de pura existencia no está disponible en ese momento. Una manera divertida de decir esto es que tal como la experiencia innegable de la pura conciencia está en perfecta continuidad con la realidad natural, también lo está la completa carencia de esa sensación de continuidad con la realidad. Es como que el puro Ser y el no-Ser están fusionados, y ese punto de fusión trae consigo otro grado de libertad. O podrías decir que la conciencia ilimitada y lo que hay allí cuando la conciencia está fragmentada, e incluso cuando no hay ninguna conciencia en absoluto, son igualmente la naturaleza esencial de la realidad.

Debería mencionar que estas percepciones no siempre son así de claras para alguien que está en esta etapa, pero serán intuidas en cierta medida. Asimismo, con frecuencia todavía hay cierta cantidad de lucha debida a nuestra tendencia a identificarnos con, y por tanto aferrarnos a, la universalidad de la conciencia, o al puro sentido de "Yo", que es fuerte y está profundamente arraigada en nuestra psique. Generalmente, cuando miramos atrás es cuando podemos apreciar plenamente la naturaleza de estos cambios y comprensiones.

Si bien este ajuste puede producir un periodo confuso y desorientador, establece el trabajo de base para algo muy asombroso e inesperado. Si piensas que es extraño vivir en un mundo donde te identificas con la conciencia universal y todo lo que contiene, así como con nada en absoluto, espera, porque vamos a redefinir el significado de la palabra "extraño"..., pero de manera positiva. Podrías decir que esta fase es una especie de área de puesta en escena. La realidad simplemente está estableciendo las condiciones para lanzarte a un mundo de misterio más allá de la comprensión.

Tal como en la etapa anterior, aquí hay una trampa potencial. Según mi experiencia, es común que nos quedemos atrapados en esta trampa durante un tiempo. Como en esta etapa la identidad se ha vuelto tan fina, a veces no es evidente en absoluto que estemos fijándola. Aquí puede haber un énfasis excesivo en el aspecto oscuridad o informe. Esto tiene sentido desde este nivel de realización porque esta naturaleza reflectante (independientemente de lo que refleje o no) es el aspecto más fundamental de la identidad. El problema y la trampa aquí es que todavía nos estamos aferrando al paradigma de la identidad misma. Puede resultar extremadamente fácil pasar por alto esta suposición de que la identidad es algo real porque el sentido de identidad ha estado con nosotros durante mucho tiempo y nos resulta muy familiar. Esta suposición no es únicamente una fijación conceptual; se siente profundamente y es tan intrínseca a la experiencia de ser alguien que resulta fácil pasarla por alto. El ser aparentemente sin ser, o el yo sin yo, es tomado como una identidad. Es como si estuviéramos tan cansados de habitar una identidad positiva que sin saberlo adoptamos una identidad negativa. Nos identificamos con lo que no está ahí, pero pasamos por alto la realidad de que el mecanismo subyacente de identidad todavía está funcionando.

Aún así, hay una profundización del disfrute natural con la práctica y con la vida. Hay mucha mezcla entre lo que antes considerabas tu vida "espiritual" y la vida regular de cada día. La investigación continúa. Generalmente, llegados a este punto, el compromiso de seguir ampliando la realización es muy fuerte, aunque no siempre.

"Montado en el toro, regreso lentamente a casa.
El son de mi flauta llena la tarde.
Midiendo con la mano la armonía pulsante,
dirijo el ritmo eterno.

Quien oiga esta melodía se unirá a mí. Esta
lucha ha terminado; el deseo de ganancia y el miedo
a la pérdida ya han sido asimilados.
Canto la canción del leñador de la aldea y toco
canciones infantiles. A lomos del toro,
contemplo las altas nubes. Sigo adelante, sin importarme
quien pueda desear llamarme a volver atrás".

—Sexto cuadro de la doma del buey

Quinta etapa: Lo real

Un día, mientras ponderas las profundidades de la superficie reflectante (sin darte cuenta todavía de que esto es un estanque), te golpea... ¡La cuestión fundamental! "Si todo esto es naturaleza reflectante, ¿qué es lo que está siendo reflejado?". La posibilidad misma de que podría haber algo más que este reflejo, que contiene todas las formas de luz posibles, al tiempo que acomoda perfectamente la oscuridad, te conmociona hasta los tuétanos. Sientes cosas agitándose mucho más allá de los límites de tu percepción e incluso más allá de tu encarnación física en esta vida. Sabes instintivamente que tu experiencia de la realidad está a punto de cambiar de manera fundamental y misteriosa. Un cambio sublime, paradójico y radical está a tu alcance.

El momento en que reconoces que con el reflejo también tiene que existir aquello que está siendo reflejado, alejas tu mirada de la superficie del estanque por primera vez. Antes no habías tenido la capacidad de reconocer que la superficie reflectante —con todo su misterio, profundidad y esplendor— solo era una parte muy pequeña y evanescente de lo que realmente está ocurriendo. Ahora, al mirar al mundo real por primera vez, se produce un salto cuántico en la profundidad y realidad de todas las texturas y experiencias. Todo irradia vitalidad e interconexión, y se produce una disolución paradójica, inmediata y completa de la distancia, del tiempo y de la división entre experimentador y experiencia. Esta realidad vívida y sin experiencia va mucho más allá de cualquier cosa con la que te hayas encontrado cuando creías que el universo estaba contenido en ese reflejo. El brillo radiante y la intimidad radical de todos los fenómenos es deslumbrante más allá de toda comparación.

Este "nuevo" mundo funciona de manera muy distinta a la superficie reflectante y todas sus expresiones de luz y oscuridad. Cuando se percibía que la superficie reflectante era la totalidad de la realidad, estaba claro que había algún tipo de continuidad, un conjunto de leyes naturales que parecían gobernar toda experiencia. La sensación de que había un mundo o un contenedor de la experiencia, una especie de sustrato, y una entidad perceptora navegando ese mundo, hacía parecer que era así como tenían que ser las cosas. Ahora está claro que, en esta realidad, el aparente sustrato que contenía la luz y la oscuridad no existe por sí mismo. Se ve que siempre ha formado parte de las texturas íntimas de la experiencia de cero-distancia. Con este reconocimiento, los fenómenos mismos asumen un nuevo grado de integridad, claridad y perfección. Cuando no hay matriz relacional, cada fenómeno discreto se expande de manera natural hasta un significado infinito.

En este mundo de lo real, también hay una notable ausencia de otra característica que parecía ser inherente al mundo reflexivo. Aunque el mundo reflexivo parecía ofrecer una tremenda variedad de experiencias, eventos y objetos, llevaba consigo cierto peso intrínseco que se había pasado por alto. Esta carga pasada por alto, que de algún modo es como una fijación o un ancla, era imposible de apreciar hasta que finalmente se soltó al alejar la vista del reflejo. Esta fijación, este peso, era la sensación de que, de algún modo, todo esto le estaba ocurriendo a, o para, un personaje central (antes) o a una conciencia universal (después) llamados "yo". Durante todo el tiempo en que ese sentido discreto del yo estaba ahí, se sentía como algo que necesitaba ser sostenido y defendido. Ahora se vuelve exquisitamente obvio que esto nunca fue real, y que intentar reconstruir, definir y defender constantemente este constructo artificial causaba una sensación de aislamiento, duda y carencia. Ahora todo esto ha llegado a su fin. Las restricciones que acompañan a la duda no se encuentran por ninguna parte. La realidad se mueve, crea y se disuelve sin esfuerzo, desplegando el pleno espectro de su potencial.

"A lomos del toro, llego a casa. Estoy sereno. El
toro también puede descansar. El amanecer ha llegado.

Dentro de mi cabaña he abandonado el
látigo y la cuerda. Todo es una ley, no dos. Somos nosotros los que hacemos
del toro una cuestión temporal. Es como la
relación del conejo con la trampa, del pez con la red. Es como
el oro y la escoria, o la luna emergiendo de una
nube. Un sendero de clara luz continúa viajando
por el tiempo sin fin".

—Séptimo cuadro de la doma del buey

Cuando miras los árboles, las estrellas y la luna, queda exquisitamente claro que solo hay árboles, estrellas y luna. La profundidad de esto no puede ser descrita, ni siquiera para ti mismo. Hablar de ello se vuelve cada vez más difícil, e incluso la analogía del estanque empieza a desmoronarse aquí. Esto se debe a que cuando empezamos a preguntar "Entonces, ¿qué es lo que está siendo reflejado?", es como preguntar "¿Cómo es la realidad cuando el paradigma de una identidad que interactúa con la realidad desaparece completamente?" o "¿Qué es lo que está realmente aquí cuando no hacemos referencia a la conciencia reflexiva en cuanto a cómo experimentamos la realidad?". El rasgo destacado que surge en esta etapa es la completa disolución del paradigma de la identidad. Se disuelve a nivel intelectual, emocional e instintivo.

Investiguemos cómo y por qué exactamente la analogía del estanque deja de ser válida aquí. Esto nos ayudará a transitar a la descripción de cómo se despliega este estado de realización para el individuo. En la analogía del estanque, parecería que en el momento en que giramos la vista del estanque, vemos un vasto mundo de objetos dispuestos en un espacio tridimensional, y la persona que giró la vista del estanque ahora puede moverse por el mundo. En la realidad de la realización, las cosas no son así. Es más como que en el momento en que la persona que está en la orilla se gira hacia el mundo de lo real, esa persona deja de existir. Toda la experiencia de ser una persona mirando esto y aquello, intentando entenderlo todo y tener la experiencia de ser alguien que experimenta una evolución de la comprensión y el entendimiento (despertar) era fundamentalmente errada. Ahora, cuando la persona se gira hacia el mundo de lo real, para empezar nunca estuvo allí. Ahora solo está lo real, y no hay nada aparte de ello para observarlo. ¡Lo único que ha existido alguna vez es lo real! Podrías decir que ahora te experimentas a ti mismo como todas las cosas, pero es importante indicar que no hay un "tú mismo", solo están todas las cosas. Este todas las cosas es fresco, vívido, innegable, y no hay nada que esté aparte de ello. La naturaleza reflexiva de la conciencia (autorreferenciada) hizo que las cosas aparecieran como si hubiera un perceptor y aquello que era percibido, una persona y la vida que esa persona estaba viviendo, los objetos ahí fuera y el sujeto aquí, navegando esos objetos. La escala de esto va desde lo macro (los sucesos de la vida, las creencias, el tiempo y el espacio) hasta lo discreto (un único sonido, sensación, forma, sabor u olor).

En la realización, es a esto a lo que me refiero con liberación. Puede ocurrir de repente, y puede ocurrir gradualmente, pero el marco relacional (reflexivo) de la experiencia que percibimos que crea la experiencia de separación se disipa. Técnicamente, este es el final del enredo con la conciencia que estaba creando la sensación de ser un yo discreto y separado del mundo. Ahora, cuando se produce un sonido, solo hay sonido: prístino, completo, impregnándolo todo. Cuando hay un color o un contorno, solo hay ese color, solo ese contorno, imposiblemente vívido y no está separado de nada. Solo hay árboles, sin observador. Solo hay estrellas, sin nadie observándolas. Solo está la luna, sin nadie que la mire.

La conciencia de la resplandeciente danza de los colores ha colapsado en los colores mismos. El color es el que ve. El sonido es el que oye. La sensación es la que siente; la sensación es el sentimiento. Con este colapso del ver en colores, del que siente en las sensaciones y del pensador en el pensamiento, también se produce el colapso del individuo en todas las cosas. De algún modo esto es como una nube de experiencia pura y radiante (sin experimentador) que se autopropaga y se autodisuelve. Bien sea el sonido de un coche, de una voz o el ruido de un ventilador, no hay nadie oyéndolo. El oír es intrínseco al sonido. El experimentador ha colapsado completamente en la experiencia, y se ve que este es el camino natural. Ya no existe la posibilidad de "ponerse a un lado y observar" como parecía ocurrir antes. En cambio, se ve que la sensación de observar es simplemente una lectura errónea de la naturaleza de la conciencia reflexiva. La conciencia no tiene que irse; simplemente se experimenta como otro sentido vívido sin distancia. No hay dentro ni fuera. No hay otra posibilidad, puesto que toda posibilidad se está desplegando sin esfuerzo como el Universo viniendo a ser y disolviéndose en cada *quantum* de fenómeno sensorial discreto, en cada movimiento, en cada expresión de irradiación. Ese sonido es la compleción misma y no está aparte de, ni es esencialmente diferente de, la totalidad de la existencia. Esos colores y formas no son otra cosa que el observador, y su irradiación y claridad son exquisitos y sin igual. Esa sensación corporal llena el Universo y se disuelve instantáneamente.

Aquí no hay sustrato. No hay trasfondo ni primer plano. Nada está retenido; todo se produce justo a tiempo, y asimismo no está en el tiempo. No hay línea temporal. Nada se mueve de momento a momento. Ni siquiera hay momentos. Este es el único momento y, así, no hay necesidad de llamarlo momento. No es un punto en el tiempo; es todos los puntos en el tiempo, siempre aquí mismo. Se intuye que las cosas son simplemente intemporales. La eternidad no es muy relevante porque simple y evidentemente es. No hay nada que actúe contra cualquier otra cosa. Esta lucha acaba. Hay totalidad en las experiencias discretas, y sin embargo nada es llevado fuera de esas experiencias.

Hay un "aspecto" más de la realización que probablemente es el más extraño de todos, y es intrínsecamente imposible relatarlo completamente, pero es intrínseco a este mundo de lo real. Puede expresarse en una simple declaración:

No hay una forma exacta en que las cosas realmente son.

No tengo ni idea de cómo te llega esto cuando lo lees. Imagino que puede provocar una sensación de confusión, miedo o impotencia. Sin embargo, en la experiencia real, simplemente es obvio y resulta maravilloso más allá de cualquier comparación. También puede sonar imposible o parecer un oxímoron. Sin embargo, en este extraño mundo en el que el yo no está aparte de nada, asimismo no hay visión o marco de referencia inherente a la realidad. Otra manera de decir esto es que la realidad, como fenómeno radiante y auto-experimentado, no tiene localización ni límite, y tampoco tiene una naturaleza absoluta o esencial. Otra manera de decir esto es que hay un grado de libertad infinito. La realidad es como un mago que puede hacer cualquier cosa, lo que incluye no ser nada en absoluto. Puede hacer cosas que parecen contradictorias simultáneamente. Puede dejar de ser de cierta manera y transitar sin esfuerzo de maneras maravillosas y profundamente misteriosas. Ciertamente, ni siquiera existe una cosa llamada "realidad". Esto puede sonar mareante, confuso o desorientador, pero cuando no hay distancia "entre" cosas y nada intenta alzarse aparte y gestionar la experiencia, o mantener un marco de referencia, entonces ello es simplemente así. Nada aparte, nada que pueda ofender o alterar. Solo todas-las-cosas-idad y/o unidad expresada a partir de la nada, y al mismo tiempo sin dejar nunca la nada, momento a momento. Espontánea, libre, íntima y vacía de cualquier naturaleza esencial.

A veces uso la analogía siguiente. Imagina que vas caminando por un pasillo. En todo momento lo único que está iluminado es la porción del pasillo que ocupas. De modo que a medida que pasas por cierta área, las luces detrás de ti se apagan. Asimismo, conforme entras en una zona nueva del pasillo, las luces empiezan a encenderse. Por delante y por detrás hay oscuridad. Ahora continúa imaginando que no hay cuerpo, no hay "tú", y no hay sensación de conciencia continua. Las luces que iluminan el pasillo son fenómenos sensoriales vívidos a distancia cero (sonidos, colores, formas, sensaciones, sabores, olores y conciencia). En lugar de iluminar el camino para "ti", simplemente vienen a ser (o al menos su naturaleza irradiante es aparente) momento a momento. Si se ven de cierta manera (mirando a través de la lente distorsionante de la conciencia reflexiva), podría parecer como si esto creara movimiento a lo largo del pasillo, o la sensación de que alguien o alguna conciencia se está moviendo y es consciente de las luces. En realidad, la conciencia misma simplemente es uno de los fenómenos vívidamente iluminados, pero vacíos, que aparecen y desaparecen. En realidad no hay cuerpo, mente ni mundo. Solo hay iluminación, y nada aparte de dicha iluminación para conocerla u observarla. Solo hay una magnífica exposición de texturas imposiblemente vívidas y sin esencia creando la ilusión de movimiento y solidez. Está autoiluminándose y es radicalmente íntimo. Está aquí y ya se ha ido, aquí y ya se ha ido.

Sexta etapa: Iluminación vacía

A partir de este punto y en adelante, está claro que el mundo real, el mundo de lo real del que tomamos conciencia al alejar la vista de la superficie reflexiva, es la realidad en su estado natural. Aunque todavía podemos sentir un tirón y una tendencia a mirar al estanque de vez en cuando, conocemos su naturaleza y somos conscientes instintivamente de la verdad simple y no condicionada de que hay una realidad que está intrínsecamente libre de las distorsiones de los reflejos. En este mundo los árboles, los objetos y los cuerpos celestiales son prístinos, están vivos, radiantes e íntimos de un modo que simplemente no podían ser cuando estaban reflejados sobre una superficie. Hay una gran relajación que acompaña a esta realización de que todo obstáculo, aislamiento y lucha han sido producidos por enredos con la naturaleza de la superficie reflectante a los que nos habíamos habituado. Ahora emprendes una exploración más profunda de los detalles de este mundo de lo real. ¿Cuál es la esencia subyacente de las estrellas y de la luna que no pueden ser experimentados como objetos? ¿Qué es esta naturaleza interconectada que se intuye en toda experiencia radiante? ¿Qué es la naturaleza de este aspecto "está aquí y se va sin dejar rastro" de todas las cosas? ¿Qué causa la tendencia a enredar la atención con el reflejo consciente de tal modo que distorsiona esta realidad natural y prístina? Podrías decir que has perdido interés en el empeño de toda la vida de entender y realizar la verdad de ti y en cómo encajas con todas las cosas. Se ve que, para empezar, eso nunca fue un problema; solo era una percepción errada basada en la ilusión de separación y en la visión de un ser en el tiempo que en realidad nunca fue. De modo que ahora, desde el verdadero disfrute y espontaneidad, investigas la naturaleza del tejido de la realidad misma. ¿Cuál es la sustancia y el mecanismo de la experiencia radiante? ¿Cómo funciona? ¿Cómo pueden todas las cosas estar eternamente aquí y en ninguna parte en absoluto simultáneamente, y sin embargo sentirse instintivamente exactamente bien?

Ahora emprendemos la investigación de las partículas más fundamentales de la existencia, la experiencia de cero-distancia y la realidad. Esto no parte de una necesidad o de un deseo de despertar. Esa preocupación ya no se encuentra sino en una fluctuación ocasional en la conciencia que atrapa brevemente nuestra atención. No, este es un movimiento espontáneo de pura fascinación. Está alimentado por un amor incondicional hacia la verdad y hacia toda existencia e inexistencia. Para ser perfectamente honesto, es porque ya no queda nada más que hacer.

Y justo cuando parecía que hablar de las cosas no podría ser más difícil, llegamos a un lugar que es tan primordial, tan instintivo, tan sutil y paradójico, que casi no quiero decir nada sobre él. Es muy fácil comunicarlo erróneamente, pero aquí va. En algún punto, queda claro que la naturaleza de los ladrillos más fundamentales de la experiencia, llamémosles fenómenos sensoriales vívidos, surgen de la nada, retornan a la nada, nunca están separados de la nada, y sin embargo crean todas las posibilidades de la experiencia. Aquí la palabra experiencia no significa nada parecido al sentido que habitualmente se le suele dar. Asimismo, el significado de la palabra nada tampoco se parece en absoluto al habitual. Aquí, el movimiento más fundamental de la experiencia no dualista y de la nada o el vacío están entrelazados y son uno. Este es el impulso del Universo de experimentarse a sí mismo, o de un único color de manifestarse como el Universo entero. Esta experiencia es inmediata, inmaculada, libre de duda, sin distancia y no está sujeta al tiempo.

"He oído lo que decían los habladores, el hablar del
principio y del fin,
pero yo no hablo del principio o del fin.

Nunca hubo mayor inicio que el que hay ahora,
ni mayor juventud o vejez que las que hay ahora,
y nunca habrá más perfección que la que hay ahora,
ni más cielo o infierno que los que hay ahora.

Impulso, e impulso, e impulso,
siempre el impulso de procrear el mundo.

Desde la penumbra avanzan los iguales antagónicos,
siempre sustancia e incremento, siempre sexo,
siempre un tejido de identidad, siempre distinción,
siempre la multiplicación de la vida.

Elaborar no tiene sentido; sabios e ignorantes sienten
que es así.

Seguros como los que más, bien derechos y encajados,
afianzados,
fuertes como caballos, afectuosos, altivos, eléctricos,
yo y este misterio estamos aquí.

Límpida y dulce es mi alma, y claro y dulce es todo lo
que no es mi alma".

—Walt Whitman, *Canto a mí mismo*

Podrías decir que esta fluctuación cuántica entre nada y algo es el tejido o la identidad más fundamental de la realidad misma. Esto no es equiparable a una identidad personal o a una identidad/conciencia universal. Aquí no hay yo y no hay otro. No hay distancia, conocimiento, entendimiento ni hacer. Sin embargo, hay una conciencia intrínseca a los fenómenos radiantes. Aquí no hay deseo ni tampoco aversión. No hay preferencias, y nada falta ni queda fuera. Ya no hay ninguna necesidad de despertar ni ninguna percepción de un estado no-iluminado. Aquí no hay sufrimiento, y no hay evitación del sufrimiento. Nada se mueve, y sin embargo todo movimiento se realiza sin esfuerzo. Nada está excluido y nada está incluido. Todo es, y esa aseidad no es pegajosa; se va incluso antes de que pueda ser registrada. Nada se agarra. Nada puede perderse ni por tanto ganarse. Hay riqueza y maravillamiento por doquier. No hay más preguntas y no hay necesidad de respuestas. No es que hayas llegado, porque se ve que llegar es un paradigma falso. No podrías llegar a ninguna parte tal como no podrías irte de ninguna parte.

"El látigo, la soga, uno mismo y el buey, todos se funden en la Nada. Este cielo es tan vasto que ninguna palabra lo puede manchar. ¿Cómo podría un copo de nieve subsistir en un fuego ardiente?

La mediocridad ha cesado. La mente está limpia de limitaciones. No busco el estado de iluminación. Tampoco permanezco allí donde no existe la iluminación. Como no me demoro en ninguna condición, los ojos no pueden verme. Si cientos de pájaros cubriesen mi camino de flores, tal alabanza no significaría nada".

—Octavo cuadro de la doma del buey

Nada de esto es un escape del estado humano. Ciertamente, la humanidad está impregnada de estas verdades experienciales momento-a-momento. Ahora la vida puede desplegarse perfectamente y de manera natural con sus subidas y bajadas, con sus logros y disgustos, con sus giros y revueltas. Nada de esto altera la paz subyacente y la fascinación por la naturaleza vacía de la experiencia/realidad. Esta naturaleza vacía ni siquiera está atada por la dicotomía entre lo real y lo irreal, lo manifestado y lo inmanifestado.

Esto es un grado de libertad infinito. No es libertad para alguien, sino libertad de la libertad misma. Sería impreciso decir que la realización acaba aquí, pero debo añadir que a partir de ahora no procede desde una sensación de necesidad, carencia, búsqueda o deseo de saber. Ahora procede como un refinamiento de sí misma. Ahora la naturaleza vacía y radiante se mueve interminablemente dentro de sí misma. Y lo hace con fascinación inocente. Lo lleno se no-llena todavía más y el vacío se queda todavía más no-vacío. Aquí se disuelven las leyes naturales más sutiles. El más iluminado es el menos iluminado. Lo convencional no es otra cosa que la naturaleza vacía fluctuante de todo fenómeno. La relación entre ambos se gestiona perfectamente, y asimismo no es necesaria ninguna relación en absoluto. La cualidad de que existan cosas discretas queda perfectamente acomodada, y nunca se pierde la interconexión. La más profunda pérdida es la ganancia más exquisita. Una tras otra o co-emergiendo, igualmente sustentadas. Nacimiento y muerte, y muerte y nacimiento danzan como mariposas alrededor de la flor de la indeterminación.

"Habitando en el verdadero hogar, despreocupado por las cosas externas. El río fluye tranquilamente y las flores son rojas.

La verdad es clara desde el comienzo. Aposentado en silencio, observo las formas de integración y desintegración. Quien no tiene apego a la 'forma' no necesita ser 'reformado'. El agua es esmeralda, la montaña índigo, y yo veo aquello que está creando y aquello que está destruyendo".

—Noveno cuadro de la doma del buey

Capítulo 11:
Identificación con la mente

Introducción

Avi: Él está aquí arriba [apuntando a su cabeza], pretendiendo ser tú. Estás en medio de un juego, Jake. Estás en "el" juego. Todo el mundo está en su juego, y nadie lo sabe. Y todo esto, esto es su mundo. Él es su dueño. Él lo controla.

La voz interna de Jake: Ya tengo bastante de esta mierda. Dile que ya tenemos bastante...

Avi: Él te dice qué hacer...

Jake: Mira, ya basta...

Avi: ...y cuándo hacerlo.

La voz interna de Jake: ¡Dile!

Jake [gritando]: ¡He dicho que ya basta, Avi!

Avi: Él está detrás de todo el dolor que haya existido alguna vez. Detrás de cada crimen que se ha cometido.

La voz interna de Jake: ¿Cómo puedo estar detrás de todo el dolor, de todos los crímenes, si en realidad ni siquiera existo?

Avi: Y ahora mismo, te está diciendo que ni siquiera existe. Nosotros simplemente te hemos puesto en guerra con el único enemigo que has tenido en tu vida, y tú, tú piensas que es tu mejor amigo.

—Escena en el tejado de la película *Revolver*

En el capítulo anterior hemos comentado algunos de los estados más avanzados de la realización. Cuando se integran estas comprensiones, no solo se experimenta un flujo sin obstrucciones, espontaneidad y paz continuada, también queda claro que estas son las cualidades naturales de la realidad sin filtros. Estas cualidades naturales ya no tienen que ser descubiertas o cultivadas; brillan con fulgor en y como la expresión momentánea de la fuerza de vida.

Después de oír esto, alguien que haga una evaluación razonable de su vida interna podría preguntarse: Bien, entonces, ¿por qué diablos no experimento ese tipo de paz y ese flujo momento a momento? Si es mi derecho de nacimiento, ¿por qué me resulta tan elusivo? Esta es una pregunta muy buena y muy relevante. Este capítulo la responderá. Al menos la responderá conceptualmente, y te ofrecerá un marco para el trabajo que finalmente te ayudará a entenderla directamente, a través de la realización. La respuesta simple a esta cuestión de qué oscurece la realidad natural, que por naturaleza está libre de sufrimiento, es la identificación con la mente.

"El camino es básicamente perfecto y lo penetra todo. ¿Cómo podría estar supeditado a la práctica y la realización? Ciertamente, el cuerpo entero está mucho más allá del polvo del mundo. ¿Quién podría creer en un medio de limpiarlo? Nunca está separado de uno, justo donde uno está. ¿De qué sirve ir aquí y allá para practicar?

Y sin embargo, si hay la menor discrepancia, el Camino es tan distante como el cielo de la tierra".

—Dogen

La identificación con la mente es la modalidad de experimentar la realidad en la que nuestra identidad se deriva de, y está entrelazada con, pensamientos, conceptos y creencias. Esto no es meramente un paradigma o una manera específica de pensar con respecto a nosotros mismos y nuestra relación con los diversos aspectos de nuestra vida. Es un patrón penetrante de distorsiones perceptivas que, de manera continuada, afecta a cómo sentimos el ser un ser humano habitando un cuerpo y navegando el mundo aparentemente externo. De manera específica, crea las ilusiones continuadas de que estamos:

- Separados de nuestros propios pensamientos, emociones y cuerpos.
- Separados de los demás, incluso de quienes están más cerca de nosotros.
- Separados de nuestro entorno.
- Separados del cosmos.
- Algo discreto y de vida breve, de modo que sentimos que siempre estamos en riesgo y necesitamos protegernos constantemente.
- Viviendo en una prisión de tiempo. Sentimos que nunca hay suficientes horas en el día, y debemos negociar y sacrificar el poco tiempo que tenemos al "uso" óptimo. Esto conduce a la impaciencia, la urgencia y la inquietud.
- Buscando interminablemente.
- Experimentando cierto grado de angustia la mayor parte del tiempo o todo él.
- Nunca plenamente satisfechos.
- Nunca verdaderamente en paz.
- Experimentando la vida de un modo que a menudo sentimos que no es auténtico.

En este capítulo dividiremos la identificación con la mente en sus causas, mecanismos, implicaciones y efectos. Antes de proceder, quiero hacer una exoneración de responsabilidad. Este tema puede ser incómodo de explorar. A veces puede parecer que son muchas malas noticias. Cuando nos damos cuenta de la magnitud de lo que ya está en su lugar y mantiene operativa la ilusión del sufrimiento, podemos sentirnos desanimados. Podríamos concluir que desenredar todo esto podría ser demasiado trabajo. Puede parecer que diez vidas no serán suficiente para navegar e integrar todo este material no visto que llevamos con nosotros.

"La alteración solo viene de dentro, de nuestras propias percepciones".

—Marco Aurelio

Bien, la buena nueva es que no necesitamos entender nada sobre la identificación con la mente para despertar. En realidad, las técnicas e indagaciones que conducen al despertar y a la realización son bastante simples, y no requieren una comprensión de los matices del material de este capítulo. Así, el propósito de este capítulo no es impulsarte a realizar un estudio intelectual de la identificación con la mente o de las estructuras del ego. Más bien, se trata de darte la imagen general. Su propósito es transmitirte que, por más incómodo que pueda resultarte darte cuenta de que llevamos con nosotros todo el tiempo los mecanismos que nos mantienen sufriendo, es igualmente empoderador reconocer que disponemos de todas las llaves necesarias para despertarnos a nosotros mismos.

Las cosas podrían ponerse un tanto extrañas

Aprender sobre la identificación errónea podría activar ciertas alarmas internas. Por su propia naturaleza, el mecanismo de identificación con la mente está oculto. Se supone que no ha de ser evidente. No está diseñado para ser revelado. Se supone que ha de mantenerse oculto. Examinaremos detenidamente los cómos y los porqués de su naturaleza oculta, pero, desde el comienzo, me siento obligado a advertirte. Cuando empezamos a diseccionarlo y a cavar, las cosas se pueden poner... extrañas. Cuando el aparato de identificación con la mente siente que está siendo sondeado y llevado a la luz, puede poner en marcha mecanismos de defensa para impedir que se siga investigando.

"El más fuerte de todos los tabúes conocidos es el que va en contra de que sepas quién o qué eres realmente detrás de la máscara de tu ego aparentemente separado, independiente y aislado".

—Alan Watts

Estos mecanismos de defensa pueden adoptar diversas formas. Una bastante común es un viejo truco de mago: la distracción y la reorientación de la atención. De repente podrías descubrir que no te interesa este tema, incluso si antes has sentido curiosidad al respecto. Podrías descubrir que tu mente deambula hacia otros temas e intereses. Podrías sentirte obligado a emprender una nueva actividad. Esta es una estrategia sorprendentemente eficaz porque pasa bajo el radar sin ser detectada. Incluso es posible que no reconozcas la naturaleza defensiva de la distracción; la sientes como: "Oh, he cambiado de opinión".

Otro mecanismo de defensa común es alzar una fuerte objeción cognitiva. Podrías querer discutir con el material o conmigo. Podrías descubrirte queriendo descartar directamente este tema. El tercer mecanismo y probablemente el más potente es el uso de emociones intensas. Dichas emociones intensas pueden venir con o sin un contexto. A veces el temor surge de la nada. A veces surgirá el enfado. De repente, podrías sentir miedo a seguir leyendo, o enfadarte con el contenido, o incluso conmigo. Alternativamente, podrías sentir estas emociones crudas sin una diana concreta a la que culpar.

"Toto, siento que ya no estamos en Kansas".

—Dorothy en *El mago de Oz*

Si ocurre alguna de estas experiencias, eso está completamente bien. De hecho, es esperable. Simplemente son campanadas de alarma que indican que estamos entrando en lugares que habían estado ocultos, y por una buena razón. Los mecanismos de identificación con la mente tienen que permanecer escondidos para funcionar adecuadamente. De modo que, si tienes alguna de estas experiencias, mi consejo es que te relajes. Puedes recordarte que se supone que esto va a ocurrir. Eso te ayudará a ver los mecanismos de defensa tal como son. Dales algo de tiempo. Date a ti mismo algo de tiempo, pues cualquier estado mental o emocional que haya surgido pasará, tal como todo pasa con el tiempo. La llegada de estos mecanismos de defensa es un indicador de que las cosas se están moviendo y cambiando. La luz está empezando a brillar a través de las grietas. Las obstrucciones se están disolviendo; se están abriendo portales a verdades más profundas.

No puedo predecir cuándo, a quién ni en qué grado se producirán estas experiencias. Mi intención es simplemente exponer las posibilidades antes de tiempo para impedir una reacción excesiva e innecesaria, como la de abandonar totalmente la tarea porque no sabías que estas son experiencias normales (esperadas). Esto ocurre con más frecuencia de lo que podrías pensar.

No-realidad virtual

Justo cuando pensabas que te habías puesto esas gafas de realidad virtual por última vez, aquí estoy yo quitándotelas, limpiándolas y devolviéndotelas. Te prometo que esta vez no las vas a llevar puestas mucho tiempo, pero todavía hay una cosa que no hemos comentado sobre este mundo virtual. ¿Recuerdas que dije que abordaríamos lo que hace que este mundo venga a ser y mantiene la historia en marcha? Bueno, aquí vamos. Adelante, vuelve a ponerte las gafas por un momento. ¿Qué ves? Tiene un aspecto muy parecido a la habitación en la que estabas justo ante de ponerte las gafas, ¿cierto? Sí, ese simulador de realidad virtual es particularmente bueno a la hora de hacer que la historia virtual tenga una continuidad sin costuras con tus experiencias previas. No pierde el ritmo.

Se siente como una historia continua, y puedes recordar diversos fragmentos de ella al momento. Incluso puedes influir en la historia a medida que avanzas, ¿es así? De hecho, hay otros personajes que se presentan en este mundo virtual y te enseñan a hacer exactamente eso. Te dicen que si imaginas algo en este mundo virtual, crearás esa realidad. Entonces lo pruebas y ¡funciona! Todo lo que piensas parece estar ocurriendo. Bueno, todavía no ha ocurrido, pero esos pensamientos te reconfortan, ¿cierto?

Estás creando tu propia historia minuto a minuto. Qué divertido, qué hipnótico. Aquí no tienes que sentir emociones dolorosas porque puedes imaginar inmediatamente algo más agradable. ¡Espera! ¿Cuándo decidiste que no estaba bien sentir esas emociones? No te preocupes... vayamos a explorar.

Morfeo: Es el mundo que ha sido puesto delante de tus ojos para cegarte a la verdad.

Neo: ¿Qué verdad?

Morfeo: Que eres un esclavo, Neo. Como todos los demás naciste en la esclavitud. Es una prisión que no puedes saborear, ver ni tocar. Una prisión para tu mente.

—De la película *Matrix*

Así es como va. Como posiblemente hayas adivinado, el mundo de la realidad virtual es el mundo del pensamiento y la imaginación. El mundo de la realidad virtual no nos está siendo impuesto; lo estamos creando nosotros mismos momento a momento. Pero, ¿es así? ¿Recordamos específicamente el momento temporal en el que decidimos renunciar a la vida real por este reflejo interno de la realidad?

"Mmmm, en realidad no puedo recordarlo, porque, al recordar, ya no tengo claro si ese recuerdo es un pensamiento que estoy creando ahora mismo o si realmente ocurrió. ¡Vaya!, si pienso en ello, empieza a darme miedo. ¡Espera! El miedo es otra emoción 'negativa'. Ya he aprendido lo que tengo que hacer cuando vienen estas emociones. Simplemente imagino una realidad mejor, un 'futuro' en el que las cosas irán mejor. Ahhh...".

"Ahora noto que otra capa de pensamientos ha reemplazado a la anterior, que resultaba incómoda. Esto está empezando a inquietarme, como si hubiera algo equivocado en esta historia, pero no puedo recordar cómo empezó. Realmente quiero parar un momento y ver qué está ocurriendo".

Entonces se presenta una persona en la que confías, y después otra, y te dicen: "No mires a lo que está ocurriendo demasiado de cerca ni a cómo llegaste aquí. No le des vueltas. Tienes que seguir mirando hacia delante, imaginando una vida mejor, y después perseguir esa vida para hacer que ocurra".

"Oh, es cierto. Tengo que mantener en marcha los pensamientos y seguir cambiando este mundo hacia lo que quiero que sea. Esta es la clave. Sin embargo, todavía hay algo con lo que no me siento bien en todo esto...".

La última pieza del rompecabezas con relación a las gafas de realidad virtual es que no se nos mantiene prisioneros por la fuerza; seguimos siendo prisioneros por elección. Interactuamos y nos involucramos voluntariamente en el mundo de la realidad virtual. Es decir, lo hacemos al principio, pero muy pronto ese mundo nos traga. En algún momento nos sentimos confusos con respecto a si soy yo quien está eligiendo estos pensamientos o si vienen automáticamente. Después de algún tiempo, llegamos incluso a olvidar que una vez entramos en este mundo virtual. Para cuando empezamos a reconocer que nos sentimos incómodos aquí, ya hemos aprendido a evitar esa misma incomodidad usando el sistema de pensamiento para empujarnos intencionalmente a llegar más adentro en la casa de espejos. De modo que, en último término, aprendemos a usar el sistema de realidad virtual para evitar la verdad de que nos resulta fundamentalmente incómodo estar dentro de ese sistema. Ahora apoyamos activamente el sistema que nos está aprisionando.

Otro truco más que nos hacemos a nosotros mismos es olvidar que elegimos estar en la casa de espejos originalmente. Nos hemos identificado con el sistema de pensamiento, lo que significa que nos sentimos obligados a defender su integridad, y así a entrar más y más profundo en la casa de espejos que está hecha de pensamientos y creencias. Cada capa de identidad ilusoria que añadimos requiere otra capa de creencias distorsionantes para ayudarnos a olvidar cómo es vivir en y como la realidad sin filtros. Esto, a su vez, crea más reforzamientos y defensas de la mentira que seguimos contándonos a nosotros mismos, lo que requiere cada vez más esfuerzo y pensamiento, por lo que acaba resultando agotador. Sin embargo, mientras continuamos empujándonos a nosotros mismos más adentro de la ilusión, las campanadas de "alarma" que se activan en el cuerpo emocional se vuelven cada vez más distantes.

"No puedes explicar lo que sabes, pero lo sientes. Has sentido toda tu vida que hay algo equivocado en el mundo. No sabes lo que es, pero está allí, como una astilla clavada en tu mente, que te vuelve loco".

—Morfeo, de la película *Matrix*

Esta es la condición humana, y el problema se define por la identificación con el pensamiento y por el enredo. Si esto continúa el tiempo suficiente, nos volvemos como autómatas, seres insensibles llevando a cabo guiones estereotipados. Nos desconectamos de nuestro ser profundo y de nuestras verdades profundas. Los patrones de resistencia hondamente enraizados y las emociones reprimidas crean la tormenta perfecta para que se produzcan comportamientos inconscientes, autocentrados y rudos. Si nuestras circunstancias y condicionamientos son suficientemente desfavorables, llevarán inevitablemente a algún tipo de violencia. Bajo un conjunto adecuado de condiciones locales, los grupos de personas pueden empezar a actuar coordinadamente por caminos inconscientes, perpetrando actos violentos a gran escala. Esto puede ocurrir en familias, comunidades e incluso en naciones enteras.

Un tema tabú

Cuando eras niño, pasabas buena parte de tu tiempo en presencia. Estabas tan inmerso en juegos, exploraciones y maravillamientos que la mayor parte de las veces ni siquiera reflexionabas internamente sobre lo que estaba ocurriendo. Tenías pensamientos aquí y allí, y cuanto más mayor te hacías, más frecuentes eran. En algún momento, los pensamientos llegaron a ser tus compañeros casi constantes. Como esto ocurrió poco a poco a medida que ibas creciendo, es muy probable que la mayor parte del tiempo no te pareciera intrusivo.

Al llegar a la etapa adulta, a menudo tenemos cadenas de pensamientos que siguen adelante durante horas. Según algunas estimaciones, tenemos hasta 70.000 pensamientos al día. Ahora bien, considerando que cuando llegamos a la vida adulta los pensamientos se convierten en nuestros constantes compañeros, ¿no te resulta extraño que raras veces hablemos de nuestros pensamientos inmediatos? De manera más precisa, hay algunos pensamientos de los que hablamos, pero hay muchos más de los que evitamos hablar. De hecho, hay cierto tipo de pensamientos que evitamos revelar como si de una plaga se tratase. Por ejemplo, ¿qué probabilidad tienes de comunicar este tipo de pensamientos?:

- No soy lo suficientemente bueno.
- Estoy avergonzado.
- Estoy muy seguro de mis imperfecciones.
- Ensayo las discusiones con mi pareja antes de que ocurran.
- Dudo de que mi pareja sea la persona adecuada para mí.
- Me imagino teniendo sexo con una persona al azar.
- Acaba de pasarme por la mente un pensamiento en el que doy a alguien un puñetazo en la cara.

El simple hecho de leerlos ya te pone incómodo, ¿cierto? Sin embargo, cada una de las personas que caminan sobre la faz de la Tierra tiene estos mismos pensamientos. ¿De qué nos escondemos? La realidad es que en nuestros mundos internos somos mucho más parecidos de lo que creemos. Existe un tabú cultural que nos impide comentar nuestros pensamientos más íntimos, o incluso nuestros pensamientos inmediatos, sin pasarlos por pesados filtros. También hay fuertes tabúes relacionados con preguntar a otros por sus pensamientos, a menos que la pregunta permanezca dentro de ciertos contextos socialmente aceptables. El punto central que quiero señalar es que hay mucha evitación y vergüenza asociadas con ciertas categorías de pensamiento. Tendemos a esconder la mayoría de nuestros pensamientos, y también el hecho de que estamos constantemente prestando atención a los pensamientos, tanto nuestros como de otros. Es como si creyéramos que si otros conocieran algunos de nuestros pensamientos, nos humillarían, nos condenarían al ostracismo o algo peor. Este mecanismo de evitación/ocultación es necesario para crear y mantener el paisaje en el que opera la identificación con la mente.

"Cada hombre, cuando está solo, es sincero. Cuando entra una segunda persona, comienza la hipocresía. Nos protegemos y nos defendemos del acercamiento hacia nuestro prójimo mediante alabanzas, habladurías, diversiones, amoríos. Le escondemos nuestros pensamientos bajo cien capas".

—Ralph Waldo Emerson

Recuerdo una conversación con una amiga que destaca como un notable ejemplo de este fenómeno. Estaba hablando con ella sobre *mindfulness*. Le pregunté: "Cuando sabes que vas a ver a alguien dentro de unos minutos, ¿imaginas lo que le vas a decir?". No estaba intentando fisgonear ni revelar algo vergonzoso. Simplemente estaba usando este patrón de pensamiento común como un ejemplo para demostrar que a menudo estamos menos presentes y somos menos conscientes de lo que creemos. Su reacción me sorprendió, en parte porque es una persona particularmente honesta y abierta, y en parte porque pensé que era evidente que la pregunta se estaba refiriendo a algo que nos ocurre a todos. En cualquier caso, se puso roja como un tomate y respondió tímidamente:

"Sí". Tenía el aspecto de alguien a quien le han pillado con las manos en la masa. Este suceso reforzó algo que antes ya había observado muchas veces. Y es que hay cierto tipo de pensamientos que nos sentimos muy obligados a esconder de los que nos rodean. De hecho, a menudo ni siquiera nos damos cuenta de que lo estamos haciendo. Y lo que es más, parece haber un conjunto de reglas ocultas que gobiernan los contextos en los que es aceptable o no compartir cierto tipo de pensamientos con ciertas personas. Incluso nos sentimos culpables o avergonzados cuando surgen algunos pensamientos, ¿cierto?

Hay algunos pensamientos que están en un extremo de este espectro, los pensamientos que nos avergüenzan e incluso nos atemorizan. Sin embargo, siguen viniendo, casi como si el hecho de que les tengamos miedo fuera lo que les da energía. Llegados al extremo, esto puede volverse obsesivo y conducir a la disfunción, como en el desorden obsesivo-compulsivo. También podemos temer y evitar tanto un único pensamiento, imagen o recuerdo, que usemos toda nuestra voluntad para intentar empujarlo y mantenerlo fuera de nuestra conciencia. Esto puede evolucionar hacia el desorden por estrés postraumático, en el que dedicamos tanta energía a intentar sacar un pensamiento o recuerdo de nuestra experiencia que comienza a invadir nuestros sueños y actividades diarias, llevándonos a evitar las circunstancias que podrían activar dicho pensamiento o recuerdo.

A medida que diseccionemos más el fenómeno de la identificación con la mente, quedará claro que estas tendencias a ocultar y evitar reconocer los pensamientos son necesarias para mantener el proceso en marcha. Esto es especialmente verdad en relación a los pensamientos asociados con ciertas emociones, como la impotencia, el resentimiento y la culpa.

¿Cómo comienza la identificación con la mente?

De manera muy simple, la estructura de nuestro cableado (estructura cerebral) está pensada para ello. La complejidad del sistema nervioso humano es tal que los pensamientos rudimentarios empiezan a formarse a una edad temprana y se hacen más complejos a medida que maduramos. Para cuando llegamos al comienzo de la vida adulta, hemos construido una identidad compleja basada en el pensamiento y residimos en ella.

La forma fundamental de pensamiento autorreflexivo comienza en torno a los dieciocho meses de edad. Ahí es cuando empezamos a percibirnos a nosotros mismos como una entidad diferenciada de otras. Tomamos conciencia de que nuestra mamá y nuestro papá "no son yo", y de que el gato y el perro tampoco son yo. A los veinte meses un niño puede mirarse en el espejo y reconocer que esa imagen en el espejo soy "yo". Puede reconocer sus propios movimientos e identidad diferenciados de los de otras personas y objetos. Al mismo tiempo, reconoce que hay "otros". Este niño aprende rápidamente que el "otro" llamado "mamá" o "papá" tiene la tarea de proveer alimento, comodidad y protección.

Para la edad de dos años somos conscientes de que otros pueden tener preferencias con respecto a lo que nosotros deberíamos estar haciendo que no necesariamente compartimos. Esto viene marcado por conductas a las que algunos padres se refieren como "los terribles dos años". La niña reconoce que es posible que no siempre quiera hacer lo que papá y mamá quieren que haga, y aprende que tiene su propia volición.

Para la edad de tres años, la niña tiene una comprensión clara de que existe una diferencia entre un objeto de pensamiento y un objeto real. La niña puede jugar a "creer cosas". Puede pretender que una botella de plástico es un cohete capaz de volar por el espacio. Aprende que usando la imaginación, puede convertir esa botella que era un cohete en un pingüino. Este es un entendimiento rudimentario de la naturaleza simbólica del pensamiento. Esta niña ya está aprendiendo a manipular su experiencia del mundo al superponer pensamientos sobre él.

Para la edad de cuatro años, la complejidad de nuestro pensamiento ya está mucho más desarrollada. Una niña de cuatro años es consciente de algo de lo que la niña de tres años no es consciente. La niña de cuatro años es claramente consciente de que otras personas son seres pensantes. Eso significa que la niña de cuatro años no solo reconoce que tiene un mundo interno de pensamientos y puede manipular su experiencia mediante el uso del pensamiento, sino que también es consciente de que tú tienes un mundo interno de pensamientos, y de que ella puede influir en tu experiencia a través de la comunicación. Los psicólogos que estudian el desarrollo humano dirían que la niña ha desarrollado la "teoría de la mente".

"Cuando la infancia muere, a sus cadáveres se les llama adultos, y entran en la sociedad, uno de los nombres educados para el Infierno. Por eso tememos a los niños, aunque les amemos. Nos muestran nuestro estado de decadencia".

—Brian Aldiss

Una prueba clásica que se usa para demostrar que se ha llegado a esta etapa en el desarrollo cognitivo es la siguiente: a Joshua se le enseña una caja de caramelos. Se le dice que puede abrir la caja y tomar algún caramelo. Cuando abre la caja, ve que dentro no hay caramelos, sino que está llena de piedras. Joshua podría echarse a reír o podría sentirse decepcionado. En cualquier caso, una vez que se vuelve a cerrar la caja, Joshua recordará que aunque se trata de una caja de caramelos, ciertamente está llena de piedras.

Esta es la parte interesante: a Joshua se le saca de la habitación y observa en un monitor que se introduce en la habitación a Sara, y que la caja de caramelos está sobre la mesa. Antes de que digan a Sara que puede tomar caramelos de la caja, preguntan a Joshua: "¿Qué cree Sarah que hay dentro de la caja?". Si Joshua tiene tres años, dirá: "Piedras". Sin embargo, si tiene cuatro años, lo más probable es que diga: "¡Caramelos!". Él entiende el chiste y es consciente del mundo interno de Sara, de sus expectativas y de su visión del mundo con respecto a la caja.

Estos ejemplos demuestran lo complejo que llega a ser nuestro mundo interno de pensamientos, incluso a una edad temprana. A medida que nos hacemos mayores, los pensamientos se vuelven mucho más frecuentes y mucho más abstractos. Pasamos cada vez más tiempo en nuestro mundo interno pensando en nosotros mismos, en nuestra vida, en nuestras ideas, en nuestros problemas y en nuestras soluciones de maneras cada vez más complejas. Esta naturaleza compleja y abstracta del pensamiento autorreflexivo posibilita la construcción del aparato de identificación con la mente. La pregunta persiste: "¿Quién o qué facilita y mantiene este proceso?".

La entrada del ego

La naturaleza del ego es profundamente paradójica. Por ejemplo, no existe una cosa real llamada ego. Nunca encontrarás un ego ni lo percibirás directamente. Solidificar conceptualmente una cosa llamada ego puede añadir una capa más de ilusión a nuestras mentes ya atiborradas. Creer que existe un aspecto "extra" de nosotros que está creando problemas puede darnos un proyecto: hay algo que desarraigar. Puede añadir una faceta más de complejidad a nuestro muy complejo mundo interno de pensamientos.

"El mejor truco del diablo es persuadirte de que él no existe".

—Charles Baudelaire XXIX

Sobre esta base, tengo que hacerte una advertencia de partida. Hablar del ego, como voy a hacer en este capítulo, no tiene la intención de convencerte para que adoptes un montón de creencias sobre él, o incluso para convencerte de que tienes uno. Simplemente es una manera conveniente de señalar ciertos mecanismos mentales que nos mantienen absortos en el mundo interno de la mente de maneras que nos hacen sufrir. Es un paradigma de enseñanza, nada más. Dicho esto, te conviene tener cierto respeto por el poder del ego. Como he dicho muchas veces a la gente:

> El único error más grande que el de creer que hay un ego es creer que no existe tal cosa como un ego. Esto se debe a que será el ego el que mantenga esa creencia.

La sección siguiente examinará con detalle los mecanismos del ego. Después de leerla, tendrás una buena comprensión de los diversos "trucos" que usa el ego para mantenernos paralizados en, e identificados con, nuestros pensamientos.

Mecanismos del ego

Si la identificación con la mente es la prisión mental que nos impide darnos cuenta de manera inmediata de nuestra naturaleza indivisa e ilimitada, los pensamientos autorreferenciados son los barrotes de la prisión, y el ego es su guardián. El ego está allí no solo para asegurarse de que no encontremos el camino de salida, sino también para asegurarse de que sigamos construyendo nuevos muros. A medida que construimos estos muros (identidades), olvidamos activamente incluso que existe la posibilidad de estar fuera de la prisión. Esta sección apunta hacia algunos de los trucos que usa el ego para asegurarse de que sigamos siendo rehenes de nuestro mundo interno de autorreflejo.

"La primera regla del póker es que siempre hay un pringado. Cuando te sientes en una mesa de póker, mira a tu alrededor e identifica al pringado. Si no puedes identificar al pringado, ponte de pie y vete, porque el pringado eres tú".

—Desconocido

El ego tiene reglas que tú conoces y que no puedes consultar

De algún modo, los mecanismos del ego son como programas informáticos que se despliegan dentro del soporte físico de la mente humana. Han evolucionado junto con la raza humana. Dichos programas pasan rápidamente de un ser humano a otro y lo hacen sin que nos demos cuenta. Tienen instintos de autoprotección y mecanismos de supervivencia. Son muy adaptables. Podrías decir que el ego te lleva varios miles de años de ventaja. Es una fuerza antigua. Sabe mucho más que tú de cómo opera tu mente. Sabe exactamente cómo llamar tu atención y mantenerla. Sabe convencerte para argumentar e incluso para luchar por tu derecho de hacerte sufrir a ti mismo. Opera con reglas que no puedes ver. Te hace adoptar creencias que sirven a su propósito, no al tuyo. Nunca se te da una lista de estas creencias para que puedas decidir conscientemente cuáles quieres adoptar y cuáles no. Jugar al juego de la vida viviendo con un ego es como jugar al ajedrez contra un campeón mundial cuando nunca has visto un tablero de juego.

El ego habla en primera persona

Este es el truco más escurridizo del ego. Es realmente ingenioso. El ego siempre habla en primera persona. El ego no te dice lo que piensa. No te dice lo que quiere que tú pienses. De hecho, ni siquiera te dice qué pensar.

El ego piensa por ti

Tómate un momento para dejar que esto cale. El ego te convence de que su punto de vista es tu punto de vista. Y hace esto hablando como si fueras tú el que habla. Estructura los pensamientos de tal modo que suenan y se sienten como que ellos son tu voz, tus pensamientos. Como están ocurriendo dentro de tu mente, tú asumes de inmediato que la voz del ego y su punto de vista son tu voz y tu punto de vista.

"Hemos conocido al enemigo y él es nosotros".

—Walt Kelly

Veamos un ejemplo ilustrativo. Imagina que estás sentado en una silla sin hacer nada en particular. De la nada surge un pensamiento que dice: me siento muy decepcionado conmigo mismo. Podría haberlo hecho mejor. En primer lugar, date cuenta de que no he dicho: "Piensas para ti mismo: Estoy realmente decepcionado...". Lo he expresado de esa manera para que puedas ver que no hay volición en el pensamiento. Tú no lo creas, tú no lo piensas, simplemente es algo que te ocurre. Surge en tu mente. Sin embargo, tal como está expresado suena como que tú lo has pensado. Parece como si ya has elegido creer la aserción contenida en ese pensamiento. Como el pensamiento se enuncia en primera persona, generalmente no reconocemos que tenemos la opción de decidir si este pensamiento es verdadero o no.

Clarifiquemos esto un poco más. Si alguien te dijera: "Tú estás muy decepcionado contigo ahora mismo", es posible que oír eso no te causara una buena sensación, y probablemente te preguntarías por qué alguna otra persona te está diciendo lo que crees o sientes. Sin embargo, podrías evaluar críticamente si es un pensamiento verdadero con respecto a ti mismo o no. Antes de evaluar la declaración de otra persona, incluso si parece ser sobre nosotros, está claro que no es nuestro punto de vista sino el suyo, ¿cierto?

Ahora bien, ¿qué pasaría si la voz de esa persona no estuviera "ahí fuera" en alguna parte, sino que estuviera siendo transmitida a tu mente? Sé que esto empieza a sonar raro, pero sigue conmigo y pronto quedará mucho más claro. Si la declaración fuera: "Estás realmente decepcionado contigo mismo ahora...", probablemente te preguntarías: ¿Quién demonios me está hablando dentro de mi mente? El ego sabe que no debe exponerse tanto, pues te alertaría de inmediato de su presencia. De modo que, en lugar de eso, dice: "Estoy realmente decepcionado conmigo mismo...". Naturalmente, no hay ninguna percepción de que el pensamiento haya sido puesto ahí por una voz que no es la nuestra, de modo que suena como: "Yo soy el que ha pensado esto". Este punto es tan importante que te animo encarecidamente a dejar de leer y pasar unos minutos captando todos los pensamientos que tengas. Mira si puedes identificar a qué me refiero. En un momento eliges parar y convertirte en el observador de esos pensamientos y, por lo tanto, no los estás creando, ¿cierto?

Los pensamientos autoconscientes siempre contienen suposiciones incorporadas

Consideremos un pensamiento/creencia común que podría surgir con respecto al despertar:

Hasta que no practique la meditación de manera más consistente, no despertaré.

Ahora examinemos todas las suposiciones y creencias que están implícitas en este pensamiento. Al hacer esto veremos que, si creemos que este pensamiento es nuestro, que nosotros somos el pensador de este pensamiento, incorporamos automáticamente diversas suposiciones con respecto a otras cosas que creemos. Estas son algunas de las suposiciones o creencias ocultas que yo veo aquí:

- Que el pensamiento "yo" representa lo que realmente soy.
- Que este pensamiento-persona se mueve a través del tiempo.
- Que este pensamiento-persona no está despierto.
- Que este pensamiento-persona está buscando y quiere despertar.
- Que este pensamiento-persona tiene el control y puede decidir qué hacer.
- Que el despertar es un suceso.
- Que el despertar es algo que ocurre más adelante.
- Que hay que ganarse el despertar.
- Que el yo mental puede decidir cuándo ocurre el despertar.
- Que hay fuerzas que actúan en mi contra y están haciendo que yo no medite tanto como quiero.

"La marca de una mente educada es que es capaz de albergar un pensamiento sin aceptarlo".

—Aristóteles

Si tienes esta inclinación, hacer la lista de las creencias ocultas asociadas con cualquier pensamiento es una práctica muy poderosa. Tal como hemos hecho antes, toma cualquier pensamiento que se te ocurra (cuanto más fundamentalmente verdadero lo sientas, tanto mejor) y anótalo. A continuación, toma tiempo para elaborar la lista de todas las suposiciones incorporadas a dicho pensamiento.

El ego usa imágenes que perpetúan el mundo interno

El pensamiento que hemos examinado antes era un pensamiento conceptual o basado en el lenguaje. El otro tipo de pensamiento común es el pensamiento imagen. Se trata de cualquier imagen visual que no está ocurriendo ahora mismo en tu entorno real, y sin embargo puedes percibirla en tu mente. Por ejemplo, toma un momento para pensar en un cerdo. Ahora bien, cuando imaginas ese cerdo, eres claramente consciente de que no aparece de repente en la habitación donde estás, ¿cierto? Sin embargo, si enfocas la atención en la imagen mental, probablemente puedas verlo casi tan claramente como si estuviera en la habitación. Este pensamiento es una imagen visual. Es un reflejo interno del mundo externo, tal como se percibe a través de los sentidos.

El ego emplea este tipo de imágenes internas de manera bastante consistente para mantenernos absortos en nuestro mundo interno. Mientras que los pensamientos conceptuales tienden a ir y venir con rapidez (a menos que realmente los contemplemos), las imágenes tienden a mantenerse fijadas y lentamente van tomando otras formas a medida que nuestra corriente de pensamientos sigue adelante.

La comprensión clave que quiero que extraigas de esto es que este mundo visual interno es de naturaleza dimensional. Por ejemplo, cuando recordamos un suceso reciente de nuestra vida, realmente parece que estamos allí, ¿cierto? Esto se debe a la sensación de estar en un espacio dimensional reviviendo el suceso. Puesto que "se parece" mucho al mundo real, nuestros cuerpos y mentes responden como si lo fuera. Tenemos respuestas fisiológicas de estrés, y nuestra atención queda fijada en estos espacios imaginarios. No tengo que decirte lo incómodo que puede llegar a ser continuar reviviendo experiencias que preferirías olvidar. Nos hace sentir que estamos a merced de esos pensamientos. Empezamos a prestarles más atención que a nuestros sentidos reales. Los pensamientos imagen son, en gran medida, el "pegamento" fijador que hace que esto siga ocurriendo.

Subjetivación

La subjetivación es un mecanismo dualista oculto que nos hace "sentir" separados mientras navegamos nuestra vida, puesto que nuestra atención en gran medida permanece fijada en los pensamientos. Esto está vinculado con la naturaleza dimensional de los pensamientos basados en imágenes que hemos comentado, pero su operar es más sutil. Es más fácil sentir que ver. No te pongas a sudar si esto no te queda claro de manera inmediata; es el tipo de cosa que puede llegarte en un momento de claridad cuando examinas directamente la naturaleza del pensamiento.

Cuando imaginamos una escena como la de estar hablando con alguien conocido, generalmente vemos su cara y la escena desde nuestro punto de vista en primera persona, ¿cierto? En estos casos, los pensamientos hacen que parezca como si estuviéramos mirando desde nuestro propio marco de referencia. Esto tiene sentido, porque así es como se almacenan las memorias basadas en los registros sensoriales. La cosa es que cuando nos vinculamos con un pensamiento de esta manera, estamos reforzando sutilmente la sensación de ser un sujeto, y la cosa en la que pensamos es el objeto. Este refuerzo continuo del sentido de subjetividad acaba solidificándose mucho con el tiempo. Empezamos a sentirnos como un pensamiento-sujeto, e incluso empezamos a identificarnos con esa estructura de pensamiento subjetiva. Empezamos a aplicar (sin saberlo) esta tendencia a subjetivar el mundo real. Nos sentimos más y más como el sujeto "aquí atrás" que se vincula con un mundo "allí fuera", incluso cuando no estamos involucrados con una imagen mental o con recuerdos específicos.

Esto contribuye a la sensación de estar separados de nuestro entorno inmediato y la refuerza. Puede hacer que te sientas como si hubiera un velo o barrera entre la vida y tú. Puede experimentarse como una especie de entumecimiento incómodo. Esta tendencia a subjetivar conlleva una carga que aumenta con el tiempo y culmina en una profunda sensación de aislamiento. Generalmente no es obvio que esta sensación de aislamiento, y la soledad asociada, estén relacionadas causalmente con la subjetivación del pensamiento, y la sensación de distancia resultante. Simplemente nos encontramos sintiéndonos perdidos y aislados, y no tenemos ni idea de cómo hemos llegado ahí ni cómo salir de ello. Y lo que es peor, como estamos aplicando inconscientemente esta subjetivación a nuestra percepción del mundo real, encontramos poco confort en las cosas que habrían de hacer que nos sintiéramos mejor cuando estamos solos y aislados. Hasta el contacto humano puede perder la capacidad de reconfortarnos y aliviarnos. Si esta experiencia de ser el sujeto, de aislamiento y de estar distanciado de la vida deviene suficientemente intensa, podemos empezar a experimentar despersonalización o irrealidad.

El ego te ata al tiempo

Este es un escenario común con el que me encuentro al hablar con la gente sobre la realización. Digamos que estoy apuntando de manera muy directa hacia la experiencia inmediata de la realidad natural; ese es el lugar que la no-iluminación jamás ha pisado. Puedo hacerlo porque ese lugar ya está en la experiencia de la gente en este mismo momento, tal como está también en la tuya. Sé, a través del intercambio que mantenemos, que entienden aquello hacia lo que estoy apuntando; y lo que es más importante, sienten la verdad de su experiencia inmediata. Puedo ver y sentir que se relajan y están más presentes. Entonces, un momento después, dicen algo como: "Vaya, no puedo esperar hasta que eso sea verdad para mí también". Generalmente, me limito a mirarles y sonreír, esperando a ver si captan lo que acaba de ocurrir. A veces lo hacen y otras no. Si no lo han captado, generalmente se lo señalo.

"La espada del tiempo rasgará nuestra piel,
no hace daño al empezar,
pero conforme penetra,
el dolor se intensifica, míralo sonreír".

Letra de la canción *Suicide Is Painless [El suicidio es indoloro]*, de Mike Altman

---

Lo ocurrido en estos casos es que esas personas eran experiencialmente conscientes de la realidad sin filtros tal como se despliega en lo inmediato. Esta es una experiencia inmersiva que no está supeditada al pensamiento. Tampoco está basada en el tiempo, porque la realidad solo puede ocurrir ahora. A continuación se formó un pensamiento en su mente que en esencia decía: "Vaya, eso suena bien, pero es una pena que yo no lo tenga. Bien, al menos puedo buscarlo y tal vez un día lo realizaré". Este es un señuelo común que el ego usa para volver a llevar nuestra atención al pensamiento.

Estoy seguro de que puedes ver cuántas suposiciones están incluidas en ese pensamiento/creencia. En primer lugar y sobre todo, ese pensamiento incluye la suposición de que "yo" soy una entidad diferenciada moviéndose en el tiempo, una entidad que experimenta sucesos externos. Además, está presente la suposición de que uno de los eventos que puedo experimentar es la presencia. Otra suposición más es que la realización de la presencia "no ocurrirá ahora". Vemos que estas creencias asumidas son contrarias a la experiencia inmediata de presencia que está teniendo la persona. Sin embargo, el "tirón" de la corriente de pensamientos puede ser fuerte. Al creer ese pensamiento, creyendo que es mi pensamiento y que podemos encontrar esta verdad omnipresente en algún lugar de la línea temporal imaginaria (basada en el pensamiento) llamada "futuro", nos hemos distanciado totalmente de la experiencia de esta verdad inmediata de la presencia y de la paz inexpugnables.

Mientras la realización, la verdad, la conexión y la rendición se sitúen en el tiempo, estaremos usando la ilusión del tiempo para posponer la reivindicación de aquello que siempre hemos buscado, pero que nunca habíamos aceptado que ya está aquí.

El ego tiene muchas otras maneras de usar la ilusión del tiempo para mantenerte cautivo, pero en esta sección mi comentario será breve. Aquí hay algunas palabras y frases que son indicios innegables de que estás lidiando con un pensamiento o creencia que hace uso del tiempo para convencerte de que estás cautivo en su prisión:

- La palabra "siempre", como en: Siempre me quedo atascado en mis pensamientos en ____________ (situación).
- La palabra "nunca", como en: Nunca puedo permanecer en presencia cuando no estoy meditando o en un retiro. O bien: Esto no me va a ocurrir nunca.
- La palabra "todavía", como en: Yo todavía ______________ (no estoy despierto, todavía no estoy allí, estoy confuso, tengo el comportamiento xyz, etc.).
- "Más adelante", cuando...
- "En cuanto...".

Estoy seguro de que captas lo que es un pensamiento basado en el tiempo. Puede resultar fructífero sentarse y reconocer un pensamiento cada vez. Cuando veas cualquiera de estos motivos que sugieren tiempo, puedes preguntar: "¿Qué ocurre en este momento en mi experiencia cuando reconozco que esta historia basada en el tiempo es un simple pensamiento que está ocurriendo ahora mismo?". Hacer esto de manera consistente traerá tu atención más al presente. La sensación de luchar con el tiempo se disolverá con un poco de práctica.

El ego disfraza el temor de empoderamiento

Los ubicuos sentimientos de carencia y aislamiento que se dan entre los seres humanos hunden sus raíces en la percepción errada de que estamos separados de todas las cosas: de que somos pequeños, discretos y de vida breve. Esto está basado en la subjetivación y reforzado por diversas creencias y tendencias que vamos recogiendo por el camino. El ego nos ofrece una "solución" en la forma de imaginar y buscar las condiciones que finalmente harán que estos sentimientos desaparezcan. Por desgracia, imaginar y buscar solo son procesos mentales y, como tales, solo refuerzan la sensación de que somos un sujeto buscando interminablemente, o evitando objetos y circunstancias internos o externos. Para asegurar que este proceso de reforzar el yo separado mediante la búsqueda de objetos mentales pase desapercibido y no disminuya, el ego asume una personalidad "empoderada". De manera más precisa, se asegura de que tú asumas una personalidad empoderada. Te dice que te enorgulleces de, y te identificas con, ser el empoderado, el que puede hacer que las cosas ocurran, el que siempre tiene el control. El problema aquí es que lo que realmente impulsa esta identidad empoderada es el mecanismo subyacente de intentar encontrar la pieza que se percibe que falta. De modo que ahora añadimos al guion una capa de falta de autenticidad.

Como nota añadida, aquí no me estoy refiriendo a la elaboración de planes prácticos y al simple establecimiento de objetivos. Estas actividades son valiosas y se realizan con claridad y facilidad cuando no escuchamos las historias del ego.

El ego hace que algo impersonal se sienta extremadamente personal

En una sección anterior hemos comentado que la identificación con la mente hace que ocultemos cosas, incluso de nosotros mismos. Bien, una de las mejores maneras de hacer esto es envolverlo en una emoción y después decirnos que tenemos miedo de esa emoción y queremos evitarla a toda costa.

"Estás protegiéndolo a él [ego], señor Green, pero, ¿con qué? ¿Cuál es el mejor lugar donde un oponente se escondería? En el último lugar donde tú mirarías. Él se esconde detrás de tu dolor, Jake. Lo estás protegiendo con tu dolor. Abraza el dolor y ganarás esta partida".

—Avi, de la película *Revolver*

Uno de los rasgos destacados de la vergüenza es que la sentimos increíblemente personal. También parece decir: "¡No mires aquí!". En realidad, no es la vergüenza la que dice esto, sino tus creencias con respecto a ella. Nuestro viejo amigo el ego es el que nos trae estas creencias. Qué manera tan brillante de esconder la verdad sobre qué alimenta el motor del ego (una falsa sensación de separación). El ego esconde esa verdad bajo una barrera de vergüenza. Esto hace que no miremos con la suficiente cercanía como para ver que todos los mecanismos del ego son una farsa. También nos impide hablar con otros sobre estos lugares más profundos de nuestro cuerpo emocional. Si lo hiciéramos, veríamos muy rápidamente que todos los seres humanos compartimos estas estructuras del ego, estas falsas creencias y la vergüenza. Al reconocer esto, empezaríamos a llegar a la comprensión de que nada de esto es personal en absoluto. Es un programa informático que está activo en cada miembro de la raza humana. Simplemente nos hace sentir como si fuera exquisitamente personal para que no lo miremos de cerca y podamos ver y disipar toda esta ilusión.

Atar la atención

En las secciones precedentes hemos comentado la naturaleza de la identificación con la mente. Hemos explorado los mecanismos del ego que refuerzan el sentido de separación, que nos mantienen buscando y que ocultan toda esta operación de nuestra conciencia. Como se ha descrito, los "barrotes" de la prisión de la identificación con la mente son los pensamientos. De manera más precisa, nuestro enredo con los pensamientos es el que nos mantiene aprisionados. Más adelante en este libro hay todo un capítulo dedicado a los pensamientos, de modo que aquí no entraremos en grandes detalles. Sin embargo, es importante examinar cómo queda atada nuestra atención y cómo permanece atada a los pensamientos de manera continuada. Esta atadura es necesaria para que continúen operando las ilusiones de la identificación con la mente y el ego.

Si fuéramos capaces de dejar que nuestra atención descansara en los sentidos todo el tiempo, este libro no sería necesario. La ilusión de separación se disiparía en un breve lapso y el sufrimiento individual llegaría a su fin. Cualquiera que haya intentado meditar durante cinco minutos sabe que no es así de simple. Los pensamientos nos bombardean casi constantemente hasta que cultivamos cierto grado de claridad en la práctica meditativa; e incluso entonces, nos visitan con frecuencia. Cuando digo "bombardean", esto es un poco engañoso. En verdad, nuestra atención se dirige a los pensamientos de manera casi constante. Los pensamientos son inocentes; es nuestra adicción a ellos y nuestro enredo con ellos los que nos causan problemas. Esta sección abordará cómo ocurre esta atadura continua de la atención en tiempo real.

Los pensamientos son como magos

Un pensamiento no puede conocer la realidad directamente porque un pensamiento es un reflejo de la realidad. Así, el "mundo" retratado dentro de un pensamiento en realidad no está ahí. Es una instantánea del mundo real. No puedes entrar más en la realidad de ese pensamiento, como tampoco puedes caminar por el mundo reflejado en un espejo. Si esto no está claro, puedes ponerlo a prueba recordando un momento reciente que hayas experimentado en tu vida. ¿Puedes caminar dentro de ese recuerdo? Por supuesto que no. De modo que, si es tan evidente que los pensamientos solo son reflejos sin realidad, ¿por qué permanecemos tan absortos en ellos? Bueno, hay una razón: el pensamiento es un maestro a la hora de orientarnos en la dirección errónea. Es como un mago que manipula nuestra atención.

El primer truco consiste en captar tu atención. El pensamiento tiene que hacerte creer que es importante. Esto ocurre de muchas formas, pero el punto destacado es que el pensamiento siempre usa lo que funcione en tu caso. Nuestros sistemas nerviosos están estructurados de tal modo que cualquier cosa (incluyendo un pensamiento) que produzca un cambio en nuestra atención, especialmente si va acompañado de una respuesta emocional, quedará reforzado mediante el fortalecimiento de las correspondientes rutas neuronales. Esto significa que los pensamientos que atrapan nuestra atención y causan reacciones emocionales se repetirán de manera preferente con respecto a los pensamientos que no causan dicha reacción. De modo que cuanta más atención demos a cierto pensamiento, más probable es que ese pensamiento vuelva a conseguir nuestra atención. Por eso todos podemos reconocer los mecanismos del pensamiento incómodo y repetitivo, el rumiar y pensar en sucesos que preferiríamos olvidar, y procesos similares.

El segundo truco que el mago de la mente emplea es redirigir tu atención al pensamiento siguiente. Como hemos comentado, un único pensamiento no tiene verdadera sustancia interna, y al ver esto con claridad, perderíamos interés rápidamente. De modo que nuestra mente-mago usa el truco del redireccionamiento para redirigir nuestra atención al pensamiento siguiente. El funcionamiento de este mecanismo de redireccionar es un poco complejo, pero aquí lo voy a simplificar diciendo que utiliza la ilusión del tiempo para mover continuamente nuestra atención de un pensamiento a otro. Examinemos un ejemplo de cómo puede funcionar esto.

Supongamos que estás en casa en tu jardín. Te sientes presente y estás disfrutando de los colores y texturas de las plantas y flores mientras las cuidas. De repente, entra un pensamiento en tu mente. Es el recuerdo de una conversación que tuviste hace unos días en el trabajo. Un compañero había criticado tu labor de manera injusta. Sientes un poco de tensión en el pecho al recordar ese momento tenso. A estas alturas el mago ya ha ejecutado su primer truco, ha llamado tu atención a este pensamiento "importante". Fue un momento cargado de emoción, y cualquier situación en la que se cuestione nuestra competencia atrapará nuestra atención. De modo que el mago ha usado sus dos trucos habituales para convencerte de la importancia de cambiar tu atención del presente al mundo de sombras del pensamiento. Ahora has olvidado completamente esos colores vívidos y esas texturas de las flores del jardín. Ya no eres consciente de las fragancias o de las sensaciones de tus manos en las plantas. En cambio, estás reviviendo un momento incómodo. Bien, en realidad no estás reviviéndolo, pero es seguro que el cerebro no ha recibido ese mensaje, ¿o sí?

Si la mente solo tuviera un as en la manga, te darías cuenta muy rápidamente de lo incómodo que es distanciarte del disfrute y la inmediatez de la presencia, solo para volver a vivir una situación incómoda en tu imaginación. A los pocos momentos, esos sentimientos de inadecuación pasarían, y el pensamiento/recuerdo del suceso se disiparía. Volverías a fundirte en la presencia. Sin embargo, eso no es lo que ocurre, ¿cierto? No, el mago tiene otro as en la manga. Redirige inmediatamente tu atención desde el pensamiento recuerdo (falso pasado) a un pensamiento de solución (falso futuro). ¿Ves que la mente tiene que invocar el tiempo para impedir que tu atención retorne de manera natural a la presencia? Esta redirección emplea la ilusión de control para redirigir nuestra atención al pensamiento futuro, donde puedes defenderte y defender tu trabajo la próxima vez que veas a ese compañero supercrítico. Con ese pensamiento de un futuro imaginario te defiendes y dices a tu compañero que ciertamente haces un buen trabajo, y que en realidad es su trabajo el que no está a la altura. Le dices que está proyectando su propia sensación de inadecuación en ti.

¿Ves cómo el mago de la mente te ha sacado de la paz y de la conexión con tu entorno (que siempre está disponible en el presente) y te ha enviado experiencialmente al pasado, y después experiencialmente al futuro? Este patrón de redireccionamiento de la atención es una manera común de atarnos al pensamiento, y por tanto a la ilusión del tiempo. Si tomas algún tiempo para investigar esto directamente, verás que ocurre durante todo el día. En la medida en que este mago nos está guiando por medio de nuestra mente como un perro con correa, sufrimos la experiencia de estar distanciados de la presencia, de nosotros mismos y de la vida.

Un pensamiento tiene dos trabajos: captar tu atención,
y después redirigirla al pensamiento siguiente.

Cuando se desata la verdadera batalla

Aunque algunas de las secciones anteriores pueden haber sido un poco incómodas de leer, en gran medida hemos estado comentando el funcionamiento diario y "normal" de la mente humana. En realidad, lo único que hemos hecho es mirar este tema con una visión actual, empleando unas pocas investigaciones directas para clarificar ciertos puntos. No es lo mismo entender y conocer cómo funcionan estos mecanismos que desenredar nuestra identidad de ellos. El conocimiento puede ser útil para empezar, pero el verdadero proceso de desenredar es experiencial.

"Por suerte, algunos nacen con sistemas inmunitarios espirituales que antes o después rechazan la visión ilusoria del mundo que les es injertada desde el nacimiento a través del condicionamiento social. Empiezan sintiendo que algo está fuera de lugar y comienzan a buscar respuestas. El conocimiento interno y las experiencias externas anómalas les muestran un lado de la realidad del que otros se olvidan, y así comienza el viaje del despertar".

—Henri Bergson

Cuando empezamos a desenredar seriamente nuestra identidad de estos mecanismos, las alarmas que se han activado hasta ese momento parecen un juego de niños. Ves, en realidad, incluso lo que hemos hurgado hasta ahora no ha amenazado de manera significativa las defensas del ego. Ahora mismo el ego está tumbado en una hamaca, con un mojito en la mano y una sonrisa entretenida en la cara, viéndote hurgar por ahí. Honestamente, no está preocupado. Si tuviera voz, podría decir: "¿Espiritualidad? ¡Claro, podemos practicar eso. Yo lo he hecho durante miles de años. No hay problema! Empecemos. De hecho, puedo ayudarte".

Cuando realmente empezamos a cavar en la falsa identidad basada en pensamientos, las defensas del ego empiezan a incrementar su actividad. Si todavía no tienes miedo, lo tendrás. Si todavía no estás confuso, lo estarás. Si todavía no estás desilusionado, lo estarás. Solo es cuestión de tiempo. Los capítulos posteriores abordan detenidamente cómo navegar una vez que el ego comienza a estar verdaderamente amenazado y la identidad empieza a desenmarañarse. ¿Suena divertido?

Por ahora solo quiero apuntar algunos de los temas que puedes esperar de los mecanismos de defensa más serios del ego. Estos pueden presentarse antes del despertar inicial, pero es más probable que se presenten y que sean más intensos después del despertar. Tengo la esperanza de que si eres consciente de su naturaleza con anterioridad, cuando ocurran te darás cuenta de que todo está bien. Son algo normal durante este proceso, y aunque a veces pueden resultar muy inquietantes, solo están ahí para mostrarte exactamente dónde ir. Son algunos de los mejores indicadores que existen.

Pensamientos molestos

Una de las defensas más comunes del ego es el uso de pensamientos inquietantes, molestos y ocasionalmente terroríficos. Veamos algunos ejemplos:

- “Si sigo por este camino, podría volverme loco y acabar psicótico”.
- “Para seguir adelante tendría que abandonar a mi familia, a mis hijos, pareja, etc.”.
- “¿Y qué pasa si pierdo mi capacidad de trabajar y de proveer para mí mismo y para mi familia?”.
- “Estoy perdiendo el control de mi vida”.
- “Tengo un sufrimiento insoportable”.
- “Me estoy muriendo”.
- “No puedo con esto”.
- “Me volveré totalmente desvalido e incapaz de alimentarme a mí mismo”.
- “No puedo gestionar estas emociones, me están destruyendo”.

Obviamente, estos pensamientos pueden ser particularmente incómodos. Esto es lo que hay que recordar: solo son pensamientos. Ninguno de ellos tiene más valor de verdad que cualquier otro. Si se presenta uno de estos pensamientos, te recomiendo que simplemente lo observes: “Oh, hola, pensamiento inquietante. Bienvenido. Ya sabía que podrías venir a visitarme". No hay necesidad de evaluarlo, rechazarlo o creerlo. Es simplemente actividad mental. No causa más daño que un pensamiento que se te ocurra de repente y diga: "Soy la Reina de Inglaterra". Reconoce también que si se presenta este tipo de pensamientos, estás en un buen lugar. Dales algo de tiempo. Como cualquier pensamiento, estos pensamientos molestos pasarán y serán reemplazados por otros de la corriente mental.

Emociones intensas

El segundo tipo de defensas del ego que son comunes cuando empezamos a cavar en las estructuras de nuestra identidad son las emociones intensas. Técnicamente, no son las emociones las que nos activan tanto; son nuestros patrones de resistencia y las identidades destinadas a impedirnos sentir ciertas emociones. Lo cierto es que no hay nada fundamentalmente problemático con respecto a ninguna emoción. El capítulo sobre las emociones aclarará esto. De momento, vamos a comentar algunas de las más intensas que probablemente saldrán a la superficie durante este proceso. La palabra "intensa" parece implicar que hay algo con respecto a la emoción que es difícil de manejar. Solo uso esta palabra porque la gente suele asociar ese descriptor con ciertas emociones dentro de este contexto. Estos son algunos de los visitantes que puedes esperar:

- Culpa
- Confusión
- Resentimiento
- Pena
- Vergüenza
- Desvalimiento
- Desesperación
- Duda
- Miedo
- Ira

Si alguno de ellos sale a la superficie, lo mejor es recordarte que está bien sentir cualquier emoción que esté presente en ese momento. Mira si puedes ubicar dónde la sientes en tu cuerpo. Dale algo de tiempo y observa cómo se disipa. Cada emoción se irá si no luchas en su contra ni tratas de huir de ella. Deja que siga su curso natural. Está perfectamente bien.

Reacciones físicas intensas

También es posible sentir reacciones físicas en el cuerpo. Para algunas personas son comunes, para otras son raras. Si las experimentas, está bien. No hay nada que tengas que hacer para librarte de ellas. Simplemente deja que sigan su curso:

- Sudar
- Temblar
- Aumento del ritmo cardíaco
- Sensaciones poco familiares moviéndose por el cuerpo
- Movimientos involuntarios de algunas partes del cuerpo, como las manos, los brazos, las piernas o la cabeza

Siempre es sabio recordar la posibilidad de que los nuevos síntomas físicos estén relacionados con un problema médico. Si estás preocupado, sométete a un examen médico dirigido por un profesional.

Comentarios de cierre

Lo más importante para llevarte de este capítulo es no tomarte demasiado en serio nada de lo que has leído en él.

- No existe una entidad maligna acechando dentro de ti llamada ego. Es simplemente una serie de patrones de pensamiento y la tendencia de la mente a usar dichos patrones para filtrar las percepciones. Estos filtros oscurecen la naturaleza prístina e indivisa de la realidad que está disponible en todo momento. Estas tendencias a atar nuestras experiencias e identidad al pensamiento se disiparán más y más a medida que despertemos y sigamos refinando nuestras comprensiones.
- Es inútil, y a menudo contraproducente, ir a la guerra contra el ego imaginario. Si lo haces, será el ego quien irá a la guerra contra el ego imaginario. Es mucho más fructífero emplear las técnicas e

indagaciones que se proporcionan en los últimos capítulos para investigar directamente tu experiencia inmediata, que se abrirá a tu naturaleza indivisa. Al hacerlo, los mecanismos del ego se relajarán y caerán de manera natural. Llegados a cierto punto, se romperá el hechizo de la identificación con la mente.

- Mientras que los mecanismos de identificación con la mente y el ego operan a niveles fundamentales de nuestra experiencia perceptual, hay algo que siempre es fundamental con respecto a ellos. La verdad viviente e innombrable siempre está contigo y nunca puede ser tocada, estropeada ni amenazada por la maquinaria del proceso del pensamiento humano.

Capítulo 12: Pensamientos

Introducción

Hace muchos años estaba leyendo un libro sobre el budismo Zen y una línea del texto pareció saltar de la página. Me impactó como si me hubiera caído un rayo. Lo que me impactó no fue el significado literal de la frase. El poder de aquella frase estaba más allá de las palabras empleadas. Llegó a una parte profunda de mí, más allá de los límites de mis facultades cognitivas. Resonó en una parte de mi ser con la que no había estado en contacto consciente durante algún tiempo. Iluminó y despertó algo primario, algo instintivo, algo que con toda sinceridad sentía antiquísimo. Supe íntimamente que una verdad profunda estaba siendo iluminada por aquella simple frase. Era una verdad viviente, una cosa viviente. La frase era:

Pensar es la enfermedad de la mente humana.

Siempre había sabido que ciertos pensamientos me resultaban incómodos. Sabía que pensar demasiado hacía que me sintiera frustrado, ansioso e incluso a veces indefenso. En mi adolescencia, recuerdo que pensaba una y otra vez: "¿Qué me pasa? ¿Qué está mal en mí?". Había algo extremadamente incómodo. Sin embargo, no se me ocurrió que los pensamientos mismos —y mi manera de considerar que eran "sobre mí"— era lo que me causaba incomodidad. Asumí que el sufrimiento se debía a que no podía encontrar la elusiva solución al problema de: "¿Qué me pasa? ¿Qué está mal en mí?". Yo creía este pensamiento. O más bien, yo creía la suposición que conlleva: había algo que estaba mal en mí de partida. Y lo que era aún peor, creía que tenía que usar el pensamiento para resolver ese "gran problema". En realidad, dedicar tanto esfuerzo a pensar era lo que estaba causando, y después reforzando, la sensación original de que había un problema. Es como si se te estuviera quemando el pelo y para apagar el fuego le echaras gasolina. Evidentemente, eso no hace sino empeorarlo, pero si no te das cuenta de que la gasolina alimenta el fuego y crees que puede apagarlo, te limitarás a repetir ese ciclo.

"Alguien que quiera alcanzar la iluminación debe ser valiente. Deber correr hacia una multitud de enemigos con una daga. En la práctica del Zen, los enemigos son nuestras pasiones y pensamientos engañosos".

—Koun Yamada

Como los pensamientos me parecían una parte tan integral de mí, no podía elucidar que, si quería abordar la sensación de duda y aislamiento que impregnaba mi vida, tenía que investigar la naturaleza del pensamiento mismo. Esta frase y el efecto que tuvo en mí en ese momento me llevó a cambiar de actitud. El sufrimiento causado por el pensamiento no disminuyó de inmediato, pero ahora sabía dónde mirar, y que tenía que encontrar modos de investigar este asunto en serio. Mi corazón me decía que esta era una pieza importante del rompecabezas.

Tardé bastante tiempo en darme cuenta de todas las implicaciones de lo que había vislumbrado. Esta frase tiene matices que requieren cierta experiencia y realización para apreciarlos e integrarlos. Siguiendo estas líneas quiero establecer algunos puntos con claridad. En primer lugar, es importante saber que esta declaración no se refiere a todo tipo de pensamientos. Se refiere a un tipo específico de pensamientos, que sin embargo conforman la mayoría de nuestro pensar. Esta declaración se refiere específicamente a los pensamientos discursivos o autorreferenciales. Los pensamientos autorreferenciales son los interminables pensamientos sobre "mí". Tal como funcionan los pensamientos discursivos, el "yo" al que hacen referencia es una versión muy distorsionada de lo que eres.

Asimismo, en gran medida este "yo" está oculto, pues se suele asumir o presuponer que está dentro del contenido de los diversos pensamientos. Es como ponerse a ver un programa de televisión que ya ha comenzado y se supone que ya conoces los personajes. El contenido de estos pensamientos autorreferenciales gira en torno a "mi pasado y mi futuro, mis problemas y sus potenciales soluciones". De lo que no nos damos cuenta es de que este tipo de pensamientos asumen y refuerzan constantemente dos puntos de vista. El primero es: "Estoy separado de todas las demás cosas y personas". Este punto de vista trae consigo una persistente sensación de aislamiento y soledad. El segundo punto de vista es: "Hay un gran problema que resolver, y solo podré ser feliz, y estar relajado y en paz, cuando lo haya resuelto". Juntos, estos dos puntos de vista conducen a ahondar en la sensación de vergüenza que dice: "No soy lo suficientemente bueno", en la indefensión que dice: "Por más que haga, nunca puedo resolver mi problema", y en el agotamiento.

El segundo punto que quiero establecer es que esta declaración no sugiere que la mera presencia de los pensamientos sea lo que causa nuestra infelicidad y dolor. La presencia de los pensamientos, en y por sí misma, es inocua. El asunto central es nuestra relación con ellos. La manera que tenemos de interactuar con los pensamientos es lo que causa toda la confusión, las dudas, la distracción crónica y la persistente sensación de aislamiento; en resumen, el sufrimiento. Al entender esto, vemos que no hay necesidad de intentar dejar de pensar ni de batallar con nuestros pensamientos. Cualquiera de estas dos cosas sería contraproducente. Como hemos mencionado, es nuestra relación con el pensamiento, y no la presencia del mismo, lo que es la raíz del problema. Así, es muy provechoso investigar la naturaleza de esta relación.

Por último, quiero hacer énfasis en que la enfermedad de la mente humana de la que estamos hablando no hace referencia a la planificación, a la creatividad, a la inteligencia, a la resolución de problemas, al razonamiento lógico ni a los métodos científicos empíricos. De hecho, una vez que se resuelven las distorsiones en nuestra relación con el pensamiento, estas funciones cognitivas se vuelven mucho más accesibles, eficientes y precisas.

Entonces, ¿cómo vamos a resolver esto? La resolución se lleva a cabo mediante una investigación directa de la naturaleza del pensamiento y de nuestra relación con él. Vamos a ver que nuestra relación con el pensamiento oscurece el maravillamiento, la intimidad y la libertad que están disponibles de manera inmediata en todas las circunstancias. Este capítulo —junto con los capítulos sobre las creencias, la indagación y la identificación con la mente— abordarán este problema desde distintos ángulos. Se te darán herramientas para permitirte investigar este asunto por ti mismo. Comentaremos cuándo y cómo usarlas, y cómo adaptarlas a tu vida y a tu práctica de maneras que te resulten naturales.

Antes de empezar, me gustaría plantearte algunas preguntas que nos ayudarán a dirigir nuestra atención al proceso de pensamiento mismo. No están pensadas para estimular un análisis intenso. Son más bien para cultivar la simple curiosidad sobre eso que es tan cercano que raras veces lo miramos directamente y con claridad. Obtendrás el máximo de estas preguntas si tratas de referenciarte directamente a tu propia experiencia inmediata y después las respondes con una frase tan clara como puedas. Puedes responderlas verbalmente o por escrito. También es de ayuda hacer este ejercicio junto con otra persona para poder estar seguro de que estás describiendo claramente tu experiencia. Tal vez quieras captar cómo te sientes al ponderar y responder a estas preguntas.

- ¿Qué es un pensamiento? Si alguien que nunca hubiera tenido un pensamiento te hiciera esta pregunta, ¿cómo responderías si trataras de ser tan preciso como fuera posible?
- ¿Es el pensamiento útil y productivo todo el tiempo, parte del tiempo o en ningún momento?
- Cuando recuerdas las ocasiones de tu vida en que las cosas parecían ser más espontáneas, gratificantes y asombrosas, ¿había muchos o pocos pensamientos?
- ¿Definen los pensamientos quién eres y lo que eres? De no ser así, ¿cómo describes o captas quién eres y lo que eres?
- ¿Ha habido algún momento en el que te resultara incómodo pensar?
- ¿Has tenido alguna vez la experiencia de intentar empujar lejos un pensamiento?

- ¿Has tenido alguna vez la experiencia de aferrarte a un pensamiento?
- ¿Cómo te hacen sentir los pensamientos del tipo: "No siento que soy una buena persona"?
- Cuando tienes un pensamiento que sugiere que eres una buena persona, que has hecho algo bien o que has obtenido la aprobación de alguien, ¿cómo te sientes?
- Si la respuesta a la pregunta anterior ha sido "bien", ¿hay algún otro sentimiento mezclado con este?

¿Cómo te ha hecho sentir considerar o responder a estas preguntas? ¿Ha sido una experiencia emocional? ¿Has tenido sentimientos de curiosidad, frustración, incomodidad, curiosidad o paz? ¿Te ha resultado fácil o difícil? ¿Te has descubierto refiriéndote a pensamientos que recuerdas haber tenido o has sido capaz de captar un pensamiento en tiempo real para observarlo? Podrías considerar volver periódicamente a estas preguntas para ver si tu experiencia de los pensamientos evoluciona. Casi seguro que lo hará.

Una definición simple

¿Qué es un pensamiento? ¿Cuál su naturaleza? Considerando que los pensamientos son nuestros constantes compañeros, parece razonable saber algo de ellos, ¿cierto? Hay muchas maneras de describir qué es un pensamiento. Podrías describir los pensamientos como ideas con poder que pueden llevar a la innovación, a la invención y a mejorar nuestro entorno. Podemos decir que los pensamientos son molestias que aparecen ocasionalmente y nos mantienen despiertos por la noche cuando intentamos dormir. Podemos describir los pensamientos como la facultad de autorreflexión que nos diferencia de las plantas y de la mayoría de los animales, y que nos permite planificar, comunicar nuestros planes y trabajar en grupos grandes para ejecutar dichos planes. Podríamos asumir un planteamiento más científico y describir los pensamientos como procesos neuroquímicos que involucran la liberación de neurotransmisores en vastas redes de neuronas de manera coordinada para formular una experiencia interna que es notablemente flexible y adaptable.

Todas estas maneras de hablar de los pensamientos son útiles en ciertos contextos. Sin embargo, para los propósitos del despertar, he descubierto que la más precisa y útil es una definición experiencial y directa del pensamiento. Me gustaría ofrecer una definición simple y sucinta que nos servirá como referencia fundamental a medida que vayamos avanzando. No sugiero que esta definición sea la única ni la correcta, pero, en mi experiencia, es la manera más útil de entender qué es un pensamiento y cómo funciona con relación al proceso de realización. Conforme tu experiencia del pensamiento evolucione a lo largo del camino hacia la liberación, creo que encontrarás que esta definición facilita y se adapta a dicha evolución.

Un pensamiento es un simple reflejo de uno de los cinco sentidos o de otro pensamiento.

Los pensamientos pueden parecer muy variados y complejos, pero, si examinas la experiencia inmediata de un pensamiento "ahora mismo", siempre está hecho del reflejo de un sentido básico y/o de otro pensamiento. No me interesa que adoptes esta definición ni que la creas sobre una base teórica. Solo me interesa lo que puedes experimentar directamente, de modo que pongamos esto a prueba de inmediato. Toma un momento para recordar un breve intercambio (un par de frases) que hayas tenido con alguien recientemente. Puede ser más fácil si cierras los ojos para sintonizar con ese recuerdo. Puede tratarse de la conversación más reciente que hayas tenido, o podría ser una que destaque en tu memoria por algún motivo.

Ahora dedica unos momentos a "pensar" ese pensamiento, a verlo y a reproducirlo en tu mente. ¿Lo has hecho? Genial, ahora, ¿de qué estaba hecho ese pensamiento? Había voces (sonidos/auditivo), además de caras, cuerpos, entorno (imágenes/visual), ¿cierto? Incluso es posible que haya habido algunas sensaciones físicas, especialmente si fue un intercambio emocionalmente cargado. Si bien es posible imaginar gustos y olores, es mucho más común que los pensamientos estén hechos de imágenes visuales, sonidos y sensaciones. Es así, ¿cierto? Está claro que los rostros y las voces reales no estaban ahí, pero estaban sus reflejos visuales y auditivos. Para demostrar este punto, al hacer el ejercicio, las personas en las que pensaste (la persona a la que estabas hablando y la "copia" de ti mismo en el pasado) no aparecieron físicamente en la habitación donde estás ahora mismo, ¿es así? Ahora bien, si aparecieron, por favor contacta conmigo, me encantaría hablar contigo. Todavía no he visto pruebas del viaje en el tiempo, pero, si eres capaz de realizarlo, sentémonos y hablemos sobre ello. Incluso te invitaré a cenar. No, solo aparecieron imágenes y sonidos que representaban a las personas que protagonizaron el pensamiento. De modo que aparte de esos reflejos de las imágenes visuales, los reflejos de sonidos y tal vez sensaciones, ¿ha habido algo más en ese pensamiento? La mayoría de nosotros decimos que no, solo ha habido esos reflejos de los sentidos.

Una persona particularmente observadora podría decir algo así: "La conciencia de esos reflejos sensoriales, o la capacidad de reflejar también estaba presente". Este es un buen punto, y es verdad. Si caminaras hasta un espejo colgado en una pared, verías la imagen reflejada de tu cara, ¿correcto? También estarías observando la capacidad de reflejar del espejo mismo, la "reflectividad". Para ilustrar esto, imagina que después de mirar al espejo, dieras algunos pasos a un lado y miraras la pared que está junto al espejo. No verías tu imagen reflejada porque la pared no tiene la capacidad de reflejar que tiene el espejo. De modo que hay algo importante con respecto al espejo que es más primario o fundamental que las imágenes que parece producir, y que la pared no tiene. Las imágenes del espejo pueden cambiar cien veces al día, pero la capacidad de reflejar no cambia nunca y siempre es necesaria para que aparezcan esas imágenes. Esta es la capacidad de reflejar del espejo.

Asimismo, un pensamiento es posible por la capacidad de reflejar que tiene la mente. De manera similar a mirar dentro de un espejo, puedes hacerte consciente directamente de la naturaleza reflectante (cualidad de espejo o reflectividad) del pensamiento. Distintas personas experimentan y describen esta naturaleza de distintas maneras. A veces se experimenta como un puro sentido del "yo" o pura sensación de conocer que no requiere un objeto específico. Si cuando observas un pensamiento puedes percibir esa naturaleza reflectante como tal, genial. El paso siguiente es notar que como esa naturaleza reflectante es fundamental para todo lo que has pensado, percibido o conocido alguna vez sobre el mundo y sobre ti mismo, y es al mismo tiempo indiscernible de ti como el perceptor, entonces estás inmediatamente percibiendo todas las cosas que son perceptibles. Todo tu mundo, tu yo, tu pasado y tu futuro, tus creencias y dudas, incluso tu potencial de experimentar cosas que todavía no has experimentado no son otra cosa que la conciencia que es consciente de estas palabras ahora mismo: la que ve a través de esos ojos y oye a través de esos oídos. ¡Esta es la experiencia de conciencia ilimitada! Si esto es inmediatamente obvio para ti y no tienes que pensar en ello, entonces simplemente descansa en ese reflejo infinito que te constituye a ti mismo, tus percepciones, el mundo y cualquier cosa que pudieras pensar alguna vez. Si no es así, eso está perfectamente bien; ya se clarificará con el tiempo. Por ahora, solo quería apuntar esto a modo de aperitivo de lo que está por venir.

"Está más allá de toda duda que todo nuestro conocimiento comienza con la experiencia".

—Immanuel Kant

Esta es otra variación del ejercicio anterior que puede ayudarte a clarificar a qué hace referencia la naturaleza reflectante del pensamiento. Puedes tomar cualquier pensamiento al azar de la corriente de pensamientos, o puedes elegir uno que te parezca particularmente cargado. Una vez que hayas clarificado cuál es el pensamiento, puedes realizar este simple experimento. Tómate unos momentos para "pensar" el pensamiento, lo que significa observar cada uno de los sentidos que están involucrados. ¿Cuáles son los colores y formas de las imágenes visuales? ¿Cuáles son los sonidos y las palabras del pensamiento? Puedes plantear otras preguntas como: "¿Cómo me hace sentir este pensamiento?", o "¿Me gusta o me disgusta este pensamiento?". También puedes plantear tus propias preguntas. Cuando hayas mirado y escuchado de cerca ese pensamiento, puedes recordarte que cada una de las cosas que has experimentado en ese pensamiento era un reflejo. En comparación, puedes escuchar los sonidos, y mirar los colores y las formas de tu entorno. De esta manera puedes comparar el "sabor" de la experiencia sensorial real con el de la experiencia sensorial reflejada (basada en el pensamiento).

Si haces esto con curiosidad y con la intención de ver claramente la diferencia, puede ser una manera muy poderosa de investigar y de desidentificarte de los pensamientos.

¿Qué pasa con un ejemplo de pensamiento más complejo o abstracto? Este "suceso" en el que estábamos pensando era simple y concreto (una persona y unos simples intercambios de unas pocas palabras). Los pensamientos pueden ser mucho más abstractos que ese simple ejemplo. Algunos podrían argumentar que su poder se deriva en gran medida de su capacidad de abstracción. Vamos a abordar esto. Considera esta cita de Immanuel Kant. Parecía apropiado elegir una cita de uno de los filósofos racionalistas más renombrados.

La moralidad no es propiamente la doctrina de cómo podemos hacernos felices a nosotros mismos, sino de cómo podemos hacernos merecedores de la felicidad.

Sometamos esta declaración al experimento anterior. Lee esta declaración y a continuación contémplala o "piénsala" en tu mente. Al hacerlo, ¿cuál es la naturaleza de ese pensamiento? Es una voz, ¿cierto? Es un diálogo interno. Ese diálogo interno está hecho de palabras, ¿correcto? Se trata probablemente de tu propia voz, pero es definitivamente auditivo. Tal vez también haya una o dos imágenes. De modo que, aunque este es un pensamiento complejo, el pensamiento está hecho del reflejo de un sentido: el sentido auditivo. Si todavía te sientes escéptico, trata de contemplar esa declaración sin una voz interna. ¿Cómo te ha ido?

Ahora quiero establecer una distinción entre esta simple experiencia de la declaración de Kant como pensamiento singular, y pensar sobre el significado de dicha declaración. Aquí es donde los pensamientos empiezan a reflejar otros pensamientos. Está claro que la declaración incorpora mucha complejidad basada en los conceptos que representa. Para "desempaquetar" o seguir contemplando la afirmación, necesitamos una serie adicional de pensamientos. De modo que a medida que nuestra mente produce un pensamiento tras otro relacionados con el original, puede parecer que está ocurriendo algo además del simple reflejo sensorial. Bien, la única diferencia es que ahora los pensamientos adicionales reflejan los pensamientos anteriores. Sin embargo, es importante reconocer que cada pensamiento sigue conservando su naturaleza como un simple reflejo sensorial. Cada vez que estés perdido en una larga cadena de pensamientos, puedes probarte esto a ti mismo. Simplemente toma el último pensamiento del que seas consciente y clarifícalo en tu mente. Considera únicamente ese pensamiento. ¿De qué está hecho? Como en los ejemplos comentados antes, descubrirás que está hecho de material de pensamiento auditivo y visual.

Ahora que entiendes lo que significa que los pensamientos pueden reflejar otros pensamientos, voy a señalarte algo que puede ser obvio o no. La gran mayoría de nuestros pensamientos son de esta naturaleza. Son reflejos de reflejos. ¿Has mirado alguna vez dentro de un espejo cuando había otro espejo posicionado detrás de ti, de tal modo que los espejos se reflejaban uno a otro hacia dentro múltiples veces, creando una versión extraña y distorsionada de la realidad? La capacidad de un pensamiento de reflejar a otro se parece mucho a estos reflejos de los espejos. Cuando los pensamientos empiezan a reflejar unos a otros, rápidamente se pueden convertir en una casa de espejos.

¿Qué aspecto tiene esta casa de espejos de pensamientos para un ser humano? Para ser breve, tiene el aspecto del sufrimiento humano. Tiene el aspecto de los intensos sentimientos de aislamiento y separación que asolan a la humanidad. Tiene el aspecto de un constante buscar, distraerse y reprimir nuestros pensamientos internos, nuestra autenticidad. Se parece mucho a estar en prisión dentro de nuestra propia mente. Solo que esta prisión es mucho más eficaz a la hora de mantenernos encarcelados que las que están hechas de cemento y acero, y protegidas por guardias armados. En esta prisión pensamos que estamos en un confinamiento solitario. Quien construyó esta prisión tuvo una comprensión ingeniosa sobre los seres humanos. Se dio cuenta de que nos encanta buscar y nos hacemos fácilmente adictos a promesas de felicidad futura. El problema es que dichas promesas siempre son pensamientos. De modo que en lugar de vivir directamente la espontaneidad, paz y libertad que están aquí ahora mismo, seguimos yendo, pensamiento tras pensamiento, hacia un futuro que nunca puede ser.

Puedes haberte dado cuenta de que la analogía de la casa de espejos y mi descripción de la conciencia ilimitada suenan similares. Si bien pueden sonar similares conceptualmente, en cuanto a la experiencia la diferencia es como la que existe entre el cielo y el infierno. La comprensión clave que las diferencia es una cuestión de identidad. Mientras te tomes a ti mismo como un simple reflejo, te sentirás como un pensamiento persiguiendo otro pensamiento, y después otro. Cuanto más ocurre esto, más te distancias de los sentidos o de la experiencia física de estar vivo. Como hemos dicho antes, cuanto más reflejan los pensamientos a otros pensamientos, menos claro queda que un pensamiento individual no es otra cosa que un reflejo sensorial directo. De modo que cuanto más nos identificamos con la corriente de pensamientos, que está hecha de reflejos de reflejos, más lejos de la vida y más aislados de nuestros sentidos y de nuestro cuerpo nos sentimos. Esta es la analogía de los espejos reflejándose unos a otros interminablemente. Te sientes como una imagen aislada en un espejo, en algún lugar profundo de esa corriente de reflejos. Todo tiene el mismo aspecto. Todo forma parte de un guion. Nada parece muy real, y hay un persistente entumecimiento y desesperación que no puedes identificar del todo.

En cambio, en cuanto reconocemos la naturaleza reflectante de la mente y que esta abarca toda experiencia, incluyendo la experiencia de ser un ser consciente, todo se expande hacia el infinito. De repente vemos los pensamientos como los fantasmas que son, y solo queda el reflejo vívido. El mundo sensorial es algo íntimo e inseparable de la experiencia inmediata. No hay más perseguir, buscar, e intentar encontrar el camino de salida de la casa de espejos. Está claro que cada espejo (pensamiento) de esa maldita casa solo era un reflejo de lo que tú eres. La belleza de esto es que no importa lo lejos que parezcas estar dentro de esa corriente de reflejos; en cuanto reconoces tu identidad como la capacidad de reflejar y el "material" puramente consciente del que todo está hecho, toda lucha desaparece al instante.

Lo que has de llevarte de esta sección es que la definición anterior, si bien no es el único modo de definir el pensamiento, es experiencialmente precisa. Si todavía no te queda clara, o si tienes dudas sobre ella, la mejor manera de proceder es practicar los experimentos descritos antes con diversos pensamientos hasta que se aclaren las cosas.

La prueba definitiva

Cuando trabajo con personas en diversos grados de realización, con frecuencia me descubro repitiendo una declaración simple pero particularmente importante con respeto al pensamiento. Al principio sonará tan simple que puede parecer absurda. Su potencia no está en su profundidad como declaración, sino en su poder cuando se aplica directamente a nuestra experiencia inmediata. Curiosamente, su potencia e importancia crecen a medida que la persona avanza en el camino de la realización. Específicamente, es una especie de prueba de fuego o prueba definitiva. Debido a la naturaleza resbalosa del pensamiento y la identidad, y a la evolución de nuestra relación con el pensamiento a lo largo del proceso de despertar, puede ser inmensamente útil realizar una simple prueba para determinar si algo que estás experimentando es un pensamiento o si forma parte de la experiencia presente. Esto es particularmente útil cuando nos encontramos rumiando. Esta es la prueba:

¿Puedes anotarlo en palabras?
Si puedes, entonces es un pensamiento.

Debido a su simplicidad y a que es fácil de pasar por alto la importancia de esta prueba, la ilustraré con un ejemplo. Imagina que tú y yo estamos sentados en una habitación. Entonces me comentas:

—Mi pareja va a venir a casa en unos diez minutos y sé que va a estar de mal humor.

Dependiendo de la situación, yo podría responder de diversas maneras. Dentro del contexto de lo que estamos hablando aquí, yo podría apuntar que lo que acabas de decir es un pensamiento. La imagen de tu pareja entrando por la puerta y su mirada delatando su mal humor no son reales en el mismo sentido en que lo es el sofá en el que estás sentado en este momento. La discusión en la que imaginas que podrías entrar cuando llegue, y las duras palabras intercambiadas entre los dos, no son una experiencia inmediata del mismo modo en que lo es el color de tus zapatos o el canto de los pájaros que entra por la ventana.

Es imperativo señalar que no estoy invalidando el hecho de que estás teniendo esa experiencia interna. No estoy sugiriendo que esos pensamientos no sean relevantes, ni que intentemos evitar la experiencia del pensamiento. Tampoco estoy descontando que el pensamiento pueda tener cierta importancia o relevancia. Tal vez estés en una relación abusiva y ese pensamiento sea un indicador dirigido a una parte más profunda de ti. Podría estar apuntando hacia una emoción como el miedo, que está tratando de decirte que algo no está bien en la situación. Hablaremos de todo esto en capítulos posteriores. Lo que estoy diciendo aquí es que es importante reconocer que lo que estás experimentando es ciertamente un pensamiento. En ese momento, tu pareja no está en la habitación. En ese momento, el futuro que estás imaginando no está ocurriendo, no del mismo modo en que están sucediendo los sucesos en la sala donde tú y yo estamos sentados, ¿cierto?

Estoy señalando que lo que está siendo experimentado es un pensamiento, y no el contenido de dicho pensamiento. Un pensamiento está en tu experiencia directa, tal como la sensación de las manos y de la respiración entrando y saliendo de tu cuerpo. Ves, todas las cosas del universo solo quieren ser vistas como lo que son. Cuando se reconoce un pensamiento como lo que es, estamos honrando su naturaleza, y así su presencia se convierte en una puerta hacia nuestra experiencia directa e inmediata. En el escenario que hemos descrito, yo estaba sentado contigo, molestándote, señalándote que la narración sobre la llegada a casa de tu pareja era un pensamiento. Pero, ¿qué pasa cuando estás solo, perdido en pensamientos, rumiando, etc.? Bien, en esos momentos puede ser de gran ayuda disponer de una simple herramienta que puedas aplicar para determinar si lo que estás experimentando es un pensamiento o si es una experiencia sensorial directa. De modo que si te encuentras rumiando, o si sientes que cierto circuito de pensamiento se está repitiendo una y otra vez en tu mente, puedes emplear esta prueba.

"En estos Tiempos Oscuros estamos poderosamente aprisionados por los condicionamientos a los que hemos sido sometidos en el pensar".

—Buckminster Fuller

Te daré un ejemplo de cómo podría desplegarse esto. Imagina que estás en casa un sábado por la mañana. Has dejado atrás las responsabilidades de la semana y ahora solo quieres relajarte. Lo que parece impedirlo es el recuerdo de un breve intercambio que tuviste con tu jefa ocurrido el viernes por la tarde. Ella te llamó la atención por un error que habías cometido. Aunque no sentías aversión a reconocer tu error, te tocó el tono duro y su declaración de "esto es inaceptable". Te enorgulleces de hacer un buen trabajo y no puedes recordar la última vez que tu jefa te llamó la atención por haber cometido un error. Te gustaría soltar esto y dejarlo ir, pero el recuerdo de sus duras palabras sigue repitiéndose en tu mente. Asimismo, sigues recordando la imagen de su cara y su aparente disgusto, que te parecía exagerado para el asunto en cuestión. Mientras estás sentado en tu casa el sábado por la mañana tomando café y este recuerdo se agita en tu mente, te das cuenta de que puede ser un buen momento para hacer la prueba de fuego. Decides hacerla. Recuerdas las palabras duras: "Esto es inaceptable". Te recuerdas que estas son palabras internas que estás repitiendo. Puedes anotarlas. Ahora reconoces que esto es un pensamiento. Notas un pequeño alivio. Empiezas a volver un poco al presente. Es sábado y estás en la cocina de casa bebiendo un café delicioso. No es viernes ni estás mirando a la cara molesta de tu jefa. Sonríes y te sientes un poco más relajado.

Entonces surge el pensamiento siguiente: "Pero eso fue injusto. No me lo merezco". A esto le sigue otro pensamiento. Oh no, los pensamientos han vuelto y están arruinando mi sábado por la mañana. Quería relajarme. Entonces recuerdo: "Oh, si puedo anotarlo, entonces es un pensamiento". Te das cuenta de que en realidad estas dos últimas declaraciones eran pensamientos. Oh, otro pensamiento, y después otro. Ahora empiezas a mirar alrededor. Sientes los pies en el suelo. Notas la respiración entrando y saliendo suavemente. ¡A continuación de nuevo el café! Miras por la ventana y ves un petirrojo saltando en el suelo. Por un momento has sentido a ese petirrojo muy cercano. ¿Has visto alguna vez los colores brillantes en el pecho del petirrojo? A continuación viene un pensamiento: Espera un momento, esto no es fácil. Si me limito a estar presente e ignoro mis pensamientos, ¿cómo lidiaré con los problemas de la vida? ¿Cómo me aseguraré de que no se aprovechen de mí? Durante un segundo, tu atención vuelve al trabajo y a la jefa. Entonces recuerdas: Oh, si puedo anotarlo, ¡es otro pensamiento! Y entonces reconoces: esto es un pensamiento, aquí mismo, ahora mismo. El pensamiento está aquí; la mesa está aquí. Este café y el precioso petirrojo están aquí.

De esta manera estás viendo las cosas como son. Sonidos, colores, formas y sensaciones son siempre inmediatos y están claramente presentes. No necesitan descripciones para ser lo que son. Un pensamiento, cuando se le reconoce como pensamiento, también es así. Todas las cosas solo quieren ser experimentadas como lo que son.

Observar los pensamientos en tiempo real

En la última sección hicimos un poco de indagación. Exploramos que tomar conciencia de los pensamientos como tales puede llevarnos rápidamente a la presencia. En el ejemplo anterior, la presencia era el sabor del café, la sensación de la respiración, los colores del petirrojo. Esta sección se enfocará específicamente en la práctica de observar los pensamientos. Entraremos profundamente en las dinámicas de esta práctica, comentaremos cómo aplicarla y exploraremos ejemplos del aspecto que podría tener dicha aplicación.

De las muchas contemplaciones e indagaciones que se ofrecen en este libro, esta es una de las más potentes, especialmente para practicarla por sí sola. Si no hicieras más que practicar esta técnica con sinceridad y con una voluntad inquebrantable de ver la verdad de tu experiencia inmediata, ella sola podría llevarte todo el camino hasta la liberación. Lo sé porque conozco a gente a la que le ha ocurrido esto.

Puedes aplicar esta práctica en cualquier momento. Mientras estás sentado en silencio o en meditación es un momento maravilloso para hacerla. También puedes emprender esta investigación cuando tengas tiempo libre, aunque solo sean unos momentos. Tal vez podrías pensar en esta práctica cuando tienes un rato de descanso y por hábito coges el móvil. En lugar de echar un vistazo a las redes sociales o navegar por internet, podrías decidir dejar el teléfono a un lado y dedicar unos minutos a observar tus pensamientos. Y muchos otros momentos del día pueden ser oportunos para observar pensamientos. He aquí algunos ejemplos:

- Mientras tu llamada telefónica está en espera, piensas: Esto es una gran pérdida de tiempo. Entonces puedes reconocer: "¡Oh!

¡Esto es un pensamiento!". Entonces te das cuenta de que no ha sido tanta la pérdida de tiempo. Has tenido la oportunidad de identificar los pensamientos y así traer un poco más de presencia a tu experiencia.

- Mientras esperas en un atasco, piensas: tengo muchas ganas de llegar a casa y ver a mis niños. Además tengo hambre. En ese momento podrías reconocer: "Oh, esto son pensamientos". Cambias un poco el enfoque del mundo del pensamiento de "después" al mundo de los sentidos de tu experiencia inmediata, como el sonido de la radio, o la sensación de las manos sobre el volante. Ahora es posible que no tengas tanto miedo de estar perdiéndote algo. Cuando le prestas atención, empiezas a reconocer que, después de todo, este momento no está tan mal.
- Cuando estás rumiando: Aquí estoy otra vez pensando en el mismo problema con el que llevo meses. ¿Qué voy a hacer para resolverlo definitivamente? Podrías reconocer: "¡Ajá! Este es otro pensamiento al que estoy prestando atención. Aquí estoy, en esta habitación, con estas sensaciones, sonidos y vistas. También está la sensación de este pensamiento. Pero viendo que es un pensamiento, reconozco que la larga historia de rumiar sobre el problema no está aquí de la misma manera en que lo está mi experiencia sensorial inmediata. El pensamiento está aquí, pero el contenido del pensamiento no". Ahora podrías sentir un poco más de presencia y un poco más de relajación corporal.
- Cuando estés recordando un suceso doloroso o traumático: Si alguien te habló con dureza o te insultó, podrías sentir como si eso te estuviera volviendo a ocurrir en este momento. Entonces puedes recordar: "¡Oh, esto es un pensamiento!". En ese reconocimiento te das cuenta de que el suceso traumático no te está ocurriendo ahora mismo del mismo modo que la sensación de estar sentado en el sofá y oír los sonidos que se producen en la habitación. Añadiré que esto no significa que las sensaciones corporales, como las del vientre, el pecho o el cuello no estén ocurriendo en este momento, porque, si son sentidas, están en la experiencia presente. De modo que, si el pensamiento siguiente dice: Eso no funcionó porque sigo sintiendo dolor corporal, puedes volver a reconocer:

"¡Oh, eso también es un pensamiento!". Ahora tu atención vuelve a tu experiencia actual, con los sonidos, vistas y sensaciones corporales que están a tu disposición de manera inmediata.

Como ilustran estos ejemplos, hay muchos casos en los que un momento de reconocimiento producirá un cambio: de ser arrastrado por un pensamiento o por la corriente de pensamientos a estar de vuelta en la corriente de experiencia. La técnica de observar los pensamientos en tiempo real es muy simple. Si sigues estos pasos no puedes fracasar.

1. Toma un momento para cobrar conciencia de tu entorno. Escucha los ruidos. Siente las sensaciones corporales en los pies, manos y cara. Siente la respiración entrando y saliendo.
2. Dite a ti mismo que, durante estos pocos minutos, lo único que te interesa es observar tus pensamientos.
3. Ahora dirige la atención al espacio de los pensamientos, donde quiera que esté.
4. Mira dentro de ese espacio de pensamiento como si estuvieras mirando dentro de una pecera para ver un pez muy hermoso. Esto es una analogía: no hace falta que visualices la pecera.
5. Deja de pensar activamente y observa el siguiente pensamiento que puedas discernir.
6. También puede ser de ayuda notar la quietud que se produce entre pensamientos, o en el periodo de espera antes de que comience un pensamiento.
7. En cuanto el pensamiento comience a formarse o esté plenamente formado, préstale atención. Si es un pensamiento auditivo o basado en el lenguaje, procura clarificar lo que está diciendo.
8. Si el pensamiento es una imagen, procura clarificarla o afinarla por un momento para que sea clara y obvia.
9. Ahora suelta el pensamiento y retorna inmediatamente al paso número cuatro.

Simple, ¿cierto? ¿Hasta dónde has llegado? Veamos un ejemplo de cómo podría desplegarse esto. Asumamos que he dado los pasos del uno al tres. Empezaré en el número cuatro. Voy a poner entre paréntesis la narración experiencial que no es un pensamiento.

[Mirar al espacio]

[Quietud, movimiento espontáneo de la atención]

Me pregunto si notaré el pensamiento cuando venga.

¡Oh, eso era un pensamiento!

[Volviendo a empezar en el número cuatro]

[Silencio]

[Acúfenos en el trasfondo]

Me pregunto si estoy haciendo esto bien.

Oh, ¡eso era un pensamiento!

[Volviendo a empezar en el número cuatro]

[Silencio]

[La imagen de un amigo se forma en mi mente, junto con una caminata que hicimos hace poco juntos]

[Viendo el pensamiento-imagen por un momento]

[Volviendo a empezar en el número cuatro]

[Quietud]

[Despierto observando y fluyendo, sin pensamientos]

Esto se está poniendo pacífico.

¡Oh, eso ha sido un pensamiento!

Esto es. El ejercicio es así de simple. Si esto te resulta gratificante o informativo, puedes añadir otros pasos al proceso. Un paso sería escribir cada pensamiento antes de soltarlo. Otro sería: justo antes de soltar el pensamiento, consulta con tus sensaciones corporales. Mira si hay una sensación o sentimiento que acompañe a ese pensamiento. Otra posibilidad sería hacerte la pregunta siguiente: "¿Me creo este pensamiento?". Mira si sientes que algunos pensamientos son más verdaderos o si te definen mejor que otros. Por último, cuando esté claro que estás orientado hacia el pensamiento y no estás en un estado de ánimo evaluativo hacia él, mira si puedes empezar a cerrar la brecha entre lo que sientes como el tú que es consciente y el pensamiento mismo. Es mejor hacer esto suavemente y con paciencia. He aquí unas cuantas indicaciones que te ayudarán a hacer este proceso más simple, gratificante y eficaz:

- Es mejor hacer esto de manera relajada. Mira si eres capaz de iniciar este ejercicio desde una sensación de relajación corporal, o incluso desde el espacio que rodea al cuerpo. Es como si fuera ese espacio relajado el que está haciendo la investigación. Si esto no resuena contigo ahora mismo, eso está totalmente bien. Simplemente reconoce los pensamientos de la manera que te resulte natural. Con el tiempo, podrías encontrar un modo de aproximarte a esta práctica más relajado que te resulte simple y natural.
- No hay necesidad de aplicar ninguna fuerza a este ejercicio ni a los pensamientos mismos. Si sientes que estás empujando contra los pensamientos o luchando con ellos, lo mejor es relajarse y probar este ejercicio en otro momento. No se requiere aplicar fuerza, que podría resultar contraproducente.
- La presencia de cualquier pensamiento simple, o de los pensamientos en general, nunca es un problema ni tampoco supone un fracaso. No significa que tengas pocas luces. No significa que seas indisciplinado. No dice nada con respecto a tu progreso en la realización. De modo que por favor no te juzgues por reconocer que

hay pensamientos, o que estás perdido en ellos. En todo caso, deberías felicitarte por tomar conciencia de los pensamientos como tales en este momento. Una vez que reconocemos que estábamos en un patrón de pensamiento, a menudo surgirá otro que dirá algo así: Oh, es una pena que todavía estés teniendo todos esos pensamientos. ¡Esta es tu oportunidad! Ya sabes lo que voy a decir, ¿sí? Justo, esto solo es otro pensamiento. Un simple pensamiento. No es peor ni mejor que cualquier otro. Reconoce eso e inmediatamente estás de vuelta en la experiencia inmediata, en la presencia.

- No esperes resultados inmediatos. Habrá momentos en los que sentirás que hacer esto es gratificante y pacífico. Puedes sentir que soltar algo que has estado rumiando es una enorme liberación. Por otra parte, no estamos haciendo esto para eliminar los pensamientos ni para hacer que se vayan. Estamos haciéndolo para tener más claridad y ser más auténticos con respecto a lo que está ocurriendo verdaderamente en un momento dado. A veces esta práctica no lleva a una relajación inmediata o a la experiencia de la presencia vívida. Esto está perfectamente bien; no es su propósito. Su propósito es ver con claridad que un pensamiento es un pensamiento, nada más. Es necesario hacer esto durante algún tiempo para empezar a sentir que estás orientándote hacia la presencia. De modo que en lugar de buscar constantemente obtener resultados, sugiero que aprendas a disfrutar del proceso mismo; de la inmediatez y sinceridad del proceso. Aunque a veces parezca algo seco, o saque a la superficie sentimientos incómodos, este trabajo es muy potente. Los efectos ocurren en lo profundo de tus estructuras de identidad, de modo que es prudente confiar y tener paciencia.
- Considera la posibilidad de establecer una práctica regular. Aunque solo lo hagas unos minutos al día, es bueno adquirir el hábito. Podrías preparar un recordatorio para hacer esto una o dos veces al día.
- Puedes encontrar tu propia manera de hacer esta investigación. Te recomiendo que trates de encontrar indagaciones e investigaciones que sientas naturales y relevantes. Mientras mantengas el espíritu de esta práctica (reconocer un pensamiento como

pensamiento en lo inmediato), creo que adaptar el ejercicio a tu propio estilo y preferencias es una estupenda manera de practicar.

- Trata por igual a todos los pensamientos. Uno de los efectos de este ejercicio es que empiezas a reconocer intuitivamente que los pensamientos no son un problema, nada por lo que alarmarse. Así, dedicas mucha menos vigilancia a prestar atención a los pensamientos como si tu vida dependiera de ello. Una de las comprensiones que posibilitan esto es el reconocimiento de que ningún pensamiento tiene más o menos importancia que cualquier otro. Siente las cosas a medida que continúas con esta práctica y comprueba si no empiezas a ver el significado de esta igualdad, de esta ecuanimidad. El contenido de los pensamientos variará, por supuesto, pero la presencia del pensamiento (el "material" del que están hechos los pensamientos) empezará a tener cierta familiaridad e igualdad para ti. En cierto sentido, reconocer esto te saca de la "silla caliente". Ya no tienes que permanecer en constante vigilancia para evaluar cada uno de ellos en cuanto a qué significa en función de su contenido. Cuando reconocemos esto de manera inmediata, mantenemos un interés relajado y alerta.
- No crees distancia. Esta instrucción es particularmente importante y tiende a ser contraintuitiva. Cuando nos desidentificamos de un pensamiento, lo que significa reconocer el pensamiento como pensamiento, a veces tendemos a querer distanciarnos de él. En ocasiones imaginamos un vasto espacio libre de pensamientos o de objetos del pensamiento y, sin darnos cuenta, hacemos de esta imagen un objetivo o expectativa del aspecto que debería tener la desidentificación de los pensamientos. De esta manera acabamos formando otro tipo de pensamiento. Más bien, cuando nos desidentificamos, tenemos la oportunidad de dirigir la atención hacia la presencia que está disponible en el campo sensorial inmediato.

Movimiento hacia, no lejos de

Tal como se describe en la sección anterior, uno de los efectos secundarios de esta práctica es que, a medida que nos desidentificamos de los pensamientos, a menudo tendemos a distanciarnos de ellos. Esta tendencia se manifiesta de diversas maneras en diferentes etapas de la realización. De manera más precisa, cuando estamos identificados con los pensamientos, siempre mantenemos cierta distancia entre el aparente sujeto "yo" y el objeto del pensamiento. En el momento en que nos desidentificamos, hemos disuelto parte de nuestra relación con el objeto de pensamiento (la creencia), pero a menudo el "distanciamiento" permanece. Así, el paso siguiente consiste en cerrar la brecha: moverse hacia, no lejos de. Esta experiencia es íntima y táctil, no tanto intelectual o lógica.

Hay muchos aspectos de la realización de los que resulta difícil hablar, pero, de manera específica, este es uno de los que me resulta más difícil de transmitir. Paradójicamente, este "moverse hacia" no es difícil de hacer una vez que captas la sensación que produce. La razón por la que es difícil de comunicar no es porque sea complicado, ni porque tengas que alcanzar un nivel especial de iluminación para "entenderlo". Nada de eso. Es difícil hablar de ello porque es muy cercano y muy simple. De hecho, es algo que pasamos por alto todo el tiempo. Cuando trabajo esto con otra persona, generalmente hacen falta unos minutos de intercambio en ambos sentidos, y a menudo la otra persona acaba diciendo algo como: "¡Oh, es eso! Ahora sé exactamente a qué te refieres". Es como si recordaran algo que hace algún tiempo dejaron en un lugar que no era el suyo. La dificultad de escribirlo en un libro es que contigo no puedo tener ese diálogo. Voy a hacer todo lo posible por demostrarlo con un ejemplo. Digamos que tú y yo estamos hablando, y yo te pido que tomes conciencia de tus pensamientos a medida que se te ocurran. Empiezas a examinar tus pensamientos. Tal vez el primer pensamiento que venga sea:

No estoy muy seguro de lo que me está pidiendo que haga.

¡Oh, eso es un pensamiento!

[A continuación, quietud..., sonidos en la habitación...]

Veo que esto puede ser pacífico.

Oh, eso es un pensamiento.

[Curiosidad serena]

¿Me pregunto cuándo surgirá el siguiente pensamiento...?

Oh, eso es otro pensamiento.

[...]

A medida que realizas esta práctica de observar los pensamientos, lo que estás haciendo puede sentirse con dos "tonos" distintos. El primero es parecido a un tono de vacilación. Es como si en el momento en que reconoces un pensamiento, introduces cierto esfuerzo para distanciarte de él. Es como si estuvieras tratando de empujar la atención a un estado desnudo y sin pensamientos. Es como si sintieras sospecha o desconfianza hacia los pensamientos mismos. ¿Te sorprendería escuchar que con frecuencia este es nuestro tono por defecto hacia los pensamientos?

El otro tono es el opuesto. Se le podría llamar tono de curiosidad o incluso de fascinación. Es como si en el momento en que reconoces un pensamiento como pensamiento, hay una familiaridad con esa forma pensamiento (recuerda la igualdad), y en realidad vas hacia ella. Mientras que el movimiento de alejamiento requiere un poco de energía, este movimiento no requiere esfuerzo. También podrías sentir como que el pensamiento se funde contigo en el centro de la parte consciente de ti que acaba de reconocerlo. Esto es como volver a casa. Es íntimo. Es una invitación y una aceptación. Cualquier cosa a la que des la bienvenida de corazón no te hará daño; de hecho, te liberará. Te recomiendo que te inclines hacia este segundo tono. Puede llegar a ser muy gratificante con la práctica. Hay momentos en los que esto puede llegar a ser una de las cosas más gratificantes que hayas experimentado.

Consejo situacional

En esta sección comentaremos diversas situaciones en las que están presentes pensamientos que suelen ser difíciles. A continuación comentaremos estrategias específicas que pueden ayudar en dichas situaciones.

Durante la meditación

El comentario más común que oigo de la gente cuando empieza a aprender a meditar es algo parecido a: "Siento que soy malo en esto de la meditación. Cuando cierro los ojos un par de minutos, los pensamientos me bombardean". Mi consejo es simple: acéptalo. Todo el mundo experimenta esto mismo. No es una señal de que estés meditando incorrectamente, ni tampoco de que no estés progresando. De hecho, es exactamente lo que se supone que ha de ocurrir.

En la sección anterior comentamos una práctica cuyo propósito es desidentificarse activamente del pensamiento. Durante la meditación también nos desidentificamos del pensamiento, pero en lugar de hacerlo activamente, nos desidentificamos pasivamente. Cuando meditamos se produce un cambio espontáneo: pasamos de ser arrastrados por la corriente de pensamientos a observar esa misma corriente según fluye a nuestro lado. Esto puede ocurrir gradual o rápidamente, pero siempre ocurrirá en una medida u otra durante la meditación.

Voy a usar una analogía que podría aclararlo. Imagina que estás en una balsa en medio de un río. Estás siendo arrastrado por la corriente. Si solo observas el agua y no la orilla, no tendrás forma de saber si el agua se mueve lento o rápido, ni tampoco podrás evaluar el volumen de agua que se mueve río abajo. Ahora bien, si tu perspectiva cambiara y estuvieras anclado a la orilla, observarías el agua pasando a tu lado de manera constante, y así podrías evaluar a qué velocidad fluye. Serías muy consciente del gran volumen de agua que pasa a tu lado.

Este cambio de perspectiva es exactamente lo que ocurre durante la meditación. Cuando empezamos a meditar, no es que de repente haya más pensamientos. Hay un cambio de percepción, y somos mucho más conscientes de los pensamientos que ya estaban allí. Y lo que es más importante, tomamos conciencia de ellos como pensamientos. Esta desidentificación pasiva es muy valiosa y no requiere ningún hacer ni ninguna técnica para tener un efecto beneficioso. Puede resultar sorprendente darte cuenta de la cantidad de pensamientos que fluyen en nuestra corriente mental cuando cambiamos de perspectiva en la meditación. Una vez que nos damos cuenta de que nada ha ido mal, esta comprensión y aceptación del fenómeno puede tener un efecto profundamente relajante en la totalidad del proceso. Planteamiento:

- Reconoce que, a veces, durante la meditación tendrás muchos pensamientos.
- Si ocurre esto, recuérdate que es perfectamente normal y es una parte natural del proceso de meditación.
- Recuerda que no hay necesidad de prestar una atención específica a ningún pensamiento particular o a los pensamientos como un todo. No hay necesidad de evaluar o gestionar los pensamientos durante la meditación, simplemente deja que fluyan de manera natural e inocente.

Cuando sentimos que un pensamiento es invasivo

A veces un pensamiento, recuerdo o imagen continúa afirmándose por más que preferiríamos que no fuera parte de nuestra experiencia. De hecho, cuando tratamos de evitarlo o empujarlo fuera, a menudo descubrimos que regresa con más vigor. Lo primero que hemos de saber es que esa resistencia al pensamiento, imagen o recuerdo es exactamente lo que hace que continúe volviendo de una manera que nos resulta invasiva. Probablemente hayas escuchado el dicho: "Aquello a lo que te resistes, persiste". Bien, en lo relacionado con los pensamientos, las cosas son exactamente así. De modo que cuando sientas que un pensamiento es invasivo o indeseado, lo primero que te has de preguntar es: "¿Estoy añadiendo resistencia a esta experiencia?". Si sientes que estás añadiendo resistencia, entonces genial, ya has descubierto la clave del problema. En cuanto reconocemos que nos estamos resistiendo a un pensamiento, a una imagen mental o a un recuerdo, hemos reconocido que hay otro pensamiento acechando en las sombras. Ese pensamiento oculto es lo que sigue "empujando contra" el pensamiento no deseado y hace que ocupe un lugar prominente en nuestra mente.

Para ilustrarlo, imagina que estás cara a cara frente a otra persona con los brazos extendidos de modo que tus palmas presionan firmemente contra las suyas. Ahora imagina que cada uno de vosotros, poco a poco, habéis ido hacia atrás de modo que las partes superiores de vuestros cuerpos se inclinan cada vez más una hacia la otra. Transcurrido algún tiempo, cada uno de vosotros estará sosteniendo al otro y notaréis mucha presión en las palmas de las manos. Si ahora de repente olvidaras cómo has llegado a esta posición y no vieras ni apreciaras con claridad la presión mutua que os mantiene así, podrías preguntarte: ¿Por qué esta persona está apoyando tanto de su peso sobre mí? Estoy usando mucha fuerza para resistirme a ella. Ojalá que no estuviera ahí.

Si de repente recobraras el sentido y vieras lo que está pasando, sabrías que el verdadero problema era tu perspectiva limitada. Como no estabas considerando la naturaleza de los dos cuerpos empujando uno contra otro (resistiendo), parecía que se te estaba imponiendo algo. En realidad, tú eras tan responsable de la postura y de apoyarte como la otra persona. Además, estabas posibilitando que ella pudiera seguir aplicando esta presión y viceversa. Cuando dejas de inclinarte hacia ella, ella deja de apoyarse en ti. Esto es exactamente lo que ocurre cuando investigamos la resistencia y encontramos el pensamiento oculto. Entonces, ¿cuál es este pensamiento oculto? El pensamiento es:

Ese pensamiento, imagen o recuerdo no debería estar ahí.

Veamos un ejemplo. Digamos que estoy en un día de trabajo en la oficina y de repente surge en mi mente un recuerdo que me da vergüenza. Podría intentar alejarlo, o incluso podría decirme a mí mismo: "¡No quiero pensar en esto ahora mismo!". Por supuesto que eso no funciona, y un momento después la imagen vuelve con más fuerza que antes. Es una imagen de la que estoy avergonzado, de modo que en realidad no quiero pensar en ella, y guarda relación con un "suceso" ocurrido en la fiesta de Navidad de la oficina que se celebró el sábado pasado. Fui a la fiesta vestido de alce, y después de unas copas de ponche, invité a todos a contemplar mi versión de un alce corriendo por el bosque y llamando al apareamiento. Ahora bien, aunque en el momento esto le resultó divertido a todo el mundo, e incluso parece seguir ofreciendo entretenimiento continuado en forma de risitas reprimidas cuando la gente se encuentra en la misma habitación que yo, este recuerdo no acaba de parecerme divertido cuando se invita a sí mismo a volver a mi conciencia. Lo que siento es una combinación de pura vergüenza y espanto.

Entonces, ¿qué puedo hacer en lugar de intentar alejar continuamente el recuerdo, reemplazarlo por otro o distraerme? Bien, podría decidir detenerme e investigar la experiencia a fondo. Indago: "De acuerdo, ¿qué es lo que realmente me está molestando?". Reconozco inmediatamente que este pensamiento vergonzante continúa reviviéndose en mi mente. Entonces me pregunto: "¿Estoy añadiendo resistencia a esta experiencia?". Después de unos momentos de contemplación serena, la respuesta viene intuitivamente: sí. Puedo sentirlo. Aunque al principio es un sentimiento vago, está claro que me estoy resistiendo a la experiencia. Entonces me pregunto: "¿Qué pensamiento oculto representa esta experiencia de resistencia?". Cuando me siento con esta pregunta durante un momento, queda claro que aquí también hay un pensamiento que dice: "No debería tener que revivir este recuerdo. Este pensamiento no debería estar aquí". Me quedo así durante un minuto, moviendo la atención de un pensamiento a otro.

Uno es el pensamiento imagen de mi versión del grito del alce, y el otro es un pensamiento que dice: "Ese pensamiento no debería estar aquí". Es divertido que ambos pensamientos parecen estar empujando uno contra otro y que esta sensación de resistencia, de "esto no está bien", parece surgir de la dinámica de empujar y de no estar viendo la perspectiva completa. Conforme permito que ambos pensamientos sean exactamente como son, de repente toda la experiencia se relaja. Ahora la imagen de mi versión del grito del alce ha sido puesta en perspectiva. Sin duda fue algo tonto que no hubiera hecho de haber estado sobrio, y tampoco es probable que lo repita, pero hice reír a la gente (incluso a mí mismo), entonces, ¿qué problema hay? No he hecho daño a nadie. Ese pensamiento puede estar aquí, ya no tiene carga. Y ahora el pensamiento de resistencia que dice: "Ese otro pensamiento no debería estar aquí" se ha calmado considerablemente. No parece tan imperioso como hace unos minutos. No siento una necesidad urgente de hacer algo con respecto a él. Ahora también puedo verlo en perspectiva. Es un simple malentendido. Este pensamiento dice que "el otro pensamiento no debería estar aquí", pero, en realidad, ese otro pensamiento ya estaba aquí, de modo que el pensamiento de resistencia era una reacción al primero. Por supuesto, estaba bien que ese primer pensamiento estuviera ahí porque ya estaba ahí. Está bien que cualquier pensamiento esté aquí. Los pensamientos no causan ningún problema a menos que no los examinemos con claridad y los reconozcamos como lo que son.

Planteamiento:

- Cuando un pensamiento incómodo o invasivo se afirme a sí mismo, comienza por preguntarte: "¿Estoy añadiendo resistencia a esta experiencia?".
- Busca el pensamiento oculto. Podrías intentar formular una declaración sobre lo que diría en ese momento la resistencia si tuviera voz. Otro planteamiento es preguntar: "¿Cuáles son mis ideas o conclusiones sobre la presencia de estos pensamientos, imágenes o recuerdos incómodos?". A menudo la respuesta será algo como: "Esto no debería estar aquí" o "Lo detesto" u "Ojalá que esto nunca hubiera ocurrido" o "Ahora estaría en paz si no tuviera que pensar en ________".
- Una vez que formulas esa declaración (pensamiento de resistencia oculto), es conveniente que te preguntes: "¿Siento alguna resistencia también a esta declaración o punto de vista?". Podría sorprenderte; a menudo ocurre que sentimos resistencia tanto al pensamiento invasivo como a los pensamientos que dicen que no debería estar ahí. Si no tomamos el tiempo de mirar con claridad lo que está ocurriendo, esta sensación de la resistencia resistiéndose a la resistencia puede parecer que solidifica estos patrones.
- Si sigues los pasos delineados aquí, te sorprenderá cuánto de esto puede relajarse y disolverse. Sé paciente. Estos patrones no se establecieron de la noche a la mañana. Si trabajas con sinceridad, estás dispuesto a ver las cosas como son y a continuación aceptas estos pensamientos, impresiones y tendencias que no habías visto antes, las cosas se suavizarán más y más.

En el caso de los pensamientos invasivos, otro acercamiento que puede ser de ayuda es hablarle directamente al pensamiento mismo. Este planteamiento es muy simple, pero al principio puede ser contraintuitivo. Cuando se presenta un patrón de pensamiento doloroso o recurrente, trata de hablarle directamente y de asegurarle que ahora mismo es bienvenido a tu experiencia. Esto puede parecer extraño las primeras veces que lo hagas porque, por hábito, lo último que queremos es aceptar un pensamiento incómodo. Incluso es posible que sientas que estás siendo insincero durante un tiempo.

Con un poco de persistencia y estando dispuesto a hablar desde el corazón en la medida de lo posible, te podría sorprender agradablemente lo rápido que las cosas pueden darse la vuelta. Como dije antes, todas las cosas del universo solo quieren ser lo que son. Los patrones de pensamiento difíciles no son diferentes. Solo quieren ser lo que son. De modo que podemos asegurar al pensamiento o imagen: "Eres bienvenido aquí. Por favor, tómate el tiempo y el espacio que necesites para expresarte. Entra y sal como sientas necesario. Puedes tener mi atención cuando estás aquí". A menudo, cuando hacemos esto, poco después vendrá otro pensamiento que dirá: "¡Espera! Si invito a este pensamiento, tal vez no quiera irse nunca. ¿Y si tengo que sufrir eternamente?". Ya sabes lo que voy a decir, ¿cierto? Eso es.

Ahora que el pensamiento ha llegado, necesita tu atención. Estos patrones de pensamiento habituales tienen fuerza de vida. Si reconoces su presencia y les das permiso para ser lo que son, dejarán de ser un problema para ti. De modo que yo podría decir a este pensamiento: "Hola, miedo; hola, alarma. Me alegro de que hayas venido a ayudar. Gracias por estar aquí. Por favor, siéntete como en casa. Tienes este espacio. Tienes mi atención. Quédate todo el tiempo que quieras". A esto se le puede llamar "hacer de padre de uno mismo". Si tomas la decisión de dejar de abandonar a estos trocitos de fuerza de vida que están buscando un hogar y aceptación, podría sorprenderte lo gratificante e íntima que esta experiencia puede llegar a ser.

Pensamientos asociados a emociones

En el capítulo correspondiente entraremos a fondo en el tema de los sentimientos y emociones. De momento, quiero dar algunas indicaciones simples para cuando experimentemos pensamientos asociados con emociones o ligados a ellas.

Una manera simple y práctica de pensar en las emociones es mirarlas como una estación intermedia entre el mundo del pensamiento y el mundo de la experiencia sensorial. Podemos decir que las emociones, como tales, existen en un amplio espectro de experiencia. Un extremo del espectro viene representado por el pensamiento conceptual, el diálogo interno y la historia personal. La parte media del espectro está caracterizada por diversos gradientes de emoción. El otro extremo del espectro viene representado por la pura experiencia sensorial (sensaciones corporales). Cuando tomamos conciencia de un pensamiento o de un diálogo interno asociado con una emoción, nuestra atención está en alguna parte de este espectro. Para ser preciso, a menudo está moviéndose entre distintos puntos del mismo. A medida que nuestra atención se mueve de una zona a otra, a menudo surgen sentimientos de ambivalencia, confusión o desorientación. Podemos sentir como si estuviéramos siendo atraídos en dos direcciones al mismo tiempo. Podemos preguntarnos a qué es más importante prestar atención, al aspecto sensación/sentimiento o al aspecto argumento/pensamiento.

Bien, en primer lugar, cuando reconocemos que el pensamiento y el sentimiento forman parte de una continuidad o espectro, vemos que en realidad no son dos cosas. Esto en sí mismo puede darnos cierto alivio, porque vemos que no tenemos que tomar una gran decisión sobre dónde poner la atención. Podemos confiar en su movimiento natural, incluso si a veces parece moverse erráticamente. Cuando nuestra atención rebota entre el pensamiento y la emoción, podemos sentirla un poco como un péndulo que se balancea y va adelante y atrás durante algún tiempo antes de encontrar su equilibrio natural. Este tipo de experiencia es común en situaciones cargadas de emoción. Cuando ocurren, tenemos una gran oportunidad de aprender mucho sobre nuestros procesos internos. Si observamos con genuina curiosidad y algo de paciencia, encontraremos que en algunos momentos nuestra atención se orienta más hacia el extremo del espectro relacionado con el sentimiento, y en otras más hacia el extremo del pensamiento. Podemos recordarnos a nosotros mismos que ninguno de ellos es erróneo. Ambos tienen su lugar, y en último término ambos tienen la misma esencia.

Cuando reconocemos estos movimientos, podemos aplicar lo aprendido en las secciones previas. Podemos preguntarnos a nosotros mismos: “¿Ahora me estoy resistiendo a los pensamientos o a los sentimientos/sensaciones?”. Adicionalmente, podemos indagar: “¿Me estoy resistiendo al movimiento natural de la atención de un extremo del espectro al otro?”. Si encontramos que se está introduciendo cierta resistencia, podemos aplicar el ejercicio descrito antes para relajarla.

La propuesta de “ser el padre de sí mismo” también funciona bien en esta situación. Repasemos un escenario posible. Tal vez hayas tenido recientemente una decepción o una pérdida en tu vida. Sientes algunas emociones en conflicto y también sientes que estás luchando con tus pensamientos con respecto a estos sucesos. Podrías decidir probar esta propuesta de "ser el padre de ti mismo". Di en voz alta o para ti mismo: "Tristeza, eres bienvenida aquí. Puedo sentirte en mi cuerpo y doy la bienvenida a la sensación. Tienes derecho a estar aquí. Te reconozco como una forma de vida y veo que lo único que quieres es ser quien eres. Puedes quedarte todo el tiempo que necesites". Te relajas un poco y reconoces que sentir directamente la emoción llamada tristeza puede resultar pacífico, incluso gratificante. Entonces podría entrar un pensamiento: "Pero no puedo limitarme a regodearme en la autocompasión, tengo que ir a vivir mi vida, no quedarme tumbado en la cama sintiéndome infeliz". Entonces puedes dar la bienvenida a este cambio de la emoción al pensamiento recordando que están en el mismo espectro; es como la misma forma de vida mostrándote dos aspectos distintos de sí misma. Manteniéndote fiel al compromiso de abordar tu experiencia directamente y con compasión, continúas: "Puedes cambiar tal como te parezca más natural. Confío en tu intuición e inteligencia en cuanto a qué es más necesario prestar atención en este momento. Además, entiendo y reconozco este pensamiento y este argumento. También tiene derecho a estar aquí. Tiene su lugar. Bienvenido, pensamiento, entiendo tus preocupaciones, quédate todo el tiempo que necesites. Te dejaré espacio para respirar".

Tormentas de pensamiento

Los patrones de pensamiento pueden parecerse mucho a los patrones del tiempo meteorológico. A veces las cosas están en calma y solo hay unas pocas nubes-pensamiento deambulando sin esfuerzo por el cielo. Otras veces los pensamientos vienen tan rápido que no podemos dar sentido a nada. Sentimos que estamos completamente atrapados en una tormenta de pensamientos. Ni siquiera somos capaces de diferenciar un único pensamiento para ver de qué trata, puesto que el siguiente llega a toda prisa, y luego otro, y otro. Si alguna vez te encuentras en esta situación, aquí hay algunas sugerencias para ayudarte a capear el temporal.

- En primer lugar, es conveniente reconocer lo que está pasando. "Oh, esto es una tormenta de pensamientos". Puede ser de mucha ayuda reconocerla como tal y darte cuenta de que, como cualquier suceso meteorológico, la tormenta viene y va.

- A continuación, recuérdate: "Los pensamientos no van a hacerme daño aunque vengan más rápido de lo que me resulta cómodo". Deja que vengan. Deja que vengan a cientos, a miles, a millones, ¿qué más da?
- Recuérdate a ti mismo: "No tengo que resistirme a la tormenta de pensamientos, ni tampoco tengo que intentar prestar atención a un pensamiento concreto. Si vienen tan rápido que ni siquiera puedo distinguir qué son, eso está absolutamente bien".
- Procura encontrar un entorno sereno y relajante en el que aposentarte. Toma un baño. Siéntate en el porche. Relájate en el sofá en una habitación cómoda y sin distracciones. Escucha música relajante. Da un paseo por el bosque. Cuando vayas a ese entorno más relajante, recuérdate que no lo estás haciendo para conseguir que la tormenta se vaya. No tiene que irse. Te pones en un entorno seguro y relajante para que la tormenta de pensamientos se exprese.
- Si te resulta natural mover el cuerpo de manera intuitiva, hazlo mientras sigues prestando atención a los pensamientos. A veces, durante las tormentas de pensamientos hay una inquietud en el cuerpo que pasa desapercibida, y moverse de manera intuitiva puede ayudar a armonizar esa energía inquieta con el entorno.
- A veces puede ayudar investigar un poco los pensamientos específicos que estás teniendo sobre la tormenta. Podrías decirte: "De acuerdo, hay incontables pensamientos y vienen deprisa, pero, ¿qué pienso yo de esta experiencia? ¿Qué me resulta incómodo con respecto a ella?". Podrías captar pensamientos del tipo: "No puedo con esto. Si esto sigue, me voy a volver loco. Ahora mismo no puedo pensar bien. Tengo que prestar atención a estos pensamientos para orientarme". Entiendo que estos pensamientos pueden ser incómodos, pero cuando los reconocemos como pensamientos, vemos que solo son golpes de aire en el patrón mayor de la tormenta.
- Si te aproximas a la tormenta de pensamientos de esta manera, tal vez te sorprenda agradablemente que, como cualquier otra

tormenta, la de pensamientos puede llegar a ser agradable. Habrá momentos en los que incluso serás capaz de cabalgar las olas de la conciencia-pensamiento, una experiencia verdaderamente sublime.

Pensamientos molestos u obsesivos

Aunque no es algo de lo que la gente acostumbre a hablar, a veces todo el mundo tiene pensamientos molestos. En ocasiones están asociados con una emoción intensa, como cuando un niño enfadado piensa sobre su madre: "Ojalá estuviera muerta". O cuando un adulto se ha sentido insultado o avergonzado por otra persona y vienen pensamientos de que el ofensor sufre un accidente de coche o muere durante el sueño.

Otras veces los pensamientos molestos surgen de la nada. Podrías estar atendiendo las tareas del día cuando, de repente, te viene a la mente un pensamiento de pegar a alguien con un objeto contundente sin razón aparente. Hace años, Jim Carrey hizo una gran representación sobre esto. Estoy parafraseando, pero dijo que en realidad es bueno que no hagamos todo lo que pensamos. Mientras nos afeitamos ante el espejo, no decidimos cortarnos la garganta, y cuando conducimos tampoco decidimos embestir al tráfico que viene en el otro sentido. Como Jim puede hacer que prácticamente cualquier cosa resulte divertida, fue capaz de tomarse a la ligera algo de lo que la mayoría de nosotros no hablamos nunca, y cuando lo hacemos es para contárselo a un terapeuta. Hay mucha vergüenza en torno a algunos pensamientos, como si dijeran algo de nuestro carácter. Por suerte no es así. Un pensamiento es un pensamiento. Surgen espontáneamente y se producen a diario en cantidades masivas. Como se mencionó en una sección anterior, ningún pensamiento es mejor ni peor que otro.

Es importante señalar que estoy estableciendo una distinción clara entre pensamientos y acciones. Evidentemente no está bien llevar a cabo un pensamiento violento. Si tienes el deseo o planeas realizar una acción violenta contra ti mismo u otra persona, por favor busca ayuda. Hay muchas cosas que se pueden hacer para ayudarte. De lo que estoy hablando aquí es de pensamientos que simplemente surgen en ti y son reconocidos como tales. Si son de naturaleza molesta, podríamos tener una reacción visceral hacia ellos. Estas son algunas indicaciones:

- Tener un pensamiento violento o molesto no dice nada negativo de tu carácter. Todo el mundo los tiene y no causan verdadero daño. Como cualquier otro pensamiento, vienen y van como nubes que se forman y se disipan en el cielo.
- Si surge un pensamiento molesto o violento, date cuenta: "¡Oh, esto es un pensamiento!". Deja que esté ahí. Si no empujas contra él ni tratas de alejarlo con la voluntad, se disipará. Si retorna, que así sea. Con el tiempo, aquellos pensamientos a los que no añadimos carga al intentar alejarlos volverán con menos frecuencia. La cuestión es no darles mucha importancia.
- Recuerda que hay mucha diferencia entre observar un pensamiento y actuar el contenido de ese pensamiento. Si un pensamiento te resulta molesto y tienes miedo de que el simple hecho de tenerlo te haga llevarlo a cabo, esa es una buena señal de que no está en tu carácter hacer eso. Lo que sigue es una analogía para clarificar esta distinción. Imagina que observas una escena violenta en una película. En una de las escenas, tal vez alguien asesine a otra persona. Podrías encogerte internamente y pensar: "¡Vaya, eso es horrible!". El hecho mismo de haber tenido una reacción visceral ante esa escena me dice que esa violencia va en contra de tu naturaleza. Para mí, tener una reacción de encogerte ante la violencia deja claro que no vas a reproducirla en la vida real. La escena ha sido simplemente algo que has observado, tal como observas el pensamiento violento. Encogerte de horror es una reacción muy distinta de observar una escena violenta en una película y decidir que quieres actuar con esa violencia en la vida real.
- Si los pensamientos molestos son recurrentes, están teniendo un impacto negativo en tu capacidad de funcionar en la vida de cada día, y ninguna de estas sugerencias te sirven, tal vez quieras considerar la posibilidad de hablar con un terapeuta. Hay muchas terapias que tratan los patrones obsesivos y podrían ayudarte.

Pensamientos durante la actividad

Aunque para nosotros los pensamientos son compañeros casi constantes, hay ocasiones en los que se aquietan, e incluso cesan completamente. Durante la actividad, en especial la actividad esforzada o la que requiere una concentración intensa, los pensamientos tienden a calmarse bastante. Es común que los atletas que practican pruebas de resistencia experimenten estados pacíficos y sin pensamientos durante el ejercicio intenso. Muchos describen estados meditativos, experiencias cumbre, sienten que están "en la zona" o que siguen el "flujo". Si has tenido alguna de estas experiencias, sabes lo pacíficos y agradables que pueden ser los estados libres o casi libres de pensamientos. Estos vislumbres son como un breve degustar de lo que ocurre en un despertar. Los vislumbres son episódicos y experienciales, mientras que el despertar es un cambio a nivel de la identidad hacia esa vastedad, paz, flujo y ecuanimidad. Si una experiencia cumbre es un 3 sobre 10, el despertar es un 10 sobre 10. Por desgracia, el ejercicio físico extremo no conduce al despertar y la liberación, pues de otro modo todos los practicantes del atletismo extremo estarían liberados.

Dejando a un lado el atletismo extremo, hay muchas otras tareas y actividades que aquietan los pensamientos. Cualquier cosa que requiera enfoque o dirigir la atención hacia los sentidos tiende a aquietar la mente. Esta es la razón por la que ciertas artesanías, como modelar o coser, o artes, como tocar un instrumento musical o pintar, pueden ser tan pacíficas y agradables. Sin embargo, si examinas la experiencia de cerca, puedes descubrir que, a menudo, incluso durante este tipo de actividades hay pensamientos agitándose en el trasfondo. Podrías notar que estás enfocado de manera general en la tarea que tienes entre manos, pero como soñando despierto. También podrías descubrir que estás pensando en otras cosas aparte de las que ocurren en lo inmediato. En este caso, puede ser útil dar gracias a tu mente por hacer su trabajo de producir pensamientos. Lo hace muy bien. A continuación, mira si puedes prestar un poco más de atención a la tarea. Específicamente, a los sentidos asociados con esa tarea.

Digamos que estás montando algo. Has comprado una estantería y la estás montando cuando te das cuenta de que estás soñando despierto con una conversación que quieres tener con tu novia la próxima vez que la veas. Te das cuenta de que, en realidad, no hay una necesidad que te presione a pensar en eso en este momento, y decides prestar más atención a la tarea que tienes entre manos. Al coger el destornillador, prestas atención a la sensación del plástico fresco en la mano. También notas la sensación de tus pies en el suelo. Al poner el destornillador en un tornillo, aplicas la tensión necesaria para hacer que gire. Miras más de cerca al tornillo y a la superficie en la que está penetrando. Te das cuenta de las vetas de la madera, de sus colores, y del brillo de las piezas de metal. A continuación dejas el destornillador y lees las instrucciones. Al transitar entre tareas, te das cuenta de cierta tensión en la mandíbula, y a continuación sientes con más claridad que la vez anterior que el aliento entra en tu cuerpo. Mientras espiras, sientes una sensación de relajación que se despliega en cascada por tu cuerpo hacia las piernas. Cuando tomas las instrucciones, lo haces más lentamente y con renovado interés, casi como si no pudieras esperar a la siguiente experiencia sensorial. Las formas de las letras sobre la página, el agudo contraste entre la tinta y el blanco desnudo del papel parecen más vívidos que antes. Empiezas a reconocer un destello..., pero, ¿dónde? Ni siquiera puedes localizarlo porque parece estar dentro y fuera. Está en la madera, en el papel, en las manos. Te llega el sonido de la música, que impregna la experiencia y danza con ella. Tu atención se dirige hacia el sonido mientras ves que tus manos agarran la siguiente grapa y empiezan a sujetarla. Las vetas de la madera, las notas, la respiración, las sensaciones en las manos y el rostro, todas ellas se están volviendo más vivas y vívidas. Según parece, están empezando a mezclarse.

Así es como prestas más atención a la tarea. Puedes hacer esto en cualquier momento y lugar en que tengas acceso a los sentidos, es decir, siempre.

Capítulo 13:
Creencias

Introducción

Mencioné en el segundo capítulo que en lo relacionado con el despertar, no estar dispuesto a examinar y/o soltar las creencias hará que el proceso resulte muy difícil. Esto se debe a que una negativa a cuestionar nuestras creencias equivale a decir: "Sabes, me siento completamente cómodo en el mundo de la identificación con la mente. Me gustan mis ilusiones. Me siento cómodo con ellas y no quiero arriesgarme a cambiar o a sentirme incómodo para disiparlas, incluso si me causan sufrimiento o se lo causan a otros". Si no estamos dispuestos a examinar las estructuras de creencia que atan nuestra identidad al reino conceptual, y no realizamos cierto escrutinio, no llegaremos lejos. Por otra parte, si estamos dispuestos a investigar todas nuestras creencias, especialmente las relacionadas con nosotros mismos y con la realidad, este proceso no tiene que llevar mucho tiempo. Según veo, las personas que despiertan más rápido son las que están dispuestas a exponer, examinar y soltar decididamente las creencias que les obstruyen, por más incómodo que sea el proceso.

¿Qué es una creencia?

Para los propósitos de nuestros comentarios, el significado habitual de creencia es suficiente. No necesitamos adoptar una definición esotérica para seguir adelante. Una definición común de creencia es: "La aceptación de que una declaración es verdadera o de que algo existe". Podemos empezar por aquí.

En esencia, una creencia es un pensamiento

Hablando en general, una vez que somos capaces de ver con claridad y de declarar la naturaleza de una de nuestras creencias, puede ser considerada y tratada como un pensamiento. Se podría decir que todas las creencias son pensamientos, pero no todos los pensamientos son creencias.

Una creencia está parcial o totalmente escondida

Una distinción que diferencia la creencia de un mero pensamiento es que la creencia tiene un aspecto oculto. Dependiendo de la creencia específica, podemos ser parcialmente conscientes o totalmente inconscientes de que la tenemos. Hay dos razones básicas por las que una creencia puede estar oculta de nuestra conciencia. Una es que, para empezar, ni siquiera hemos considerado que la tenemos. Una circunstancia común en la que ocurre esto es cuando tenemos una creencia general que es manifiesta, y la "usamos" para esconder otra más profunda (a menudo opuesta) sobre nosotros mismos. Cuando se revela esta creencia más profunda, a menudo nos sentimos desanimados porque estábamos convencidos de que realmente creíamos lo opuesto. Esto ocurre en muchas facetas de nuestra experiencia interna. Un área común es el reino de la autoestima y la confianza. Por ejemplo, alguien podría creer que tiene mucha autoestima y actuar con confianza hacia fuera basándose en esa creencia superficial. Sin embargo, si dicha persona está dispuesta a cavar más hondo y a llegar a la raíz de sus estructuras de creencia en torno a la autoestima y los bloqueos emocionales asociados, a menudo hallará cierta medida de duda con respecto a sí misma. La creencia subyacente más primaria (la que conduce a conductas de autoderrota y disonancia cognitiva) es que no tiene la confianza suficiente para gestionar las eventualidades de la vida y que, en general, carece de valía.

La segunda situación en la que las creencias permanecen ocultas para nosotros es cuando son tan fundamentales para nuestra visión de la realidad que ni siquiera nos planteamos cuestionarlas. Esto tiende a ser verdad en nuestras creencias más profundamente asentadas, que están en la raíz de creencias más superficiales. Por ejemplo, considera la creencia:

"Estoy separado de esa mesa que está ahí". Esto está tan asumido y dado por hecho en nuestra comunicación, pensamiento y experiencia que parecería absurdo cuestionar que podría no ser verdad. Como nota adicional, la disolución de estas creencias "raíz" que parece absurdo cuestionar conduce a increíbles grados de libertad e intimidad. Esto suele ocurrir en las etapas posteriores de la realización.

Una creencia conlleva suposiciones

Una creencia siempre lleva consigo cierta medida de equipaje. Dicho equipaje viene en forma de suposiciones que tal vez no nos demos cuenta que estamos haciendo cuando albergamos la creencia. Veamos un ejemplo. Considera la creencia: "Mi hermana me ha arruinado el día hablándome bruscamente esta mañana". Si entramos en el sentir de una creencia como esta, probablemente nos sentiremos incómodos. Podríamos sentirnos ansiosos, decepcionados o debilitados. Sugiero que la mayoría de estas reacciones no se deben tanto a la creencia en sí, sino a las suposiciones que estamos aceptando inconscientemente cuando la creemos. En primer lugar y principalmente, estamos comprando la simple suposición de que la creencia es verdadera, que nuestro día está arruinado y que es culpa de nuestra hermana. Examinemos ahora algunas otras creencias que se sugieren y asumen dentro de esta:

Un día puede ser arruinado.

¿Es un día una cosa tal que pueda ser arruinada? ¿Puedes encontrar el objeto llamado "día" para evaluar en qué medida está arruinado tal como puedes elegir una pieza de fruta mohosa y evaluar que está demasiado madura?

Si un momento es desagradable, eso puede causar que todos los demás momentos sean desagradables durante un periodo de tiempo.

Todos sabemos que interactuar con ciertas personas en determinadas circunstancias puede resultar desagradable. Sin embargo, es posible convencernos a nosotros mismos de que una interacción que ha durado unos pocos minutos puede "sangrar" hacia otras experiencias, durando efectivamente horas e incluso días. Si examinamos lo que está ocurriendo momento a momento, veremos que en realidad no es así. Es más preciso decir que tenemos una interacción desagradable y entonces, cuando acaba, la recordamos varias veces durante el día. Nuestra experiencia inmediata está "teñida" por la experiencia de referencia solo en esos momentos de recuerdo. Así, tal vez tengamos una conversación de diez minutos que nos parece desagradable. Después de unos minutos, recordamos lo desagradable que ha sido, y ese recuerdo puede durar un minuto. A continuación seguimos con la tarea del día. Una hora después volvemos a recordar el suceso durante unos minutos. Después de un par de horas, volvemos a recordarlo una tercera vez. Llegados a este punto, concluimos que esa interacción nos ha arruinado el día. Sin embargo, mirando atrás, las sensaciones desagradables solo han durado unos quince minutos. Diez minutos de conversación y unos pocos minutos de recuerdo. Las demás horas del día no se han visto afectadas. Ahora bien, si compramos esta creencia, podemos convencernos a nosotros mismos de que todo el día se ha visto afectado.

La cualidad de mis interacciones con otros dicta cómo me siento a lo largo del día.

Ciertamente podemos recoger distintas impresiones y energías interactuando con otras personas. No obstante, es muy posible vivir en un estado de presencia en el que el efecto momentáneo de cualquier interacción dada se disuelva en cuanto la interacción concluye. De hecho, el efecto momentáneo puede estar tan disuelto en la simultaneidad que nada se note, juzgue ni categorice, que no nos aferremos a nada. Aunque no vivamos en la presencia que se disuelve segundo a segundo, tenemos más libertad de la que creemos con respecto a nuestras reacciones y respuestas cuando estamos dispuestos a cuestionar nuestras creencias. Por ejemplo, podríamos irnos de esa interacción con nuestra hermana sintiéndonos engañados, amargados y resentidos. Sin embargo, también somos libres de sentirnos aliviados, agradecidos por el hecho de que todo tiene su fin, dispuestos a soltar con disfrute y gratitud, y animados a ver qué nos trae el momento siguiente ahora que hemos sido liberados de nuevo a la presencia.

Se va...

Se va...

Se fue...

También hay creencias más sutiles asociadas con la historia de "mi hermana me ha arruinado el día". Es posible que sean menos evidentes hasta que estemos al tanto del proceso:

Es importante reflexionar sobre la conversación que he tenido esta mañana (o en cualquier momento previo).

¿Lo es? ¿Qué ocurriría si simplemente soltaras ese pensamiento/recuerdo/conversación? ¿Qué ocurriría si soltaras completamente el pasado?

No puedo soltar la conversación de esta mañana.

¿Qué coste tiene para ti creer este pensamiento? Si compras este pensamiento, ¿dónde va tu atención a continuación?

Puede parecer que es un gran esfuerzo desenredar las tramas de las creencias de esta manera, pero el proceso ofrece más dividendos de los que parecen obvios a priori. Puede ser agradable y liberador una vez que lo dominas.

"El hombre debería buscar lo que es, y no lo que él cree que debería ser".

—Albert Einstein

La creencia se siente como algo personal

¿Has tenido alguna vez un desacuerdo con alguien sobre un principio o concepto y la situación se calentó? ¿Te sorprende cuando tú mismo u otra persona se enfada debido a la necesidad de defender un concepto o punto de vista? ¿Parece extraño que podamos sentir agresión o mala voluntad hacia otra persona simplemente porque tiene una creencia diferente de la nuestra? A todos nos resuenan estos ejemplos, pero, ¿has considerado alguna vez por qué ciertas creencias activan estas intensas respuestas emocionales mientras que otras no lo hacen? Por ejemplo, ¿puedes imaginarte indignado, enfadado o agresivo hacia alguien porque piensa que la comida china sabe mejor que la italiana, mientras que tú crees lo contrario? A la mayoría de nosotros nos costaría sentirnos activados hasta el punto del enfado o la agresión en una conversación así. Por otra parte, no es difícil imaginarse enfadado por un desacuerdo político.

Piensa en una ocasión en la que te hayas sentido reactivo debido a un desacuerdo. Ahora pregúntate en qué sentido sientes que este caso es diferente de un debate con respecto al tipo de comida que prefieres. En el caso del tema que produce una discusión acalorada, lo sientes muy personal, ¿cierto? Lo sientes menos como una diferencia de opinión y más como un ataque personal. Lo que hace que un desacuerdo lleve a la ira o la agresión es que nos lo tomamos personal: consideramos que es algo sobre "mí". Esto se remonta a la identificación con la mente. En la medida en que tengamos nuestra identidad entrelazada con una creencia o punto de vista, sentiremos la necesidad de defenderlo como si nos estuviéramos defendiendo a nosotros mismos. Lo bueno es que en cuanto vemos una creencia como creencia (un mero pensamiento), nos sentimos aliviados de esta sensación de necesitar defendernos. Ya hemos recorrido un largo trecho en el proceso de desenredar la creencia de nuestros mecanismos de defensa, y por tanto de nuestra identidad.

Cómo se forman las creencias

¿Cómo hemos llegado aquí?

Es posible que llegues a este capítulo con mucha experiencia en el examen de creencias, o es posible que tengas poca práctica en esta área. Si esto es nuevo para ti, tal vez te preguntes cómo adquirimos todas esas creencias, y cómo se quedan tan entrelazadas con nuestra identidad. La respuesta es simple y quizá sorprendente. En realidad, nunca elegimos creer la mayoría de las cosas que creemos. Tenemos vastas redes de creencias interconectadas influyendo constantemente en nuestros procesos internos (pensamiento y emoción). Sin embargo, es como si simplemente nos encontráramos aquí. ¿Recuerdas ese momento de tu infancia en el que el departamento de adquisición de creencias te llamó a un lado para auditar tus creencias? Te mostraron una lista de miles y miles de creencias posibles y te dejaron elegir las que querías adoptar, y desde las que querías operar, para el resto de tu vida. Sí, yo tampoco recuerdo nada de eso.

Reflejar lo que otros hacen

Aunque nunca elegimos específicamente adoptar la mayoría de las creencias que definen nuestra experiencia, hemos venido adoptando activamente e incorporando creencias en nuestra visión de nosotros mismos y del mundo. Hemos venido haciendo esto toda nuestra vida. Ocurre automáticamente y en un nivel situado por debajo de nuestra consciencia. No entraré en el detalle de cómo ocurre esto, pero lo resumiré diciendo que en gran medida adquirimos las creencias "haciendo de espejo", es decir reflejando e imitando la conducta y la comunicación de otros, lo cual comienza en la infancia. Anteriormente hemos comentado la teoría de la mente, que es la capacidad humana de percibir el mundo interno (procesos de pensamiento y estructura de creencias) de otros individuos. Esta facultad, combinada con el proceso de reflejar empáticamente, estructura nuestras percepciones internas de nosotros mismos y de la vida. Este proceso de reflejar o hacer de espejo comienza al principio de la vida y continúa a lo largo de cada etapa del desarrollo. Las interacciones que mantenemos con el mundo externo, y específicamente con otros miembros de nuestra especie (empezando con nuestros padres), conforman y moldean nuestra conciencia, que es el material crudo de nuestros pensamientos, creencias e identidad.

Un castillo de naipes

Las creencias son como un castillo de naipes. Para cuando nos damos cuenta de lo que está ocurriendo, el castillo ya está construido. Parece robusto. Tiene el aspecto de una estructura sólida y real. No lo percibimos como una gran ilusión perceptual de solidez construida con cientos de endebles cartas. Simplemente lo consideramos según su apariencia. Nos creemos este "mundo" y al "yo" que navega este mundo, y maniobramos constantemente intentando protegerlos, defenderlos y demostrarnos a nosotros mismos que son sólidos y reales. A medida que empezamos a examinar las creencias más accesibles (el piso superior del castillo de naipes), vemos lo fina que es cada creencia concreta. Entonces la pared conectada con esa carta-creencia se cae. A continuación, nos encontramos en un entorno más espacioso. Podríamos decidir quedarnos en esta sensación de mayor espaciosidad durante un tiempo. Si decidimos vivir allí y no seguir investigando más profundo en la estructura, nos vamos a perder algo grande. Es posible que no nos demos cuenta de que todas las paredes, barreras y límites que conforman este castillo de naipes son igual de endebles. Si estamos dispuestos a continuar adelante, podríamos descubrir que toda esta estructura solo está hecha de suposiciones e ilusiones. Nos podría sorprender descubrir que la solidez, las barreras y las reglas que parecen gobernar nuestra experiencia momento a momento en realidad no están allí.

Metacreencias

La creencia centinela

Hay una creencia específica que tiene una tremenda influencia en nuestra experiencia de nosotros mismos y de la vida. Dicta nuestra capacidad de aprender, crecer y adaptarnos a las circunstancias. Dependiendo de su polaridad, puede resultar notablemente empoderadora o increíblemente desempoderadora. Es una creencia muy poderosa, y sin embargo nunca la aprendemos en la escuela ni en la universidad. La mayoría de nosotros nunca nos planteamos dónde nos ubicamos con respecto a esta creencia, y ni siquiera sabemos que está operando dentro de nosotros, conformando constantemente nuestra experiencia de la realidad. Por razones que llegarán a estar claras, voy a llamarla "creencia centinela".

Esta creencia centinela es una cosa divertida. De las personas que he conocido, las que estaban en un lado de ella han disfrutado de un crecimiento enorme, de un despertar acelerado y de una extraordinaria capacidad para adaptarse y responder fluidamente a las circunstancias de la vida. Las que se sitúan en el otro lado de esta creencia parecen vivir con mucho esfuerzo y se resisten a las circunstancias de la vida. No obstante, casi parece cosa del azar qué versión de esta creencia heredamos de nuestro condicionamiento pasado y de nuestra experiencia.

Me asombra que algo tan simple (si lo vemos claramente y entendemos sus implicaciones) tenga un efecto tan dramático en nuestra capacidad de cambiar el curso de nuestra vida. Como tantas otras creencias, para la mayoría de nosotros esta está oculta. Sin embargo, cuando la examinamos y la usamos en nuestro beneficio, su poder es extraordinario. Esta creencia centinela a la que me estoy refiriendo es nuestra postura fundamental con relación a las propias creencias. Esto significa que es una creencia sobre el valor de reconocer, examinar y cuestionar nuestras propias creencias. Podrías llamarla metacreencia, lo que simplemente significa una creencia sobre las creencias. La llamo creencia centinela porque es el portero que decide si permitimos a la naturaleza incisiva de la verdad acceder al marco de trabajo interno que gobierna nuestras preconcepciones, percepciones y experiencias. Aquí está expresada en sus dos polaridades:

Empoderadora: "Creo que es valioso, seguro y que merece la pena examinar mis creencias. Si descubro que una creencia es imprecisa, no cuenta con evidencias para sustentarla y/o causa distorsión perceptual, estoy dispuesto a descartarla".

Desempoderadora: "Creo que no es buena idea examinar o cuestionar mis creencias. Podría ser peligroso. De algún modo, cambiar una creencia es hacerme vulnerable. Incluso una creencia que parezca ser imprecisa, que no tenga evidencias que la sustenten, o que cause distorsión perceptual, no debería ser descartada".

"No voy a cuestionar tu opinión. No voy a entrometerme en tus creencias. No voy a dictarte las mías. Lo único que digo es: examina, indaga. Examina la naturaleza de las cosas. Busca la base de tus opiniones, lo que está a favor y lo que está en contra. Sabe por qué crees, entiende lo que crees".

—Francis Wright

Puede ser tremendamente valioso examinar dónde te sitúas con relación a esta creencia centinela. ¿Generalmente te ubicas en el extremo empoderador del espectro o en el desempoderador? ¿Hay ciertas áreas de tu vida en las que es más probable que mantengas la polaridad desempoderadora? ¿Cuánta libertad tendrías si te liberases de la aparente necesidad de defender tus creencias, puntos de vista y posiciones?

Ejercicio preliminar

En esta sección vamos a examinar las metacreencias (creencias sobre las creencias). Esto tiene importancia porque ciertas metacreencias pueden hacer que nos resulte innecesariamente difícil examinar y evaluar nuestras propias creencias. Veamos algunas preguntas que podemos considerar para iniciar esta exploración. Si tomas un momento para contemplar cada una de ellas, este ejercicio puede ser poderoso y revelador.

- ¿Creo que hay algo que es tabú con respecto a examinar o comentar las creencias? ¿Es tabú personalmente para mí? ¿Hay tabúes contra ello en la sociedad? ¿Entre mis amigos? ¿Entre mis seres queridos?
- ¿Creo que algunas creencias son mejores que otras?
- ¿Creo que ciertas creencias son tan obvias que son incuestionables?
- ¿Creo que las creencias definen quién soy?

Metacreencias comunes

Aquí hay una lista de metacreencias comunes. Cada una de ellas puede influir en cómo procesamos nueva información, cómo nos adaptamos al cambio y cómo percibimos la realidad momento a momento.

- Tener creencias fuertes hace que yo sea una persona fuerte.
- La persona se define por sus creencias.
- Al elegir creer algo a propósito, haré que sea verdad.
- Una persona nunca debería hacer concesiones con respecto a sus creencias.
- La religión y la espiritualidad guardan relación con las creencias que compartimos con otros dentro de un grupo.
- Si no tengo creencias fuertes, me engañarán o manipularán fácilmente.
- Sin creencias, no conseguiré nada.

Generalmente, las metacreencias están profundamente arraigadas, lo que significa que no siempre se desarraigan la primera vez que las examinamos. Puedes considerar (o no) que las creencias anteriores son verdad. Si lo haces, eso está bien. No estoy aquí para convencerte de nada. Lo único que te diré es que si estás dispuesto a considerar la posibilidad de que una metacreencia sea mucho más limitante y distorsionante de lo que parece superficialmente, puede ser provechoso indagar cuál es tu posición con respecto a ella.

"Comúnmente, cuando los hombres se muestran más seguros y arrogantes es cuando están más equivocados, entregando sus visiones a la pasión sin esa deliberación serena que es lo único que puede apartarlos de los absurdos más crasos".

—David Hume

Puntos de indagación

Aquí hay un par de preguntas que pueden resultar valiosas a la hora de examinar las metacreencias:

"¿Puedo pensar en un ejemplo de mi vida donde se demuestre que esta creencia no es verdad?".

Como ejemplo, podrías cuestionar la creencia: "Nunca deberías hacer concesiones con respecto a tus creencias". ¿Puedes pensar en algún caso en el que estabas seguro de tener razón con respecto a algo y esa creencia causó cierta confusión, discordia o daño a ti o a otra persona, y después te diste cuenta de que habías estado equivocado en todo momento? Si puedes, entonces, tal vez, esa metacreencia no sea verdad.

"¿Puedo encontrar apoyo para esta creencia aquí, en la experiencia inmediata?".

Por ejemplo, considera esta metacreencia: "Si no tienes creencias fuertes, te engañarán o te manipularán fácilmente". Si estás en una conversación con alguien y te describe su creencia o punto de vista, podrías oír una voz interna que evalúe y rechace su punto de vista como si fuera contagioso, algo parecido a un virus. Este es el operar de la metacreencia. Una vez que eres consciente de que esta metacreencia está operando en el trasfondo, tienes la oportunidad de atraparla y verla como un simple pensamiento. Ese simple pensamiento es una experiencia discreta, aquí mismo y ahora mismo. Esa experiencia del pensamiento es muy parecida a una experiencia sensorial, ¿cierto? Se parece a la experiencia de un sonido o de una sensación corporal. Si a continuación prestas atención a tus sensaciones corporales, a los tonos y al ritmo de la voz de la persona con la que estás hablando, y a los elementos del campo visual, podrías sentir cierta relajación intrínseca a ese momento. Podrías descubrir que tu tendencia a rechazar (creencia opuesta) y a internalizar la atención (metacreencia) ahora se han disuelto en el campo sensorial. Esto puede ir de menos a más, de modo que no te desanimes si no se produce la primera vez que lo intentas. Una vez que concluya la conversación, probablemente notarás que no te has sentido inclinado a adoptar una visión distorsionada, más bien sientes que tienes una comprensión y un sentimiento más claros con respecto a la persona con la que estás hablando. Sentirás más presencia y más ecuanimidad.

Es paradójico, pero cuando nos resistimos internamente a las creencias de otros, nos establecemos más en nuestras propias creencias inconscientes, y de esta manera ignoramos, e incluso ahondamos, nuestros sesgos. Por otra parte, cuando podemos permitir que todo entre (por los canales sensoriales) y dejamos descansar al evaluador, descubrimos que no tenemos resistencia ni nos sentimos obligados a creer en los puntos de vista de otros por nuestra tendencia a complacer. Así, nuestro discernimiento natural opera espontánea e inteligentemente, liberándonos para descansar en la presencia.

Un caso en contra de las creencias

La creencia está atada a la duda

Nos demos cuenta de ello o no, la creencia siempre está atada a la duda. En cuanto sentimos certeza con respecto a algo, ya se está formando el "lado" opuesto de esa certeza. Esto se debe a la naturaleza reflectante del pensamiento y la conciencia. La característica del pensamiento es que impone un constructo artificial llamado tiempo sobre nuestra experiencia. Este constructo puede causar un retraso perceptual en la naturaleza causa-efecto de la certeza y la duda. Una vez que esto queda claro y se hace obvio, dejamos de aferrarnos estrechamente a las creencias y puntos de vista. Ser conscientes de esto puede acelerar el proceso de clarificar esta relación: en cuanto sientas certeza con respecto a algo, puedes recordarte que en algún punto sentirás duda con la misma intensidad.

Creencia y libertad

Después de muchos años de examinar las creencias, cómo operan y sus efectos en la experiencia, ha quedado claro que la cantidad y la intensidad de las creencias que uno tiene con respecto a sí mismo y con respecto al mundo guardan una correlación inversa con la sensación de libertad. Cuanto más profundas e inconscientes son nuestras creencias, más libertad natural disfrutamos cuando se disuelven. Las creencias fundamentales y aparentemente incuestionables acaban siendo verdaderas minas de oro en lo relacionado con la realización.

Las creencias pueden hacer que actuemos de manera inconsciente

Una de las cosas que nos resultan más duras de ver es que podemos actuar y actuamos de manera inconsciente. Esto simplemente significa que podemos tener comportamientos no adaptativos, autoderrotistas e incluso violentos debido a la influencia de puntos de vista, distorsiones y preconcepciones no examinadas. Cuando ocurre esto, al menos en parte estamos actuando inconscientemente. Si en esos momentos nuestras perspectivas y puntos de vista no estuvieran sesgados, no tendríamos conductas inadaptadas. Lo que posibilita estas conductas es una especie de experiencia hiperconsciente de una creencia que capta nuestra atención, empujándonos hacia una corriente de pensamientos, o incluso una corriente sin pensamientos, de conciencia disociada. Esto se impone y ensombrece nuestras perspectivas y tendencias naturales surgidas de la acción espontánea de la empatía y de la presencia.

Este proceso tiene otro lado; al mismo tiempo estamos evitando una experiencia física o emocional. Cuando nos damos cuenta de que estamos actuando a partir de motivaciones inconscientes, podemos aproximarnos a la indagación desde el lado de la creencia, desde el lado de la emoción, o desde ambos. En último término, tenemos que explorar ambos aspectos detenida y repetidamente para calmar este complejo de tendencias hasta el punto en el que la integración y la disolución lleguen a un equilibrio natural.

Realización y creencia

En último término, el proceso de despertar y de profundizar la realización guarda relación con disolver creencias. No hay reglas con respecto a cómo ocurre esto. Algunas personas toman la investigación de las creencias como su práctica central. Otras usan principalmente la meditación, la contemplación, la autoindagación o las prácticas devocionales, y la disolución de las creencias ocurre de manera natural.

No tengo una opinión con respecto a cuál es la mejor manera de aproximarse a las creencias para un individuo dado. Sin embargo, encuentro que en momentos específicos, y con fijaciones específicas, estar dispuesto a investigar hábilmente y de manera directa las creencias puede ahorrarte mucho tiempo y frustración. También te puede sacar de una fase "pegajosa" de la realización en la que podrías estar sin haberte dado cuenta. Las creencias más fundamentales, cuya disolución suele marcar etapas significativas de la realización, incluyen:

- Estoy separado de mis sentidos.
- Yo estoy aquí, y el mundo/mi vida están ahí fuera.
- Un pensamiento, creencia o identidad tiene control sobre el aparente mundo externo.
- Lo que realmente quiero es sentir "que tengo el control".
- El tiempo existe.
- La distancia existe.
- Una cosa no puede ser todas las cosas.
- Las cosas son de una manera u otra.
- Un lado no puede ser los dos lados.
- Hay sustancia, solidez y continuidad.
- El sufrimiento es necesario.

Es duro imaginar la experiencia sin estas creencias, ¿cierto? Bien, esto se debe a una buena razón: en realidad, no puede ser imaginada. Esto se debe a que para imaginar o formar una visión tenemos que activar las facultades cognitivas que, como efecto, traen a la conciencia estas creencias/experiencias ilusorias. Por suerte, aunque es imposible imaginarlo, es definitivamente posible vivir sin estas inflexiones distorsionantes. Se le llama liberación.

"Una mente no cuestionada es el mundo del sufrimiento".

—Byron Katie

Creencias relativas

Cuando hablamos de las creencias como limitaciones y puntos de fijación que se disuelven mediante el proceso de realización, no nos preocupan las creencias relativas. Las creencias relativas son creencias prácticas que no están necesariamente enredadas con la identidad. Estos son algunos ejemplos:

- Este año es 2022.
- El sushi está hecho de pescado y arroz.
- Deberías cambiar el aceite cuando el ordenador del coche te indique que es el momento de hacerlo.
- La dosis apropiada para la aspirina es de 81 miligramos.
- Soy dueño de una furgoneta.
- Caminar es mejor ejercicio que correr.
- El jazz es la mejor música.
- Me gusta la pizza.

Ninguna de estas afirmaciones es un problema, y ninguna de ellas tiene que ser examinada o cuestionada tal como estamos explorando en este capítulo. En cambio, las creencias relacionadas con las "grandes preguntas" merecen ser examinadas. Nos preocupan las creencias sobre quién o qué eres, cómo te relacionas con la vida y con el mundo, y cuál es la naturaleza del tiempo, del espacio y de la realidad.

Las creencias son limitaciones

En la medida en que nuestra identidad está entrelazada con el pensamiento, la conciencia y las creencias, estas vendrán acompañadas de una sensación de limitación. Las creencias son constructos divisores en la conciencia. Estos constructos divisores producen la experiencia de que hay fronteras donde estas no existen. Si yo creo que la vida es de cierta manera, entonces asumo automáticamente muchas creencias sobre cómo no es la vida. Esto podría sonar como algo sin importancia, pero cuando ocurre algo que va más en la línea de lo que creemos que el mundo no es, sentimos disonancia cognitiva. En esa situación tendemos a entrar en la inconsciencia, a desconectar de nuestra experiencia física.

Digamos que tenemos una creencia: "La vida es justa". Si bien esto suena como una creencia que fomenta la felicidad y el disfrute de la vida, puede producir disonancia cognitiva cuando ocurre algo que no es justo. En ese caso tenderemos a "ir hacia dentro". Habrá un tirón hacia ese lugar donde sentimos que tenemos el control: el mundo del pensamiento. Al hacer esto tendemos a desconectar de los sentidos, lo cual nos lleva a profundizar en el sentimiento de aislamiento y separación. Por otro lado, si no tenemos la creencia de que la vida es justa, creemos efectivamente que la vida puede ser justa o injusta. En tal caso, cuando ocurra algo injusto no nos sentiremos sorprendidos y es menos probable que nos recojamos hacia dentro.

Otro ejemplo es la creencia: "Soy una persona bien informada". Una vez más, esto suena como una creencia inocua y que podría ser empoderadora. El problema comienza cuando se demuestra inevitablemente que un área u otra están más allá de los límites de nuestro conocimiento. Si no podemos acomodar esta eventualidad, sentiremos disonancia cognitiva. Esto puede llevar a ignorar las evidencias (disponibles de manera inmediata en el mundo sensorial) que de otro modo nos ayudarían a adquirir conocimiento o a ajustarlo según las circunstancias. Esto puede llevar a una decisión horriblemente mala, e incluso a dañarse a uno mismo o a otros. Por otra parte, si no tenemos esa creencia, y de hecho creemos que "unas veces estoy bien informado y otras no", podemos acomodar fácilmente la circunstancia en la que carecemos de conocimiento. Así, es mucho más probable que integremos nueva información, la ajustemos y nos llevemos armoniosamente con los que nos rodean.

> "Soy el hombre vivo más sabio porque sé una cosa, y esa es que no sé nada".
>
> —Platón

Creencias sagradas

A medida que se despliega la iluminación no necesitas aferrarte a tus creencias ni adoptar otras nuevas. Puedes soltarlas todas. Serás cuidado. La vida tiene maneras asombrosas de apoyarte cuando decides soltar las creencias. Como se ha comentado antes, algunas de las creencias que sentimos más empoderadoras o útiles pueden atraparnos tanto como las "negativas" o desempoderadoras. Mantener la posición de que es bueno disolver "creencias malas" y reemplazarlas por "creencias buenas" es innecesario, y más adelante conducirá a la confusión. Si emprendes la práctica de investigar las creencias directamente, has de saber que no hay ninguna tan sagrada que sea inmune al escrutinio. Cuanto más fundamental y preconcebida u oculta sea una creencia, más provechoso puede ser examinarla. Está bien cavar hasta el fondo de la realidad. Hay un dicho en el budismo: "Si te encuentras a Buda por el camino, mátalo". Esto no significa que matemos a la figura histórica en la que se basa el budismo, pero es un importante recordatorio de que Buda apuntaba más allá de sí mismo, más allá del budismo y más allá de toda doctrina. Si eres budista, tus propias creencias profundamente arraigadas y apegos al budismo pueden convertirse en tus obstrucciones finales.

Creencias y resistencia

Uno de los mecanismos que mantienen las creencias intactas y operativas es que nuestra conciencia tiene tendencia a la evitación. Es una especie de mecanismo de defensa que mantiene nuestra atención apartada de las creencias. Esto ocurre en gran medida a través de la distracción. Como nuestra trama de creencias, esta tendencia también es algo que hemos aprendido subliminalmente mediante el reflejo (imitación). Cuando realmente empiezas a prestar atención a las creencias e indagas para traerlas a la superficie, podrías empezar a sentir este mecanismo de evitación. Podría ser algo así: "Sé que aquí hay una creencia oculta, pero por algún motivo me está eludiendo". Si notas esto, recuérdate que es normal. Siéntate un poco con ello y probablemente la creencia saldrá a la superficie de manera natural. Con el tiempo y la práctica esta tendencia a la evitación se suavizará.

Reconocer las creencias

En el estado de vigilia, casi siempre operamos desde creencias distorsionadas. Esto cambia después del despertar. A partir de ese punto, la identidad se vuelve mucho más fluida. Habrá momentos en los que operes desde las creencias y los puntos de vista, entremezclados con otros en los que experimentes la pura presencia o el puro ser. Si la presencia es suficientemente clara, habrá momentos en los que las creencias distorsionantes no estarán operando.

En esencia, después de la liberación la identidad se disuelve en la presencia. A partir de este punto, generalmente las creencias se experimentan como fijaciones momentáneas y se disuelven de forma espontánea. Hasta ese momento puede ser muy útil aprender a detectar cuándo estamos operando desde una creencia, sobre todo si está teniendo efectos distorsionantes inmediatos en la conciencia. He aquí algunas de las señales:

- Una sensación de estar atascado, especialmente en la mente. Si te descubres rumiando o atascado en un circuito de pensamiento estereotipado y repetitivo, es casi seguro que está operando una creencia (o múltiples) para mantener ese circuito en marcha.
- Un sentimiento de rigidez o falta de flexibilidad ante las circunstancias de la vida. Si sientes que tienes dificultades para adaptarte a ciertas situaciones, es probable que haya algunas creencias (probablemente compitiendo entre ellas) ocultas bajo la superficie.
- Tienes una fuerte sensación de ambivalencia en general o con respecto a ciertas situaciones.
- Te sientes indignado y con razón.
- Discutir.
- Negarte a ver, o temor a ver el punto de vista de otra persona.
- Miedo de que manipulen tus creencias.
- Comportamiento adictivo.

"¿Cuál es el parásito más resiliente? ¿Las bacterias? ¿Un virus? ¿Un gusano intestinal? ¡Una idea! Resiliente...y altamente contagiosa. Una vez que una idea se apodera del cerebro, es casi imposible de erradicar."

—Cobb, de la película *Origen*

Trabajar con las creencias

En esta sección comentaremos cómo trabajar hábilmente con las creencias a fin de tomar conciencia de ellas durante el proceso de realización. Esta sección, en combinación con el capítulo sobre la indagación, te ofrece muchas aproximaciones, técnicas y puntos de investigación que pueden ayudarte a elucidar y resolver creencias, y las fijaciones experienciales asociadas con ellas.

Desarrollar un interés

Si la perspectiva de investigar y disolver tus creencias distorsionantes te resulta interesante, eso es genial, estás en un buen lugar. Es algo con lo que puedes trabajar en cualquier momento. Voy a sugerirte que le des una oportunidad. Tómate algún tiempo para ver si se vuelve más agradable y te lleva a tener comprensiones experienciales. Creo que una de las mayores barreras que nos impiden incorporar este tipo de trabajo es que no encuentra mucho apoyo en nuestro sistema de valores humano y en nuestro código social. Es el tipo de cosa que para hacerla tienes que darte el permiso a ti mismo, porque nadie más te lo dará. Ponlo a prueba con honestidad y mira dónde te lleva.

Métodos indirectos

Meditación: La simple meditación tiene cierto efecto sobre las estructuras de creencias, pero puede hacer falta mucho tiempo para disolver las creencias únicamente a través de la meditación. Esto es especialmente cierto al comienzo de la práctica. Las creencias profundamente arraigadas, y las distorsiones que causan, pueden pasar desapercibidas durante décadas aunque uno tenga una práctica meditativa consistente. Sin embargo, una vez que se produce un despertar inicial, este proceso de disolución pasiva se acelera. Las estructuras de creencias se disuelven mucho más rápido cuando tenemos acceso a la conciencia ilimitada y experimentamos el puro ser, los cuales se clarifican después del despertar. Aún así, complementar la práctica de la meditación con la indagación y la investigación de las creencias acelerará mucho el proceso.

Pedir ayuda: Una muy buena manera de atravesar las barreras que suponen las creencias es pedir ayuda. ¿A quién pedirla? ¿Al Universo? ¿A la Vida? ¿A Dios? Elige tú mismo. Tener la intención de entregar tu voluntad a un poder o inteligencia que está más allá de ti es un gesto extremadamente poderoso. ¿Qué aspecto tendría esto? Bueno, depende de ti, pero podría ser algo así: "Todo lo que pido es poder ver las falsas creencias y las distorsiones. Estoy dispuesto a hacer el esfuerzo de descubrirlas. Sé que no siempre tengo la capacidad de verlas, de modo que entrego este proceso a (pon aquí el nombre de tu poder superior favorito). Estoy dispuesto a dejar ir lo falso aunque hacerlo me resulte incómodo".

Métodos directos

Examinar las creencias: Este es un proceso simple y directo. Elige cualquier creencia que te llame la atención. Las creencias pegajosas, las creencias cargadas y las creencias que parecen estar relacionadas con patrones mentales o emocionales recurrentes siempre son un buen lugar para empezar. Enuncia la creencia en palabras con toda la claridad que puedas. A continuación, siéntela. ¿Cómo te hace sentir el creer eso? ¿Puedes acercarte a ese pensamiento/creencia en tu mente? ¿Puedes cerrar la brecha e incluso entrar en contacto con el pensamiento o la creencia? Puedes plantearte preguntas como:

- ¿Dónde está enraizada esta creencia?
- ¿Puedo recordar cuándo comencé a creer esto? De ser así, ¿era relevante o adaptativa esta creencia en ese momento de mi vida?
- ¿Sigue siendo relevante?
- ¿Cómo siento mi experiencia actual sin esta creencia?
- ¿Está esta creencia (o el soltarla) asociada con alguna emoción específica?
- Si es así, ¿puedo acercarme más a la experiencia física de esta emoción en mi cuerpo?

- ¿Puedo aceptar plenamente que esta creencia está aquí y que es un simple pensamiento?
- ¿Cómo me hace sentir esta aceptación?
- ¿Cómo me siento si suelto la necesidad de hacer que esta creencia sea verdadera o falsa?
- ¿Cómo puede limitarme esta creencia?
- ¿Qué coste tiene para mí creer esto?
- ¿Hay momentos en que creo lo opuesto?

Cuando te sientes atascado: A veces nos sentimos atascados en la práctica o en la vida. Podemos sentir que, hagamos lo que hagamos o pensemos como pensemos con respecto a las cosas, seguimos atascados; nada se mueve. En tal caso, una línea específica de cuestionamiento puede resultar útil para deshacer el atasco:

- ¿A qué creencia me estoy aferrando?
- ¿Qué creencia está operando de fondo?
- ¿Qué estoy asumiendo ahora mismo como verdad?
- ¿Qué creencia no estoy viendo?
- ¿A qué me estoy resistiendo?
- ¿Qué estoy evitando?

A veces la respuesta viene inmediatamente, como: "Me estoy aferrando a la creencia de que puedo gestionar cualquier cosa. Mis circunstancias actuales están más allá de mi control y de mi capacidad de gestionar". A veces la respuesta no viene de manera inmediata o de una forma clara. Sé paciente a la hora de plantear estas preguntas. Puede llevar algún tiempo que las cosas se suelten.

Desenredar la red: Toma cualquier creencia y examina qué otras creencias son fundamentales para mantenerla. Esta es una buena manera de llegar a las creencias básicas.

Buscar pruebas en la experiencia directa: Si verdaderamente estás dispuesto a empujar una creencia hasta sus límites, podrías llegar a algunas comprensiones particularmente interesantes. Para ello, toma cualquier creencia y pregúntate: "¿Puedo encontrar alguna prueba de que esta creencia es verdad en mi experiencia inmediata (directa)?". Por ejemplo, podemos tomar la creencia: "La experiencia de presencia y claridad que estaba aquí ayer parece no estar hoy". A continuación, ponemos toda nuestra atención en los sonidos del entorno. ¿Hay alguna prueba aquí a favor o en contra de esta creencia? No, solo hay un rumor, un clic, otro clic, un siseo. ¿Y en las sensaciones corporales? Hay una sensación en la cara y algunas sensaciones en el pecho y las manos. Estas sensaciones son lo que son; no son portadoras de "información" fuera de su pura naturaleza existencial. A continuación podemos examinar el campo visual. Mirando alrededor, veo algunos tonos, algunas líneas y formas, nada que esté fuera de esta experiencia vívida e inmediata. También está el movimiento del pensamiento y la conciencia. Cuando miro directamente allí, y me pongo en contacto con ese pensamiento, ya no hay nada sólido, solo claridad y expansión. "Entonces, ¿qué creencia estaba investigando?". Así es como va.

La clave de este trabajo es la consistencia: estar dispuesto a revisitar la creencia y a continuar indagando hasta que se disuelva. Generalmente esto suele venir acompañado por una liberación de la sensación de fijación en torno a esa creencia, situación o circunstancia.

Capítulo 14: Emociones

Introducción

Si tuviera que nombrar el aspecto del proceso de despertar que causa más confusión probablemente sería la emoción. Hay una gran variedad de consejos sobre las emociones que puedes encontrar tanto en la literatura espiritual como en la no espiritual. En la literatura espiritual, siempre me ha parecido interesante que algunos maestros parecen hablar casi exclusivamente sobre emociones, mientras que otros, en esencia, ignoran el tema. No creo que haya un planteamiento correcto o equivocado en cuanto a las emociones, puesto que distintos maestros ponen sobre la mesa distintos talentos. Sin embargo, para alguien que esté pasando por este proceso, puede resultar confuso ver tanta divergencia en los métodos de enseñanza con relación a las emociones. Uno tiene que preguntarse qué parte desempeña la emoción en el despertar, si es que desempeña alguna.

Lo que puedo decirte desde mi experiencia es que la emoción no es necesariamente el aspecto más importante o destacado del proceso de despertar. Sin embargo, si no se aborda adecuadamente, puede ser el punto más pegajoso, sobre todo en las últimas etapas de la realización. En este capítulo exploraremos diversos aspectos de la emoción y el papel que desempeñan en el despertar. Por favor, comprende que hay muchas maneras de hablar y de clasificar el tema de la emoción. Este capítulo aborda las emociones del modo que me parece que más facilita el proceso, sin descuidar todo el ámbito de la experiencia humana.

"Reprimir la aflicción, el dolor, es condenarse
a uno mismo a una muerte en vida. Vivir plenamente significa
sentir plenamente; significa llegar a ser totalmente uno
con lo que estás experimentando y no mantenerlo a distancia".

—Roshi Philip Kapleau

Una emoción nunca es mala (ni está equivocada)

Al trabajar con las emociones es bueno tener en mente que no hay ninguna emoción que sea fundamentalmente mala. Se podría decir que una emoción no tiene valor de verdad (es decir, no tiene que ser verdadera o falsa) como lo tiene una creencia o una afirmación. Si se siente o experimenta una emoción, está bien tal como es. No tiene que ser evaluada. Su misma presencia es prueba suficiente de que tiene derecho a ser. Es posible que no sepas por qué ha surgido una emoción específica. Es posible que no sepas de dónde viene ni cuánto durará. Es posible que no sepas si esa emoción va acompañada de una lección. Lo que sabes es que la emoción es válida y tiene derecho a formar parte de tu experiencia. Tiene derecho a vivir. Este reconocimiento, cuando se aplica de manera sincera y consistente, conduce a cierto tipo de paz. Al principio dicha paz puede ser sutil, o incluso pasar desapercibida. Si continúas honrando esta verdad y sintonizando con la paz resultante, la paz se ahondará gradualmente hasta impregnar toda tu experiencia.

No hay emoción equivocada.

Entonces, ¿qué hay que hacer con una emoción una vez que reconocemos su presencia? ¿Es suficiente con notarla, reconocerla y experimentarla de la mejor manera posible? Sí, eso es suficiente. Siempre. Esto es una gran noticia. Imagina cómo será la vida cuando:

- No tengas que analizar la emoción.
- No tengas que luchar contra la emoción.
- No tengas que reprimir la emoción.
- No tengas que negar la emoción.

- No tengas que cambiar la emoción.
- No tengas que explicar o justificar la emoción ante nadie, incluyéndote a ti mismo.
- No tengas que huir de la emoción.
- No tengas que ocultar la emoción.
- No tengas que culpar a otros de las emociones.
- No tengas que meditar para que las emociones se vayan.
- No tengas que transcender las emociones ni despertar de ellas.

Lo que ocurrirá es que se liberará una tremenda cantidad de energía conforme cese la lucha con la emoción. Empezarás a relajarte internamente como nunca antes. Este es el valor de tomarse el tiempo de reconocer y permitir la emoción en tu experiencia. En lugar de dedicar la mayoría de nuestras horas de vigilia a enmascarar nuestro verdadero estado emocional y de jugar a convencer a todos de lo integrados que estamos, abandonando así la verdad de nuestro mundo interno, podemos empezar a vivir una vida de sinceridad, autenticidad y congruencia. Esto significa que nuestro mundo externo —incluyendo las relaciones, los intereses y los impulsos creativos— se armoniza continuamente con nuestro mundo interno.

"El sentimiento es profundo y aquietado; y la palabra que flota en la superficie es como una boya, que delata donde se esconde el ancla".

—Henry Wadsworth Longfellow

Desconfianza hacia la emoción

Lo que veo en la cultura humana es una profunda desconfianza hacia la emoción. La desconfianza y el entendimiento erróneo de la emoción han alcanzado proporciones epidémicas. Esto es evidente en los medios de comunicación. Es evidente en el mundo del espectáculo. Es evidente en los asuntos mundiales. Se hace evidente cuando interactuamos con las personas en el día a día. No confiamos en nuestras emociones. No confiamos en nuestros cuerpos. No confiamos en nuestros instintos. No confiamos en nuestra propia intuición. Vivimos en un mundo de máscaras, tratando de proyectar constantemente la imagen de que somos estables, no tenemos miedo, y lo "tenemos bajo control". Compartimos esta fachada como moneda de cambio unos con otros, convenciéndonos constantemente de que esto es lo real con respecto a nosotros. Sin embargo, sabemos la verdad, ¿cierto? Sentimos la verdad subyacente: que esta moneda de cambio entre fachadas es como un castillo de naipes. Solo existe para que podamos estar de acuerdo en mantener nuestra mutua complicidad con respecto a qué es real y qué es una proyección. La proyección es que nos sentimos bien; lo real es que estamos sufriendo. Sufriendo profundamente.

Hay un punto de inflexión que, según veo, tienen en común las personas que están en el proceso de despertar. A veces ocurre antes del despertar inicial, otras veces después. No es una etapa ni una comprensión de la realización *per se*. Es más una señal de madurez espiritual. Para decirlo sin pelos en la lengua: el punto de inflexión es cuando dejan de fingir, cuando sueltan la pretensión y la máscara, y cambian hacia la autenticidad conmigo y consigo mismos. Cuando esto ocurre, ven con claridad que esta desconfianza hacia las emociones afecta a todos los aspectos de la experiencia, no solo en su caso, sino para la gran mayoría de la sociedad. Al dejar caer estas máscaras de "yo estoy bien", de repente nos queda claro que prácticamente todos los seres humanos con los que nos encontramos están llevando la misma máscara de una manera u otra. Abandonar la máscara tampoco significa necesariamente que de repente nos demos cuenta de que en esencia no estamos bien. Es simplemente un reconocimiento de que esconderse y proyectar que uno está bien es una pérdida de tiempo y nos distrae de prestar atención a lo que realmente estamos experimentando. Por supuesto, a veces estamos bien y otras no. Esto es natural. Somos mucho más un proceso dinámico que una personalidad fija dictada por el acuerdo social. En el caso típico, este punto de inflexión marca el comienzo de un interés sincero por la emoción y el trabajo con la sombra.

En esta sección vamos a investigar la desconfianza hacia las emociones. Examinaremos su mecanismo y cómo empezar a revertir los patrones habituales que nos mantienen en la oscuridad con respecto a nuestras verdades emocionales. Antes de seguir adelante, quiero señalar que estos patrones de desconfianza que operan en nosotros no son algo que elijamos adoptar conscientemente. Aquí no somos los culpables. Estos patrones de evitación y represión consiguen acceder a nuestra psique a través de los mecanismos de identificación con la mente. Los aprendemos conductualmente e inconscientemente. De modo que, si bien en ocasiones este material puede resultar desafiante, es útil recordarte que nunca elegiste desconfiar de la emoción; es algo que te sobrevino sin tomar conciencia de ello ni darle permiso.

Emociones negativas

La desconfianza y la evitación de las emociones son tan comunes en nuestra cultura, en nuestras pautas de comunicación y en la experiencia interna que en realidad nos parecen muy normales. He descubierto que, generalmente, la gente solo llega a ver esto con claridad después del despertar (y después de un mayor refinamiento de la comprensión). Muchas personas me han dicho: "Sabes, en realidad hasta ahora nunca había entendido por qué dabas tanta importancia a investigar la represión emocional. Es tan común que se siente normal. Se siente que eso es lo que significa ser una persona normal". Tengo que decir que si yo hubiera oído hablar de esto antes del despertar, estoy bastante seguro de que habría pensado:

Eso no tiene que ver conmigo.

Eso no suena importante.

¿Por qué perder el tiempo aprendiendo sobre ello en lugar de salir a intentar conseguir lo que realmente quiero de la vida?

Este es un simple ejemplo que demuestra una manera común de pensar y de hablar que, cuando se examina de cerca, delata nuestra desconfianza hacia las emociones. ¿Has oído alguna vez a alguien usar el término "emociones negativas"? ¿Has usado el término tú mismo? ¿Has considerado alguna vez las implicaciones de creer que algunas emociones pueden ser negativas y otras positivas? Si reconocemos que una emoción es nuestra experiencia física inmediata, y representa cómo nos sentimos en el momento, etiquetarla como negativa (lo que implica que no está bien/que está equivocada) sugiere que tal vez haya algo en nosotros que no está bien. Es tomar una capa superficial de la identidad (la identidad conceptual) y tratar de usarla para anular e invalidar otra capa más fundamental de la identidad (emociones, sentimientos y fisiología). Por supuesto, no podemos anular un nivel más profundo de la identidad con una capa más superficial. Lo que podemos hacer es usar el mecanismo evitador de la identificación con la mente para entrelazar más nuestra identidad con conceptos, distanciándonos así todavía más de nuestras emociones, de nuestro corazón, y de nuestra conexión con la totalidad de la vida.

Una razón por la que consideramos que hay emociones positivas y negativas es que confundimos las conductas con las emociones. Por ejemplo, alguien podría enfadarse y causar un daño emocional o físico a otra persona. Podríamos interpretar que ese individuo "ha actuado con ira" y concluir que la ira hace daño y por tanto es una emoción negativa. Si bien esto puede tener sentido lógicamente, supone un malentendido completo sobre cómo funcionan las emociones y el trabajo de represión emocional. En este ejemplo, en realidad la persona que hace daño a otra estaba actuando a partir de la ira reprimida.

La ira es una emoción que surge cuando nuestros límites se ven amenazados o son violados. Si estamos cómodos con la ira y podemos encarnarla, no tenemos necesidad (o la tenemos muy raramente) de actuar violentamente. Sentiremos mucho antes que nuestros límites están siendo amenazados y confiaremos en nosotros mismos para comunicar este hecho y/o ajustar nuestra situación a fin de mitigar la amenaza. Cuando confiamos en la emoción de la ira, sabemos intuitivamente cómo estructurar nuestros límites para no ponernos en situaciones donde estos sean violados hasta el punto en que tengamos que recurrir a la violencia para defendernos. Por otra parte, si ignoramos, evitamos y reprimimos la ira, es mucho más probable que permitamos que nuestros límites sean violados hasta el punto de responder con ira manifiesta, o incluso con violencia. Cuando entendemos esto, podemos ver que no hay nada negativo con respecto a la emoción de la ira. Si hay algo que se pueda llamar negativo es nuestra comprensión errónea de la emoción, y la desestimación y negación de su inteligencia.

Represión emocional

En mi vida anterior no tenía ni idea de qué emociones estaba sintiendo. De hecho, ni siquiera era consciente de estar sintiendo la mayor parte del tiempo. Si me hubieras preguntado entonces, probablemente te habría dicho que me sentía "bien". Esto no se debe a que vivir en un mundo de represión emocional hace que uno se sienta bien; se debe a que gran parte de la represión emocional está ocultando el hecho de que en realidad te sientes horrible. Lo ocultamos tanto de nosotros mismos como de otros. Mi experiencia interna era de pensamientos confusos, ansiedad, aislamiento y disforia. No sabía que había otra manera de experimentar la realidad. Para alguien emocionalmente saludable e integrado, podría sonar extraño oír que no tenía ni idea de qué estaba sintiendo. Y esa persona podría preguntar: "¿Bueno, sentirse horriblemente por dentro no es sentir algo?". La cuestión con respecto a la represión emocional es que hay un miedo tan grande a sentir emociones que ni siquiera nos detenemos a reconocer una simple emoción. Es como si reconocer lo mal que realmente me sentía fuera tan devastador, que era más fácil mantenerme en una especie de negación y continuar distanciándome de mí mismo poniendo continuamente energía en el pensamiento y en las conductas distractoras.

Paradójicamente, una de las conductas distractoras era tener puesta todo el tiempo la fachada de que me sentía bien, aunque me estuviera muriendo por dentro. Esto resultaba agotador, pero no tenía ni idea de que estaba haciéndolo. El proceso tenía tanta inercia que no sabía detenerlo.

Ahora estoy seguro de que entiendo las emociones mejor que casi todas las personas que conozco. Esto no se debe a que sea especial ni a que sea listo. Se debe a que tuve la suerte de tener la desgracia de vivir con una severa represión emocional, y por tanto tuve que aprender cómo funcionan la represión y las emociones. Como tuve que aprenderlo intencionalmente y desde abajo, me propuse aprenderlo con exquisito detalle.

"Uno no se ilumina imaginando figuras de luz, sino haciendo consciente la oscuridad".

—Carl Jung

Ahora, cuando miro al mundo, veo un paisaje de diversos grados de represión emocional. Hay algunos desafortunados que lo tienen peor de lo que lo tuve yo. Hay muchos que tienen un caso mucho más atenuado que el mío. Y he conocido a algunos que, debido a las condiciones favorables, tienen vidas emocionales saludables. Incluso así, la represión emocional depende de la situación, y varía dependiendo de la emoción en cuestión. Hay ciertas emociones que casi todos los seres humanos reprimen en cierta medida. Lo hermoso del proceso de realización es que en algún momento pasaremos por las emociones y las integraremos a todos los niveles, incluyendo de manera especial las más profundamente enraizadas y ocultas dentro de nuestras identidades.

Pura emoción frente a represión

Por lo tanto, ¿cómo podemos tomar conciencia de que estamos reprimiendo emociones? Por suerte, generalmente hay indicadores. Dos cualidades específicas de la experiencia emocional que pueden ofrecer evidencias sobre la represión son la duración y la claridad de la experiencia. La experiencia de una emoción pura (encarnada, no reprimida) es breve, tal vez dure unos pocos minutos. El "tono emocional" de represión puede durar días, semanas, meses o incluso años. Una emoción pura es clara, obvia, íntima, plenamente sentida en el cuerpo, y las reacciones fisiológicas hacia ella se expresan libremente. Pasa por la fisiología rápidamente y sin resistencia. El tono emocional de represión es poco claro, y queda oculto, o parcialmente oculto, de nuestra conciencia. Es distante, nos aísla y encuentra resistencias en nuestra fisiología. Puede sentirse como si nos estuviéramos "preparando", pero ni siquiera sabemos para qué. Podemos sentir que estamos conduciendo con el freno puesto. A menudo la represión emocional va acompañada de muchos pensamientos y cierta disforia cognitiva. En ocasiones, esta disforia cognitiva puede tomar la polaridad opuesta con relación a los pensamientos. Puede dar como resultado que haya pocos pensamientos o que no haya ninguno. Esto se produce cuando la represión se vuelve tan severa que reprimimos los pensamientos y las emociones.

Recuerdo un momento que ilustró de manera muy bella una experiencia de pura emoción. Estaba con una amiga en Disney World (parque de atracciones) justo después de que ella hubiera tenido un profundo despertar. Ella estuvo en pura presencia y en un asombro infantil durante la mayor parte del día. Era muy bello de ver. En una ocasión estábamos caminando, y ella preguntó si podíamos detenernos un momento. Nos sentamos en alguna parte y observé que toda su fisiología cambiaba como una pauta meteorológica. Pude sentir que le sobrevenía la tristeza. Podía sentirla en ella, en mi propio cuerpo y en el entorno. Empezaron a caerle lágrimas. Después de más o menos un minuto, me preguntó con un asombro total: "¿Es esto lo que la tristeza es realmente?". Era como una niña que hubiera descubierto una gema enterrada en su jardín. No podía creérselo. Dijo: "Siempre pensé que era una historia sobre algo, sobre mí, pero ahora veo que es solo esto, esta pureza. Sale agua de los ojos. ¡Es tan ligero! No hay nada aquí, y se está expresando perfectamente como tristeza".

A continuación, tan repentinamente como había venido, la tristeza se disipó. Ella la soltó completamente y pasó a lo siguiente. Fue como si hubiera pasado una tormenta y tras su paso lo dejara todo fresco, brillando bajo el sol. Esta es la libertad de experimentar plenamente una emoción pura: sin distancia, sin dudar, sin historia. Es prístina, sublime, inocente. Es interconexión con la naturaleza.

¿Por qué reprimimos las emociones?

No hay un porqué. Este es un mecanismo totalmente inconsciente. Si supiéramos que lo estamos haciendo y conociéramos el coste, no lo haríamos.

¿Cómo ocurre la represión?

La aprendemos tanto por empatía como de manera abierta y manifiesta. Los niños pequeños son increíblemente empáticos. Su fisiología es el reflejo de quienes les rodean. Estos reflejos fisiológicos inculcan en ellos comportamientos, emociones y pautas de pensamiento de naturaleza evitadora. Además de este aprendizaje empático, a menudo los niños aprenden abiertamente de sus padres a reprimir las emociones. Los padres tienen el difícil trabajo de enseñar a sus hijos qué maneras de actuar sobre sus emociones son apropiadas y cuáles no. Por desgracia, a menudo los padres lo metemos todo en el mismo saco cuando los niños experimentan emociones y les enseñamos a no actuar con crueldad, egoísmo o violencia. Los niños tienen que aprender a ser adultos adaptados y funcionales, por supuesto, pero junto con el mensaje de que no es apropiado actuar de maneras poco saludables cuando están experimentando emociones, también reciben el mensaje de que no está bien reconocer, expresar o sentir emociones.

Diálogo interno

Como ya hemos dicho antes, cuando hay represión emocional puede resultar muy difícil identificar qué estamos sintiendo. Además, a menudo actúan ciertos mecanismos de defensa que impiden que queramos investigar nuestros sentimientos. Por fortuna, sigue siendo muy posible investigar lo que está ocurriendo en nuestro cuerpo emocional, aunque haya represión. Es fundamental que estés dispuesto a investigar esta parte de ti, incluso si te resulta incómodo o confuso. Si no sospechas que hay represión emocional en ti, quiero animarte a ser paciente contigo mismo. Este trabajo puede ser increíblemente valioso y gratificante, pero al principio puede avanzar despacio. Puede sentirse como la superficie de un lago helado. Poco a poco, a medida que se vaya fundiendo, serás capaz de empezar a entrar en él y sentir lo que está ocurriendo bajo la superficie.

Cuando la represión persiste, un planteamiento útil es escuchar nuestro diálogo interno. Esto es especialmente cierto cuando hay temas emocionales. Por ejemplo, mucha gente me ha dicho que a menudo tiene pensamientos del tipo: “No encajo. Nadie me entiende. Nunca me he sentido incluido”. O, “me odio a mí mismo”. Si bien es posible que no sintamos directamente las emociones puras asociadas con estos pensamientos, es cierto que los pensamientos mismos apuntan a cierto tono emocional. Casi puedes sentir que debajo de esa barrera hay emociones que están tratando de expresarse a sí mismas, pero no tienen voz. El simple hecho de notar esto ya es valioso. Si estás dispuesto a observar tu diálogo interno y tomar nota de cualquier tema emocional, puedes encontrar muchos puntos de entrada al cuerpo emocional. Puedes plantearte la pregunta:

¿Qué emoción está representada por este pensamiento o creencia?

Una vez planteada esta pregunta, sé paciente. Es posible que la respuesta no venga de manera inmediata, que tarde algún tiempo. Sin embargo, sigue siendo una pregunta valiosa. Estás orientando tu interés y atención hacia el cuerpo emocional. Esto, en y por sí mismo, puede hacer maravillas con el tiempo. Examinemos unos pocos ejemplos prácticos de cómo podría funcionar. Usaré ejemplos de situaciones comunes con las que me he encontrado.

Ejemplo 1

Estoy hablando con alguien y la persona me cuenta algo que va en esta línea: "No siento nada (refiriéndose a las emociones)". Poco después, dice algo así: "...y es horrible". Entonces le suelo preguntar: "¿Puedes pensar en una emoción que represente lo que me acabas de contar en esas dos frases?". Dependiendo de la persona y de la situación, puede quedar claro de inmediato o no, y generalmente sigo trabajando con esa persona hasta que se da cuenta: "Oh, ¡eso es frustración!".

Ejemplo 2

Si alguien se está sintiendo frustrado, yo podría preguntar: "¿Puedes contarme cómo es mirar desde la frustración? ¿Qué historia tiene que contar la frustración?". La persona podría ponerse a pensar y decir algo como: "No estoy haciendo progresos. Creo que tengo un trauma insalvable debido a mi infancia". Suelo abordar esto directamente mirando si puedo hacer que la persona reconozca lo que representa esa nueva dimensión que ha traído a la frustración. "Bien, ahora la frustración tiene una diana. Es como que estoy culpando a alguien de mi frustración". Cuando se produce este reconocimiento, doy saltos de alegría porque me encanta ver este tipo de claridad en las personas. Lleva a un lugar muy bueno. Y le reflejo: "¡Sí, eso es culpar!".

Ejemplo 3

Podría notar un pensamiento o impresión que dice: "Hay algo que me resulta incómodo". Al captar este pensamiento, le sigue otro que dice: "Probablemente se debe a lo que tal persona ha dicho hace cinco minutos". Entonces reconozco: "Oh, estoy culpando... ¡bienvenido a la fiesta!". A medida que la atención entra en la experiencia de culpar, el culpar se disuelve en la claridad sin límites de la conciencia. La atención se dirige de manera natural hacia la pura sensación corporal. Con esto, la historia de ese comentario ocurrido hace cinco minutos desaparece. A continuación, la idea de sentirme incómodo desaparece, y por debajo de todo ello se libera un poco de tristeza que transita por mi fisiología. A los pocos momentos se ha ido completamente y ha sido reemplazada por alguna otra experiencia.

La conclusión de estos tres ejemplos es que si planteamos la pregunta con ánimo curioso y aceptación, podemos atravesar la cascada emocional y a menudo encontraremos una emoción pura en la raíz de nuestra experiencia. Cualquiera que sea la emoción que encontremos, ahora tendremos la oportunidad de integrar plenamente esa experiencia con claridad e interconexión.

Descripciones y modificadores

También es posible reprimir las emociones no evitando el reconocimiento de su existencia, sino alterando, modificando y haciendo un énfasis excesivo en su cualidad o intensidad. En resumen, convertimos la emoción en una historia dramática, evitando así la experiencia pura de esa emoción. Una buena manera de investigar si estamos haciendo esto es examinar nuestra descripción de las emociones. ¿Cómo hablamos de nuestras emociones o sentimientos a otras personas y a nosotros mismos? Podemos buscar pistas examinando las historias que nos contamos. Cuando hablamos de ciertas emociones o experiencias, tendemos a usar modificadores que amplían o acentúan nuestra experiencia, como:

- Intensa
- Intolerable
- Más de lo que puedo manejar
- Debilitante
- Horrible

A veces vamos más allá de añadir simples modificadores a nuestras narraciones. En ocasiones, el tema central y la comunicación principal de nuestra experiencia narrada son notablemente dramáticos. He oído todas estas descripciones y muchas más:

- Mi cuerpo se está quemando.
- Siento que me voy a morir.
- El dolor es constante.
- Estoy en el infierno.
- Estoy ardiendo.
- Esto es insoportable.
- No hay alivio.
- Esto es una tortura.
- Estoy destruido.
- Estoy devastado.

Si bien en general esta manera de experimentar y expresar la emoción es más saludable que la represión completa, todavía estamos evitando el reconocimiento pleno y honesto, la aceptación y la encarnación de la emoción.

Superficialmente puede parecer que alguien que usa este tipo de descripciones está sintiendo la emoción con claridad. De hecho, su comunicación hace énfasis en lo mucho que está sintiéndola. Sin embargo, tras una investigación más minuciosa, en realidad este tipo de comunicación (incluso con uno mismo) es una manera de distraerse de experimentar plenamente la emoción. ¿Cómo ocurre esto? Guarda relación con la búsqueda de autoalivio a través de una petición de simpatía. De niños aprendemos que nuestra capacidad de expresar la incomodidad puede traernos alivio. Esto queda grabado a fuego en nuestros cerebros mamíferos. Si podemos convencer a mamá o a papá de lo incómodos, problematizados o disgustados que estamos, ellos nos ofrecerán palabras de consuelo, confort y afecto. Esto es adaptativo y una parte necesaria de nuestro desarrollo.

Sin embargo, cuando desarrollamos una identidad interna autorreflexiva, aprendemos a usar este mecanismo para aliviarnos a nosotros mismos. Debido a las distorsiones descritas en el capítulo sobre la identificación con la mente, los ecos de estas interacciones entre padres e hijos siguen perpetuándose cuando ya no son útiles, y acaban produciendo el efecto opuesto del que tenían en un principio. Reconocemos que las descripciones habituales de incomodidad ya no producen el mismo alivio que disfrutábamos de niños, de modo que doblamos la apuesta.

Empezamos a dramatizar excesivamente el sufrimiento en nuestro diálogo interno.

"Cuanto más claramente te entiendas a ti mismo y tus emociones, más te volverás un amante de lo que es".

—Baruch Spinoza

He descubierto que esta puede ser una de las cosas más difíciles de aceptar con respecto a nosotros mismos. Tendemos a resistirnos a oír este mensaje debido a que la creencia de que este tipo de comunicación puede aliviarnos del todo (en contra de toda evidencia) está muy profundamente arraigada en nuestra psique. Puedo decirte que cuando vemos esto con respecto a nosotros mismos y empezamos a prestar mucha atención a las descripciones que usamos (especialmente las más dramáticas e incendiarias), empezamos a reconocer que tienen un coste muy elevado. Cuando somos capaces de dejar de enfatizar en exceso las emociones, podemos empezar a sentirlas, e invariablemente nos sorprende lo gratificantes, pacíficas y ecuánimes que pueden ser.

Creencias no examinadas con respecto a las emociones

Ciertas creencias que tenemos con respecto a las emociones pueden incrementar muy rápidamente la intensidad emocional, que pasa de 3 a 10. A menudo ni siquiera reconocemos que con lo que estamos muy incómodos es con una creencia, y no con la emoción en sí. De modo que aquí hay algunas preguntas que pueden ser útiles para descubrir nuestras creencias ocultas sobre las emociones (especialmente cuando son incómodas):

- ¿Cuáles son mis creencias con respecto a las emociones?
- ¿Qué me da miedo de las emociones?
- Si sintiera plenamente esta emoción, ¿qué podría ocurrir?
- ¿Qué me ha dicho la gente sobre esta emoción?
- ¿He visto a alguien actuar a partir de esta emoción de un modo que se causara daño a sí mismo o a otras personas?

Si cualquiera de estas preguntas revela creencias sobre una emoción específica, entonces ya has hecho mucho. El mero hecho de sacar esas creencias a la superficie relajará las cosas y empezará a rectificar las distorsiones. Puede llevar algo de tiempo y algunas repeticiones, pero en lo relativo a las creencias ocultas, lo que cuenta es revelarlas y reconocerlas. Si quieres seguir investigando, las preguntas siguientes pueden ser de ayuda:

- ¿Cómo es sentir esta emoción sin la creencia que la acompaña?
- ¿Dónde siento esto ahora mismo en mi cuerpo?
- ¿Soy capaz de permanecer en contacto con esta área o sensación durante unos minutos sin intentar curar ni arreglar nada?

Es posible que plantear estas preguntas no siempre produzca un cambio inmediato, pero podría sorprenderte que a menudo libera tensiones y resistencias en torno a una emoción. Así eres libre de experimentarla sin distorsiones, de manera directa.

Resistencia

Las emociones nunca son un problema. Aunque las sintamos problemáticas, no son un problema. Incluso cuando parece que la ira ruge dentro de ti y sientes que podría quemarte; incluso cuando te parece que te vas a ahogar en un océano de tristeza; incluso cuando parece que la vergüenza y la culpa son interminables, las emociones no son un problema. Es la resistencia a las emociones la que es el problema. Bien, ni siquiera la resistencia es un problema en el gran esquema de las cosas, pero la resistencia es lo que hace que a veces la experiencia emocional parezca una lucha. La resistencia es lo que hace que desconfiemos de las emociones. Es lo que hace que actuemos de maneras inconscientes y perpetuemos la violencia. Durante algún tiempo es posible que tengas que creer esto por fe, porque la forma en que hemos sido condicionados hace difícil ver el efecto que tiene la resistencia en nuestra experiencia de la emoción. Resulta duro ver la resistencia como tal.

La resistencia nos lleva a desconfiar de las emociones,
y no al revés. No hay nada intrínseco en una emoción que
nos obligue a resistirnos a ella.

Estas son algunas señales de que hay resistencia a la emoción:

- Tienes miedo de expresar o de sentir ciertas emociones, incluso si te sientes cómodo sintiendo o expresando otras. Por ejemplo, es posible que no tengas problema con la tristeza, pero tienes miedo de sentir y comunicar la ira. O tal vez puedas expresar fácilmente la ira, pero compenses el miedo a sentir vergüenza usando una máscara de falsa confianza.
- Crees o comunicas a otros que no sientes emociones.
- Te das cuenta de frecuentes conductas distractoras, especialmente en torno a ciertas personas o situaciones.
- Alguien de quien te sientes cerca y en quien confías te dice que estás bloqueado emocionalmente.
- Alguien en quien confías te dice que eres una persona iracunda y no entiendes por qué. Tú no estás enfadado.
- Te sientes incómodo hablando de las emociones o cuando otros expresan emociones.
- A menudo experimentas una sensación general de entumecimiento.
- Crees que el proceso mismo de despertar guarda relación con superar las emociones o con vivir sin ellas.

Si estás en alguno de estos casos y/o no estás seguro y quieres investigar si pudieras tener resistencia a las emociones, estas preguntas pueden arrojar alguna luz:

- ¿Me estoy resistiendo a una emoción aquí?
- ¿A qué emoción me estoy resistiendo?
- ¿Cómo se siente esto sin resistencia?

El empático

Con pocas excepciones, los seres humanos crecemos siendo empáticos de manera natural. Algunos más que otros. Los niños pequeños absorben y responden a los estados emocionales de los que les rodean. Esto ocurre tan espontáneamente, tan instantáneamente, que el niño es completamente inconsciente de que está ocurriendo. Nuestros sistemas nerviosos están estructurados para "vibrar con", para vincularnos con, y para reflejar los estados emocionales de otros. Esto es especialmente verdad con respecto a aquellos con los que estamos conectados emocionalmente y de quienes dependemos para nuestra supervivencia. Esta capacidad empática y la afinidad resultante para la vinculación emocional es esencial para que nuestra especie sobreviva y se propague.

A medida que crecemos y nos desarrollamos, conservamos los patrones emocionales que nos empaparon mientras desarrollábamos un sentido de identidad. Se podría decir que la empatía fisiológica fue la interfaz a través de la cual se descargaron en nosotros nuestros programas emocionales cuando éramos niños. A medida que maduramos hacia la edad adulta, aprendemos a poner filtros a nuestra interfaz empática. Lo único que podemos hacer es identificarnos más con la mente. Sin importar las capas de identidad, represión y evitación que construyamos, alguna parte de nosotros todavía sigue reaccionando a los estados emocionales de otros. ¿No es maravilloso?

"¡Cuánto damos a los pensamientos y a las cosas nuestra tonalidad! ¡Y juzgamos los sentimientos de otros por los nuestros!".

—Letitia Elizabeth London

Las personas que se sienten inclinadas a despertar, a menudo (aunque no siempre) están más hacia un extremo del espectro, pues tienen su interfaz empática muy abierta. Esto significa que de niños solíamos sentir más lo que otros sentían. Absorbíamos, e incluso metabolizábamos el dolor emocional de otros. Y lo que es más, a medida que se despliega el proceso de despertar, cada vez somos menos capaces de usar los falsos filtros de las creencias y la identidad para evitar nuestra capacidad de responder de manera inmediata, espontánea y empática a nuestro entorno. En algún momento queda claro que tenemos que ser inteligentes con respecto a cómo vivir con este mecanismo empático innato. He aquí algunas indicaciones:

- Es importante reconocer que la incomodidad y los intensos sentimientos que sientes en torno a otros no siempre son tuyos. No tengo la intención de sugerir que culpes a otros de tus estados emocionales, sino de decirte que asumes el dolor de otros sin darte cuenta de que eso puede conducir y conduce a relaciones disfuncionales, y a establecer límites interpersonales ineficientes.

- Como persona empática, es imperativo que aprendas a establecer y comunicar eficazmente tus límites. Hay muchas personas que no tienen los límites bien marcados, y es fácil establecer una relación desequilibrada con ellas. Ocúpate de entender los límites físicos, emocionales y energéticos.
- Desarrolla la inteligencia emocional. Un empático que no tiene claridad y que no acepta sus propias emociones se encontrará con frecuencia en paisajes emocionales confusos y comprometidos.
- Aprende a confiar y a abrazar la empatía (una vez establecido el hábito de mantener buenos límites). La empatía es un atributo poderoso y maravilloso del ser humano. Negarse o resistirse a esta parte de nosotros nos conducirá a una lucha interna interminable.

Inteligencia emocional

A medida que practiquemos el recorrer nuestro paisaje interno (emocional), desarrollaremos y refinaremos de manera natural nuestra inteligencia emocional. Mejoraremos a la hora de reconocer lo que estamos sintiendo, si somos capaces de evitar una emoción, y cómo experimentar las emociones más directamente. Esto desarrolla la capacidad de aceptar e integrar las emociones momento a momento en la totalidad de nuestra experiencia. Esta sección describe diversos aspectos de la inteligencia emocional y te ofrece una guía práctica que puede resultar útil para facilitar este proceso.

Emociones puras

Anteriormente he caracterizado las emociones puras en función de sus cualidades experienciales, pero no identifiqué específicamente a qué emociones me refería. Antes de hacerlo, quiero decir que no estoy sugiriendo que algunas emociones sean impuras y otras puras desde un punto de vista moral. Tampoco estoy diciendo que las emociones puras sean preferibles, más importantes o más reales que otras emociones. Por "puras" me refiero a fisiológicamente puras, no distorsionadas por el pensamiento y la interpretación. También podría llamarlas emociones "simples" o emociones "básicas". Son:

- Felicidad/Alegría
- Miedo
- Tristeza
- Ira
- Sorpresa
- Disgusto

Todas estas emociones tienen funciones fisiológicas. Son adaptativas e importantes para nuestra supervivencia. Diversas formas de estas respuestas fisiológicas pueden observarse también en los animales. Lo que he descubierto es que las emociones complejas o compuestas tienen en su raíz una o más de estas emociones. Cuando somos capaces de suavizar las distorsiones que a menudo dan lugar a las emociones compuestas, empezamos a sentir las emociones puras que hay debajo de ellas. Con el tiempo, la pureza natural de la emoción atraviesa sin obstáculos nuestra experiencia, volviéndose muy natural y gratificante.

Emociones compuestas

Considero emociones de naturaleza compuesta las que están distorsionadas por creencias, interpretaciones, conceptos e identidades. Mientras que una emoción pura puede ser experimentada directamente, una emoción compuesta se experimenta con más claridad cuando somos conscientes de sus componentes individuales. Esto nos permite experimentarla de cerca, plenamente y con integridad. Hay muchas más emociones compuestas que puras, y puedes apreciar muchas de ellas porque están enraizadas en una emoción pura. He aquí algunos ejemplos:

- Anticipación
- Culpa
- Vergüenza
- Orgullo
- Frustración
- Envidia
- Pena
- Resentimiento
- Ansiedad

- Impaciencia
- Desdén

Los ejes de distorsión

Las distorsiones que tuercen la emoción y dan como resultado emociones compuestas pueden delinearse, en general, a lo largo de dos ejes. El primer eje es la distorsión yo-otro. El segundo eje es la distorsión pasado-futuro.

La distorsión yo-otro incorpora la percepción cognitiva de separación, como en el caso de "yo estoy aquí, y otros/las cosas/las situaciones están ahí fuera en alguna parte, y están claramente separados de mí". Esto lleva a inflexiones de las emociones puras, y produce experiencias emocionales compuestas, como la inadecuación, la vergüenza y la culpa, que se inclinan hacia el polo "yo" de este eje de distorsión. También conducen a inflexiones que conducen a emociones como el disgusto, el desdén y el desprecio, que se inclinan más al polo "otro" de este eje.

La distorsión pasado-futuro incorpora la percepción cognitiva del tiempo, como en el caso de "tengo un pasado y un futuro definidos que existen del modo en que mis pensamientos sobre ellos hacen que parezcan existir. Vivo a lo largo de una línea temporal y 'mi vida' se estira por detrás y por delante de mí a lo largo de esta línea". Esto lleva a retorcer las emociones puras, y da como resultado experiencias emocionales compuestas como el lamento, que se dirige hacia el polo "pasado" de este eje de distorsión. También conduce a retorcimientos que dan como resultado emociones como la preocupación, que se inclina más hacia el polo "futuro" de este eje. Puedes referirte al cuadro para ver dónde encajan las distintas emociones compuestas sobre la trama definida por estos dos ejes de distorsión.

Para investigar una emoción compuesta distorsionada por la percepción del tiempo, puedes preguntarte a ti mismo: "¿Cómo se siente esto cuando lo experimento sin el pensamiento de tiempo?". Por ejemplo, podrías estar sintiendo preocupación. Si te preguntas a ti mismo qué estás sintiendo sin el pensamiento de futuro, podría sorprenderte lo que realmente piensas en ese momento. Podría no ser lo que pensabas que era. Podría sentirse más cercano, menos distorsionado. Esto puede requerir algo de práctica, de modo que estate dispuesto a trabajar con las emociones tal como surjan.

DESPIERTO

Vergüenza

Inadecuación

Culpa

Lamento

Humillación

Preocupación

PASADO

Ansiedad

FUTURO

Suspicacia

Disgusto

Resentimiento

Desdén

Amargura

Desprecio

Para investigar una emoción compuesta, distorsionada por la percepción yo-otro, puedes preguntar: "¿Cómo siento esto cuando no imagino que hay distancia o separación?". Por ejemplo, si sientes molestia, puedes preguntarte: "¿Qué sensación produce esto si no hay nada separado con lo que estar molesto?". Una vez más, esto puede requerir algo de práctica, pero, si sigues con ello, los resultados podrían sorprenderte.

Conciencia emocional

Como planteamiento simple para mejorar nuestra inteligencia emocional, puede ser valioso cultivar cierta curiosidad con respecto a tus estados emocionales a lo largo del día. Esto mejorará de manera natural tu conciencia de cómo los estados emocionales afectan a tus respuestas a diversas experiencias. También enseña a través de la experiencia que ninguna emoción específica es un problema ni dura para siempre. El paisaje emocional es un campo de experiencia en perpetua fluctuación.

En cualquier momento puedes preguntar: "¿Qué estoy sintiendo?". Una vez que te plantees esta pregunta, date un momento para sintonizar con el cuerpo emocional. Si la emoción que estás sintiendo está clara de inmediato, genial. El trabajo está hecho. Simplemente siéntela. Si no está clara, puede resultar útil referenciarse a diversos tonos de emoción para ayudar a articular la experiencia. Las etiquetas mismas no son importantes, pero pueden ayudar a refinar nuestra capacidad de observación y expresión. He aquí una lista que puedes usar como referencia:

Cariñoso	Amistoso	Pacífico
Asombrado	Frustrado	Orgulloso
Enfadado	Furioso	Rebelde
Molesto	Gratificado	Rechazado
Ansioso	Apenado	Relajado
Avergonzado	Feliz	Aliviado
Beligerante	Incapaz	Resentido
Amargado	Esperanzado	Triste
Aburrido	Herido	Satisfecho
Despiadado	Impaciente	Atemorizado

Cómodo	Inadecuado	Sereno
Confuso	Inseguro	Cohibido
Contento	Inspirado	Conmocionado
Deprimido	Invalidado	Tonto
Determinado	Irritado	Sublime
Disgustado	Celoso	Suspicaz
Distraído	Alegre	Simpático
Anhelante	Animado	Tenso
Exaltado	Solitario	Aterrorizado
Turbado	Perdido	Atrapado
Energético	Amoroso	Incómodo
Entusiasta	Melancólico	Validado
Envidioso	Desdichado	Preocupado
Ecuánime	Motivado	Desvalorizado
Excitado	Nervioso	
Errado	Abrumado	
Alocado	Apasionado	

Evolución de la emoción

Cuando hago trabajo emocional con alguien, en primer lugar trato de discernir cuál es su experiencia de la emoción. Las personas pueden referirse a cosas muy distintas cuando hablan de sus emociones.

- Para algunas personas, las emociones están claramente divididas en dos categorías: "positivas" y "negativas". Hablando en general, el objetivo es cultivar las emociones positivas y evitar, sanar o transformar las emociones negativas.
- Para algunos, las emociones son una pérdida de tiempo, una distracción y deberíamos evitar tomar decisiones basándonos en ellas.
- Para algunos, las emociones inspiran sus impulsos creativos.
- Para algunos, las emociones son una parte importante de la textura de la vida. Son la "salsa" de la vida, que hace que esta sea gratificante y significativa.

- Para algunos, las emociones son mensajeras. Son un modo que tiene la información de transitar entre las partes instintivas o subconscientes de nosotros y nuestro yo consciente.
- Algunas personas dicen que no experimentan emociones en absoluto, o que experimentan muy pocas.
- Para algunos, las emociones son las energías de la fuerza de vida experimentadas directamente como el movimiento energético mismo.

He descubierto que, a medida que madura la realización, se produce una evolución consistente de nuestra experiencia emocional. Al principio, el tema de los sentimientos y las emociones puede ser muy embriagador. Se confunde relatar e interpretar las emociones con las emociones mismas. Nos engañamos a nosotros mismos a cada paso porque nos convencemos de que cuanto más analizamos, contamos nuestra experiencia emocional y hablamos de ella, más auténticos somos, cuando en realidad estamos usando toda esa actividad mental para evitar sentir realmente la emoción.

A medida que ahondamos en la realización, empezamos a ver el absurdo de dedicar tanta energía a contar historias sobre la emoción para evitarla, porque hacer eso nos resulta cada vez más incómodo. De esta manera empezamos a sentir la emoción más directamente. Debería señalar que algo que suele ocurrir es que no todo el mundo se refiere a estas experiencias "más cercanas" como emoción. Sin embargo, lo que está claro es que en nuestro mundo interno vivimos un aspecto "más cercano a la experiencia". A medida que comienza a disiparse esta tendencia a evitar la emoción a través de la actividad mental y/o la comunicación, también tomamos más conciencia de las pautas de resistencia que subyacían a esas actividades mentales. Sentir esos patrones de resistencia con crudeza, junto con las emociones que habíamos estado evitando, a menudo conduce a la conclusión de que sentir una emoción es una experiencia desagradable, aflictiva o abrumadora. Con la madurez, va quedando cada vez más claro que lo que causa la disforia no son las energías emocionales mismas, sino la resistencia a ellas.

Después de algún tiempo, los patrones de resistencia comienzan a disolverse, y experimentamos más directamente, más "desde el lado de la emoción". Tomamos conciencia de la resistencia como tal, en lugar de engañarnos a nosotros mismos con análisis y narraciones. Queda claro que la experiencia directa de la emoción está perfectamente bien, que el contexto de “positiva” o “negativa” no es adecuado para ella, y que no tiene nada que ver con las historias que contamos. A veces, cuando somos capaces de sentirla directamente y sin resistencia, podemos disfrutar plenamente de la emoción.

“Los delfines se leen mutuamente las emociones mediante el sónar, y es el interior del cuerpo, la configuración de las vísceras, lo que les informa de si el delfín con el que se están encontrando está tenso o es feliz. Sus emociones están mucho más conectadas con el interior de sus cuerpos. Nosotros no tenemos eso. Es como negar sin darnos cuenta el 90% de lo que somos a nivel físico”.

—David Cronenberg

En algún momento experimentamos la energía de la emoción con toda claridad y a distancia cero (de manera no dualista). Así entendemos y se hace evidente que hemos estado huyendo de —y resistiéndonos a— lo que más deseamos, la totalidad. La dicha de la intimidad intrínseca irradia desde la experiencia sensorial vívida (la sensación corporal). No hay otro receptor de dicha experiencia que la experiencia misma, que a su vez se autolibera para ser reemplazada por otros fenómenos no dualistas. Este reemplazamiento no ocurre en el tiempo, y no se gana ni se pierde nada. Nada comienza ni termina aquí.

Dondequiera que te encuentres dentro de esta escala, puede ser valioso que te preguntes:

- ¿Cuál es mi experiencia de la emoción?
- ¿Qué ideas tengo con respecto a la emoción?
- ¿Cómo experimento esta emoción actual cuando suelto todas las historias y etiquetas?
- ¿Cuál es la experiencia de la emoción actual en su forma más natural?
- Si abandono la categoría de experiencia llamada “emoción”, ¿qué es lo que queda aquí/ahora?

Trabajar con la emoción

En esta sección ofrecemos algunos planteamientos generales y prácticos para trabajar con las emociones y los estados emocionales.

Curación

Hay dos maneras de aproximarse a la curación. Una es desde el punto de vista de la identidad conceptual o cognitiva. Desde este punto de vista, la curación es un reto. Requiere tiempo, trabajo y sacrificio. No se trata de una transacción gratuita, de modo que negociaremos. "¿Cuándo voy a estar preparado para ponerme a trabajar en mi curación, a costa de mi comodidad, y para empezar a afrontar las emociones difíciles que he evitado durante tanto tiempo?". Estas preocupaciones tienen cierto mérito. En la medida en que una parte de nuestra identidad descansa en la mente conceptual, no podemos negar que se producirá cierta negociación de este tipo. La consecuencia de este planteamiento es que, en cierto sentido, es de naturaleza divisiva, de modo que por más que trabajemos en la curación, e incluso alcancemos alguna medida de éxito, estamos reforzando sutilmente cierta visión, una identidad. Y la identidad que estamos reforzando es la identidad de "el que necesita ser curado". Es muy fácil reconstruir la sensación de estar heridos al intentar curarnos constantemente. Lo anterior no significa que este planteamiento sea inútil, pero requiere tiempo y esfuerzo. Puede resultar confuso, y es proclive al autosabotaje y a reemplazar una identidad por otra.

El otro acercamiento es un poco más difícil de describir. Esto no se debe a que sea abstracto o místico, sino a que es muy cercano. Este acercamiento consiste simplemente en ocupar la totalidad que ya existe plenamente, y que no es otra que este preciso instante. Es la posición del cuerpo en este momento. Es los sonidos que hay en la habitación. Es los colores, las formas y los movimientos danzando ante tus ojos. Es cada sensación corporal. Es las sensaciones somáticas, como las de los pies tocando el suelo, las sensaciones de las manos y los dedos, y la sensación de la lengua y los labios. También es las sensaciones viscerales localizadas más vagamente en el vientre, en el pecho, en el cuello y cabeza, que pueden corresponderse o no con ciertas emociones, creencias y pautas de identidad. Cuando descansamos en este captar tan directo, a cualquier estado emocional que ocurra se le da automáticamente un hogar. La curación es automática. Podemos ver que los estados emocionales nunca necesitaron reparación. Nosotros nunca hemos necesitado reparación. La curación más verdadera es la experiencia de que sentir es curarse. Cuando sentimos desde la posición más íntima, no hay ningún lugar adonde ir. No hay nada que arreglar. No hay necesidad de reparar. Los pensamientos pueden establecer una distinción entre curado y no curado, pero la experiencia inmediata de la realidad sin distancia puede acomodar fácilmente ambos estados al mismo tiempo. Descansa aquí.

Solo uno

Solo tenemos que ocuparnos del estado emocional que está en nuestra experiencia inmediata. Raras veces surge la necesidad de excavar en el pasado o en nuestra mente subconsciente para revelar o exponer estados emocionales reprimidos o no abordados. La vida es brillante; te presentará exactamente lo que necesites en cualquier momento dado. Si somos capaces de estar en el flujo del momento, la realización se desplegará con la sincronicidad y la inteligencia del cosmos. Cualquier cosa oculta será revelada. Cualquier cosa enterrada quedará al descubierto. Cualquier cosa reprimida acabará expresándose en la conciencia. Esto ocurre de manera natural y sin esfuerzo.

"Pues no hay nada oculto que no será manifestado, ni nada escondido que no será conocido y sacado a la luz".

—Lucas 8:17

A medida que aprendas a relajarte en este proceso de despliegue, sentirás cada vez más que lo que tenga que ser visto y sentido surgirá en su momento. Llegará justo a tiempo. Hay un pergamino tradicional japonés colgando en la sala de meditación de mi casa que dice en caligrafía japonesa:

Entra aquí

Esta es una manera de decir que el punto de entrada a tu verdad más profunda está exactamente donde estás tú. No tienes que buscar el punto de entrada; lo único que tienes que hacer es ser sincero y comprometerte a ver con claridad. Ver con claridad significa reconocer un pensamiento como pensamiento, una emoción como emoción, y una sensación como sensación. Este trabajo es simple. El desafío consiste en no complicar demasiado las cosas; en desarrollar una profunda confianza en la inteligencia de la vida para producir exactamente lo que se necesita momento a momento.

La secuencia emocional

En esta sección examinaremos la secuencia de la evolución de una emoción en la conciencia. Si examinamos más de cerca una única cascada emocional, encontraremos el patrón mediante el cual dicha emoción evoluciona, pasando de ser una experiencia física basada en las condiciones del momento a ser una narración en nuestra mente.

El primer paso o inflexión de la secuencia es que en el cuerpo se produce una respuesta fisiológica a las condiciones del momento (tanto internas como externas). Hay un patrón de sensaciones asociadas a las respuestas corporales. Dichas respuestas pueden ser muy sutiles, como una vaga tensión muscular que a menudo pasa desapercibida, o un ligero incremento del pulso cardíaco. O pueden ser mucho más obvias, como sudar, temblar o una respuesta física de susto. A medida que ocurre esta experiencia física, se produce inmediatamente una inflexión en la conciencia a la que se le puede llamar la distorsión más fundamental de la percepción. Ocurre tan rápidamente que la mayor parte de las veces la pasamos por alto completamente. Basándonos en nuestras predisposiciones y experiencia, lo que decidimos es: ¿En qué categoría general entra esta emoción o experiencia? Las dos categorías básicas son "Me gusta esto" y "No me gusta esto". También podemos describir esta horquilla experiencial como deseable/indeseable. Esto define nuestra reacción más fundamental a una experiencia emocional como deseo o aversión. También podríamos decir que este paso define nuestra posición básica con respecto a una experiencia.

Por ejemplo: "Esto es incómodo, no es mi preferencia".

El segundo paso/inflexión de la secuencia consiste en poner una etiqueta a esta emoción o experiencia. Esto también ocurre con tanta rapidez que solemos pasarlo por alto. Podríamos decir que este etiquetar define la emoción y la categoriza.

Por ejemplo: "Estoy sintiendo envidia".

La tercera inflexión de la secuencia es que se desarrolla una historia o narración en respuesta a los primeras inflexiones. Esta narración tendrá el sentimiento o "estado de ánimo" general de la primera inflexión (deseable/indeseable). También será una historia que encaje con la etiqueta y la categoría de experiencia definida por la segunda inflexión.

Por ejemplo: "Siento envidia de la relación de John con su novia".

La cuarta inflexión de la secuencia es que nos identificamos con la historia. Lo importante de este paso es que hemos dejado de percibir la experiencia como una emoción o reacción que estamos experimentando, y ahora atribuimos nuestra percepción al mundo externo. Retiramos la responsabilidad de esta experiencia de nosotros mismos (generalmente de manera inconsciente) y la situamos en ciertos objetos de nuestra percepción. Al hacerlo, empezamos a desviar, proyectar y culpar. Empezamos a ver nuestras propias distorsiones, prejuicios, creencias y suposiciones ocultas como si fueran el mundo externo.

Por ejemplo: "John siempre consigue lo que quiere. ¿Por qué yo no tengo lo que tiene él? La vida no es justa".

Está claro que no todas las experiencias emocionales que tenemos recorren la totalidad de esta secuencia. Sin embargo, todos sabemos que de vez en cuando la secuencia se completa. Algunos de nosotros vivimos más hacia un extremo de este abanico de posibilidades que otros. Es posible que ciertas emociones o situaciones nos lleven a completar la secuencia hasta la plena identificación, evitando así la experiencia física directa.

Hablando en general, es más provechoso orientar nuestra atención hacia el extremo "sentir directamente" de la secuencia que hacia el extremo del pensamiento o la narración. Si practicamos el tomar conciencia de en qué punto de la secuencia está nuestra atención, sobre todo cuando nos sentimos emocionalmente "activados", bloqueados o incómodos, comenzaremos a orientarnos intuitivamente hacia el sentir.

Culpar

Cuando la culpa está operando y no somos conscientes de ello, nos causa mucho dolor innecesario. Una vez que tomamos conciencia de ella, tenemos la oportunidad de dejar de darle tanta energía. Con el tiempo, algunas situaciones de nuestra vida que nos parecían completamente inabordables empiezan a ser más manejables. A menudo descubrimos que lo que antes sentíamos como un problema insuperable ha dejado de serlo.

Una de las señales de que la culpa está operando es que nos sentimos sin poder, frustrados y/o enfadados, y cuanto más pensamos en la situación, persona o circunstancia que hace que nos sintamos así, más impotentes, frustrados y/o enfadados nos sentimos. Si te encuentras en esta situación, puede resultar revelador preguntarse:

"¿Estoy culpando de mi infelicidad, frustración, impotencia o enfado a algo o a alguien?".

Si esta pregunta te parece irritante o pesada, puedes empezar por preguntar:

"¿Quién o qué está causando mi infelicidad, enfado, frustración y/o sentimiento de impotencia?".

Si la respuesta a la primera pregunta es sí, ya has hecho la mayor parte del trabajo. Has reconocido el deseo de culpar. Ahora tienes la oportunidad de darle la bienvenida a este momento. Esto siempre traerá esta experiencia más cerca de ti en alguna medida. Estas son algunas buenas preguntas de seguimiento:

"¿Dónde siento este deseo de culpar en mi cuerpo ahora mismo?".

"¿Qué siento si libero a ____________ de culparle en este momento?".

Podría sorprenderte el gran alivio que puede aportar este proceso, en especial si se practica de manera consistente.

Miedos psicológicos

Al tratar el tema del miedo, a veces resulta valioso hacer una distinción entre el miedo situacional y el miedo psicológico. El miedo situacional es el que surge cuando afrontamos una amenaza física inmediata y se produce la respuesta de lucha o huida. Este tipo de miedo es necesario y adaptativo. Por otra parte, el que vamos a abordar en esta sección es el miedo psicológico. Esta designación representa una gama de temores que están relacionados con la identificación con la mente y pueden tener efectos fisiológicos similares al miedo situacional.

Una diferencia clave es que el miedo psicológico tiene un conjunto adicional de efectos a largo plazo que quedan incorporados a nuestra identidad. Estos temores están enraizados en etapas evolutivas importantes de nuestra vida, y en el momento de manifestarse forman parte del desarrollo y la maduración normales del ser humano. A través de la identificación con la mente, estos miedos se acumulan y solidifican nuestra experiencia interna, teniendo efectos en nuestra percepción y experiencia de la realidad que van mucho más allá de los momentos de nuestra vida en que fueron inmediatamente relevantes. Esta acumulación contribuye a nuestras dudas, a nuestra falta de espontaneidad, a la preocupación por los pensamientos y a la tendencia a distanciarnos de la vida.

Comentaremos cuatro miedos psicológicos que están en el núcleo de nuestra tendencia a autoevitarnos, autoabandonarnos y a construir un mundo mental interno que usamos como amortiguador experiencial entre nuestro falso yo y el flujo de la vida. Son:

- El miedo a la humillación.
- El miedo a la intimidad.
- El miedo al abandono.
- El miedo a la indefensión.

Los he anotado aproximadamente en el orden inverso en el que se desarrollan. Antes de comentarlos en detalle, quiero ofrecer algunas sugerencias para ayudar a enmarcar mis comentarios de tal modo que no nos lleven a gestionar erróneamente estas emociones potentes y muy arraigadas.

- Nunca pienses que estas emociones son erróneas. Forman parte de nuestra psique. No estamos aquí para tirar nada ni para juzgar. Estamos aquí para ver y experimentar lo que realmente está ocurriendo dentro de nosotros.

- Es casi seguro que encuentres patrones de resistencia asociados a estas emociones. La resistencia puede presentarse en forma de negación, distracción, justificación, enfado o desesperación. La resistencia también puede presentarse bajo la forma de intentar usar la espiritualidad o el despertar para resistirse a, o para evitar, las cosas que no queremos experimentar. Esto es normal. No es un problema. Siempre puedes empezar aceptando la resistencia misma.
- Sé paciente con estas emociones. Raras veces desaparecen o se integran plenamente la primera vez que se entra en contacto con ellas. A menudo las hemos ido incorporando a lo largo del tiempo y de sucesivas interacciones con ellas. Tómatelo con calma.
- Ten espíritu aventurero. Esto es territorio desconocido para la mayoría de nosotros. Qué maravilla y qué privilegio encontrar la experiencia de este horizonte de sucesos en nuestro interior.
- No empujes demasiado fuerte. Indagar está bien, pero sé delicado.
- Tienes el derecho y la capacidad de explorar estos espacios. Todo ser humano lo tiene.
- En la medida que puedas, procura mantener algo de atención en la sensación corporal (incluso en los dedos de las manos o de los pies) mientras navegas este territorio.
- No hay necesidad de excavar. Estos miedos saldrán a la superficie en diversos momentos durante el proceso de realización. Después del despertar inicial, tienden a surgir con mucha más claridad y regularidad.
- Trata este espacio como un lugar sagrado. Si las cosas se ponen difíciles, recuérdate que eres afortunado de poder entrar en contacto con estas partes de ti. Muchas personas nunca han tenido esta oportunidad.

El miedo a la humillación

El miedo a la humillación se manifiesta de diversas formas. También se le puede llamar:

- Miedo a perder la aprobación.
- Miedo a ser un descastado.

- Miedo a ser juzgado.
- Miedo a perder validación.
- Miedo a pasar vergüenza.
- Miedo a parecer un necio.

Las conductas asociadas incluyen:

- Preocupación por el estatus.
- Juzgar a otros.
- Preocupación por las tendencias.
- Intentar impresionar a la gente.
- Actuar como si supieras cosas que no sabes por miedo a parecer poco inteligente.
- Evitación del contacto social.
- Evitar hablar o actuar en público.

El miedo a la humillación comienza a operar en nosotros cuando tomamos conciencia de las relaciones sociales. En el caso típico, esto ocurre cuando nos aproximamos a la pubertad. Aunque las raíces de este miedo conectan con las primeras etapas del desarrollo, como el miedo a perder la aprobación de los padres, el miedo a la humillación no florece y secuestra una gran parte de nuestra identidad hasta que tomamos conciencia de las relaciones sociales. Cualquiera que haya visto crecer a un niño hasta llegar a ser un joven sabe exactamente cómo es esto. La transición de tener a los padres y a la familia como el centro de las preocupaciones del niño y su fuente de validación, a tener a su grupo social como principal preocupación y fuente de validación puede ser muy dura. Puede ocurrir muy rápidamente. Aprender a navegar los contextos sociales y a desarrollar una identidad dentro de las estructuras sociales es una etapa normal del desarrollo saludable. Junto con el emerger de la conciencia social, desarrollamos temores en torno a lo que podría ocurrir si de repente perdiéramos la validación o fuéramos expulsados de nuestro grupo social.

Al igual que todos los miedos psicológicos, el miedo a la humillación continúa con nosotros en diversas medidas, incluso después de haber aprendido a navegar con éxito los contextos y las situaciones sociales.

Influye en nuestras conductas y percepción de nosotros mismos a lo largo del resto de nuestra vida adulta.

"Humillación es liberación".

—Tony Parsons

Debido a la naturaleza "pegajosa" de los miedos psicológicos, este miedo se entrelaza con diversos aspectos de nuestra identidad y personalidad a los que no es necesariamente aplicable. Por ejemplo, podríamos imaginarnos siendo humillados, no sabiendo qué decir, o pareciendo necios, y a continuación esas imágenes mentales nos llevan a evitar una actividad que de otro modo nos hubiera interesado. Una manifestación muy común (probablemente ubicua) de esto es la ansiedad social. En lugar de entrar en una situación social con "la mente completamente limpia", imaginamos nuestro aspecto en esa situación antes de que ocurra. Si nos imaginamos avergonzados, podríamos sentir temor, lo que podría llevarnos a la decisión de evitar completamente la situación.

Cuando entres en contacto con el miedo a la humillación, estas son algunas sugerencias:

- ¡Dale la bienvenida! Ver este temor como temor es la única manera de desenredar nuestra identidad y nuestras conductas de él.
- Reconoce que el miedo y los pensamientos asociados (humillación imaginada) suelen ser mucho peores que pasar realmente por las situaciones que podrían producir humillación. La evitación es siempre más estresante que confiar en la acción espontánea.
- Estate dispuesto a reconocer áreas de tu vida en las que este miedo podría estar ocultándose, obligándote a evitar actividades en las que de otro modo tenderías a involucrarte.
- No subestimes este temor. He visto que en muchas ocasiones este miedo, tanto en mí como en otros, nos lleva a realizar elecciones muy opuestas a nuestras tendencias naturales. Incluso he visto que este miedo lleva a la gente a hacer cosas dañinas para su bienestar emocional y físico.

El miedo a la intimidad

Puede parecer paradójico, pero el miedo a la intimidad está muy vinculado con el miedo al abandono. Cuando nos permitimos sentir el miedo a ser abandonados o a perder a alguien con quien nos sentimos conectados, tenemos automáticamente una respuesta de "distanciamiento". Esto no es necesario ni adaptativo, pero parece ocurrir casi sin excepción entre los humanos. Podría enunciarse así: "Cuando veo lo importante que esta persona es para mí a nivel emocional, me queda claro que perderla podría ser devastador. De modo que mantendré un poco de distancia entre ella y yo para no sentirme tan desolado si se va, o cuando se vaya". Entiende que esto no es ni una conclusión obvia ni una decisión consciente. He conocido a varias personas que tienen suficiente integración emocional para describirlo exactamente así, pero la mayoría de nosotros no tenemos ni idea de que estamos distanciándonos. Esto se manifiesta de diversas formas y con diversas intensidades entre los humanos. A menudo la "distancia" que mantenemos es directamente proporcional a la cantidad de dolor emocional a la que nos hemos visto expuestos en anteriores conexiones emocionales de nuestra vida. Estas son algunas de las tendencias y comportamientos asociados:

- Evitación de las conexiones emocionales.
- Incapacidad o no estar dispuesto a confiar en los que están más cerca de ti.
- Sentirte más "en la cabeza" que "en el cuerpo" en torno a las personas cercanas.
- Poner muros o "mantener alejados" a nuestros seres queridos.
- Incomodidad a la hora de establecer contacto físico con otros seres humanos, e incluso con los animales.
- Disfunción o evitación sexual.
- Relaciones volátiles.

Estos son algunos indicadores que pueden resultar útiles en torno al miedo a la intimidad:

- Reconócelo, al menos ante ti mismo. Buena parte de la carga de resistencia en torno a esta emoción puede aliviarse con el mero reconocimiento.

- Comunícaselo a tu pareja o ser querido si sientes que es seguro y relevante hacerlo. Podría sorprenderte que él o ella también sienta miedo a la intimidad.
- Evita culpar a tu pareja o seres queridos.
- Haz contacto con aquellos de los que te sientes cerca. A veces el contacto físico, tanto un abrazo como una mano en el hombro, puede disipar mucha tensión y mucho “estar en la cabeza”.
- Practica una comunicación directa y honesta. Establece contacto ocular y habla de manera simple y directa desde tu propia experiencia. No “filtres”.

Miedo al abandono

Este miedo hunde sus raíces en las primeras etapas de nuestro desarrollo como seres humanos. Empieza a formarse en cuanto se establece nuestro sentido rudimentario de identidad, el sentido de ser yo. Esto ocurre entre el año y los dos años de edad. En el momento en que empezamos a percibir nuestro yo como una entidad diferenciada, también empezamos a percibir a nuestro cuidador primario y nuestra vinculación emocional con él/ella como algo necesario para nuestra supervivencia. Esta es una etapa crítica de nuestro desarrollo, y si se produce una alteración en la formación de este vínculo primario con nuestro cuidador, puede dar como resultado un impedimento emocional y psicológico generalizado y duradero.

El miedo al abandono está tan profundamente enterrado en nuestra psique que la mayoría de nosotros somos totalmente inconscientes de cuánta influencia tiene en nuestras elecciones, creencias y sentido del yo. Como se ha mencionado, está asociado con nuestro miedo a la intimidad. También está vinculado con otras percepciones y conductas, como:

- El miedo a la soledad.
- Quedarse en relaciones disfuncionales cuando está claro que sería más saludable irse.
- Conductas necesitadas o “de apego”.
- Falta de interés en la independencia y en la autonomía.
- Ser innecesariamente dependiente en las relaciones, o solo sentirse amado cuando la otra persona exhibe rasgos de dependencia.

- Sentirte incómodo siendo tú mismo.
- Mostrar conductas manipulativas hacia los seres queridos para conseguir que se mantengan cerca de ti, que dependan de ti, o tener miedo de perder su validación.
- Celos extremos.
- Cualquier forma de violencia en las relaciones.

Cuando entres en contacto con el miedo al abandono, ve muy despacio. Ofrece algo de espacio a esta experiencia. Estás en suelo sagrado. Estás en la vecindad de algunas de las energías más primarias de la conciencia humana. Estos instintos son intrínsecos a la vinculación y a la supervivencia mamíferas. He aquí algunos indicadores:

- En primer lugar y principalmente, detente y siente. Vuelve a familiarizarte con el aspecto táctil de este territorio. Aquí no hay nada en lo que pensar ni nada que analizar. En realidad, aquí no hay nada que hacer excepto sentir.
- Pregúntate: "¿Puedo vivir esta experiencia sin tener que actuar a partir de ella? ¿Puedo simplemente sentir el miedo al abandono, o el abandono mismo, sin tener que culpar a nadie, sin hablar de él, analizarlo ni curarlo?".
- Al principio, es posible que solo puedas entrar brevemente en contacto con esta experiencia. Eso está bien. Con el tiempo te sentirás más cómodo.
- Conforme te sientas más cómodo en este espacio, puedes plantearte preguntas como: "¿Dónde siento esto en mi cuerpo? ¿Cómo se mueve? ¿Cómo puedo actuar más conscientemente con respecto a esta parte de mí mismo?".

Miedo a la indefensión

Este miedo tiene un lugar especial en mi corazón. Cuando llegas a conocerlo realmente, es la emoción más sorprendente de todas. Es más fundamental que los miedos psicológicos que ya hemos comentado. Este miedo es tan sorprendente porque es la barrera final. Esto es algo a lo que le podría llamar el impulso de existir. Este impulso es común a todas las formas de vida. Incluso puedo llegar a decir que este impulso es intrínseco al deseo más primario de que algo exista. Toda la dimensión física tal como la conocemos y no la conocemos —el universo entero y sus contenidos— son un resultado de este deseo/impulso sutil y maravilloso de existir.

Y resulta que la indefensión es un camino directo a lo que está "en el otro lado" de ese impulso. El punto de transición entre lo más visceralmente personal y lo más radicalmente impersonal, y sin embargo enormemente íntimo, está justo en el núcleo mismo de toda la cascada de las emociones humanas. En ese núcleo hay una singularidad. No tiene nombre. Es una paradoja. Es un lugar sin lugar que te salvará de la existencia como ser discreto que sufre sin parar, llevándote a una realidad indescriptiblemente libre y pacífica, que no está atada por la distinción entre existencia e inexistencia.

Nosotros, los humanos, hacemos todo lo que hacemos —y construimos todas las identidades que tenemos— específicamente para evitar atravesar esta puerta. Y no tenemos ni idea de que estamos haciéndolo. Todos nuestros mecanismos de defensa son equiparables a diversos niveles de protección para asegurarnos de que nunca estemos cara a cara ante esta verdad primordial. Incluso los caminos espirituales que pueden llevarnos hasta la cercanía de esta barrera generalmente se alejarán en cuanto sientan este último punto de tránsito. Y, sin embargo..., aquí hay una posibilidad. Unos pocos seguirán adelante y se les premiará con el más sorprendente e indescriptible de los regalos. Diciéndolo en terminología Zen: "Todo será cambiado, pensarás que el cielo y la Tierra han sido intercambiados".

No quiero decir mucho sobre el miedo a la indefensión. No quiero arruinarte la sorpresa. Déjame añadir solo que en algún momento lo afrontarás. Si penetras en él, entrarás en contacto directo con la indefensión, que es aquello de lo que él te dice que te está protegiendo. En realidad, no te está protegiendo a ti de la indefensión; está protegiendo a la indefensión. Está manteniendo esta, la más sagrada de las verdades, lo suficientemente escondida para que solo los más desprotegidos puedan pasar. Solo serán admitidos los que estén dispuestos a acercarse en completa vulnerabilidad.

La indefensión es nuestra conexión física directa con la totalidad de la naturaleza. Es sublime. No tiene comparación. Aquí, el más frágil es el más poderoso. Aquí, la sabiduría más profunda es la inocencia misma.

"Bienaventurados los mansos porque ellos heredarán la Tierra".

—Jesús, Mateo 5:5

Vergüenza

Como la indefensión, la vergüenza revela algo sorprendente cuando llegamos a su núcleo. No es lo que parece en absoluto. Sin embargo, es el tipo de cosa que la mayoría de nosotros evitamos durante años, e incluso toda nuestra vida. Esta evitación no es algo que elijamos. Es la tendencia habitual que aprendimos a una edad temprana a través de la comunicación y los modelos de conducta. Este tipo de aprendizaje es instantáneo, depende de la situación y suele pasar desapercibido. La mayoría de nosotros nunca consideramos la posibilidad de que haya otra orientación posible hacia la vergüenza que evitarla. Este patrón de evitación está tan arraigado en nuestros procesos cognitivos y emocionales que a menudo pasamos por alto la existencia misma de la vergüenza. La forma más eficaz de evitación es olvidarse de que el objeto de evitación existió alguna vez. Se podría decir que este olvido es la marca de la identificación con la evitación.

Si pudiéramos dar voz a la vergüenza, ella diría algo como: "¡No mires aquí! Este es un lugar malo y tiene que ver contigo. Si esta parte de ti queda expuesta, ¡estarás arruinado! Oculta esto de todos, incluso de ti mismo. Nunca menciones a nadie que este lugar está aquí, dentro de ti. El núcleo de lo que eres está corrompido".

Está claro que este es un material muy intenso; pero, en realidad, no es más que un montón de palabras. Esa voz interna solo está haciendo su trabajo. Está usando un lenguaje atemorizante para asegurarse de que nunca te acerques, y mucho menos vayas directamente al centro de ese núcleo de vergüenza. Entonces, ¿qué ocurre cuando finalmente decidimos aventurarnos dentro de ese espacio? ¿Significa nuestra destrucción? ¿Revela algo sobre nosotros tan maldito que no tenemos la capacidad de manejarlo? No y no. Lo que ocurre es que experimentamos alivio. Experimentamos descanso. Experimentamos paz. Este alivio, descanso y paz no son emociones pasajeras que dependan de la situación. En ese momento de contacto, sentimos claramente que son la sustancia de la experiencia emocional misma. Esto significa que entrar en contacto con la emoción es entrar en contacto con la verdadera paz y el verdadero descanso. Este es el alivio último.

Esto requiere algún tiempo. Raras veces ocurre de la noche a la mañana. Sin embargo, una vez que hayas traspasado lo suficiente esas barreras de resistencia hay una buena noticia esperándote. Lo que hay en el núcleo de ti no es una maldición. No es un problema. Y no es algo a lo que tengas que dedicar energía para ocultarlo.

Temas emocionales comunes en el despertar

En esta sección entraremos en contacto con un puñado de temas y situaciones emocionales que son comunes durante el proceso de despertar y de la realización. Casi todo el mundo que pase por este proceso los experimentará de alguna forma en un momento u otro.

Algo se desprende

La experiencia de estar soltando algo o de que algo se desprende es tan común durante el proceso de despertar y realización que efectivamente es omnipresente. Puede ocurrir al principio, antes de que se produzca un cambio de identidad evidente. Y es aún más común después de un despertar. En cualquier caso, es casi seguro que te encontrarás con ella en algún momento.

Este fenómeno a veces es como un soltar suave. Otras veces da la sensación de que se ha desprendido de nosotros algo muy sustancial. Con frecuencia no podemos expresar con palabras qué es eso. Puede ser sutil o puede ser algo prominente. Puede estar en el trasfondo o en el primer plano de nuestra experiencia. Podemos sentirlo familiar o puede ser ajeno a nosotros.

Para muchas personas, esta experiencia de que algo se desprende tiene una naturaleza marcadamente emocional. He oído describirla de diversas formas como una sensación de tristeza, pérdida o pena. Incluso puedes sentirla como la experiencia de perder un amigo íntimo o un ser querido. A veces puedes tener ganas de llorar como una Magdalena.

Otros no lo experimentan como una emoción *per se*, sino que tienen una profunda sensación visceral de que algo está desapareciendo o de que ya se ha perdido. Si no lo sientes particularmente emocional, eso no indica que haya algo errado en ti. Todo el mundo procesa las cosas de distintas maneras.

También es común tener esta experiencia sin que sea precipitada por un suceso externo. A menudo esta sensación surge cuando la vida parece discurrir como siempre. Es posible que no haya habido cambios recientes en tus relaciones cercanas, que no hayas perdido el trabajo ni hayas tenido problemas de salud, y sin embargo experimentas una profunda sensación de pérdida. Tendemos a creer que si nos sentimos de cierta manera, debe haber una razón para ello, y por tanto la buscamos. Bien, cuando empieza a florecer la realización, todas las reglas habituales se invierten. Cuando experimentas esta sensación de que algo se desprende, no hay necesidad de identificar qué circunstancias están produciéndola. La mera experiencia puede ser un buen maestro si nos abrimos a la lección. Tenemos la oportunidad de empezar a confiar y de referirnos a nuestra experiencia directa (sensorial-emocional), independientemente de lo que los pensamientos nos digan sobre ella. Cuando hacemos esto, dejamos de preocuparnos tanto por cómo deberíamos estar sintiéndonos y nos interesamos más por cómo nos sentimos realmente. Puedes confiar en que te está ocurriendo exactamente lo que debe. Esta confianza conduce de manera natural a recuperar nuestra capacidad innata de sentir sin necesidad de explicar ni describir lo que estamos sintiendo.

Dicho esto, hay cierto valor en entender el mecanismo subyacente de esta experiencia de pérdida. En realidad estás soltando un montón, al menos desde cierta perspectiva. Desde otra perspectiva, en esencia, no estás soltando nada.

Desde una manera de percibir, estás soltando mundos de creencias, futuros imaginados y pasados atesorados. Estás soltando la seguridad y la confirmación de que lo tienes todo calculado y sabes cómo te van a ir las cosas en la vida. Algo en lo profundo sabe que todo esto solo existe en el mundo onírico del pensamiento. A medida que nuestra identidad se desenreda de dicho mundo onírico, sentimos que se está disolviendo algo muy real. Desde la perspectiva de este mundo de pensamiento, eso es exactamente lo que está ocurriendo. Y esto se debe a que cualquier cosa con la que nuestra identidad esté entrelazada la sentiremos muy real, aunque haya suficientes evidencias que indiquen lo contrario. Sabemos que, en realidad, soñar despiertos con el futuro no puede ayudarnos a escapar físicamente de nuestras circunstancias presentes, y sin embargo lo hacemos de todos modos. Sabemos que intentar recordar que algo ocurrió de un modo distinto de cómo realmente ocurrió no cambia nuestras circunstancias actuales, sin embargo a veces nos convencemos a nosotros mismos de que puede cambiarlas. Bien, una vez que empezamos a investigar nuestra verdadera naturaleza, estos intentos de engañarnos a nosotros mismos se vuelven cada vez más difíciles. Un resultado de lo anterior es que sentimos la pérdida de este pacificador interno de la imaginación que a menudo usamos para sentirnos mejor.

A medida que soltamos estos movimientos mentales de escape, empezamos a entrar en el mundo de la experiencia sin filtros. El efecto secundario de esto es que experimentamos la pérdida del confort de esos mundos internos que hemos venido usando para mantener la ilusión de escape y control. En este sentido, sentimos pena por haber perdido mucho.

Según otra manera de mirar las cosas, en esencia no estamos perdiendo nada. A medida que cruzamos este territorio, el movimiento más fundamental es una transición de identidad desde el mundo ilusorio del pensamiento y el escape al mundo real de los fenómenos sensoriales, de la presencia y de la intimidad. La pérdida de una ilusión, desde el punto de vista del mundo que hemos tratado de ignorar mediante dicha ilusión, no es una pérdida en absoluto. ¡Ciertamente es un renacimiento! Lo que hay que saber es que generalmente aquí hay una brecha, una distancia. La ilusión tiene que disiparse para que la experiencia primaria y auténtica se revele de manera natural. Por tanto, en ese tiempo intermedio es cuando tendemos a experimentar buena parte de esta sensación de que algo se desprende, de pena y de pérdida.

Cuando te encuentres en este territorio, puede resultar útil recordar algunas cosas:

- Esta experiencia es perfectamente normal. Es una parte necesaria de la transición por la que estás pasando.
- Puedes dedicarte principalmente a honrar la experiencia, sabiendo que no hace falta una razón o una explicación para ella. La experiencia misma es razón suficiente para que esté ahí.

- Esta experiencia de desprenderse de algo irá y vendrá varias veces, y tu manera de experimentarla evolucionará. Al principio puede parecer muy incómoda, pero con el tiempo es probable que te resulte muy natural y gratificante.
- No sigue un patrón específico. Puede venir en pequeños estallidos. Puede quedarse durante un tiempo. Puede venir en las primeras etapas de la realización y/o en las posteriores. Sabe cómo y cuándo manifestarse, de modo que puedes confiar en ella.
- Como siempre, mira si también está presente algún patrón de resistencia. De ser así, reconócelos.
- La manera de reaccionar que tenga tu cuerpo está perfectamente bien. Si sientes la necesidad de tumbarte en la cama y mirar fijamente a la pared o de llorar durante un día, no hay nada malo en eso.
- No necesitas validación externa para esta experiencia. Si quieres compartirla con otros, eso está bien. Simplemente sé honesto contigo mismo con respecto a por qué la compartes. ¿Estás compartiéndola para que la simpatía te distraiga de la experiencia misma? ¿Estás buscando validación, como si solo estuviera bien sentirse así si otros están de acuerdo o lo aprueban? Estas ocasiones en las que se desprenden cosas son una experiencia íntima y personal. Tienes todo el derecho a crear espacio para ti mismo a fin de prestarles atención.

"El sentimiento agradable es impermanente, condicionado, surge de manera dependiente y está obligado a decaer, a desaparecer, a disiparse, a cesar, y lo mismo el sentimiento doloroso y el sentimiento neutral. De modo que cualquiera que, al experimentar un sentimiento agradable piense: 'Esto soy yo', debe, en la cesación de ese pensamiento agradable, pensar: '¡Mi yo se ha ido!'".

—Buda

Estados de dicha

Durante el proceso de despertar es común encontrarse de vez en cuando con estados de enorme disfrute. Podríamos llamarles euforia, estados de dicha, estados místicos o experiencias de sacralidad. Pueden ocurrir durante la meditación. A veces duran unos minutos y otras duran toda la meditación. También pueden ocurrir al azar mientras te dedicas a tus actividades diarias. En ocasiones, un estado de dicha durará unos pocos días.

Lo más importante que hay que saber sobre ellos es que, por muy agradables que sean, no tiene sentido apegarse a ellos. Si dejamos que vengan y vayan como les plazca, no sufriremos. Si nos apegamos a ellos, nos identificamos con ellos o los convertimos en el objetivo de nuestra práctica, sufriremos. Los puntos clave son:

- Los estados de dicha carecen esencialmente de causa. No necesitas averiguar la receta de cómo se producen. Hacer eso solo supondrá una distracción. Es mucho mejor prestar atención a cualquier cosa que se presente en el momento y soltar lo ocurrido en el momento anterior.
- Los estados de dicha no son el objetivo de la realización.
- Un estado de dicha no es un despertar (incluso un estado de dicha prolongado).
- Cuando venga un estado de dicha, date permiso para sumergirte completamente en él. Aunque resulte paradójico, esto hace más fácil soltarlo una vez que pasa.

Miedo existencial

El miedo existencial es otro fenómeno que parece ser casi ubicuo entre los que hemos atravesado este camino. Podrías probarlo antes del despertar, pero después del despertar quedas más expuesto a sentirlo sin filtros. Aunque en el caso típico suele durar poco, puede ser sorprendente en el sentido de que surge de la nada y puede resultar muy molesto. Se siente como miedo a la muerte o miedo a no ser en su forma más cruda.

"Una vez oí que se daba este elevado consejo a un joven: haz siempre lo que te dé miedo hacer".

—Ralph Waldo Emerson

La buena noticia es que, al final, este miedo a la extinción acaba siendo una interpretación equivocada. Tenemos miedo de que muera una ilusión. Sin embargo, la muerte de una ilusión puede ser muy alarmante cuando nos tomamos a nosotros mismos por esa ilusión. A medida que desenredamos nuestra identidad de pensamientos y creencias, estos momentos de miedo existencial se suavizan considerablemente. También se convierten en nuestros maestros. Algunas indicaciones para cuando surja el miedo:

- Está bien. Todo el mundo pasa por esto.
- Raras veces dura mucho.
- Hasta donde puedas, trata de encarnar la experiencia. Permítete sentirla. Nota la diferencia entre la narración en la mente y las sensaciones físicas en el cuerpo.
- Da espacio a esta experiencia. Aunque al principio puede ser una experiencia difícil y desorientadora, tiene mucho que enseñarte. Procura no evitarla ni distraerte cuando venga. No te resistas a ella.

Aceptación

Al final, todo el trabajo emocional tiene que ver con la aceptación.

- ¿Podemos aceptar en vez de analizar?
- ¿Podemos aceptar en lugar de juzgar?
- ¿Podemos aceptar en lugar de intentar curar?
- ¿Podemos aceptar en lugar de intentar transcender?

¿Cómo aceptamos? Sentimos. Es muy simple. Deja que los pensamientos hagan su danza. Deja que se cuente la historia. Deja que las etiquetas etiqueten. Nada de esto es un problema. A medida que ocurren todas estas experiencias, también podemos dirigir parte de nuestra atención a la sensación desnuda. Si estás sintiendo frustración o inquietud, puedes preguntarte: "¿Dónde siento esto ahora mismo en mi cuerpo?". A continuación ve allí. O, todavía mejor, deja que ese espacio corporal venga a ti. Deja que llene tu experiencia. Nada dentro de él. Siente cómo se desliza sobre tu carne, tus huesos, tus miembros y tu torso. Deja que demuestre su magia. Deja que te muestre su ausencia de forma. Deja que te muestre su falta de bordes. Entra en picado en sus profundidades. Te está invitando...

Capítulo 15:
Indagación

Introducción

"Lo importante es no dejar de preguntar. La curiosidad tiene su propia razón de ser. Uno no puede evitar sentirse asombrado cuando contempla los misterios de la eternidad, de la vida, de la maravillosa estructura de la realidad. Es suficiente con que uno intente comprender un poco de este misterio cada día".

—Albert Einstein

¿Qué pasaría si te dijera que hay un método concreto para investigar tu verdadera naturaleza que es tan potente, tan incisivo, que hace que todas las demás prácticas espirituales palidezcan en comparación? Bueno, pues es verdad. El método al que me refiero es la indagación. Y estoy hablando de un modo particular de indagación, por supuesto. Estas son algunas de las cosas que hay que saber de partida:

- La indagación puede producir transformaciones profundas, incluyendo el despertar, que a menudo eluden al buscador espiritual durante décadas. Estoy hablando de practicantes sinceros que emplean de manera consistente la meditación u otras prácticas espirituales. Y lo que es más, puede hacerlo en un tiempo muy breve. No deja de ser común lograrlo en unos pocos meses o menos si la indagación se hace correctamente.

- Mucha gente "tropieza" con la indagación casi por accidente, y funciona igual de bien que si la hubieran aprendido y aplicado de manera deliberada y estructurada.
- La indagación funciona para cualquiera que esté dispuesto a aplicarla con sinceridad. Esto se debe en gran medida a que puede adaptarse al usuario y, si se aplica adecuadamente, se adaptará específicamente a ti, con todas tus cualidades y características únicas.
- Hasta donde puedo discernir, todas las personas con las que me he encontrado que han tenido un despertar y que han refinado su comprensión más allá del mismo han utilizado alguna forma de indagación.
- No tienes que entender la indagación para que funcione, pero sí tienes que estar dispuesto a reconocer tus anhelos más profundos y a hacer esfuerzos sinceros basándote en ellos.

Como hemos explorado en capítulos anteriores, el proceso de despertar tiene muchas facetas y aproximaciones. Todas estas áreas de investigación, técnicas y prácticas tienen su lugar. Haciéndolas en el momento adecuado y con aplicación, todas pueden ser puntos de entrada maravillosos. La indagación es el punto de entrada que liga entre sí a todos los demás aspectos y planteamientos. De hecho, está en el núcleo de todas las demás técnicas y prácticas. Podríamos decir que todas las demás prácticas son movimientos preliminares o preparatorios hasta que estás preparado para la indagación. La indagación es algo mágico. Es una especie de fallo que se ha producido en el Universo. Es un hilo suelto que si por la razón que fuera te provocara curiosidad y empezaras a ver dónde te lleva, comienza a desenredar todas las identidades falsas. Este desenredar revela algo sorprendente y maravilloso.

En este capítulo comentaremos la naturaleza de la indagación, cuándo y cómo usarla, y cómo cambia a lo largo del proceso de realización. También comentaremos planteamientos específicos con respecto a la indagación, y cómo adaptarlos para que se ajusten a ti de la mejor manera.

Antes de empezar quiero hacer una declaración general sobre la indagación que guarda relación con cómo te la voy a presentar aquí, en este formato escrito. Voy a delinear este proceso con todo detalle. También lo voy a dividir en fases. Por favor, entiende que esto es una deconstrucción artificial con propósitos didácticos. Quiero asegurarme de que aprendas todo lo que necesitas saber sobre los matices de la indagación, así como los posibles malentendidos que puedan surgir, de modo que tengas una buena sensación general de cómo funciona todo el proceso y confianza en que puede funcionar para ti. La diferencia entre usar la indagación eficaz o ineficazmente es como de la noche al día en cuanto a los resultados que se obtienen, de modo que no quiero dejarme nada en el tintero. Sin embargo, es importante que te transmita que la indagación misma no es complicada, abstracta, esotérica o conceptual. En realidad, es un proceso simple e íntimo. Mi objetivo es llevarte al punto en el que puedas llevar a cabo una indagación eficaz por tu cuenta, de manera significativa y sin tener que pensar en los detalles.

Es como aprender a montar en bicicleta. Cuando empiezas a aprender a montar en bici, puede ser frustrante, y a veces sientes que nunca lo conseguirás. Al principio, intentar coordinar varias tareas nuevas al mismo tiempo puede resultar abrumador. Tienes que pedalear, conducir, frenar, mantener el equilibrio y estar alerta a los obstáculos. A veces cometerás errores. Te olvidarás de una tarea, como pedalear o dirigir, mientras te enfocas en otras, como encontrar los frenos o mirar el camino que tienes por delante. A veces te corregirás excesivamente, e incluso te caerás. Si aprendes algunas de las tareas, pero dejas una fuera, no llegarás muy lejos. Por ejemplo, si aprendes a equilibrarte y a frenar, pero no pedaleas, no irás a ninguna parte. Si aprendes a pedalear y a estar atento al camino, pero no sabes equilibrarte, te caerás. Si puedes equilibrarte y pedalear, pero diriges la mirada a tus manos y pies y no prestas atención al camino, te toparás con un obstáculo. Asimismo, la indagación no llega muy lejos si te saltas uno de los aspectos importantes.

La diferencia notable entre montar en bicicleta y la indagación es que, cuando montas en bici, las tareas que tienes que aprender son obvias y casi siempre hay alguien allí para señalártelas. En la indagación, todos los aspectos necesarios son internos. Y lo que es más, el proceso de indagación es sutil, de modo que si estás pasando algo por alto, es posible que te sientas frustrado, pero no sabrás dónde mirar ni a quién preguntar. Por eso en este capítulo voy a entrar en muchos detalles para no pasar nada por alto. Tanto al montar en bicicleta como en la indagación, si aprendes todos los aspectos necesarios y cómo coordinarlos, y persistes en ello, en un periodo de tiempo relativamente corto estarás haciendo todas esas cosas simultáneamente sin tener que pensar mucho en ellas. Entonces puedes relajarte y disfrutar del paisaje, del viaje y de la aventura.

Por último, me gustaría señalar que ninguno de los aspectos (tareas) involucrados en la indagación son completamente nuevos para ti. Son capacidades inherentes que ya posees. Simplemente han sido pasados por alto. Hace muchos años, cuando aprendimos a ser una buena persona y a vivir una buena vida, los pusimos en la estantería y ahora están olvidados. Si hay algo importante en este proceso es aprender a recuperar la confianza en tu intuición. Sería agradable que simplemente pudiera decirte que confíes en tu intuición. El problema de esto es que hemos sido condicionados a desconfiar de nuestra intuición, especialmente en lo relativo a nuestra verdad más interna. He descubierto que una vez que a una persona se le recuerda su capacidad innata de indagar, lo hace de manera natural y con cierta confianza serena. El proceso puede ser muy agradable. Esto me lleva al último punto que quiero resaltar en esta introducción:

Yo no soy el experto en cuál es el mejor modo
de indagar para ti.
¡Lo eres tú!

¿Qué es la indagación?

Una definición básica: la indagación es el acto de plantear una pregunta. En el contexto del despertar, se trata de un tipo específico de pregunta que se plantea de una manera específica. Dicho esto, hay mucha flexibilidad en cuanto a qué preguntas hacer y cómo hacerlas. Una vez que llegas a sentir cómo funciona la indagación, puedes incluso soltar la pregunta, y la indagación se convierte en un movimiento instintivo de curiosidad y fascinación.

"Los misterios abundan allí donde más buscamos respuestas".

—Ray Bradbury

La indagación se manifiesta de manera diferente para distintas personas, y también cambiará a medida que evolucione la realización. A veces la indagación es una práctica diferenciada y específica, otras veces es más como el sabor y el tono general del proceso de despertar. He conocido a personas despiertas que dicen que raras veces hacían preguntas específicas, si es que hacían alguna, pero su anhelo de verdad, de realización, o de acabar con su propio sufrimiento se alineaba claramente con la indagación tal como la vamos a presentar en este capítulo. De manera muy simple, la indagación es un método para investigar tu naturaleza fundamental y la naturaleza fundamental de la realidad de un modo directo y no conceptual.

Mecanismo

Como ya comentamos en el capítulo sobre la identificación con la mente, uno de los movimientos fundamentales del ego, o del sentido de ser un yo separado, es buscar. El movimiento egoico busca interminablemente la ilusoria "pieza que falta". Por definición, nunca se siente satisfecho, pues la búsqueda constante refuerza continuamente la sensación de carencia. Como nuestra identidad está tan entrelazada con el mecanismo de búsqueda, a nosotros, como mecanismos de búsqueda, nos es imposible socavar el proceso de búsqueda y revelar el error fundamental (la presuposición de separación). Si tratamos de usar el mecanismo de búsqueda para descubrir la verdad de que ciertamente no hay separación real en ninguna parte, nos veremos obstaculizados a cada paso, porque será la falsa identidad la que estará dirigiendo el proceso. Otra manera de decir esto es que la propia sensación de carencia continuará buscando una solución, reforzando así su propia existencia. Todos hacemos esto en alguna medida porque es imposible no hacerlo. Es importante y útil tomar conciencia de este juego del escondite que jugamos con nosotros mismos, pero esta toma de conciencia, por sí sola, generalmente no rompe el hechizo del proceso de búsqueda. Tiene demasiado impulso.

La indagación es una manera inteligente de colapsar este sistema. Toma el mecanismo de búsqueda —que refuerza la sensación de carencia a través de la misma búsqueda y se convence a sí mismo de que de algún modo puede encontrar la respuesta a su dilema— y lo dirige de vuelta a su propia fuente. La indagación, cuando se aplica adecuadamente, cortocircuita esta maquinaria de la falsa sensación de separación, que es la que produce la búsqueda, que a su vez refuerza la sensación de separación. Con el tiempo, la indagación ralentiza esta maquinaria, que en último término llega a detenerse. Con esto, la ilusión de separación que vives en tu experiencia llegará a un final. Experimentarás que la realidad es indivisa, profundamente íntima, sin límites y tiene el centro en todas partes. Un famoso sabio indio llamado Ramana Maharshi (en su libro *¿Quién soy yo?*) compara este proceso con el de avivar un fuego con un palo de madera. A medida que avivas el fuego, el palo se va quemando más y más hasta que desaparece completamente.

Estas descripciones apuntan a verdades experienciales sutiles que pueden no quedar claras de manera inmediata. No te sientas intimidado si ahora mismo no puedes encontrar estas sutilezas en tu experiencia. Quiero reiterar que no necesitas entender el mecanismo de indagación para que este sea eficaz. Es igual de eficaz si sabes por qué y cómo funciona como si no. En algún momento todo esto se hará mucho más evidente.

Simplicidad engañosa

Mediante el uso adecuado de la indagación puedes conseguir en poco tiempo lo que podría llevar décadas mediante otros medios. He visto que en muchas personas que aplicaron la indagación correctamente y que se dedicaron a ella de todo corazón (a veces con la mitad del corazón) el despertar ocurrió en entre dos y seis meses. Cuando tuve mi primer despertar, llevaba cuatro años meditando, pero solo un mes con la indagación. Nadie me la enseñó de manera directa. Digamos que tropecé con ella y fui capaz de deducir cómo funcionaba a través del proceso de prueba y error. Incluso durante ese mes estuve buscando a tientas hasta que finalmente todo se aclaró. Algo encajó, y supe instintivamente y con exactitud qué era la indagación y cómo realizarla. La sentía muy familiar e íntima. Una vez que se produjo este clic, a los pocos días llegó el despertar.

Estoy de acuerdo en que la mayoría de la gente que se involucra en el trabajo espiritual no se transforma con tanta rapidez. Una de las principales razones de ello es que pasan por alto y/o subestiman el valor de la indagación. Esto puede ocurrir por diversas razones. Aquí voy a resumir las más importantes:

Las más comunes

- Parece demasiado simple como para funcionar. "Para alcanzar algo tan importante y transformador como el despertar o la iluminación deben hacer falta medios extraordinarios. Plantear una simple pregunta no puede ser una manera legítima de conseguirlo".
- No sabemos qué pregunta(s) hacer.
- Como la indagación guarda relación con el tema del despertar, estamos aprendiendo algo nuevo y que no nos resulta familiar. A veces nos oponemos a aprender algo que no nos es familiar o que es ajeno a la experiencia común.
- Sentimos lealtad hacia cierta técnica (como cierto tipo de meditación), tradición o maestro que no incluye la indagación. Tenemos miedo de estar "engañando" de algún modo a alguien o a algo con lo que nos comprometimos en el pasado.
- Tenemos cierto interés en la indagación, pero nunca nos la han explicado de manera práctica, y no sabemos cómo proceder.
- Hemos probado la indagación y la hemos encontrado frustrante, confusa, o parecía que no pasaba nada. Por tanto, concluimos que la estamos haciendo mal o que no funciona.
- Leemos o escuchamos la descripción o instrucción de alguien sobre la indagación y pensamos que "la entendemos", pero en realidad nunca la ponemos a prueba por nuestra cuenta en tiempo real.
- Por la razón que sea, la indagación no suena interesante o útil para nosotros; por lo tanto, no la investigamos ni la probamos con sinceridad.

Menos comunes

- Nos involucramos en la indagación y a continuación tenemos una intensa experiencia emocional, por ejemplo de miedo, desorientación o tristeza. Esto puede ocurrir de inmediato, o bien más adelante. Concluimos que la indagación ha causado esa experiencia, de modo que tenemos miedo de "volver a abrir la puerta".

Si te suena alguna de la razones anteriores, es de ayuda saber que casi todo el mundo ha llegado a conclusiones similares en un momento u otro. Esto no significa que la indagación no pueda o no vaya a funcionar para ti. Tú tienes tanto potencial como cualquiera, del pasado o del presente, para pasar por la gran transformación mediante la aplicación adecuada de la indagación. Aquí van algunas sugerencias simples que pueden ayudar a orientarte hacia este proceso de manera realista y empoderadora:

- No pases por alto la indagación por su simplicidad. Ciertamente, su poder se debe en gran medida a su simplicidad.
- Ponla a prueba realmente. No pienses en ella ni pienses en lo que piensas de ella. Practícala y ve qué ocurre.
- No esperes resultados inmediatos. Al indagar, a veces notarás que algo cambia inmediatamente. Otras veces no. Ambas cosas están bien.
- No dejes que una experiencia incómoda, frustrante o confusa te lleve a concluir que lo estás haciendo mal o que no funciona. Esas experiencias ocurrirán ocasionalmente, y como todo lo demás, pasarán.
- No hay necesidad de evaluar constantemente si está funcionando. Lo está. Antes o después se presentará la evidencia de que estás tocando experiencialmente algo más real, natural y libre.
- Dale algún tiempo. Cuando emprendas la indagación, comprométete a practicarla durante unos meses antes de reevaluarla.
- Si por alguna razón intentas indagar y no parece funcionar, o tienes una experiencia incómoda, no renuncies completamente. Déjala a un lado durante algún tiempo y vuelve a abordarla con ojos frescos y con el corazón abierto a las pocas semanas o a los pocos meses. A veces es cuestión de dar con el momento adecuado.

Si sigues estas sugerencias y aplicas lo aprendido en este capítulo, no tengo dudas de que la evolución de tu situación te sorprenderá agradablemente.

El vehículo

Plantear una buena pregunta es importante en la indagación, pero la pregunta solo es el vehículo. Lo que el vehículo transporta (el anhelo de verdad y la intuición de que es tu derecho de nacimiento encarnar esa verdad), y el combustible que impulsa al vehículo (estar dispuesto a entrar en lo desconocido y en la paradójica duda masiva o en el sufrimiento que nos ha conducido hasta aquí), es mucho más importante que el vehículo mismo. Una manera simple de decir esto es que lo que pones detrás de la indagación es más importante que elegir la pregunta perfecta.

"Que tengas éxito o no es irrelevante, no existe tal cosa. Lo importante es hacer conocido tu desconocido, y mantener siempre lo desconocido más allá de ti".

—Georgina O'Keeffe

De modo que hablemos del anhelo, de la intuición y de la buena voluntad o buena predisposición. Antes he mencionado el anhelo de verdad. Este no es el tipo de verdad que pueda quedar escrito en un conjunto de reglas o principios. No vas a encontrarla en un libro. Este tipo de verdad no hace referencia a nada que tengas que aprender o adquirir. Ello se debe a que es una verdad viviente, intrínseca a lo que ya eres; esa es su belleza. Esta verdad viviente es lo más sagrado para ti, independientemente de cualquier cosa que hayas aprendido o de cualquier cosa que alguien te haya enseñado que es importante. Estoy hablando de una realidad viviente que es tan real, tan intuitiva y evidente en sí misma, que ninguna creencia u opinión puede mancharla. Por tanto, ¿cuál es tu anhelo más profundo? ¿Qué está impulsando tu deseo de despertar?

- ¿Poner un final al sufrimiento?
- ¿Experimentar la realidad como realmente es, sin los filtros del pensamiento, la percepción o la distorsión?
- ¿Ver de una vez por todas más allá de las ilusiones de separación y aislamiento?

- ¿Recuperar tu inocencia y espontaneidad innatas?
- ¿Vivir en paz?
- ¿Vivir libre del miedo a la vida?
- ¿Conocer y encarnar tu verdad más profunda?
- ¿Vivir en un estado natural de intimidad y ausencia de esfuerzo?
- ¿Conocer la eternidad en este momento?

Si la respuesta no queda clara de inmediato para ti, eso también está bien. Dale algún tiempo. Plantéate las preguntas: "¿Qué es lo más importante para mí?" y "¿Cuál es mi anhelo más profundo?". Estas preguntas pueden clarificar tu punto natural de indagación. Haz las preguntas y después deja que se asienten en espacios profundos dentro de ti. Dales unos pocos días, o incluso unas pocas semanas. Vuelve a abordarlas periódicamente a lo largo de tu viaje. Las respuestas pueden evolucionar a medida que evolucione la realización.

Cuando lleguen las respuestas es importante ser honesto contigo mismo. No descartes respuestas como "encontrar la pareja perfecta" o "seguridad económica" o "sentirme seguro" o "encontrar una comunidad que me acoja tal como soy". Todos estos anhelos son relevantes. Puede resultar útil seguir preguntando: "¿Qué pienso que me dará esto?", y ver adónde te conduce esa pregunta. Cuando llegas al territorio donde sientes que ningún conjunto de condiciones externas va a satisfacer tu anhelo más profundo, estás poniéndote en armonía con el impulso de despertar a tu verdadera naturaleza.

Cuando empiezas a sentir realmente este profundo anhelo por la verdad viviente, por encontrar un final al sufrimiento, o aquello que sientas más auténtico, pon ese impulso o apremio detrás de la indagación. Será como si el anhelo mismo estuviera indagando. Puede sentirse como algo mucho más intenso que un anhelo; incluso puede sentirse como desesperación. Así es como fue para mí. Si te ocurre esto, está perfectamente bien. Permítetelo y estarás en compañía de los muchos que vinieron antes que tú y realizaron grandes transformaciones por medio de una gran desesperación.

La buena voluntad o predisposición implica que nos entregamos a este proceso. Estamos confiando en lo desconocido. Vemos y admitimos que las viejas maneras de pensar con respecto a nosotros mismos y a nuestra vida no nos han llevado a una paz y ecuanimidad verdaderas y duraderas. Estamos dispuestos a soltar las antiguas creencias si se revela que nos están haciendo sufrir. Estamos dispuestos a abrirnos a las experiencias que hemos venido evitando, reprimiendo y pasando por alto, así como a las experiencias que buscábamos y que de algún modo nos evadían. En resumen, estamos dispuestos a entrar en un gran misterio. Cuando emprendas la indagación en serio, invariablemente empezarás a notar que están operando poderes más grandes que tú. Empiezas a sentir que están en movimiento procesos que están más allá de tu control y comprensión. Puede surgir una sensación paradójica de aleatoriedad, así como cierta sincronicidad misteriosa. Si te lo tomas como una aventura, habrá espacio para que ocurran cosas asombrosas. No podrás creer lo que vendrá en tu ayuda. La intuición es el instinto de que hay una posibilidad que no hemos visto, de que es posible realizar nuestra verdadera naturaleza, de que no nacimos para sufrir.

Estas tres cualidades se juntan y forman un potente catalizador para la transformación. El combustible crudo es el sufrimiento mismo. La duda, la angustia y la frustración con la vida habitual, mezcladas con un profundo anhelo por la verdad viviente, la intuición de que no tiene por qué ser así, y la predisposición para entregarte al proceso de transformación son la combinación perfecta para impulsar tu indagación hasta las profundidades de tu identidad y más allá.

Formular la pregunta

Decidir qué pregunta plantear no tiene por qué ser una decisión monumental. La función de la pregunta es dirigir todo ese anhelo, esa buena predisposición e intuición hacia una investigación simple y concentrada en un punto. De hecho, cuanto más simple sea la pregunta, mejor. Las preguntas para la indagación pueden categorizarse de manera general en dos temas básicos:

1. Preguntas momentáneas o prácticas.
2. Preguntas fundamentales o nucleares.

Generalmente las preguntas momentáneas surgen de la simple curiosidad cuando estamos investigando o contemplando nuestros pensamientos, emociones o sentidos. Por ejemplo, mientras estás dedicando un rato de tranquilidad a observar pensamientos, podrías preguntarte: En realidad, ¿de qué está hecho un pensamiento? ¿Puedo experimentarlo directamente? ¿Puedo tocar ese "material del pensamiento"? Este es un punto de indagación perfectamente válido. O tal vez estés observando el flujo de pensamientos y de repente sientas curiosidad con respecto a qué es lo que está notando los pensamientos y también permanece como "notador" entre un pensamiento y otro. Otra gran área de indagación: tal vez estés trabajando en prestar atención a las emociones. Sientes cierta tristeza y reconoces que la etiqueta "tristeza" está en el pensamiento, y que también hay una sensación en el cuerpo que parece corresponder a esa experiencia de tristeza. Podrías preguntarte: ¿Están los pensamientos y las emociones vinculados? o ¿puedo acercarme más a esa sensación? o ¿de qué está hecha esta sensación? Estas también son grandes preguntas surgidas de la práctica y de la curiosidad natural. Son puntos de indagación perfectamente legítimos. Este tipo de preguntas han surgido miles de veces para mí personalmente, así como cuando estoy trabajando con otros en el proceso de indagación. Ocasionalmente, una de ellas "se incendiará" y lanzará al indagador a las profundidades de su ser.

"¿Quién diablos soy yo? Ah, ese es el gran rompecabezas".

—Alicia, *Alicia en el País de las Maravillas*

En cuanto a las preguntas de indagación de tipo nuclear, generalmente vienen en dos variedades. A una de ellas la llamamos una pregunta o punto de indagación "natural". Puede parecer que esa pregunta ha estado contigo toda la vida. De hecho, puede ser lo que te ha llevado a leer este libro. Al otro tipo de pregunta de indagación nuclear la llamo punto de indagación "derivado". Es tan real y fundamental como una pregunta natural. La diferencia es que es posible que tengas que cavar un poco para encontrarla. La tercera posibilidad es que no haya una pregunta nuclear específica que sea una fuerza impulsora en tu inclinación hacia el despertar. Eso también está bien.

No significa que la indagación no vaya a funcionar para ti. Puedes descubrir que sientes relevantes ciertas preguntas de indagación en ciertos momentos y otras en otros momentos. Otra posibilidad más es que te sientas inclinado a practicar la indagación sin una pregunta específica. Llamaré a esto indagación pura. Puede sonar absurdo pero es algo muy real, y para el final de este capítulo sabrás exactamente qué es y qué significa.

Encontrar tu pregunta nuclear

Un buen planteamiento para encontrar tu indagación fundamental es simplemente preguntarte: "¿Cuál es mi pregunta nuclear?" o "¿Cuál es la indagación esencial de mi vida?" o "¿Qué pregunta agita verdaderamente algo en lo más profundo de mí?". Cuando te plantees estas preguntas, dales algo de tiempo, o revísalas con un amigo en quien confíes, o con un maestro. Puede que te sea útil hacer una tormenta de ideas y anotar las posibles preguntas. A veces, el simple hecho de permitir el libre flujo de ideas te ayudará a refinar tu indagación fundamental. Estas son algunas preguntas comunes:

- ¿Quién soy yo?
- ¿Qué soy yo?
- ¿Cómo vivir una vida libre de sufrimiento?
- ¿Qué es la eternidad?
- ¿Qué es lo que es consciente antes, durante y después de un pensamiento?
- ¿Qué es la consciencia?
- ¿Es posible ser consciente sin pensamiento?
- ¿Dónde estoy?
- ¿Qué es la realidad?
- ¿Qué es la verdadera paz?
- ¿Cuál es la verdad más profunda de este momento?
- ¿Quién está observando los pensamientos?
- ¿Quién es consciente de esta experiencia?
- ¿Qué es el sonido?
- ¿Quién está escuchando los sonidos?
- ¿Quién está sintiendo la sensación?

Como puedes ver, todas estas son preguntas simples, y todas son fáciles de entender incluso si la respuesta no es evidente. Hay algunas tradiciones, como el budismo Zen, que usan preguntas igualmente simples pero que no tienen un sentido lógico. El sentido de plantear este tipo de preguntas es desarmar el intelecto de inmediato. Extrañamente, este tipo de preguntas, cuando se aplican adecuadamente, llevan exactamente a las mismas comprensiones espirituales.

- ¿Qué es Mu?
- ¿Cuál es el sonido de una mano aplaudiendo?
- ¿Cuál era mi rostro original antes de que nacieran mis padres?

Está claro que hay una gran variedad de preguntas de indagación. Puedes usar cualquier pregunta que resuene contigo. Trabaja con ella por un tiempo. Si te parece que abre algo para ti, sigue adelante. Si sientes que no te gusta o que no te ayuda, prueba con otra distinta. También es posible que se te ocurran tus propias preguntas. No hay pregunta equivocada siempre que venga de la autenticidad y lleve a la comprensión experiencial en lugar de a respuestas conceptuales. Aquí hay algunas directrices que pueden ser de ayuda para formular una pregunta. No tomes estas caracterizaciones como si fueran el evangelio, aunque son un buen punto de partida:

Preguntas quién y qué: estas son preguntas poderosas si se dirigen a las verdades más profundas y/o a tu experiencia inmediata (en la que no tienes que pensar). Recomiendo usar preguntas quién o qué la mayor parte o todo el tiempo.

Preguntas por qué y cómo: generalmente recomiendo no usar estas preguntas para la indagación, especialmente al comienzo. Dicho de manera simple, casi siempre conducen a respuestas conceptuales, a más pensamientos y a más confusión. Por ejemplo, si te preguntas: "¿Por qué sufro tanto?", tu cerebro se ocupará de discurrir todo tipo de razones, y serán totalmente conceptuales y casi siempre debilitantes e inútiles. Generalmente recibirás respuestas como: "Porque soy un fracaso" o "Soy un caso desesperado" o "Porque la vida es sufrimiento". ¿No te sientes peor simplemente leyendo estas respuestas? De modo que no des combustible a tu mente, que ya está estresada, para sentirte peor sin obtener ningún beneficio.

Preguntas cuándo y dónde: Estas preguntas pueden ser extraordinariamente potentes, pero pueden resultar un poco engañosas si las usas al principio. Se vuelven muy poderosas en etapas posteriores de la realización. No obstante, si una pregunta cuándo o dónde te cautiva desde el principio, ve a por ella. Conozco a alguien cuya pregunta fundamental era: "¿Dónde estoy yo?", y le funcionó muy bien.

"Esta es tu última oportunidad. Después de esto ya no hay vuelta atrás. Si tomas la píldora azul, se acaba la historia; despiertas en tu cama y crees lo que quieras creer. Si tomas la píldora roja, te quedas en el País de las Maravillas y yo te enseño cuán profunda es la madriguera del conejo".

—Morfeo, *Matrix*

Hacer la pregunta

Una vez que te hayas establecido en una pregunta que represente tu anhelo innato de verdad, o que haya surgido una pregunta viable durante la práctica del momento, es el momento de indagar. En esta sección comentaremos cuándo, dónde y cómo hacer la pregunta.

Entorno: En realidad no hay malos momentos para indagar. Cuando estás sentado en silencio o en meditación es un momento óptimo para indagar, puesto que se minimizan las distracciones y puedes prestar toda tu atención a la investigación. Cuando estás en la naturaleza, especialmente si estás libre de distracciones, también es un momento ideal para indagar. Asimismo, cuando estás tumbado en la cama y te vas quedando dormido es un momento excelente para practicar. Esto te permite llevar la indagación al reino del subconsciente. Incluso puedes indagar mientras estás ocupado con tareas de la casa o del jardín. Al principio te resultará más fácil indagar en entornos serenos en los que haya pocas o ninguna distracción. Con el tiempo, probablemente descubrirás que la indagación puede hacerse en muchos entornos distintos. Puedes dedicar cierta cantidad de tiempo a la indagación, o puedes simplemente practicarla en cualquier momento en que te sientas inclinado a ello, aunque solo sea por unos momentos.

Cómo hacer la pregunta: simplemente haz la pregunta con toda la curiosidad que puedas reunir en ese momento. Pregunta como si fuera la cuestión más intrigante del mundo..., porque lo es. Está bien decirla en voz alta, pero no es necesario. Puedes simplemente plantearte la pregunta internamente y después mirar (pero sin buscar una respuesta-pensamiento). Si eres capaz de seguir mirando y mantienes la curiosidad después de responder la pregunta, genial, sigue adelante. Si te encuentras distraído, perdido en pensamientos, o sin realizar la tarea, vuelve a hacerte la pregunta con curiosidad y mira dónde te lleva experiencialmente. Al principio puede parecer que no ocurre nada. Con un poco de práctica, empezarás a notar una pequeña brecha o distancia entre hacer la pregunta y cuando retornan los pensamientos. Esto es exactamente lo que se supone que tiene que ocurrir. La indagación no es algo sobre lo que se tenga que pensar; su propósito es llevarte a la experiencia directa. No hay necesidad de repetir la pregunta una y otra vez como un robot. Si te descubres haciendo esto, tómate un descanso. Cuando vuelvas, recuérdate que has de preguntar con curiosidad y estando dispuesto a dirigir tu atención a la experiencia inmediata que se revela a sí misma después de plantear la pregunta, tanto si allí hay pensamientos como si no.

Más allá de la pregunta

La verdadera magia de la indagación comienza después de hacer la pregunta. Esto se debe a que ese anhelo de verdad y ese corazón indagador impulsado por la duda masiva y el deseo de encontrar un final al sufrimiento han sido cargados en el vehículo de la indagación y lanzados a lo desconocido. En cierto sentido, ya has hecho tu parte, y ahora liberas la indagación al impulso de vida que fluye a través de todas las cosas. Es decir, te rindes al proceso de indagación.

"Lo más hermoso que podemos experimentar es lo misterioso. Es la fuente de todo arte y ciencia verdaderos".

—Albert Einstein

Llegados a este punto, en gran medida el proceso ya no está en tus manos, aunque es importante reconocer que esta fase después de que la pregunta ha sido planteada y liberada es donde se hace el verdadero trabajo. Este reconocimiento viene en forma de la atención y consideración que prestas al proceso mismo. Es la parte más importante de la indagación. Ahora tu trabajo consiste en no interponerte en el proceso. Un amigo muy listo lo expresó así: "Es como cuando te van a operar. Tienes dos trabajos que hacer: no te muevas y no intentes ser el cirujano". De modo que a partir de este punto del proceso, tu trabajo es rendirte a la indagación. Estas son las cualidades de la indagación rendida:

Es no conceptual

Nunca buscamos una respuesta conceptual. Como en la descripción del capítulo sobre los pensamientos, se considera que cualquier cosa que puedas anotar o decir con palabras es un concepto. No hay necesidad de pensar en qué nos está enseñando la indagación. Todo el sentido de la indagación es llevarte a la experiencia inmediata y no conceptual. Cualquier conclusión o juicio que surja aquí es conceptual. Un modo de atarte inconscientemente a la conceptualización durante la indagación es tomar los pensamientos sobre el proceso o la técnica misma como si fueran tuyos. Esto significa que, durante la indagación, podríamos descubrir que después de plantear la pregunta hay mucho debate interno con respecto a si lo estamos haciendo bien. "Tal vez debería poner mi atención aquí en lugar de allí", o "Ahora mi experiencia parece estar cambiando". "¿Debería hacer la pregunta de nuevo o debería ir con el cambio experiencial?". La presencia de estos pensamientos durante la indagación no es señal de que hayas cometido un error; simplemente son pensamientos normales. No plantean un problema. Basta con que no te convenzas de que eres tú el que está confundido, o el que duda, al creer que estos pensamientos están siendo producidos por ti. Si los pensamientos son captados, que así sea. Solo sigue mirando. Si los pensamientos o las respuestas conceptuales parecen particularmente insistentes, puedes seguir indagando: Oh, esto es un pensamiento. Entonces, ¿qué más hay aquí que no es un pensamiento? Después de cierta práctica, notarás la "sensación" de permitir que tu atención fluya hacia la indagación no conceptual y experiencial.

Suspende el juicio

Una vez que comenzamos a reconocer la sensación de la experiencia no conceptual, todavía podríamos sentir que en cierta medida estamos "luchando" con nuestra experiencia. Esto está causado por nuestro hábito de evaluar constantemente y separar las "buenas" experiencias de las "malas". Con la indagación puedes dar un descanso a esa mente discriminante. Si parece insistir en luchar con las experiencias, como si estuviera intentando encontrar la "correcta" y evitar la "equivocada", puedes afirmar: "En la indagación no hay experiencias mejores ni peores, solo hay experiencias".

Encuentra el "punto dulce" o punto justo

Hay un terreno intermedio mágico entre la intención (querer saber la verdad, querer despertar) y rendirse o ceder (dejarte llevar por la experiencia). Cuando no haces excesivo énfasis en ninguno de estos aspectos, descubres que la indagación casi no requiere esfuerzo y es gratificante.

Si la atención va hacia los sentidos, eso está perfectamente bien

Si descubres que tu atención se dirige a los sonidos de la habitación (sin etiquetarlos o contemplarlos), eso no es malo. Si descubres que tu atención se dirige hacia las sensaciones corporales, deja que descanse allí.

Soltar la necesidad de obtener una respuesta de cualquier tipo

Esta es una extensión de la advertencia de no buscar respuestas conceptuales. Puede parecer contraintuitivo que hagamos una pregunta con un deseo ardiente de conocer la verdad y después soltemos la expectativa de tener cualquier tipo de respuesta. Está bien si esto no es intuitivo de partida. Con el tiempo quedará más claro. Lo que ocurre es que la apertura y la investigación sin juicio de nuestra experiencia inmediata se vuelve profundamente gratificante. Cuando surja este disfrute, empezarás a sentir la inocencia curiosa y natural con la que la indagación está conectando. A medida que nos rendimos a este rito sagrado, esta inocencia curiosa es el conjunto exacto de condiciones que puede abrir un portal, un portal a la infinitud. Como Cristo dijo en el evangelio de Mateo: "En verdad os digo, a menos que cambiéis y os hagáis como niños pequeños, nunca entraréis en el reino de los cielos". Este es el tipo de inocencia de la que estoy hablando.

No te esfuerces ni luches

Si en algún punto durante la indagación sientes que estás empujando o luchando, o sientes que fuerzas las cosas, esto probablemente es la señal de que tienes alguna expectativa de obtener un resultado específico. Esta expectativa podría ser inconsciente. Es muy posible empujar sin saberlo en busca de algún tipo de resolución, incluso si no tenemos claro lo que pensamos que es dicha resolución. Si sientes esta sensación de empujar en busca de un resultado, puedes preguntarte: "¿Hay algo que esté esperando de esto ahora mismo?" o "¿Estoy exigiendo algo de este momento o experiencia?". Si sientes que sí, a menudo eso es suficiente para relajar toda la situación. A veces ayuda cavar un poco más hondo: "¿Qué estoy tratando de conseguir de esto ahora mismo?". La estrofa siguiente puede ayudar a clarificar lo anterior:

Simplemente estate dispuesto a mirar. Y a seguir mirando.

No juzgues. No elijas. No tires nada fuera.
No trates de añadir nada.

Sigue mirando hasta que el mirar sea todo lo que queda,
y ese mirar es no dualista, lo que significa que es
íntimo más allá de toda comparación y plenamente
satisfactorio. Este no es un proceso complicado.

Indagación natural

En la indagación nunca llegarás a un punto en el que te des cuenta de repente de que el trabajo está hecho. No hay una etapa de madurez después de la cual la indagación ya no sea necesaria de ninguna forma. Sin embargo, hay refinamientos de este proceso que ocurren naturalmente, de modo que puede decirse que el proceso mismo madura con la experiencia. Entonces, ¿cómo es cuando el proceso de indagación madura? Bien, esto será distinto para cada cual, pero la descripción siguiente puede ser útil:

Cuando empezamos a indagar, no podemos evitar buscar y esperar cierto tipo de experiencias. Todos venimos con nuestras nociones preconcebidas con respecto a cómo podría ser cuando estemos más despiertos, más claros, más... lo que sea. Después de algo de práctica, empezamos a darnos cuenta de que todo eso es simplemente la mente ajetreada haciendo lo que mejor hace: fabricar pensamientos. Al principio, esto puede distraernos de reconocer el proceso simple y natural de involucrarnos directa y espontáneamente en nuestra experiencia inmediata. Después de algo de práctica, aprendemos a discriminar sin esfuerzo lo conceptual de la experiencia inmediata. Así aprendemos a confiar más en la experiencia inmediata y empezamos a "entender" el sentido de la indagación a nivel experiencial. Esto es una marca de madurez en la indagación. Llegados a este punto, hemos empezado realmente a confiar en el proceso y a intuir su poder. Pero incluso en esta etapa albergaremos expectativas inconscientes con respecto a lo que conseguiremos con la indagación y con todo el proceso de despertar. A medida que estas creencias ocultas salgan a la superficie, las estructuras somáticas a las que estaban atadas por el hábito empezarán a relajarse. A menudo esto se ve mirando atrás, una vez que las estructuras de creencia e identidad se disipan, dejando más amplitud, claridad y flujo sin esfuerzo.

Con esto empezamos a disolver el tono de expectativa (no solo con respecto a la indagación, sino con respecto a diversas áreas de nuestra vida) y empezamos a darnos cuenta de la bendición que es permanecer en ese maravillamiento y fascinación con el misterio de la vida. Nos disolvemos en la inocencia y en el misterio de la indagación natural. En algún momento nos damos cuenta de que la indagación no es algo que hacemos, y nunca lo ha sido. Es mucho más algo que somos. O, más bien, es una inmersión radical en algo sagrado, asombroso, íntimo y que nos lleva a sentir humildad. Empezamos a disfrutar auténticamente ocupando este espacio misterioso, que no solo está a nuestra disposición durante el silencio y la meditación, sino que ahora se está reconociendo a sí mismo en el flujo de la vida momento a momento, independientemente de la actividad o de la circunstancia. Qué bendición no necesitar nada y tener acceso inmediato a esta intimidad con todo. La vida adquiere un brillo, una riqueza y una profundidad desconocidos. Y la indagación continúa, ahora por su propia cuenta. Y el misterio se ahonda.

Concluiremos este capítulo con una cita del renombrado maestro Zen Dogen:

"Estudiar el camino de Buda es estudiar el yo. Estudiar el yo
es olvidar el yo. Olvidar el yo es ser iluminado por
la miríada de cosas. Al ser iluminado por la miríada de cosas,
tu cuerpo y tu mente, así como los cuerpos y mentes de otros, se caen.
No queda ningún rastro de iluminación,
y ese no-rastro continúa interminablemente".

—Dogen

Capítulo 16: Despertar

Introducción

Bien, por fin estamos aquí. Hemos llegado muy lejos y recorrido mucho terreno. Quiero felicitarte por continuar con esto. Este tipo de trabajo no es fácil, y nadie te está obligando a hacerlo. Ha sido tu propio amor a la verdad el que ha estado guiándote en todo momento. La verdad puede ser un ideal difícil. No suele estar interesada en tus prioridades ni en tus expectativas. Sin embargo, si sigues sintonizándote con ella, paga enormes dividendos. En este capítulo hablaremos del despertar. Esto tiene un quíntuple propósito:

1. Prepararte, hasta donde sea posible, para el cambio. Buena parte de esta preparación consistirá en darte ánimos. Las cosas pueden ponerse difíciles y desorientadoras conforme se aproxima el despertar. A menudo se siente como si todo se hubiera salido del carril. De modo que unas pocas palabras de ánimo pueden ser lo más necesario en esos momentos. Sí, ya sé que esto no es lo que esperabas. También sé que, de algún modo, todo el trabajo que has hecho hasta este punto parece no estar relacionado con el lugar donde te encuentras ahora. Sé que a menudo te has sentido frustrado y a veces querías renunciar. Sé que ni siquiera recuerdas por qué leches estabas haciendo todo este esfuerzo. Entiendo el "discurso espiritual" que sonaba tan romántico en el pasado y

ahora te parece que era cosa de tu imaginación. Esto es lo que cuenta: estás en buena compañía. Muchos han recorrido este camino antes que tú y han llegado exactamente al mismo callejón sin salida. Todos nos hemos sentido perdidos como te sientes tú. Todos nos hemos cuestionado a nosotros mismos interminablemente. Todos hemos llegado hasta el final de nuestra capacidad para seguir adelante. Todos hemos agotado esos caminos mentales aparentemente interminables y hemos colapsado en un agotamiento total. Estás en el lugar correcto, aunque sientas que tus cimientos se están viniendo abajo.

2. Describir planteamientos prácticos que pueden ayudarte a romper los velos de la falsa identidad y la ilusión de separación.
3. Abordar las obstrucciones que entran en juego durante ese empujón final. Hemos comentado algunas de ellas en capítulos anteriores del libro. También hay algunos puntos de roce que son comunes y específicos del periodo inmediatamente anterior al despertar.
4. Transmitir el "sabor" del despertar a través de descripciones de cómo es pasar por él.
5. Comentar cómo proceder a medida que el despertar empieza a desplegarse.

Estoy seguro de que, a estas alturas, ya te has dado cuenta de que hablar del despertar como un suceso es un asunto escurridizo. Ni yo ni nadie que lo haya vivido puede decirte exactamente lo que es ni cómo pasar por él. El único modo de conocerlo realmente es que tú mismo pases por él. De modo que, ¿cómo te voy a preparar para esto? Bien, en un sentido, no puedo. Nunca estarás verdaderamente preparado, y eso es lo que hay.

Sin embargo, mi plan consiste en apuntar hacia el suceso y precipitar las circunstancias desde distintos ángulos. En parte, cuento experiencias que otros y yo hemos tenido antes y durante el despertar. También añado los incontables intercambios que he tenido con muchas personas que se estaban moviendo por este territorio. Esto es lo más que puedo hacer por escrito. Me encantaría caminar personalmente contigo hasta ese umbral y juntos mirar fijamente al abismo. En cierto sentido, estaré allí contigo. He compartido este sagrado rito de pasaje con mucha gente, y hemos destilado su experiencia y la mía para tu beneficio. Te prometo que tienes el apoyo de todos los seres que han cruzado este umbral. Sus voces colectivas, que resuenan a lo largo de milenios, te están diciendo: "Para esto has venido. No dudes ni un minuto más. Atraviesa la puerta sin puerta. Entra en el Gran Desconocido".

Las secciones siguientes variarán en cuanto a planteamiento y estilo descriptivo, pero todas están diseñadas para llevarte a ese umbral. Una vez que estés allí, depende de ti dar ese paso que te introduce en el pasaje misterioso. Nadie puede hacer eso por ti. Buena suerte.

"Buscándolo largo tiempo a través de otros,
estaba lejos de alcanzarlo.
Ahora voy solo;
y me lo encuentro por doquier.
Ello es solo yo mismo,
y yo no soy ello.
Entendiendo este camino,
puedo ser como soy".

—Tung-Shan (806-869)

Cómo ocurrió

Al sentarme a escribir la historia de mi despertar, me viene que nunca lo he descrito ni comentado en profundidad anteriormente. Nunca se lo he descrito a nadie tan en detalle como ahora estoy dispuesto a compartirlo contigo. Muchas veces he compartido diversos aspectos y comprensiones relacionados con estos sucesos esenciales, pero nunca he reconstruido la historia de esta manera.

Antes de contártela, quiero dejar claro un par de puntos sobre el acto de describir mi propia experiencia del despertar a otros. En primer lugar, es imposible relatar verdaderamente lo que ocurrió. Es el tipo de cosa que solo "captas" cuando pasas por ella. Ahí fuera hay muy buenos maestros que sienten aversión a hablar de los detalles de su proceso de despertar. De hecho, conozco a maestros a los que respeto, y a los que envío a personas, que incluso evitan usar el término despertar. Hay buenas razones para ello. Para decirlo abiertamente, por más que advierta a alguien de que no intente recrear la "historia" de mi despertar, sé que si hablo de él, esta recreación ocurrirá en alguna medida. Este es el funcionamiento normal de la mente humana. Reúne datos y después intenta usarlos para recrear resultados deseables. Con raras excepciones, ni siquiera mencioné este suceso durante unos quince años después de que ocurriera. No sentía que necesitara ocultarlo, simplemente sabía que no había nada que pudiera decir al respecto. Además, podía ver que es extremadamente fácil extraviar a la gente.

Ya no tengo el punto de vista de que siempre es perjudicial comentar mi propio despertar. Sin embargo, siento con fuerza que tiene que hacerse con discernimiento y en el contexto adecuado. Una de las razones por las que siento que es valioso compartir la historia en este capítulo específicamente es un motivo personal. Uno de los catalizadores que activaron mi despertar fue leer una colección de historias escritas por personas que habían vivido el despertar. De algún modo, oír historias de gente normal contadas con palabras me dejó claro que esto puede ocurrir y ocurre. También me siento cómodo compartiéndolo ahora porque he hecho varias advertencias a lo largo del libro con respecto a la futilidad de pensar nuestro camino hacia el despertar.

Confío en que comprendes que lo que se puede ganar de estas historias no es una reproducción conceptual o literal de mi historia, sino más bien una sensación profunda e intuitiva de que una transformación al nivel más fundamental de tu ser es posible para ti. Esto solo puede ocurrir de un modo exclusivamente tuyo y acorde con las condiciones de tu vida. En lugar de ser el resultado de seguir un guion que has derivado de la experiencia de otros, el despertar será una desviación radical de todos los guiones y narraciones que culminará en la disolución de las limitaciones de tu identidad.

Este cambio ocurrió hace casi veinticinco años. Sin embargo, la esencia energética de lo ocurrido sigue estando aquí. Nunca se va a otra parte. De hecho, es mucho más clara y está mucho más integrada en todos los aspectos de la experiencia de lo que estaba en aquel momento. Esta integración no ocurrió de la noche a la mañana. Hizo falta mucha indagación, aceptación y dejar ir. El trabajo continúa, aunque ahora de otra manera.

Unas pocas semanas antes del suceso, pude sentir que algo estaba cambiando. El perfume del cambio estaba en el aire, pero no tenía ni idea de la magnitud de lo que estaba por venir. Aquella no estaba siendo una época feliz para mí. Estaba profundamente desesperado. Años de ansiedad, dudas sobre mí mismo y cuestionamiento constante de mis propios pensamientos habían culminado en una omnipresente sensación de desesperanza. En ese tiempo ya llevaba varios años meditando. Encontraba cierto alivio en esos momentos del día en que podía relajar la mente durante la meditación sentada. Sin embargo, la relajación no era consistente durante la meditación, y fuera de ella no encontraba bienestar alguno. Sentía honestamente que estaba día tras día en una olla a presión mental.

Había oído hablar del despertar y de la iluminación antes, pero, para mí, seguía siendo algo principalmente conceptual. Como mencioné en el capítulo 1, lo único que hizo falta fue que una persona plantara una semilla unos años antes. Creo que esa semilla necesitó tiempo para germinar. Una noche, aparentemente por casualidad, tomé un libro sobre budismo Zen que me habían regalado unos años antes. En realidad nunca lo había abierto. Si recuerdo bien, no lo había leído porque pensaba que probablemente estaba lleno de viejas historias aburridas sobre monjes sentados en monasterios. Por algún motivo, aquella noche abrí el libro. Al leer el índice de contenidos me di cuenta de que había un capítulo titulado "Ocho experiencias de iluminación contemporáneas de japoneses y occidentales". El libro era *Los tres pilares del Zen,* del Roshi Philip Kapleau.

Me picó la curiosidad, de modo que empecé a leer. Me sorprendió inmediatamente lo cercanas que parecían las experiencias de estas personas. Cada una de ellas era autobiográfica y me quedó claro que estaba escrita con el estilo de su autor. Eran principalmente practicantes laicos del Zen, lo que significaba que vivían vidas normales: estaban casados, tenían trabajos, etc. Las historias describían sus experiencias antes, durante y después del despertar. Estas descripciones me dejaron anonadado. Era demasiado bueno para ser verdad. Supe que era esto. Supe que esto era lo que había estado buscando y que no me conformaría con menos que el despertar (*kensho*, tal como se describe en el libro).

Por favor, entiende que no confiaba en poder hacerlo y todavía tenía muchas dudas. Pero supe que tenía que entregarme a ello. De hecho, fue la única cosa con la que me había encontrado en mi vida a la que sabía que podía entregarme completamente. Recuerdo que pensé: Incluso si muero intentándolo, no voy a renunciar a esto porque de otro modo el sufrimiento es interminable. En los primeros veinticuatro años de mi vida no había habido verdadero descanso ni satisfacción, de modo que estaba muy seguro de que las cosas no mejorarían sin algún cambio fundamental que nunca había sentido en ninguna parte excepto en esta posibilidad del *kensho*.

Leer estas historias encendió algo en lo profundo de mí. Algo se estaba agitando, algo grande, algo situado más allá de las dimensiones en las que había aprendido a entenderme a mí mismo. Extrañamente, al principio apenas noté esta agitación porque mi mente todavía hacía mucho ruido. Pensamientos, pensamientos, pensamientos. No tenía nada más para seguir adelante que estas historias inspiradoras que comunicaban claramente una posibilidad que la mayoría de la gente —estaba seguro de ello— ni siquiera sabía que existía. Si lo hubieran sabido, ¿no estaría todo el mundo hablando de ella?

No tenía ni idea de cómo moverme con relación a esto. No tenía maestro. No conocía ningún templo Zen en el vecindario. No conocía a ningún budista. Nunca había conocido a nadie a quien le hubiera ocurrido. Sin embargo, estaba determinado. Las únicas otras pistas que pude encontrar estaban en otro capítulo del mismo libro. Era un capítulo titulado "Encuentros privados con diez occidentales". Esto fue (y todavía es) un vislumbre extremadamente raro de cómo opera internamente un aspecto del Zen que casi siempre se guarda en secreto. El término japonés es *dokusan*, que significa una entrevista privada con un maestro Zen. No se trata de una conversación ordinaria; es la oportunidad que tiene el estudiante de presentar su comprensión directa del despertar y la realización. Es un intercambio instintivo y no sigue un guion específico. Generalmente ocurre entre el estudiante y el maestro en una habitación cerrada para que puedan trabajar en privado y el alumno pueda demostrar su comprensión de manera enfocada. Si están trabajando sobre un koan, pueden hacerlo sin alterar el proceso de otros que todavía no lo han respondido. En este peculiar caso, el maestro Zen (Roshi) dio permiso para que un escriba registrase el encuentro, omitiendo los detalles específicos sobre los koans para no revelar nada esencial.

El maestro Zen podía dar instrucciones muy claras para la práctica, palabras de ánimo y una especie de indicaciones directas, todo ello con la intención de ayudar al estudiante a despertar. No entendí mucho de lo que leía porque no estaba familiarizado con el Zen. Sin embargo, hubo dos cosas que me llamaron la atención, y las puse en práctica del mejor modo que pude. El maestro Zen había dicho a los estudiantes que no se separaran de su práctica en absoluto. "Ni siquiera la anchura de un cabello". Esto me fascinó. Era una instrucción tan simple, y sin embargo no podía entender del todo a qué se refería experiencialmente. También dijo algo como: "Imagina que estás en la vía de un tren que sigue adelante eternamente. Mantente sobre los raíles en cuanto a tu práctica y no te desvíes". Esto también me fascinó y me tocó a un nivel profundo.

Aunque estas indicaciones eran oscuras y yo no tenía contexto ni experiencia en el Zen, reconocí con claridad el "sabor" de lo que el maestro estaba indicando. Era casi como un antiguo recuerdo encerrado en mi ADN. Había algo en mí que quería purificar mi enfoque, mi mente y mi realidad para dar lugar a una experiencia singular. Mi atención empezó a estar más enfocada en la práctica, aunque en realidad no sabía cuál era "mi práctica". Empecé a sentir que las cosas eran paradójicas tanto mientras meditaba como cuando realizaba mis actividades diarias. En cierto sentido, pude sentir que algo se enfocaba como un rayo láser. Pude sentir que la resolución se acumulaba en mis tripas. No obstante, esta resolución no era el resultado de planificar y estar determinado a que ocurra algo tal como lo decimos o pensamos habitualmente. Era una resolución que no era completamente mía. Sentía que tenía el control como nunca antes, y sin embargo estaba radicalmente fuera de control. Había cosas moviéndose dentro de mí y a mi alrededor que no entendía, aunque confiaba y sentía asombro ante ellas. Sentía como si estuviera participando en un antiguo ritual, un rito de paso primordial. Sin embargo, no tenía ni idea de qué leches estaba ocurriendo ni de adónde iba. Dejé de preocuparme por saber dónde iba, pero seguí adelante en esa vía del tren. No iba a desviarme, aunque en realidad no tenía ni idea de lo que eso significaba.

En términos prácticos, estaba sacando mi práctica de la esterilla (de meditación). Seguía con ella mientras realizaba las actividades diarias. Cuando caminaba, esta práctica caminaba. Cuando cocinaba, la práctica cocinaba. Cuando me iba a dormir, la llevaba conmigo hasta el último destello de conciencia. Y a continuación, la retomaba en cuanto me daba cuenta de que volvía a estar despierto por la mañana. Permanecía en ese carril. Podrías preguntarte a qué me refiero aquí con "práctica". Bien, lo extraño es que no puedo decírtelo exactamente porque ni siquiera yo lo sabía, y sin embargo intuía que estaba siguiendo una dirección que no pertenecía a la dimensión convencional. Cuanto más me negaba a separarme, más impulso adquiría el proceso. A veces me daba miedo. La mayor parte del tiempo era confuso. Era emocionante. Todavía me quedaba una tonelada de dudas, todavía había sufrimiento, pero mi cuerpo, mente y alma se habían convertido en un leviatán de fe ciega dirigido por una concentración precisa como un rayo láser. Dirigido hacia... Bien, eso no lo sabía. ¿No te parece una locura? Sí, era una locura. No tenía sentido, y sin embargo era la primera cosa que, a nivel instintivo, tenía sentido en mi vida. No me iba a desviar, me negaba a desviarme. Y como no sabía de qué me negaba a desviarme, estaba abriendo un portal a lo desconocido. No sabía cómo sabía hacer esto, pero gracias a la pura desesperación y a las ganas de atravesar el velo de lo desconocido, la cerradura de combinaciones estaba girando, y los números que la abrían se iban alineando...

Clic...

Clic...

Clic...

El pasaje siguiente, escrito por San Juan de la Cruz, describe bien esta experiencia:

"Para venir a gustarlo todo
no quieras tener gusto en nada.
Para venir a saberlo todo
no quieras saber algo en nada.
Para venir a poseerlo todo
no quieras poseer algo en nada.
Para venir a serlo todo
no quieras ser algo en nada".

Estaba fuera del mapa. Había abandonado el guion. No importaba lo que le ocurriera a esa antigua vida. Podía empezar a sentir que empezaba a desprenderse de mí, como la piel de una serpiente. Todavía era funcional. Podía vestirme de mí mismo e ir a trabajar. Sin embargo, cuando volvía a casa, volvía directamente a ello, directamente a lo desconocido.

Si te preguntas cómo me orientaba hacia lo desconocido, te estás haciendo la pregunta equivocada. Esto es porque cualquier respuesta que pudiera darte te orientaría hacia lo conocido. En cambio, podrías plantear la pregunta opuesta. Pregunta: "¿Qué es lo desconocido?". Después mira allí. Te daré una pista: no es un pensamiento. Cualquier pensamiento es lo conocido, entonces, ¿qué diablos es lo desconocido?

- ¿Qué hay ahí cuando no hay pensamientos?
- ¿Qué hay entre pensamientos?
- ¿Qué es consciente de los pensamientos?
- Mira allí. Una vez, y otra y otra, como un tren en una vía hacia el infinito.

Esto es exactamente lo que yo hice. Una noche estaba meditando, y esto se volvió muy claro. Si no me desviaba de ese misterio, de lo desconocido, cualquier pensamiento solo sería una distracción. Un pensamiento no podía decir nada sobre esto. Con este reconocimiento, empecé a estar extremadamente interesado en los pensamientos. Quería que viniera el pensamiento siguiente para poder decir que "no era verdad". Surgía un pensamiento. Ahora las cosas estaban muy claras y reconocía inmediatamente: Oh, esto es otro pensamiento, y lo dejaba pasar. Venía otro pensamiento: "Bien, sin pensamientos no voy a poder hacer nada". E inmediatamente lo descartaba: Oh, otro pensamiento. ¿Qué más hay aquí?

"Podría volverme loco haciendo esto".
¡Pensamiento!
"Oh, Dios mío, ¡no hay pensamientos!".
¡Pensamiento!
"Esto debe ser la iluminación".
¡Pensamiento!

"De acuerdo, no debo saber qué es la iluminación".

¡Pensamiento!

"Estoy agotado".

¡Pensamiento!

"Bueno, esto ha sido divertido e interesante, pero ahora debería irme a dormir".

¡Pensamiento!

"Oh, Dios mío, incluso 'estoy cansado' es un pensamiento. Me he creído los pensamientos con respecto a 'mí' durante tanto tiempo. Nunca me he parado a mirar fuera de los pensamientos. ¿Qué es este espacio fuera de los pensamientos? ¿Puedo estar en él sin pensamientos?".

¡Pensamiento!

Entonces...

"......"

Seguí así, sintiéndome cada vez más fascinado con lo que hay entre los pensamientos, y también con lo que había allí cuando no había pensamientos en absoluto. Entonces noté algo simple y peculiar. Me di cuenta de que podía notar claramente que no había pensamientos en esta práctica del misterio sin tener que pensar en ello. No puedo decirte lo extrañamente sorprendente y al mismo tiempo relajante que fue. La brecha entre pensamientos se hizo más y más larga. Entiende que yo no estaba empujando los pensamientos lejos de mí. En todo caso, les estaba dando la bienvenida porque era una alegría tan grande soltar cada pensamiento, cada creencia y cada juicio, y a continuación simplemente regresar a esta vigilia misteriosa que no necesitaba pensar en nada. Era casi como si la máquina productora de pensamientos se hubiera rendido al darse cuenta que ya no podía atrapar más mi atención. Era muy agradable, pero no había comentario interno al respecto. Digamos que era alegremente neutral... y aquietado. No puedo contarte qué alivio tan grande fue tener ese tipo de quietud después de años y años de ser bombardeado por pensamientos, dudas y experiencias mentales.

De modo que simplemente seguí con ello. Aquí es cuando se vuelve complicado hablar de las cosas. Déjame decirte que si te encuentras en este lugar de pura vigilia con pocos o ningún pensamiento, estás en un buen lugar. Sigue con ello. Lo que he descubierto es que, al seguir con ello (no sé cuánto tiempo duró porque era difícil evaluar el tiempo y no había interés en hacerlo), su cualidad empezó a cambiar, a profundizarse tal vez. Entonces se produjo un cambio simple pero muy fundamental. De repente quedó claro que estaba en un espacio de existencia mucho más vasto de lo que había conocido anteriormente. Todavía tenía ese aspecto de vigilia pura sin pensamiento, pero de repente las profundidades instintivas de ser se volvieron insondables. Todo se volvió exquisitamente ligero y fluido. Estaba claro que yo, y todo lo que me había encontrado anteriormente y había percibido como mi vida (otras personas y el mundo allí fuera) eran exactamente la misma "sustancia".

El sentido de ser un yo en lucha, siempre en conflicto con mis pensamientos y emociones se había disuelto completamente en un estanque íntimo de pura existencia incondicionada. El alivio estaba más allá de toda descripción. No había comentario interno con respecto a esto, solo el puro disfrute de la vivacidad sin límites. Estaba claro que esto no era una experiencia porque la facultad mental que había estado (en apariencia) esculpiendo la realidad en experiencias discretas se había detenido completamente. Ahora solo había puro ser sin partes. El acceso a este estanque infinito de pura conciencia-ser indivisa ha continuado hasta el día de hoy.

En aquel momento no podría haber imaginado que solo estaba al borde del precipicio que estaba por venir. No importaba, esa innegable, autovalidante y omniabarcante conciencia era lo único importante. Aquella noche me quedé dormido por primera vez con una paz desconocida en los veinticuatro años de mi vida.

Unos pocos recordatorios

- Como afirma la primera línea de este libro, puedes despertar del sueño de separación. Tienes lo que se requiere, aunque no sepas lo que es. Sin excepción, todas las personas que he conocido que eran sinceras con respecto al deseo de despertar, y que han estado dispuestas a trabajar por conseguirlo sin echarse atrás cuando las cosas comienzan a cambiar, han despertado. ¡Puedes hacerlo!
- Ninguna cantidad de entendimiento intelectual, lectura, imaginación, estudio de mapas o planificación puede llevarte a cruzar al

otro lado. Para penetrar esta barrera tienes que ir más allá del concepto y del pensamiento. Tienes que ir directo a lo desconocido.

- En algún momento estarás moviéndote por puro instinto. No puedo contarte la sensación que esto produce, pero te darás cuenta cuando empiece a ocurrir. Si un pensamiento te está diciendo: "¿Es esto o no lo es?", eso no es instinto. Cuando te canses de albergar ese pensamiento y sigas adelante sin la muleta del pensamiento, eso es instinto. No sabrás exactamente adónde vas, pero reconocerás que la duda que te ha pesado y ralentizado durante tanto tiempo solo es un pensamiento. Hay una manera de ir más allá de la duda. No pienses en esto, hazlo.
- Hay fuerzas dispuestas a venir en tu ayuda cuando hayas agotado todas tus avenidas mentales y mantengas la determinación de entrar en lo desconocido. Estás involucrado en algo situado más allá del ámbito y las limitaciones de tu identidad y de tu vida tal como la conoces.
- Si penetras esta barrera de la identidad, no te sentirás decepcionado, sino asombrado. No será de ninguna manera lo que has imaginado; es demasiado real para ser imaginado.
- Cuando los vínculos comienzan a soltarse, podrías sentir sensaciones intensas, sobre todo al principio. Muchas personas describen presión, desorientación, miedo o pánico. Algunas personas sienten incluso que podrían morir. Sé que estas descripciones son intensas, pero quiero prepararte para esta posibilidad. No deja de ser común que cuando señalo a alguien [ese "lugar"] más allá de los conceptos, digan algo así: "Cada vez que suelto los pensamientos, siento esta intensa sensación de presión o temor. Creo que es porque me estoy forzando. Me preocupa que esta no sea una buena manera de practicar". En algunos contextos esta podría ser una conclusión válida. Sin embargo, cuando llegamos a este impasse aparente, es importante tener muy claro qué es un pensamiento y qué es real. ¿Ves cómo el pensamiento parece estar lanzándote un salvavidas para salvarte de ese "lugar peligroso" que está ahí fuera, más allá del reino conceptual? ¡No te dejes engañar! Los pensamientos tienen mucha experiencia en hacerte volver al

redil. Saben qué decirte. Aquí un poco de cabezonería puede ser de ayuda cuando te das cuenta de que es la hora de deshacerte de estos grilletes mentales y averiguar qué es realmente real.

Las piezas del rompecabezas encajan

Estos son los factores que suelen entrar en juego cuando alguien está cerca del despertar. Con cada descripción/indicación planteo preguntas que puedes usar como puntos de indagación para ayudarte a clarificar y a penetrar en ese aspecto de la experiencia. Por supuesto, el momento en que ocurra buena parte de esto está fuera de tu control, pero antes o después empezarás a reconocer que estos fuegos han quedado encendidos en tu vida. Cuando lo hagas, te animo a que los avives. Son las llamas que catalizan la transformación.

Cualquiera de estas preguntas puede llevarte hasta dentro si estás dispuesto a lanzarte al cien por cien al cuestionamiento y a no aceptar ninguna respuesta que no sea el despertar. Haz la pregunta y después sigue totalmente su trayectoria dentro de lo desconocido, como una flecha disparada a cámara lenta directamente hacia el infinito.

"Cada momento que el fuego ruja, quemará
cien velos. Y te llevará mil pasos
hacia tu objetivo".

—Rumi

Ir más allá del yo conceptual

A estas alturas ya lo has leído muchas veces: "El despertar no guarda relación con conceptos ni con entender" y, sin embargo, las grietas no empezarán a formarse hasta que no sientas auténtica curiosidad con respecto a esta verdad. En algún momento te quedas verdaderamente estupefacto al sentir que hay algo más allá de los límites de tu vida tal como puedes pensar en ella (el tú conceptual), pero lo que esa cosa podría ser es un misterio total. Si realmente consideras esto, puede llevarte a una curiosidad subversiva. Cuando esta curiosidad empiece a impregnar tu mente y tu corazón, estarás dispuesto a soltar el yo conceptual para averiguar lo que verdaderamente está más allá. Es el único modo.

- "¿Qué soy yo ahora mismo, cuando no me 'recuerdo' a mí mismo a través de memorias del pasado, imaginaciones de futuro, o de reforzar cualquier hecho que creo saber con respecto a mí mismo?". Mira ahí ahora mismo y no alejes la mirada. No te aferres a ese salvavidas que es saber.
- "¿Qué hay aquí que no es un pensamiento o imagen?". Ve allí y no vuelvas atrás.
- "¿Puedo sentir curiosidad sin querer ningún pensamiento ni respuesta conceptual para satisfacer esa curiosidad? ¿Qué... es... esto?".

Abandonar el conocimiento espiritual

El conocimiento espiritual que hayas acumulado no te servirá aquí. Una vez que hemos llegado tan lejos, es probable que hayamos incorporado muchas creencias y expectativas sobre el despertar y la espiritualidad. De hecho, a menudo hemos desarrollado una especie de identidad espiritual. Bien, cuando llega el momento de entrar en lo desconocido, tenemos que estar dispuestos a dejar que se vaya toda esa masa de conocimiento adquirido y todas las identidades espirituales. Este momento es un fuego rugiente que quema todo lo que trata de entrar o salir de él.

- "¿Qué es verdad ahora si me olvido de todo el conocimiento que he acumulado sobre el despertar y/o la espiritualidad?".
- "¿Cómo es esta experiencia si no tengo nada con lo que compararla, lo que significa que no puedo referenciarla a ninguna experiencia anterior, sea espiritual o de otro tipo?".
- "¿Cómo es esto cuando no me referencio al pasado, o al futuro, y ni siquiera al presente? ¿Adónde puedo mirar ahora?".
- "¿Cómo es esto cuando disuelvo todas las expectativas de cómo debería ser?".

Estar harto

Tienes que estar dispuesto a ver que todas las maneras en que has intentado sentirte mejor, hacer que tu vida funcione, y encontrar descanso y salvación han fracasado y no te han dado lo que realmente esperabas. Esta píldora es difícil de tragar, es una cosa dura de admitir. Sin embargo, el sufrimiento es la cerilla que enciende el fuego del despertar, de modo que es necesario ser brutalmente honesto contigo mismo con respecto a esto y avivar ese fuego de la insatisfacción. Sin duda, en el corto plazo uno se siente bien logrando cosas, ahondando en sus relaciones, estableciendo y alcanzando objetivos. Estas actividades tienen su lugar en nuestra vida y merecen nuestro esfuerzo y atención. Sin embargo, todavía falta algo, ¿cierto? Algo que no encontrarás siguiendo un camino externo. Ninguna de estas cosas te ha aportado una paz profunda y un alivio duradero, ¿es así? Si lo hubieran hecho, no estarías aquí. De modo que tenemos que estar dispuestos a ver que todos nuestros esfuerzos por sentirnos mejor, encontrar paz y vivir vidas gratificantes solo han producido breves periodos de satisfacción. Además, a menudo les seguía la experiencia opuesta de sentirnos insatisfechos, aislados o confusos.

Es exactamente así como yo me sentía antes de despertar. Sabía que podía conseguir cosas en la vida. Sabía que podía conectar con la gente. Sabía que podía marcarme objetivos y alcanzarlos. Sin embargo, esa pregunta sin palabras seguía ardiendo dentro de mí. Era algo de lo que no podía hablar con nadie. Era demasiado personal. De algún modo sabía que tenía que ir más allá de mí mismo. Cuando me entregué plenamente a este impulso, todo cambió. Tenemos que llegar al punto de estar dispuestos a probar algo radicalmente distinto. Tenemos que estar dispuestos a deshacernos del mapa.

- Si eres realmente honesto contigo mismo, ¿has sentido alguna vez paz duradera y ecuanimidad con las cosas que querías y después adquirías/realizabas?
- Incluso si hubo breves periodos de disfrute después de los logros, ¿les seguía de cerca la insatisfacción?
- De ser así, ¿te dejaste ir en esa experiencia emocional y te sumergiste completamente en ella, o empezaste a buscar alguna otra cosa para apartar tu mente de la decepción?

Dejar ir

Esto no va a sonar bien, pero he descubierto que este es un movimiento consistente entre los que experimentan el despertar, de modo que tengo que mencionarlo. En algún momento tendrás que estar dispuesto a dejar ir tu vida tal como la conoces. Sé que esto parece radical, pero cuando realmente empiezas a entrar en lo desconocido, entran en juego mecanismos de defensa muy ocultos. Nos demos cuenta de ello o no, lo único que realmente impide el despertar es que cuando empezamos a olisquear en la dirección correcta, se activan estos mecanismos de defensa. La mayoría de las veces, antes incluso de darnos cuenta de que estamos operando en modalidad defensiva, la corriente de pensamientos nos agarra por el anillo en la nariz y nos conduce hacia alguna distracción. Externamente esto se sentirá como un impulso de contemplar alguna otra cosa, o un cambio de opinión. Sin embargo, si nos negamos a dejarnos disuadir por otro pensamiento, distracción, duda o miedo, descubriremos que se están soltando las estructuras conceptuales que parecían mantener nuestra vida de una pieza. Una vez que hemos pasado por este proceso suficientes veces, nos damos cuenta: "Si quiero realizar la verdad viviente, no tengo otra opción que ir más allá de mí mismo". Todos los caminos del pensamiento conducen a la misma rueda de hámster de buscar y anhelar-prometer todo, y no dar nada.

Las alarmas mentales que se activan saben cómo conseguir tu atención. Si ignoras los pensamientos distractores, las cavilaciones y el parloteo filosófico, tu mente aumentará la intensidad de su llamada para conseguir tu atención. Dirá cosas como: "¡Si sigues adelante, tu vida se acabará!". "¡Si sigues así, vas a morir!". "¡Te vas a volver loco!". Por supuesto, esto solo son pensamientos, pero, para desenredarte de ellos, a veces tienes que llegar al punto de decir: "Bien, que así sea, si me muero, así es como son las cosas, pero voy a seguir avanzando en esta dirección porque confío en ella instintivamente". Nunca he oído que nadie muera por despertar, pero he hablado con muchas personas que justo antes de que ocurriera sintieron que podían morir. En mi caso, hubo un incidente en el que sentí un enorme miedo de lanzarme a lo desconocido, de modo que me eché atrás. Más adelante sentí instintivamente que si alguna vez volvía a estar tan cerca del borde, seguiría adelante y soltaría. Cuando la oportunidad se presentó de nuevo, solté, y esa vez no hubo ningún miedo en absoluto.

- ¿Cómo te sentirías soltando ahora mismo? Me refiero a soltarlo todo. ¿Hace esto que surja una emoción? ¿Notas que los pensamientos te inundan, diciendo: "Bien, simplemente no puedes

soltarlo todo. ¡Tienes que aferrarte a algo!"? ¿Qué pasa si sigues soltando a pesar de las emociones y/o pensamientos? ¿Dónde te lleva esto? Pruébalo y averígualo.
- ¿Qué pasaría si ahora mismo entregaras tu voluntad a la verdad viviente, aunque no tenga nada que ver con lo que tú crees que es la verdad? ¿Cómo harías esto?

Moverse por instinto

Recuerdo que aproximadamente una semana antes del despertar algo encajó para mí. Todavía estaba sufriendo. Todavía tenía interminables pensamientos, dudas y ansiedad/tensión en mi cuerpo. Sin embargo, de repente me di cuenta de algo "nuevo". No puedo describir exactamente lo que era, se parecía a una pequeña sonrisa surgida del tejido de la realidad. No era nada específico, y sin embargo estaba siempre allí cuando me acordaba de prestarle atención. En cualquier circunstancia en que me hallara, estaba allí. No acabó de manera inmediata con mi sufrimiento ni cambió nada externo en el entorno, pero era una especie de faro. Nunca había confiado tanto en algo. También sabía que no era exactamente nuevo, lo sentía familiar. Cuando le prestaba atención, ocurría algo interesante. Era como que estaba sufriendo y al mismo tiempo no estaba sufriendo. Los pensamientos estaban allí, pero en aquel "lugar" con el que podía sintonizar, al mismo tiempo no estaban allí. ¿Puedes captar lo que estoy diciendo? Si es así, dirige tu atención hacía allí y no te preocupes de lo que te digan las dudas, porque las dudas pueden estar ahí, y con esto también dejan de estar ahí. ¿Lo ves?

Esto todavía no fue el despertar, pero era como si estuviera tirando de un hilo que se había soltado del tejido de la realidad, y simplemente continué siguiendo ese hilo...

¿Dónde está tu hilo?

Encuéntralo aquí mismo y mantén tu atención en él, aunque haya pensamientos, dudas o actividades. El hilo no está aparte de estos, pero, asimismo, no está limitado por ninguno de ellos.

Estar dispuesto a detenerse

De manera más precisa, estate dispuesto a pararte en seco, porque intentar detenerse sigue siendo hacer algo. Cuando estás completamente parado, estás en una estupenda posición para que venga en tu ayuda una fuerza que está más allá de tu comprensión y dimensión. Tiene este aspecto:

- Deja de intentar ganar cualquier cosa.
- Deja de intentar perder algo.
- Deja de intentar arreglar algo con respecto a tu vida.
- Deja de convencerte a ti mismo de que más búsqueda te dará lo que quieres.
- Deja de imaginarte el despertar o la iluminación.
- Deja de correr hacia el futuro (pensamientos).
- Deja de correr hacia el pasado (pensamientos).
- Deja de creer que sabes algo sobre la realidad.
- Deja de intentar encontrar algo.
- Deja de fingir.
- Deja de pretender que eres feliz cuando no lo eres.
- Deja de filtrar tu experiencia ahora mismo.
- Deja de interpretar.
- Deja de gestionar.

Puede parecer contradictorio que te esté diciendo que te pares, aunque a lo largo del libro he descrito varios planteamientos y técnicas que sonaban mucho como hacer algo. Bien, ¿y si no son dos cosas distintas? Suena contradictorio, pero toda contradicción reside en el pensamiento. Una vez que hemos cruzado, la realidad no es contradictoria, y vemos que los pensamientos se tropiezan unos con otros de maneras contradictorias, intentando estar a la altura de la vivacidad desnuda, pero nunca lo consiguen. ¿Y si hacer y detenerse no están separados uno de otro? ¿Qué aspecto tendría eso? ¿Y si detenerse es el efecto inevitable de no montarse más en el tren de los pensamientos? Es exactamente así. Todo hacer y esfuerzo existen únicamente dentro de los pensamientos. Cuando dejamos de mirar a través de la lente del pensamiento, solo hay acción espontánea.

El despertar de una artista

Una buena amiga mía tuvo la generosidad de grabar la historia de su despertar a fin de que pueda ser incluida en este capítulo para tu beneficio. Me dijo que tenía muchas ganas de apoyar y animar a cualquiera que estuviera pasando por este proceso. Sin embargo, también quería dejar muy claro que no siempre es un dichoso camino de rosas. Dijo que para ella con frecuencia es un proceso doloroso, aunque no lo cambiaría por nada. Esta es su historia:

"De niña, siempre tuve la sensación de que había algo hacia lo que necesitaba dirigirme. Esto continuó en la vida adulta. No sabía qué era, pero me aterrorizaba. De modo que continué buscando mi hogar en otra parte. Sentía energéticamente como si algo siempre estuviera siguiéndome. Era como si hubiera un fantasma siguiéndome por ahí, esperando que le dedicara mi atención. Sin embargo, yo siempre estaba huyendo. Pensaba realmente que encontraría esa cosa que podía completarme. O más bien, pensaba que encontraría lo que me permitiría ignorar este dolor, y la sensación de que algo no estaba del todo bien.

A pesar de todo este correr, seguía sintiendo que estaba entre mundos. Me sentía ajena a esta vida. No me sentía apegada a las historias de trauma de mi pasado, pero sí sentía apego a crear un futuro mejor y a dejar de sufrir. Habiendo venido de una crianza tan caótica, sentía que esa era mi responsabilidad. Estaba corriendo y buscando, y no había ningún lugar que sintiera que era mi hogar. Durante años experimenté cambios en la realidad, pero a nivel intelectual no tenía ni idea de lo que estaba ocurriendo. Intuía que había algo inmensamente poderoso en mí que parecía seguir adelante, llevándome donde necesitaba estar. No sentía que este camino fuera espiritual en absoluto, solo quería dejar de sufrir. Quería conocer la vida más en profundidad. Sentía una energía en mi pecho que quería estallar y abrirse, pero me llegaba el mensaje de que, de algún modo, no estaba bien dejar que eso ocurriera. Sentía que era doloroso contener esta energía, pero no sabía cómo dejarle la puerta abierta. De modo que elegía cosas que la mantenían encerrada.

Cambié muchas veces de trabajo. Viajé por el mundo. Me casé y me divorcié. Mirara donde mirara, no era capaz de encontrar el hogar que siempre había buscado. Estaba perdida. Había llegado al final. Me sentía derrotada y estuve en cama durante ocho meses con la peor depresión de mi vida. Esta depresión continuó hasta que un día algo me sacó de la cama. Alguna otra cosa parecía estar llevándome. Tal vez fuera lo que había estado llevándome en todo momento.

No tenía ningún contexto para el despertar en absoluto. Conocí a Ángelo una noche en una clase de teatro improvisado, y él fue la primera persona que me dijo que confiara en el proceso que estaba viviendo. Curiosamente, en aquel momento sentí que era perfecto confiar en las palabras de un extraño. Era un extraño, pero al mismo tiempo sentía que no lo era en absoluto. Él conocía la energía de sus fantasmas, de la que yo había estado huyendo. Él sabía de cosas que yo pensé que nunca podría compartir con nadie. Después de esa noche, empecé a mirar hacia dentro, siguiendo el consejo de probar la meditación y la autoindagación. Confiaba en esta guía. Sabía que era el momento. Todo lo demás me había fallado. Lo sentía correcto como nada antes. Aquí es donde se vuelve muy difícil hablar porque los recuerdos no siguen una línea temporal.

Como en aquel tiempo no estaba trabajando, me sentaba en mi patio todo el día y toda la noche. Seguía preguntándome: '¿Qué soy yo?'. Sentía que estaba a punto de conocer quién era, de modo que pensé: '¿Por qué no preguntar?'. Al principio fue difícil. Mi mente deambulaba, dirigiéndose a recuerdos infantiles, y me ponía a llorar. Revivía experiencias de las que siempre me había resguardado. Me senté durante tres meses en aquel balcón, que se convirtió en mi mejor amigo. Me calmaba observar el movimiento de los árboles con el viento. Un día estaba intercambiando mensajes con Ángelo sobre la identidad, y me di cuenta de que la identidad no es esa cosa que yo había estado buscando. Es una red de pensamientos, movimientos e identidades. Me dejó conmocionada que hubiera más de una.

Tengo un vago recuerdo de levantarme del balcón en medio de la noche y de mirarme fijamente en el espejo durante mucho tiempo. El reflejo me parecía extraño. Por fin me acosté. A la mañana siguiente escribí un poema poderoso. Fue el primer poema que escribía desde la escuela elemental. Ni siquiera leía poesía, pero de algún modo comencé a escribirla. Más adelante ese día estaba meditando en el sofá. Cuando acabé de meditar, sentí algo muy diferente. Ni siquiera ahora puedo describirlo. Acabé en el coche sin saber por qué ni adónde iba. Entré en un restaurante mejicano, pedí comida y me senté a comer. Mientras estaba allí sentada, comiendo, miré por la ventana y vi gente pasando por la calle. No obstante, las cosas no parecían ser como habían sido habitualmente. Se parecía un poco a la película *Matrix*. Podía ver a la gente y al mismo tiempo ver más allá de la gente y del paisaje. Podía ver el código de la existencia. Me sentí un poco asustada y volví al coche. Envié un mensaje a Ángelo y hablamos un poco. Empecé a conducir hacia casa, pero no podía recordar dónde vivía. Conduje en círculos durante un rato hasta que finalmente di con ella. Ángelo sugirió que me quedara allí con esto durante unos días. No tenía ni idea de quién era, ni siquiera de dónde estaba. Volví a mi balcón. Sentía que seguía abriéndome. Seguía expandiéndome. Mi memoria se borraba. El dolor había desaparecido. La magnitud de la quietud y de la conexión estaba más allá de cualquier cosa que hubiera conocido antes. Me sentía tan viva, una vivacidad indescriptible.

A partir de ese momento empecé a reírme mucho. La vida se volvió tan divertida que tenía calambres en el estómago. Antes lloraba por nada y ahora reía por nada. Pasé seis meses riéndome. Me caía al suelo riéndome constantemente. Reír era genial. Mi cuerpo liberaba mucha energía almacenada cuando reía. Esto era una gracia; la gracia dando a esta dulce hija del trauma la oportunidad de reírse libremente y con despreocupación. Dándole su espacio para expresar su corazón y disfrutar. Dándole espacio para abrirse.

Durante este tiempo, descubrí que me encantaba la comida cuando normalmente había sido muy quisquillosa. Noté que ser quisquillosa con la comida había sido un modo de sentirme sólida en mi identidad. Ahora que la necesidad de construir una identidad había desaparecido, los sabores, las texturas y la experiencia visual de la comida se volvieron fascinantes. Si bien antes había rechazado muchas de mis experiencias en la vida, ahora no podía imaginarme diciendo no a mis nuevas experiencias. Me descubrí enamorada de la vida y finalmente sentí: 'Estoy en casa'. Finalmente en casa. Como no estaba trabajando y no tenía planeado qué vendría a continuación, empecé a pintar. Esto me llevó a iniciar una carrera como artista. Ser artista es mi existencia más verdadera porque puedo expresar la variedad de mis emociones y conectar con la intuición. Y lo que es más importante, puedo compartir. Puedo compartir una parte de mí que había mantenido oculta durante tanto tiempo. Mi corazón se abre y estalla en cada ocasión que tiene.

Después de seis meses de risa dichosa, sensaciones asombrosas (incluyendo la comida), y el amor recién descubierto por la pintura y por escribir poesía, la vida me devolvió directamente al dolor. Había más que ver, más que sentir. Los ocho meses siguientes fueron difíciles. No perdí la risa, pero tuve que afrontar un lado sombrío muy oscuro. Mi práctica se convirtió en prestar mucha atención al engaño y a la conducta inconsciente. Pasaba mucho tiempo sola y con sensaciones de dolor emocional y físico. Descubrí modos de dar la bienvenida dentro de mí a los hijos perdidos que nunca habían tenido voz. Aprendí a expresar los aspectos de mí que todavía quería alejar. Tenía miedo, pero solo podía ir hacia dentro. La conciencia seguía empujándome hacia la verdad. No fue fácil, pero sabía que tenía que hacerlo. En cuanto al trabajo con la sombra, descubrí que no puedes saltarte la sombra; debes convertirte en ella para poder ver realmente lo que ella ilumina.

Este viaje del despertar no es un camino fácil. No obstante, es mucho más gratificante que cualquier sueño. Ahora ha pasado un año desde que me sumergí en el trabajo con la sombra y volví, y no tengo palabras para describir lo que hay allí. Después de estos pocos años, lo único que puedo decir es: '¡Vaya cambio!'. Toda la búsqueda de un hogar y toda la dicha de recibir la bienvenida a casa; y ahora no tengo un lugar donde reposar la cabeza, ni la necesidad de hacerlo. La vida no tiene el aspecto que había imaginado. El despertar no ocurrió como yo quería ni como me lo había imaginado. No es dicha o dolor, es donde se le da la bienvenida a todo. Sé que esto es absolutamente posible para cualquiera que esté dispuesto a volverse hacia dentro. No estamos solos. Lo que experimentamos como seres humanos es lo mismo, pero cada uno tenemos historias distintas.

Mientras me siento aquí y escribo, soy consciente de que esta es una magnífica oportunidad de volver a sentir la sensación de esta historia. De escuchar los pájaros en el jardín, de sentir el sofá bajo mi trasero. Amo la vida, y la experiencia de ella está más allá de lo que podría haber imaginado. Es una danza dinámica, y estoy más que agradecida. Nunca podría haber pensado que era posible amar tanto la vida, a pesar de todas las fluctuaciones, de todas las idas y venidas. Qué gran quietud. De algún modo, a partir de este 'no ir a ninguna parte' de todas las cosas, ya no importa si hay sufrimiento o dicha. Cuando te miro directamente a los ojos, veo una vivacidad danzando. En los ojos de un extraño veo a mi mayor amante. Veo danzar a los colores. Veo a la vida amar tan profundamente. Incluso en un estanque poco profundo veo esta vida radiante, inexpresada. Ya no veo sufrimiento, aunque mi corazón nunca podría ignorar tu dolor. Qué paradoja buscar durante vidas enteras el final del sufrimiento para llegar a este lugar donde no me importa si viene o va. Qué brillo.

Todo esto lleva a ahora mismo. El acto de ir a alguna parte en el tiempo se ha perdido, ha desaparecido tan rápidamente como el sol cuando se pone en el cielo. Se ve que ha dejado de ser, si es que alguna vez fue. Siempre había sentido que estaba yendo a alguna parte. La verdad inevitable es que estamos yendo hacia la muerte, si es que vamos a alguna parte. Esto es lo que sabemos seguro. De modo que con esta certeza, y con este ver que no hay nada cierto, cualquier forma de ser definitiva, cualquier verdad última es una trampa inevitable que nos conduce de vuelta al ahora. Cuando busco el recuerdo de lo que fue, solo aparece en este ahora. Lo encuentro en el venir y el pasar de cada respiración, en el corazón latiendo en mi pecho, y en el nudo en mi garganta. Esta luz ambiental que está irradiando ahora, esta naturaleza viva de todas las cosas, es momentánea. Es infinita. El lenguaje tiene una manera muy hermosa de describir esto o aquello, en el tiempo o fuera de él, pero esto ni está en el tiempo ni está fuera del tiempo. Está tanto en el tiempo como fuera de él. No tiene sentido. No es lógico ni ilógico. No va hacia ni se aleja de. Parece que quizá el tiempo y el no tiempo no existen a menos que surjan juntos. Como dos partículas, una y la misma, sin embargo yendo en distintas direcciones.

Una paradoja es coherente con la onda de un estanque. Todo lo que recuerdo como mi historia ya no me parece personal. Es un 'blip' en el radar. Es una gota en el cubo. Nunca fue, y sin embargo siempre es. El despertar es una danza tan preciosa y personal, hasta que no lo es. Entonces, ¿quién está ahí para despertar? Esta es una pregunta valiosa. En mi opinión, es la cosa más valiosa que uno puede abordar en cualquier [ciclo de] vida".

—Violeta

Dos acercamientos

En los capítulos precedentes hemos explorado muchas prácticas, técnicas y puntos de indagación. Ninguno de ellos es intrínsecamente mejor o más potente que cualquier otro. Cuál de ellos funcionará mejor para ti depende de tu temperamento y de lo que potencie más eficazmente tu impulso de despertar. También es importante dar con el momento oportuno. Confía en tus instintos. Solo hace falta un acto de renuncia completa, en el momento adecuado, para descorrer el velo de la ilusión de separación. Una vez que ocurra esto, te realinearás de manera natural con lo que está más allá.

A medida que te aproximes a ese momento de disolución, puede ser de ayuda concentrar tu intención de atravesar el velo mediante un enfoque singular. Una pregunta o punto de indagación que te resulte particularmente atractivo es una manera perfecta de lograrlo. Es posible que ya hayas encontrado uno. Si es así, genial. Si no, quiero ofrecerte dos planteamientos orientados específicamente hacia ese empujón final. Son particularmente potentes durante el periodo en que sentimos que se aproxima el despertar. Y son:

- Planteamiento de autoindagación.
- Planteamiento centrado en un punto.

La autoindagación es un acercamiento particularmente directo al despertar. Puede disolver eficazmente las barreras mentales que te mantienen encerrado en la prisión de pensamientos. La clave está en entregarte plenamente a ella. Esta técnica también puede ser una práctica valiosa después del despertar. Puede ayudar tanto a clarificar la comprensión inicial como a continuar disolviendo las estructuras de la falsa identidad.

El planteamiento centrado en un punto es diferente en el sentido de que es un catalizador extraordinariamente potente para el primer despertar, pero después es menos valioso. Depende en gran medida de tu intuición elegir entre estos dos métodos. Pruébalos, y si sientes que uno de ellos está más alineado con tus instintos y temperamento, úsalo.

Autoindagación

Hemos abordado la pregunta: "¿Quién soy yo?" un par de veces. Ahora vamos a tomar este punto de indagación y darle un nuevo impulso. Vamos a usar este vehículo de indagación como una especie de carga de profundidad. Su propósito es permitirte atravesar todas esas capas de creencias e historias personales, e ir directamente al núcleo de la identidad. Si hacemos esto del modo adecuado, al llegar al núcleo, detonará. Dicha detonación producirá un agujero en el fondo. "¿El fondo de qué?", podrías preguntar. En el fondo de todas las cosas. Vamos a hacer un agujero en el fondo de la realidad. No has hecho todo este recorrido para nada, ¿verdad?

Evidentemente, producir un agujero en el fondo es una metáfora. La transformación de la que estamos hablando aquí es tan radical que verás que hasta la dimensión (fondo, parte superior, cerca, lejos) es una ilusión. No obstante, es una descripción razonablemente apta. Después de mi propio despertar, estas fueron las palabras exactas que se me ocurrieron. Pasados un par de días en los que la realidad tal como la había conocido se estaba desmantelando, hablé con un amigo sobre lo ocurrido. Sabía que no podía expresarlo adecuadamente con palabras. También sabía que era imposible describir lo que había reemplazado la lucha y el aislamiento que antes había considerado "mi vida normal". Sin embargo, mi amigo podía sentir que algo había cambiado drásticamente en mí, y me preguntó qué había pasado. Estas son las palabras que me salieron: "Estaba meditando y el fondo se cayó". Fue exactamente así. Extrañamente, cuando el fondo se cayó, no había nada en lo que todas las cosas pudieran caerse. El marco de la realidad, tal como lo había conocido, se había desmontado completamente. Lo que quedaba era como una paz profunda y penetrante, y sigue siendo así. Es evidente que lo que antes pensaba que era real solo era un "modelo" muy pequeño de la realidad, como una sombra sobre una pared. Me había tropezado con una posibilidad, con una manera de investigar la naturaleza de la percepción que alteraba completamente mi manera de experimentar la realidad.

La autoindagación tiene el poder de producir esto para cualquiera que esté dispuesto a dar el salto. Al empapar al vehículo de autoindagación de la voluntad de despertar a tu verdadera naturaleza, le das un poder que está más allá de los límites de lo que eres capaz de hacer por tu cuenta. De este modo, la indagación se convierte en una especie de portal o conducto a través del cual podemos entrar en contacto con fuerzas que están mucho más allá de los límites de la dimensión humana. Cuando ocurre esto, ya no puedes conocerte de la manera limitada y definida en que habías aprendido a percibirte. Tu identidad encontrará un nuevo equilibrio con la conciencia sin fronteras, que es esencialmente ilimitada. Si bien es asombrosa, la experiencia sin límites de la conciencia-Ser no es más que un escenario para los despliegues más radicales que quedan por delante. No obstante, es un hito importante en el proceso de realización.

Como cualquier catalizador, este método de autoindagación funciona mejor cuando las condiciones ambientales son favorables. Dediquemos algún tiempo a comentar las condiciones óptimas para favorecer este proceso antes de ahondar en la mecánica de la indagación misma. Estas son las condiciones:

Alerta: La indagación funciona mejor si estás alerta, sin tensarte. No quieres una atención floja, no quieres soñar despierto ni dejar que tu mente vagabundee. Por otra parte, no es necesario mantenerse hipervigilante ni tensar la atención hacia un estado hiperenfocado. Quieres mantenerte lo suficientemente alerta como para asegurarte de que nada escape a tu atención, incluyendo cualquier pensamiento. La idea es tener una atención abierta y relajada, involucrada en el proceso de indagación. Es como conducir un automóvil en una ciudad que no te es familiar. A diferencia de conducir mucho rato por una autopista, en cuyo caso puedes desconectar un poco o soñar despierto, conducir por una ciudad que no conoces requiere que mantengas la atención en el entorno inmediato. No estarás soñando despierto ni imaginando sucesos y lugares que no están presentes en tu experiencia actual. Dar con el equilibrio adecuado entre alerta y relajación puede requerir un poco de práctica. Sigue practicando y encontrarás el "punto dulce", o punto de equilibrio, en el que no estás tenso ni soñando despierto.

Curiosidad: Para que este planteamiento funcione es necesaria una curiosidad genuina. Mi responsabilidad es transmitir la mecánica de esta indagación de un modo que provoque auténtica curiosidad. De ti depende estar dispuesto a reconocer esa curiosidad inocente y dejar que te lleve a ahondar en la indagación. A menudo, cuando nos encontramos en lo desconocido, evitamos la curiosidad natural llevando la atención a un constructo mental familiar pero artificial. Lo hacemos para tener cierta sensación de certeza. Esto significa que cuando afrontamos lo desconocido, a menudo nos apegamos a los viejos patrones de pensamiento para evitar admitir ante nosotros mismos que en realidad no sabemos. Cuando esta técnica se aplica correctamente, te encuentras en lo desconocido con bastante rapidez. La paradoja aquí es que usar el pensamiento para "curar" la sensación de desconocimiento menoscaba la indagación. Estar dispuesto a permanecer en la curiosidad desprotegida es la lámpara que alumbra el camino hacia delante.

Empirismo: Esta es una definición de empírico: "Verificable mediante la observación o la experiencia en lugar de la teoría o la lógica". Cuando llevamos a cabo la autoindagación, lo mejor es abstenerse de comparar tu experiencia con cualquier experiencia o expectativa idealizada. Estamos aquí para descubrir. De modo que cualquier descripción que hayamos leído u oído antes sobre lo que se supone que va a ocurrir cuando autoindagamos es inútil. Solo nos interesa lo que descubramos directamente. Si estás dispuesto a asumir un planteamiento estrictamente empírico, lo único que importa es la experiencia inmediata, obvia y autoexplicativa. Cuando captas realmente este espíritu, supone un gran alivio. Qué hermoso es no tener que estresarte por si tu experiencia es la "correcta". En cierto sentido, estás poniendo la realización en la silla caliente y diciendo: "De acuerdo, confío en que eres capaz de mostrarme algo que está más allá de mi capacidad de construirlo como imagen mental. Voy a mantener mi pizarra limpia y no voy a comparar mi experiencia con ningún ideal, independientemente de dónde lo haya adquirido".

Frescura: Cuando comiences esta indagación, suelta todo lo que conoces. Suelta las indagaciones y resultados del pasado. Deja ir cualquier comprensión que puedas haber tenido, incluso la última vez que meditaste o practicaste la indagación. De hecho, deja ir lo ocurrido hace cinco minutos. Solo esta pregunta. Solo esta observación experiencial. Haz esto cada vez que retornes a la indagación. A continuación, haz también esto mismo mientras realizas la indagación. Es como si estuvieras escribiendo en una pizarra y hubiera un borrador que siguiera inmediatamente a la tiza. De este modo, cada momento es fresco. Cada vez que se plantea una pregunta, se plantea desde la completa inocencia y desconocimiento. De esta manera no llevamos equipaje. Cuando nos liberamos de las ataduras del pasado, somos libres de sincronizarnos con el flujo de la realidad momento a momento.

Consistencia: Inicialmente, podrías aproximarte a la indagación durante la meditación sentada, o cuando sientas la inclinación de practicar la introspección. Con el tiempo, a medida que aumenten la curiosidad y el deseo de despertar, descubrirás que permaneces en la indagación durante periodos más largos. Podría sorprenderte que se vuelva gratificante practicar la indagación durante las actividades diarias, como cocinar, trabajar, hacer ejercicio, e incluso hablar con otros. Gracias a la consistencia se va acumulando cierto impulso. Cuando estaba cerca del despertar (aunque entonces no lo sabía), llevaba la indagación incluso al sueño. Procuraba seguir con la pregunta mientras mi conciencia parecía desaparecer en la nada. Y la retomaba en cuanto la recordaba al despertar. No hay necesidad de juzgarte a ti mismo si no puedes indagar constantemente, pero, a medida que crezca tu pasión por atravesar la barrera de la ilusión, descubrirás que puedes llevar la indagación contigo durante gran parte del tiempo. Después de todo, si has llegado hasta aquí, te has dado cuenta de que no hay nada más importante que esto, ¿cierto?

Este es el proceso básico:

1. Hazte receptivo al pensamiento:

Cuando queremos relajarnos y descansar es muy común que tratemos de suprimir o evitar los pensamientos. A menudo concluimos que si todos esos pensamientos no estuvieran ahí, tendríamos paz. Bien, en lo tocante a la autoindagación, en realidad queremos que vengan los pensamientos. Nos orientamos hacia los pensamientos teniendo muchas ganas de que llegue el siguiente. Esto puede sonar contraintuitivo, pero cuando abrazas realmente la llegada de los pensamientos (independientemente de su contenido), puedes relajarte de una manera distinta de la habitual. No es la relajación de haberse ido, es la relajación de estar presente. Para decirlo de manera simple, resistirse a los pensamientos genera mucha tensión, y nos resistimos a los pensamientos en distintas medidas a lo largo de todo el día. De modo que el primer paso consiste en hacerse receptivo a los pensamientos. Dirige la atención hacia la pantalla de cine interna. Incluso puedes afirmar para ti mismo: elijo estar completamente receptivo a los pensamientos. Ahora mismo todos ellos tienen mi atención. Les doy la bienvenida. Haces que tomar conciencia de los pensamientos como pensamientos sea la cosa más interesante para ti en este momento. Asimismo, esto no tiene que ver con soñar despierto. Cuando soñamos despiertos, no somos conscientes de los pensamientos como tales. Más bien, los tomamos como si fueran la realidad. Vamos a clarificarlo: supongamos que aparecen pensamientos sobre las Bahamas. El objetivo no es soñar despierto con un viaje a las playas de las Bahamas. Más bien, deberíamos sentirnos fascinados a medida que se forma el pensamiento sobre las Bahamas en la pantalla interna. Oh, ¡de modo que esto es un pensamiento! Me está mostrando una especie de película interna sobre las Bahamas, y sin embargo puedo ver que está hecho de algún tipo de material-de-pensamiento nebuloso. Esto es lo que significa sentirse fascinado con un pensamiento como pensamiento.

2. Toma una postura neutral:

A medida que llegue un pensamiento, no evalúes su contenido. No hay necesidad de asignarle valor, como en: "Este es un buen pensamiento o un mal pensamiento". Por ejemplo, si llega un pensamiento que dice: "Estoy confuso", no necesitamos asignarle una connotación negativa. Simplemente tómatelo como una experiencia neutral. Puedes considerar que el pensamiento es como una hoja de papel con el mensaje "estoy confuso" escrito en ella. Podríamos decir que la hoja de papel es primaria con respecto al mensaje, lo que significa que podría contener cualquier mensaje o no contener ninguno. En este sentido es neutral. Cuando vemos un pensamiento como pensamiento, tenemos esta oportunidad de percibir su neutralidad. Cuando creemos que un pensamiento apunta a una realidad "ahí fuera", empezamos a luchar con la polaridad. A medida que practiques con un pensamiento cada vez, percibirás mejor esta neutralidad.

3. Clarifica el pensamiento:

Este paso puede requerir un poco de práctica porque generalmente tenemos una relación dinámica con el pensamiento dentro de la conciencia. Tendemos a dejar atrás ciertos pensamientos incómodos o parcialmente inconscientes. Esto queda todavía más remarcado cuando nos sentimos inquietos y nuestra mente-de-mono va saltando de rama en rama con tanta rapidez que no sabemos entre qué ramas-pensamiento está saltando. De modo que ralentiza. Toma un pensamiento cada vez conforme llegue. Una vez que reconoces un pensamiento (bien sea conceptual, auditivo, o una imagen visual), procura clarificarlo un poco. Si es conceptual puedes decirlo mentalmente. Si piensas en esto como observar una proyección de diapositivas-pensamiento sobre una pantalla de cine, quieres ralentizar el pase de diapositivas. A continuación quieres acercarte a la pantalla y clarificar exactamente qué es ese pensamiento/imagen/diapositiva. A medida que mejores tu capacidad de mantener un solo pensamiento en tu mente, podría sorprenderte lo simple e incluso relajante que se vuelve el proceso. También podría sorprenderte que cuanto más de cerca miras un pensamiento, menos sustancia parece tener. Esto es análogo a caminar tan cerca de la pantalla que lo único que ves son formas suaves, contornos y luz.

4. Date cuenta de que sientes que el pensamiento es "acerca de mí":

Una vez que dominas los pasos anteriores, en cierta medida pueden volverse pasivos. Este paso requiere que te involucres activamente con cada pensamiento, aunque solo sea por un momento. Esto es así porque este paso aborda el preciso momento en que nos volvemos inconscientes, lo que significa el momento en que nos identificamos con el pensamiento. Es una transición sutil, de modo que debemos entrenarnos para reconocerla si finalmente queremos liberarnos de ella.

Aquí puedes sentir como si estuvieras haciendo un trabajo de detective, pero es esencial hacerlo cada vez. Inicialmente puede parecer un poco extraño, como si fueras en contra de la fuerza del hábito en cuanto a la corriente de pensamientos. Lo que estás haciendo es socavar una perspectiva falsa. La clave está en observar el pensamiento e identificar la sensación de que este pensamiento es "acerca de mí". Veamos un ejemplo. Digamos que nos hemos vuelto receptivos al pensamiento (primer paso). Dirigimos la atención hacia dentro, y en breve empezamos a formar una memoria visual de haber comido un bocadillo hace diez minutos. Recordamos haber pensado que era un bocadillo muy bueno mientras lo estábamos comiendo. A medida que tomamos conciencia de este pensamiento, reconocemos: "De acuerdo, en este pensamiento/recuerdo hay una reproducción visual de comer un bocadillo. También hay un diálogo conmigo mismo en el que digo que comer el bocadillo es una buena experiencia. Está claro que este diálogo conmigo mismo se produjo hace diez minutos. En este momento es simplemente un pensamiento en mi mente, ni bueno ni malo". Esta última parte es el segundo paso. Ahora clarificamos la experiencia visual de ese pensamiento; es como si nos pusiéramos directamente enfrente de la pantalla de cine interna y nos acercáramos a ella (tercer paso). Nos damos cuenta de los colores y texturas de la habitación, del bocadillo y de nuestra mano sosteniéndolo. Vemos el movimiento y recordamos el masticar así como el diálogo interno: ¡Qué bocadillo más delicioso! Vemos lo peculiar que es que todo esto esté hecho de material-del-pensamiento, y sin embargo es muy vívido.

Ahora el cuarto paso. En este paso reconocemos que este pensamiento, esta película interna, parece ser acerca de mí. Parece que era yo quien estaba comiendo el bocadillo, ¿es así? Por supuesto, en el pasado comí un bocadillo, pero este pensamiento parece que está refiriéndose a "mí". No son Joe ni Jessica quienes están comiendo el bocadillo. Entiendo que esto puede ser tan obvio que parezca absurdo, pero es clave reconocer que este pensamiento parece referirse claramente a alguien llamado "yo". Además, parece y siento como que este pensamiento me está ocurriendo a "mí". Esto significa que el sentido del yo no solo está implícito en el pensamiento (el que está comiendo el bocadillo), sino también está implícito en el hecho de que haya un pensamiento en absoluto. Déjame explicarlo. No es solo que el pensamiento parece sugerir que es "acerca de mí" como el protagonista de la película interna de comer un bocadillo, sino que también sugiere que hay un "yo" que está interesado en este pensamiento en absoluto. ¿Puedes ver esta distinción? Y lo que es más importante, ¿puedes captar esta sensación [o sentido] en tu propio pensamiento, cualquiera que sea? Parece que el pensamiento me está ocurriendo a "mí", el pensador. Sugiere que hay un "yo", aquí y ahora, que es consciente del pensamiento y está viéndolo. Podríamos decir que sugiere que hay un "yo" con dos aspectos distintos. Uno es el yo recordado (como sujeto del pensamiento). El otro es un yo inmediato que es consciente de ese pensamiento justo en este momento. ¿Puedes sentir estos dos yoes? ¿Estás empezando a sentir tu experiencia interna un poco diferente? ¿Sientes que los límites de la identidad están empezando a suavizarse o distorsionarse?

Si lo sientes, eso es totalmente normal. Si todavía no lo sientes, eso también está bien. Practica esto y antes o después esos marcos perceptuales empezaran a aflojarse y fragmentarse. Si me has acompañado a lo largo de este paso (usando tu propia experiencia inmediata del pensamiento), y entiendes y puedes experimentar directamente que un pensamiento implica tanto un sujeto "yo", que es el personaje principal del pensamiento, como un "yo" inmediato, que es el espectador/pensador del pensamiento, entonces has completado el cuarto paso. Sé que al principio esto puede resultar confuso o desorientador, pero es imperativo realizar este proceso para que este tipo de autoindagación haga realmente su magia. Se volverá mucho más simple con un poco de práctica.

5. Ahora, busca el "yo":

Todos los pasos que hemos dado hasta ahora han sido preparatorios. Todos ellos son necesarios y si usas este método no deberías saltártelos. No obstante, solo son un medio para orientarte adecuadamente hacia este paso final, que es muy simple. Ahora que has captado que el pensamiento del que has tomado conciencia es "acerca de mí", busca ese yo. Eso es. El pensamiento dice que hay un yo ahí, y que él (el pensamiento) es acerca de ese yo, ¿cierto? Ahora búscalo en tu experiencia inmediata. Con esto me refiero a que no pienses acerca de quién/dónde/qué es esta sensación de mí. Tienes que buscar la evidencia de su existencia directamente en tu experiencia. Ayuda empezar a buscar en el lugar donde sientes que estás ahora mismo. Mira directamente al centro de ese que sientes como el "yo" sobre el que era el pensamiento. ¿Encuentras algo allí? ¿Hay algo definido que puedas identificar y decir: "Ahí está el 'yo'. Ahí está exactamente lo que yo soy"? Si puedes, entonces, ¿qué es lo que has encontrado ahí? Si no encuentras nada específico, simplemente sigue mirando.

Estos son algunos resultados comunes e inmediatos; veamos cómo navegarlos:

1. Vuelves a empezar a pensar inmediatamente.

"Bien, ya sé quién soy. Esta práctica es una tontería. No funciona para mí". Cuando ocurre esto, ¡genial! Ese es tu siguiente pensamiento. Empieza desde el segundo paso con ese pensamiento y continúa con la indagación. No importa cuál sea el pensamiento siguiente. Si es un pensamiento, es evidente que no es tú, ¿cierto? No puede ser tú porque tú estabas ahí antes de ese pensamiento, y seguirás estando ahí después de él, ¿correcto? Asimismo, ese pensamiento dice que es acerca de ti, de modo que está claro que en realidad no es tú. Por último, eres consciente del pensamiento, de modo que no puede ser equivalente a lo que tú eres, ¿cierto? Sigue buscando, y si un pensamiento te absorbe, simplemente vuelve a empezar en el segundo paso con ese nuevo pensamiento.

2. Te olvidas completamente de lo que estás haciendo.

Eso está bien. Puede resultar confuso exponer tu mente de esta manera. No está acostumbrada. Si en algún momento pierdes completamente la pista de lo que estás haciendo o te encuentras soñando despierto, vuelve a empezar en el primer paso.

3. Vas a buscar el "yo" sobre el que trata el pensamiento, según el mismo pensamiento dice, y no puedes hallarlo.

Aquí es importante establecer una distinción entre el pensamiento "no puedo encontrarlo/no puedo encontrarme a mí mismo", y un buscar que sigue adelante sin aterrizar en nada sólido o específico. En el primer caso, vuelve a empezar en el paso dos con ese pensamiento. Si estás en el segundo caso, y el buscar sigue adelante y hay una curiosidad genuina aunque no se encuentre nada, ¡genial! Sigue haciendo eso. Has descifrado la clave de la autoindagación. Si te encuentras en ese puro buscar-ver-ser sin aterrizar en nada específico y no hay pensamientos, estás haciendo autoindagación pura. Sigue adelante. Permanece en la brecha. Al principio es posible que solo se prolongue unos segundos. Entonces vendrá un pensamiento. En ese punto, vuelve a empezar en el punto dos. Con el tiempo puedes pasar de varios segundos a unos pocos minutos o más. La clave está en ese buscar-ver-ser sin pensamientos. Ni rechazando los pensamientos ni enredándote en su contenido. Un puro movimiento de curiosidad inocente. Podría sentirse dinámico o muy aquietado. Ambos están bien. Simplemente continúa con ese buscar/mirar.

Afinar

Una vez que aprendas estos pasos y puedas pasar por ellos en poco tiempo, te darás cuenta de que no es difícil llegar a esa brecha sin pensamientos, aunque sea por un lapso breve. Las sugerencias siguientes pueden ayudarte a afinar la sintonización con esa frecuencia de pura autoindagación. Es parecido a sintonizar entre emisoras de radio. No aterrizas en este pensamiento ni en aquel, y sin embargo no rechazas ninguno de ellos. Tal vez se podría decir que la atención se mueve tan rápido hacia el pensamiento que este no tiene tiempo de formarse completamente. La atención se convierte en el pensamiento. Con el tiempo, permanecer en esa brecha de puro mirar libre de pensamientos, de puro conocimiento sin pensamiento y de puro ser se vuelve mucho más espontáneo y relajado. He aquí algunas indicaciones:

- Reconoce cuándo ha emergido otro pensamiento y ha atado tu atención. Con frecuencia el pensamiento será sobre esta misma práctica de indagación. A menudo, en ese momento volvemos a identificarnos con el pensamiento y no nos damos cuenta de ello porque su contenido guarda relación con este proceso de indagación.
- Repasa los capítulos sobre la atención, los pensamientos y la indagación. Contienen muchos matices e indicaciones que pueden ser de ayuda en este proceso.
- Reconoce que cualquier cosa que puedas poner en palabras es un pensamiento. Y también cualquier imagen, incluso las imágenes vagamente definidas, son pensamientos.
- Restaura periódicamente el vigor de tu curiosidad. No quieras practicar esto de manera mecánica.
- Usa el cuerpo como vara de medir para asegurarte de que estás haciendo esto sin tensión, de manera relajada. Puedes poner la atención periódicamente en diversas partes del cuerpo para ver si sientes tensión en algún lugar o si te estás presionando. Esto es particularmente útil cuando la indagación es tensa, frustrante o esforzada. Cuando aprendas a realizarla sin tensión, es posible que no sea necesario revisar así el cuerpo.
- No crees distancia. Ten en mente que el puro mirar en una brecha sin pensamientos no significa que hayas desconectado del material del que están hechos los pensamientos (conciencia). Muy al contrario. Es más como que toda experiencia es reemplazada por el material-del-pensamiento, que también es el material del que

tú estás hecho. Todo es una continuidad interminable de experiencia de la pura conciencia. El mirar/cuestionar, el sentido del tú [el sentido del yo], la brecha, y el material del que están hechos los pensamientos, todos ellos son la misma sustancia fluyente.

- No trates de llegar. Aunque estamos usando una pregunta como vehículo de lanzamiento, no estamos buscando un lugar de llegada específico, una comprensión conceptual ni cierta experiencia predefinida. Estamos más interesados en "asentarnos" en la pura experiencia misma, que no está separada del experimentador. La pura experiencia está impregnada de curiosidad y fascinación. Sin embargo, es una curiosidad satisfecha, de modo que no requiere resolución como lo haría la típica pregunta.

Errores potenciales

- Preguntar: "¿Quién soy yo?" o "¿Dónde estoy yo?" y después buscar una respuesta conceptual. Esto simplemente lleva a más diálogo interno, pensamiento y frustración.
- Concluir: "Oh, no hay yo/ser". Esto llevará a una indagación tediosa, con poco interés por buscar realmente el sentido del "yo". Esto ocurre porque nos hemos identificado con el pensamiento: no hay un yo/ser. Cuando estamos identificados con este pensamiento, no reconocemos que solo es un pensamiento más. Otra manera de decir esto es que, cuando adoptamos la creencia: "No hay yo/ser", la visión desde donde mantenemos esta creencia permanece intacta. El sentido del yo subjetivo, que no está siendo visto ni asumido, sostiene la visión de que no hay un yo. El yo que estamos investigando no es un mero pensamiento o creencia. Es una sensación (o sentido), un marco de referencia y un sentimiento-asunción. También es una compleja trama de impresiones y creencias. Asimismo es una distorsión perceptual continua que resulta extremadamente fácil de pasar por alto. No puedes hacerla desaparecer sin más adoptando la creencia de que no existe. Si te descubres concluyendo esto, puedes reconocer que esa conclusión es un mero pensamiento. A continuación puedes volver a empezar en el paso dos usando dicho pensamiento.

- Sentirse frustrado. No parece que esté ocurriendo nada, de modo que sentimos frustración, impaciencia o incluso enfado. Si ocurre esto, no significa que estés haciendo algo mal. De hecho, cuando empezamos a cavar en las estructuras de nuestra identidad, es común que las emociones salgan a la superficie. Simplemente toma una respiración y relájate un minuto. A continuación reconoce la emoción. Siéntela en el cuerpo. Mira si puedes relajar cualquier tensión corporal asociada con esa emoción. Seguidamente busca el pensamiento o creencia asociado con la experiencia. Podría ser algo como: "Estoy sintiendo frustración". A continuación sigue con la indagación, empezando en el segundo paso. Si la emoción te está distrayendo constantemente y exige tu atención, es posible que quieras remitirte al capítulo sobre las emociones y trabajarla antes de volver a la autoindagación.
- Mirar fija e interminablemente al pensamiento/pregunta "¿Quién soy yo?", sin darte cuenta de que ese que sientes como el tú que está haciendo esta práctica, y teniendo una historia y un camino espiritual, es lo que se supone que estás tratando de investigar. Cuando te des cuenta de esto, ¡mira allí!
- Concluir que, como no has encontrado un "yo", o un ser, no tiene valor seguir mirando. Esto no es verdad. La clave está en el mirar no conceptual. Podrías decir que, en este caso, el pensamiento oculto es: "esto es inútil". Cuando reconozcas este pensamiento u otro similar, puedes volver a comenzar la indagación.
- Estar incómodo con el estado sin pensamientos, y volver a involucrarse con ellos. Esto ocurre con mucha frecuencia. Cuando ocurre, raras veces nos damos cuenta de que la mente se ha vuelto a enganchar con el pensamiento para evitar la respuesta de miedo que puede surgir en las brechas sin pensamiento. Si continuamos con la autoindagación, volviendo a la brecha sin pensamientos una y otra vez, a menudo nos daremos cuenta de que hay cierto temor asociado con soltar la adicción a los pensamientos. Estamos tan acostumbrados a aferrarnos al pensamiento siguiente, y al siguiente, que con frecuencia no reconocemos una incomodidad subyacente, y usamos los pensamientos para evitarla. Si persistimos a pesar de la incomodidad y el miedo, con el tiempo y la experiencia

estas emociones se asentarán. Si seguimos volviendo a esta brecha y permanecemos allí más allá del miedo y de las respuestas físicas, las cosas empezarán a cambiar experiencialmente. Aquí es donde la magia puede ocurrir, pero tienes que persistir en ello.

"La cueva en la que temes entrar contiene el tesoro que buscas".

—Joseph Campbell

Un ejemplo práctico

Antes hemos examinado como ejemplo el pensamiento de comerse un bocadillo. Empecé por un pensamiento visual porque son los más fáciles de describir. Veamos otro ejemplo con otro pensamiento un poco más oscuro. Supongamos que comenzamos con el proceso de autoindagación. Empezamos haciéndonos receptivos al pensamiento. Tomamos conciencia de nuestro espacio de pensamiento interno y esperamos. Tras un breve lapso, pensamos: "La indagación no funciona para mí". Aquí es donde la teoría tiene que demostrarse en la práctica. Muchas personas llegan hasta aquí y renuncian. Renuncian al no reconocer que el pensamiento "La indagación no funciona para mí" es su punto de entrada. Si no lo captas y piensas que eres el pensador de ese pensamiento, cederás a la corriente de los pensamientos siguientes. ¿Cómo sé que esto ocurre con mucha frecuencia? Porque la gente me lo dice. Es común que alguien intente la autoindagación y luego diga: "Cada vez que practico la autoindagación la cosa empieza bien, pero no puedo ir más allá de ______ ". A continuación me cuentan el resto del pensamiento que les ha atado.

No les culpo. El tirón hipnótico del pensamiento es mucho más poderoso de lo que la mayoría de nosotros nos damos cuenta. Cuando ocurre esto, procuro señalar tan amablemente como pueda que el pensamiento surgido durante la autoindagación que dice: "Cada vez que practico la autoindagación todo empieza bien, pero no puedo ir más allá de _______", simplemente es un pensamiento como cualquier otro. Sin embargo, en ese momento no consiguieron reconocerlo como un pensamiento; se hipnotizaron a sí mismos volviendo a la corriente de pensamientos y abandonaron el proceso de indagación.

Así, con esta información como trasfondo, examinemos el pensamiento: "La indagación no funciona para mí". El segundo paso es tomar una postura neutral. Si creemos que este pensamiento es una declaración verdadera, podríamos sentirnos frustrados y podríamos juzgarlo indeseable. Sin embargo, ahora que hemos dejado de juzgar los pensamientos, podemos considerar que es un pensamiento neutral porque lo es. Es un pensamiento como cualquier otro porque está hecho del mismo "material de pensamiento" del que están hechos todos los demás. La cualidad de ese "material del pensamiento" es neutral. El paso siguiente consiste en clarificarlo. Simplemente repítelo una vez en tu mente enunciando el diálogo interno: "La autoindagación no funciona para mí". ¿Puedes ver que es como una misteriosa sustancia mental que aparentemente puede formar sonidos internos (diálogo) donde no los hay? De algún modo, ese diálogo interno es claro, pero, asimismo, no está allí en absoluto. Está hecho del mismo material del que estaba hecho el pensamiento sobre el bocadillo, ¿cierto?

Procediendo al cuarto paso, nos damos cuenta de que este pensamiento parece ser "sobre mí". En este caso queda más claro por qué esto es importante. Tiene que ver con la historia que te he contado de que la gente suele llegar hasta aquí y después son arrastrados por la corriente de pensamientos. Si no vas lo suficientemente despacio y das estos pasos, entonces, cuando venga un pensamiento como este, puede engancharte y llevarte de paseo. Nuestra relación con los pensamientos tiene cierto impulso, cierta inercia. El planteamiento de los pasos ralentiza dicho impulso lo suficiente como para desenredarnos de los pensamientos. Cuando un pensamiento como este nos atrapa y nos arrastra a la corriente de pensamientos, de modo que abandonamos el proceso de autoindagación, se debe a que ese impulso (o inercia) ha hecho que tomemos ese pensamiento como la declaración de un hecho. Experimentamos ese pensamiento como si definiera la realidad. Además, consideramos que está definiendo la realidad "para mí". Cuando este impulso es continuo, el "yo" se vuelve algo asumido y solidificado. Este es el paso en el que tenemos una oportunidad de poner a prueba al "yo" al que este pensamiento dice referirse.

Demos ahora el cuarto paso. El pensamiento era: "La autoindagación nunca funciona para mí". Podemos reconocer fácilmente que el pensamiento parece estar refiriéndose a "mí". De hecho, hace esta aserción de manera explícita, ¿cierto? Este supuesto yo es el sujeto del pensamiento. Y lo que es más importante, hay un "yo" sentido y asumido que parece ser consciente de ese pensamiento en cuanto surge. Este es el sentido del que se siente decepcionado o frustrado si dicho pensamiento es creído.

Ahora pasamos al quinto paso: Busca ese "yo". Te darás cuenta de que el "yo" que estamos buscando no está en el pensamiento. ¿Cómo sabemos esto? Lo sabemos porque está claro que tú no desapareces cuando ese pensamiento se disipa. Además, está claro que tú estabas aquí antes de que ese pensamiento surgiera. Entonces, ¿dónde más puedes mirar? Puedes mirar donde sientes que estás. ¿Qué hay ahí? Bien, podrías notar una sensación, como una presión en la cabeza o una sensación sutil en alguna parte del cuerpo. ¿Es eso tú? Bien, la sensación de ti [el sentido del yo] puede estar aquí cuando no estás notando esa sensación específica, ¿correcto? De modo que sigue buscando. Conserva esa curiosidad. Mantente en la sensación de ese lugar que parece ser consciente de los pensamientos, parece formar los pensamientos, y sin embargo sigue estando allí incluso cuando por un momento no hay pensamientos.

"Estoy tratando de liberar tu mente, Neo. Pero solo puedo mostrarte la puerta. Eres tú quien tiene que atravesarla".

—Morfeo, *Matrix*

Permanece aquí y estarás experimentando físicamente [el lugar] donde el sentido de ti mismo como pensador, la sensación de los pensamientos de la película interna y la brecha entre pensamientos son todos uno, sin separación. Simplemente permanece ahí. Podrías sentirlo dinámico y podrías sentirlo muy aquietado. Podrías sentir que es las dos cosas a la vez. Una vez que captas cómo se siente esto, solo necesitas quedarte aquí. Estate aquí durante la meditación. Permanece aquí al levantarte de la meditación. En la medida de lo posible, sigue aquí durante las diversas actividades. Mira si puedes llevar esto al sueño y retómalo en el momento de despertar.

Concentrado en un punto

En esencia, el planteamiento concentrado en un punto no es tan diferente de la autoindagación. Y lo que es más importante, lleva exactamente al mismo lugar. Una vez que llegues a ese lugar, todos los demás métodos desaparecerán. Habrá una claridad brillante y sin esfuerzo. La manera y la medida en que nos esforzamos para llegar a este lugar sin lugar puede variar considerablemente. Se parece a una montaña con muchos caminos que parten de su base. Algunos caminos pueden comenzar en el llano, otros en el bosque. Algunos son muy pendientes y otros planos. Algunos ascienden en curvas y otros parecen subir directo por la ladera. A medida que los distintos caminos ascienden, comienzan a converger. Muchos caminos se convierten en unos pocos. En algún momento, cuando estás cerca de la cima, los dos o tres caminos que quedan están muy cerca unos de otros, y entonces comienzan a parecerse.

Acercarse al despertar es muy parecido a esto. A medida que te aproximas al umbral, las cosas empiezan a converger. Se vuelve irrelevante si has ascendido a la montaña con esfuerzo y determinación, o con curiosidad y cuestionamiento. En la cima de la montaña, todos los caminos que comenzaron en diversos puntos de la base han convergido completamente, y cesan al mismo tiempo. Desde este punto de vista, no te importará qué camino tomaste para subir la montaña. Conocerás la visión universal, y serás capaz de apreciar cada uno de los senderos por sus propios méritos. Además, ya no habrá montaña. Donde hubo una montaña, ahora solo queda paz.

Al empezar a describir el método de concentrarse en un punto, podría sonar muy distinto de la autoindagación. Sin embargo, cuando te entregues completamente a él, convergerá con el camino de la autoindagación. Mientras que el camino de la autoindagación tiene un tono más inquisitivo, curioso y discernidor, el método centrado en un punto se basa más en la determinación, el enfoque y la pura voluntad. Podría llamarlo el camino del guerrero.

"Si cortas un gran diamante en trocitos, perderá completamente el valor que tenía como una unidad; y un ejército dividido en los pequeños cuerpos de los soldados pierde toda su fuerza. Así, un gran intelecto se hunde hasta el nivel de otro ordinario en cuanto es interrumpido y alterado, cuando se distrae su atención y se le saca del asunto que tiene entre manos. Porque su superioridad depende de su poder de concentración, de aplicar toda su fuerza a un tema".

—Arthur Schopenhauer

A menudo se emprende este camino impulsado por la frustración o la desesperación. A veces nos orientamos instintivamente hacia él cuando hemos agotado lo que nuestra mente puede hacer. En ocasiones tenemos que activar las emociones para impulsarnos más allá de donde nuestra mente puede llevarnos. A veces, tomar las riendas de la fuerza física de la frustración, la desesperación y el enfado, y hacerla valer, puede ser lo que se necesite para abrir la puerta. Aquí viene otra paradoja. Este método funciona porque agotamos completamente todos nuestros recursos, tanto mentales como físicos, y cuando vemos que aún así no podemos forzar que la realidad haga lo que nosotros queremos, finalmente colapsamos en el agotamiento y nuestra naturaleza despierta nos golpea en la cabeza de las maneras más sorprendentes. Al oír esto, uno podría pensar que simplemente puede tomar un atajo y "rendirse" sin hacer todos estos esfuerzos con la esperanza de despertar. Por desgracia, todavía está operando demasiado control inconsciente para que esto ocurra. De modo que tenemos que pasar por el proceso físico de vaciarnos a nosotros mismos y de vaciar nuestra voluntad en la práctica. Para mí fue exactamente así.

Había empujado contra la vida desde que podía recordar. La mayor parte del tiempo no me daba cuenta de que estaba haciéndolo. Cuando me di cuenta, puse riendas a toda esa lucha y la dirigí hacia la práctica. Pensé: si voy a esforzarme conscientemente, quiero hacerlo de un modo que sea muy verdadero. Sabía que no podía limitarme a dejar de luchar, de modo que tomé las riendas de la lucha y la plasmé en una ardiente intención de atravesar cualquier barrera que me mantuviera todo el tiempo mirando a través de un velo. Sabía que la verdad estaba allí fuera en alguna parte y no iba a conformarme con el pensamiento, que siempre me había fallado. Tenía que ser de verdad. De modo que hice que mi frustración, cabezonería y enfado impulsaran esta práctica.

"Saber lo que se debe hacer deshace el miedo".

—Rosa Parks

No dirigí mi enfado hacia el Universo, ¡lo dirigí hacia el mecanismo divisivo que me estaba impidiendo entrar en comunión con el universo! Me concentré en un punto. Curiosamente, el simple hecho de hacer eso fue un alivio en sí mismo. Por fin estaba poniendo toda mi energía en lo que más me importaba en la vida.

Hay algo muy liberador en no darte a ti mismo otra opción y en limitarte a verter tu voluntad en una cosa. Además, estaba pasando algo muy misterioso porque estaba vertiendo toda mi voluntad en algo en lo que no podía pensar ni podía definir, y sin embargo confiaba plenamente en ello. Esto es lo bueno del método de concentrarse en un punto; es un acto de confiar. Puedes sentirlo. Aunque siga habiendo duda, confusión y pensamientos discursivos, sabes que has dado con algo. Para mí fue un alivio porque, llegado a este punto, sabía que era el despertar o la muerte. Esto significa que estaba tan comprometido, que sabía que haría esto el resto de mi vida si era necesario. Ya no iba a vivir como antes, con elecciones. Iba a despertar o morir en el intento. ¿Puedes sentir cómo es esto? Es posible que no pienses en ello exactamente como yo, pero si puedes conectar con esta desesperación y determinación, este puede ser tu camino. Es una especie de proceso alquímico de convertir la duda en determinación concentrada en un punto.

Entonces, ¿cómo se hace? ¿Cuál es la práctica específica? En primer lugar, la parte más importante de este método es la carga emocional y la resolución. No he contado esta historia solo para compartir mi camino contigo. También quería usar un método personal de explicar en qué consiste el combustible del método concentrado en un punto. Una vez que sientes este tipo de resolución, esa profunda sensación de que esta prioridad es lo que importa por encima de todo lo demás, el resto es simple.

Aquí está: destilas toda esa resolución, intención, frustración y desesperación en un único punto. Puede ser como un punto de luz donde convergen múltiples rayos láser. Puede ser la punta de un taladro excepcionalmente potente. Puede ser el punto exacto que es el centro de gravedad de tu cuerpo. ¿Puedes sentir cómo es esto? No te dejes preocupar porque esta imagen concentrada en un punto pueda ser imaginaria. Lo que está detrás no es imaginario. Lo que está impulsando esto es poderoso más allá de lo que puedas imaginar. Una vez que hayas destilado este impulso en una singularidad concentrada en un punto, quédate ahí. No te desvíes. No sueñes despierto. No dejes que tu mente deambule. Deja que esa singularidad vaya quemando todas las capas de tu mente. Deja que disuelva capa tras capa de memoria e identidad. No contemples su acción. No pienses en ello. Simplemente absórbete completamente en ello. Llévalo contigo día y noche. Despierta a ello. Llévatelo al sueño e incluso, si puedes, a los sueños. No te preocupes por progresar. Progresar es un pensamiento. Ni siquiera te preocupes por el despertar. El despertar es un pensamiento. Solo ese único punto. Aférrate a él como si soltarlo por un momento fuera a ser el final de tu vida. No te separes de él lo más mínimo. Deja que ese punto focal absorba toda tu energía de vida. Ese punto es el comienzo y el final de tu vida. Es el comienzo y el final del Universo. ¡No te desvíes!

Cualquier cosa puede ser el foco de tu práctica si sientes que eso es lo correcto. Si generalmente usas un mantra para meditar, deja que ese sea tu punto focal. Si usas una pregunta de indagación, deja que sea el punto focal. En lugar de preguntar: "¿Quién soy yo?", pregunta solo: "¿Quién?" A continuación solo escucha el sonido "quién" sin pregunta y sin intentar ir más allá de él. Entonces siente el impulso. Lleva esto a un único punto y nunca te separes de él. Independientemente de los pensamientos, emociones o sensaciones que vengan, no te distraigas; permanece con esa singularidad.

Tienes que llevar esto hasta el final, hasta que ya no quede nada. Hasta que tú no existas fuera de esa singularidad. Hasta que el Universo no exista fuera de esa singularidad. Incluso si notas todo lo que ha ocurrido, puedes seguir reconociendo que hasta ese notar es un pensamiento. Viértete todavía más completamente en la singularidad.

La técnica final

La mente está hambrienta; quiere masticar algo. Puede haber devorado todas las técnicas, indicaciones e indagaciones que has encontrado en este libro, y todavía te está diciendo: "Sí, pero ¿dónde está la gran [experiencia]? ¿La que finalmente va a conseguirlo para mí?". Si esta línea de pensamiento te resulta familiar, presta mucha atención a lo que voy a decir: no necesitas más técnicas o conocimiento para despertar. Tienes abundantes.

"Es demasiado tarde para estar preparado".

—Dogen

Lo que realmente tienes que hacer es darte cuenta de que, si estás esperando a "más tarde, cuando...", todavía estás bajo el hechizo de algunos pensamientos y creencias muy escurridizos. De algún modo, la mente hambrienta tiene dos caras. Una de ellas te dice: "Bien, por algún motivo todavía no he encontrado la indagación, la técnica o la palabra adecuada, pero sigamos buscando. ¡Todo esto es tan interesante!". La otra cara, que generalmente no vemos, está diciendo: "Quiero saber exactamente cómo va a ser pasar por esto. Quiero saber qué me va a suponer, y quiero saber qué aspecto tiene estar en el otro lado. Quiero decidir cuándo y cómo despertar". Comprar esta narración no te llevará allí. Esta narración describe una curiosidad que busca lo seguro y lo previsible. Es la ilusión de control absorbiendo tu auténtica aspiración de despertar. Cuando ves que la mente es desesperadamente incapaz de producir el despertar, e incluso de percibir lo que verdaderamente es, y sin embargo proclama saber un montón sobre ello, como si tuviera el control, tienes la oportunidad de hacer algo revolucionario: ¡Deja de escucharla!

Un mensaje personal

Hemos recorrido un largo trecho desde que emprendimos este viaje. Tal vez ya has realizado esta transición que denominamos despertar. Si no la has hecho, quiero ofrecer algunas palabras de reconocimiento y de ánimo. Sé que este proceso puede ser confuso. Sé que hay muchas dudas. Sé que a veces da miedo. Sé a cuantos callejones sin salida has llegado dentro de tu mente. Conozco la frustración y la decepción. Este trabajo no es para pusilánimes, de modo que quiero reconocer que has sacrificado mucho tiempo, comodidad y certeza. Ciertamente, es posible que haya más decepciones por delante. Sin embargo, quiero recordarte que no has de perder de vista el hecho de que el despertar no lleva tiempo. Ocurre ahora o no ocurre en absoluto. Sé que es un paradoja, pero es una paradoja divina.

También sé que has dudado de si esto puede ocurrirte verdaderamente a ti. Has contemplado la posibilidad de que sea algo que solo le ocurre a personas "espirituales", especiales, a personas afortunadas, o a personas con más voluntad que tú. Todos hemos tenido estos pensamientos. Vienen con el territorio. La cuestión es que este es un viaje tan personal que referenciarse a la experiencia de otra persona es innecesario y no ayuda. El despertar no se desplegará para ti como se desplegó para otros. Es un proceso instintivo e íntimo. Solo puede tener el aspecto que tenga para ti. La naturaleza despierta surge de manera natural cuando confías en tus instintos más profundos y los sigues más allá de cualquier cosa que sepas con respecto a ti mismo y más allá de todas las memorias e identidades que has adquirido. Tú puedes cruzar y cruzarás este umbral siempre que persistas en ello y des prioridad a esta parte de tu vida.

"Por más difícil y dolorosa que pueda ser, nada suena tan bien al alma como la verdad".

—Martha Beck

Lo que has creído ser durante tanto tiempo no es sino una sombra de la infinitud de tu naturaleza indivisa. El sentimiento de aislamiento no es intrínseco a lo que verdaderamente eres. La experiencia de que la vida está dividida en partes y obstaculizada a cada paso por la lucha no es la única manera de experimentar la realidad. Tienes la capacidad de disolver el constreñimiento que producen las imágenes que has llevado contigo con respecto a quién eres, quién se supone que has de ser, cómo se supone que has de actuar, y cómo se supone que has de experimentar la vida. Te pesan mucho sin que te des cuenta.

Aunque a veces parece que estás de vuelta en el principio, tus esfuerzos y tu compromiso con la verdad no han sido en vano. La salvación está más cerca de lo que puedas imaginar. No abandones el sendero.

Sigue trabajando en él, sigue indagando, sigue cuestionando hasta que obtengas la respuesta. No te conformes con una nueva visión ni con una nueva manera de pensar sobre ti mismo y la vida. La respuesta debe ser la verdad viviente. No te conformes con menos.

No hay manera de engañar a este sistema. No te puedes limitar a aprender sobre la presencia, la claridad y el flujo y esperar cruzar al otro lado. La transformación tiene que ser clara experiencialmente, más allá de toda duda. Muchas personas tratan de negociar con la realidad, lo que las mantiene dormidas. La realidad es innegociable. No puedes negociar con la realidad y esperar salirte con la tuya, pero puedes despertar a la realidad. Cuando hayas penetrado este velo, será innegable y evidente que no hay ningún lugar al que ir desde aquí. Será evidente que nunca hubo un sendero ni nada contra lo que luchar. Solo hay flujo, presencia y claridad desinhibidos. Esta claridad no excluye nada, y acomoda sin esfuerzo todas las texturas de la vida, incluyendo pensamientos, emociones y fenómenos sensoriales.

Caminemos juntos por este sendero hasta su fin. Miremos al abismo juntos. ¿Qué hay allí? De hecho, ¿dónde está allí? ¿Está enfrente, detrás, encima o debajo? ¿O... es lo que está mirando ahora mismo a través de tus ojos? Tal vez el abismo sea lo que ha estado mirando, pensando, buscando todo este tiempo. Tal vez el abismo mismo es lo que da el paso hacia el abismo.

Yo no daré el paso contigo. Yo ya he cruzado, como lo han hecho muchos otros. Tienes que dejarme atrás, tal como tienes que dejar atrás todas las demás imágenes para cruzar. No puedo decirte lo que ocurre cuando das el paso. No puedes saberlo. Tienes que dar el paso para averiguarlo. Nunca puedes estar preparado para esto, pero puedes estar dispuesto. Este es el fin de la lucha autoimpuesta. Aquí es donde dejas ir los viejos caminos de conocerte a ti mismo. Deja que el Universo te muestre lo que nunca puedes construir en tu propia mente. Deja que la voluntad universal tome el mando donde tu voluntad ha llegado al final de lo que ella puede hacer. Confía... y da el paso...

Encuéntrate conmigo al otro lado. Donde no hay lados. Donde tú y yo somos no dos. Donde los grilletes del tiempo no pueden hallarse. Donde la cercanía pierde todo significado. Donde el contacto es infinito dentro y fuera.

"El amor de dos es uno,
aquí y ahora ellos se han ido.
Vino la última noche de tristeza,
y estaba claro que ella no podía seguir adelante.

Entonces se abrió la puerta y apareció el viento,
las velas se apagaron y después desaparecieron.
Volaron las cortinas y entonces él apareció
diciendo no tengas miedo,
vamos, nena, y ella no tuvo miedo.

Y ella corrió hacia él, y empezaron a volar.
Miraron atrás y dijeron adiós, ella se había
vuelto tal como ellos son.
Ella había tomado su mano, se había vuelto como ellos son.
Vamos, nena, no temas al segador".

—*No temas al segador*, de Blue Oyster Cult

Capítulo 17:
Guía para después del despertar

Como mencioné en el capítulo 3, dejaré los comentarios detallados sobre los refinamientos que ocurren después del despertar inicial para el volumen siguiente. La mayoría de las indagaciones y las investigaciones que son útiles después del despertar pueden encontrarse en este libro, específicamente en los capítulos sobre la atención, la indagación, los pensamientos y las emociones. El libro siguiente incluirá cuándo y cómo aplicarlas para favorecer la progresión natural que se produce cuando uno ha tenido un despertar. Además, abordará los errores comunes que se cometen después del despertar, cuando uno atraviesa la "tierra de nadie" espiritual que tiende a seguir al periodo de luna de miel.

Dicho esto, no quiero dejar colgado a nadie que haya tenido un despertar. Voy a dividir este capítulo en dos secciones breves para abordar, en términos generales, planteamientos que son útiles tanto inmediatamente después del despertar como después de que haya pasado el periodo de luna de miel. Voy a empezar con un escrito precioso que me envió una amiga la mañana de su primer despertar:

El cuerpo está cansado, pero no duerme mucho.
Tiembla.

Despierto en medio de la noche para llorar. Las lágrimas siguen viniendo.

En realidad no soy yo la que llora, es el Universo llorando.

Está derramando todas las lágrimas que mi familia tuvo que contener,
todas las lágrimas que mis amigas tragaron inocentemente.

Qué gracia que a una la abran en canal así,
nadie está haciendo nada.

Esto no tiene nada que ver conmigo.
¿Qué es el yo? ¿Está todavía aquí? ¿Estuvo aquí alguna vez?
No lo sé. No puedo decirlo. 'Yo' suena como un perro faldero.

Algo está muriendo. Pero yo estoy aquí. Viva. No hay nada más obvio.

A veces el pensamiento está sereno. A veces el pensamiento grita.
Los pensamientos vienen.

La mente está activa. La mente es adorable.
Todo lo que veo son sueños. Meros susurros sobre el escenario.

El deseo y la aversión vienen y van, pero no pertenecen a nadie.

Hay esperanzas y deseos, temores y preocupaciones.
Y aquí todos ellos convergen,
se encuentran y se besan, y se disuelven unos en otros.

Ava está cambiando y no cambiando. Es un espectáculo precioso.

Ella sigue estando aquí, aparentemente.

Todavía le gusta perder el culo trabajando,
y comer chocolate, hacer ejercicio y reírse y desmoronarse.
Le encanta desmoronarse. ¿Y qué?

No hay nada que superar. Sufrir es perfección.
Lo más mundano es lo más sagrado.
La imaginación es sagrada. El engaño es sa-
grado. La pretensión es sagrada.

En este juego me encuentro conmigo una, y otra, y otra vez. Hola, tú.

Estoy en mi lecho mortuorio y ahí fuera está saliendo el sol.
Aquí es donde el final se encuentra con el principio.

Nunca había oído los cantos de los
pájaros tan claramente. Tan sin esfuerzo.

Estoy agotada y pesada, y estoy vital y ligera.
¿Cómo puede ser así?
Hay una coexistencia. Igualdad. Me muevo tan rápido
y sin embargo estoy completamente inmóvil.

Estoy desnuda y absolutamente abrazada. Abrazada por lo desconocido.
Secuestrada. Conquistada por lo desconocido.
Casa.

Gracias a TI por iluminar el camino.
Gracias por estar dispuesto a llevártelo todo
tan amable y radicalmente.

Gracias por sentir cuando yo no podía hacerlo.
Gracias por apartarte del camino, por aparecer incesantemente.

Por la falta de filtros, por todo lo que no hiciste. No sé qué leches hiciste,
pero sospecho que no hiciste nada.

Gracias por una ofrenda desinteresada, sin segundas intenciones.
De nadie para nadie.

Las palabras son baratas aquí.

Inmediatamente después del despertar

Esta guía hace referencia específicamente a ese periodo que sigue inmediatamente al despertar. A veces se le llama periodo de luna de miel, pero cuando estés ahí no lo sentirás como una cosa específica. El consejo aquí es muy simple:

- Una ventana está abierta. Estás en un buen lugar. Este es un lugar donde no hay que hacer nada. Reconoces la fluidez y la paz como expresión natural. No es algo ganado o causado; simplemente es. Esto es el gran alivio. Mientras la ventana está abierta, generalmente recomiendo empaparse de esa claridad. Haz espacio para ella. Tienes la oportunidad de llevar esta comprensión a un nivel mucho más profundo en poco tiempo. ¿Cómo hacer esto? No haciendo nada. Orienta tu atención a este maravilloso despliegue de presencia fluida y brillante. Un sonido es un sonido; una sensación es una sensación; y un pensamiento es un pensamiento. Si captas esto, la penetración se hace sin esfuerzo, es un movimiento de pura fascinación, de puro amor. Ofrécete el regalo de "no hacer nada" con esto. Deja que te invada una y otra vez. Mantente un poco alerta a tu experiencia inmediata, pero no añadas, sustraigas ni concluyas.
- Aunque antes puede haber habido una indagación, o una técnica, o una práctica meditativa, ahora la práctica procede de la no-práctica, del no-esfuerzo, de la no-orientación. Oriéntate hacia la no-orientación, y después deja que la realización misma te lleve hacia delante, hacia dentro, hacia fuera.
- No te preocupes de lo que ocurrió, de lo que está ocurriendo ni de lo que ocurrirá. Todo eso es una pérdida de tiempo. Ahora ves que el despertar no es un suceso. Ni siquiera es una cosa. Solo hay vida, y la vida no tiene fronteras ni separación ni tiempo.
- Evita las conversaciones filosóficas o espirituales con la gente. Aunque hay paz no causada, flujo natural y presencia prístina, todavía no es demasiado difícil quedarse enganchado en la mente. La manera más rápida de hacer esto es conceptualizar y hablar de filosofía, espiritualidad, del despertar, la realidad, etc.
- Si tu situación lo permite, evita las actividades innecesarias durante un tiempo; en cambio, siéntate en presencia y/o meditación natural. En este estado resulta fácil involucrarse mucho en situaciones intensas y dramáticas sin darte cuenta de que lo estás haciendo. La espontaneidad y fluidez que estás disfrutando pueden

ser un poco como una espada de doble filo hasta que seas capaz de navegar las situaciones emocionales o excitantes. Si bien nunca puedes "perder" esta presencia que has realizado, puedes ponerte en situaciones en las que se acelere la maquinaria de la mente y del ego, que pueden ser particularmente desorientadoras en este estado.

- Si empiezas a experimentar fijación, emociones intensas, constructos mentales pegajosos, puedes usar las técnicas que vienen en los capítulos correspondientes para trabajar con ellos. En cualquier caso, procura acercarte a estas prácticas desde este conocimiento instintivo de facilidad, espontaneidad y fluidez. En estas situaciones también conviene hablar con un buen maestro que conozca bien este territorio. Si contactas con un maestro y sientes que no tiene tanta claridad como tú, es posible que no te sea de ayuda. Hay suficientes buenos maestros por ahí, y si buscas un poco, podrás encontrar uno que te ayude a navegar estas aguas.
- Aquí hay un planteamiento simple y eficaz si sientes algo pesado o contraído, y no se disuelve de manera natural sentándote en presencia o mediante la meditación natural. Entra en contacto con cada componente de la experiencia. Empieza por las sensaciones corporales. Escanea el cuerpo y encuentra cualquier sensación que surja en la experiencia momentánea. A continuación satura tu atención con esas sensaciones durante unos momentos. Ahora lleva la atención al campo de los sonidos. Del mismo modo, deja que el campo de los sonidos sature tu experiencia sin añadir, sustraer o analizar. A continuación, investiga el campo visual. Toma dentro de ti todos esos colores, contornos y texturas. No juzgues ni comentes internamente. Simplemente permítete ver. Ahora lleva tu conciencia a la conciencia y/o al pensamiento. Nota que la fluidez, inmediatez y viveza de esta experiencia inmediata del pensamiento/conciencia tiene una cualidad similar a los demás campos sensoriales. Deja que el flujo de conciencia se extienda sobre y a través de toda experiencia. Eso es. Puedes atravesar esos campos sensoriales tantas veces como quieras. Si haces esto delicadamente, con curiosidad y amor por la mera experiencia, podrías empezar a notar que esto se vuelve más instintivo que intencional.

Tierra de nadie espiritual

Este es mi término irónico para ese periodo extraño y a menudo confuso que viene después de la fase de luna de miel del despertar, pero antes de la liberación. Esta fase puede durar desde meses hasta años. Clarificar lo que se vislumbró durante el despertar inicial guarda mucha más relación con no hacer nada que con hacer algo. Incluso así, hay prácticas y contemplaciones que pueden ser de gran ayuda durante este periodo, pero tienden a ser engañosamente simples.

- Para la mayoría de nosotros, este periodo requiere mucho trabajo emocional. Me aventuro a decir que esta área es la mayor barrera para la clarificación natural que se produce después del despertar. Los patrones de evitación y desconfianza hacia la emoción son persistentes y están profundamente arraigados en los seres humanos. No reconocer esto implica seguir poniendo energía en identidades y patrones de resistencia que están en su lugar específicamente para asegurarse de que nunca nos sumerjamos profundamente en este territorio. Y lo que es peor, podemos convencernos a nosotros mismos de que la realización guarda relación con no sentir o con transcender las emociones, y ahora hemos espiritualizado esas identidades y patrones de resistencia. El reconocimiento y la aceptación de que esta fase no guarda relación con perseguir estados místicos ni con intentar cultivar experiencias agradables te será muy útil. Estate preparado para sentirte bastante poco iluminado durante algún tiempo. Este es el trabajo con la sombra; no puede ser evitado. El capítulo sobre las emociones contiene muchos buenos métodos.
- No trates de recrear tu despertar. Eso nunca ocurrirá. El pasado se ha ido. Lo único que te queda de esa experiencia y de ese suceso es un recuerdo. La verdad que realizaste nunca se ha ido a ninguna parte y está contigo ahora mismo. No juzgues la forma en que surge esa verdad. Sabe exactamente qué mostrarte momento a momento.
- Una práctica diaria de meditación natural, de simple meditación con o sin técnica, o algo similar, es muy valiosa.
- Pasar tiempo a diario en la conciencia sin límites (a veces experimentada como el puro sentido del YO o YO SOY) también es de gran ayuda. Esto te ayudará a relajarte y en último término a

disolver las fijaciones y los patrones de resistencia. Sé egoísta y date este espacio. Disfrútalo.

- A medida que las cosas se clarifican, considera emprender una investigación directa de los sentidos. Esto es exquisitamente simple y puede hacerse en cualquier momento. Puede hacerse durante la meditación, y puede hacerse mientras se realizan las actividades diarias. Como hemos descrito en la sección anterior, simplemente hacemos una ronda por los campos de los sentidos. La clave está en que cuando nuestra atención está en un campo sensorial específico, clarificamos solo esa experiencia sensorial. Esto significa que no estamos pensando en nada ni contemplando nada, solo está presente ese sentido. Por ejemplo, cuando llevamos la atención a las sensaciones corporales, nos damos cuenta de que el campo sensorial se empieza a clarificar. Podemos afirmar internamente que estamos "sintiendo", pero no es necesario hacerlo. Nos damos cuenta de que esas sensaciones no están en un lugar concreto, y no requieren ningún esfuerzo para ser como son. Podrías decir que son autoevidentes y autopropagantes. Siente ese campo durante unos momentos. Después lleva la atención al campo de los sonidos. Incorpora todos los sonidos. Deja que solo haya sonido, sin comentarios mentales ni etiquetas. Puedes decir "oyendo", si eso te ayuda. Asimismo, puedes pasar al campo visual y después al campo de la conciencia/pensamiento. A medida que repites este proceso, es probable que notes que los sentidos empiezan a clarificarse. También podrías notar que hay menos atención o preocupación por el mundo interno de contemplación, por monitorear, por el autorreflejo y el parloteo mental. Sigue con ello y finalmente la brecha entre los campos sensoriales se cerrará. Esto te llevará de manera natural a otras comprensiones. Las descripciones de las comprensiones que se tienen más allá del estadio tres (en el capítulo de los estadios del despertar) pueden darte una sensación de cómo se despliega esto.
- Diviértete y no te tomes nada de esto demasiado en serio.

"Dios es un comediante actuando para una audiencia que tiene demasiado miedo de reír".

—Voltaire

Sobre el autor

Ángelo DiLullo trabaja a tiempo completo como médico, y en su tiempo libre acompaña a personas que están experimentando los procesos de despertar y de ahondar en la realización. Estas interacciones comenzaron a producirse orgánicamente unos quince años después de su propio despertar. En conversaciones informales con amigos y conocidos, surgía ocasionalmente el tema de la posibilidad de vivir la vida sin la carga de los filtros perceptuales. Con el tiempo, esto le llevó a escribir este libro para facilitar el proceso de despertar en las personas con esta inclinación. Poco después se desarrolló la página web www.simplyalwaysawake.com, así como un canal de YouTube con el mismo nombre.